公共管理硕士（MPA）系列教材

公共政策分析概论
（修订版）

谢　明　著

中国人民大学出版社
·北京·

《公共管理硕士（MPA）系列教材》
编审委员会

董克用：全国公共管理硕士（MPA）专业学位研究生教育指导委员会委员、秘书长，中国人民大学教授

谭跃进：国防科技大学教授

薛　澜：全国公共管理硕士（MPA）专业学位研究生教育指导委员会副主任委员，清华大学教授

出版说明

公共管理硕士（Master of Public Administration，MPA）专业学位研究生教育是以公共管理学科及其他相关学科为基础的研究生教育项目，其目的是为政府部门及非政府公共机构培养高层次的应用型专门人才。

我国的 MPA 教育始于 1999 年。1999 年 5 月，国务院学位委员会第 17 次会议审议通过了《公共管理硕士（MPA）专业学位设置方案》；2001 年 10 月，我国进行首次 MPA 招生考试；2002 年 3 月，首批 MPA 研究生正式入学。经过十多年的发展，我国的 MPA 培养院校从最初的 24 所发展到 2014 年的 200 余所；截至 2015 年 7 月，全国 MPA 培养院校累计招收 MPA 研究生 15 万余人，授予 MPA 学位 8 万余人，MPA 教育成为我国公共部门人才培养的重要渠道。

为了满足国内 MPA 教育对教材和教学参考资料的需要，不断探索和回应公共管理实践中的各种问题，同时反映国内外公共管理研究的最新成果，自 2001 年起，中国人民大学出版社组织有关专家编写“公共管理硕士（MPA）系列教材”。本套教材涵盖国务院学位办确定的《公共管理硕士专业学位培养方案（试行稿）》（2000 年发布）和《公共管理硕士专业学位研究生指导性培养方案》（2012 年发布）中规定的各门 MPA 核心课程教材，也包括公共管理各领域的专业方向必修课程教材及部分选修课程教材。本套教材不仅适合 MPA 学生使用，同时也可供公共管理学科的研究生及各级行政管理人员作为参考和培训资料使用。

“公共管理硕士（MPA）系列教材”力求体现如下特色：第一，系统完整，基本涵盖公共管理专业教育的主要知识领域；第二，反映国内外公共管理研究领域的最新成果，为公共管理领域的教育者、学生、实际工作者提供该领域的最新信息、资料及多视角思考空间；第三，反映 MPA 专业教育的特点，重视应用性，注重能力的培养，教材中除讲授一般理论知识外，还提供丰富的案例分析素材；第四，将中国传统的行政管理思想、国外先进的公共管理理论与中国政府的管理实践紧密地结合起来，理论联系实际。

在“公共管理硕士（MPA）系列教材”策划出版之初，中国人民大学出版社邀请国内公共管理领域有关专家成立了阵容强大的教材编审委员会。同时，本着将国内公共管理领域有影响的学校和有影响的学者都吸收进来以博采众家之长的原则，我们广邀全国各地公共管理知名学者，使得本套教材的作者突破了一个学校和一个区域的界限。参与本套教材编写工作的有中国人民大学、北京大学、清华大学、复旦大学、中山大学、厦门大学、南开大学、上海交通大学、北京师范大学、华中科技大学、国防科学技术大学、国家行政学院、中国社会科学院等国内知名高校及科研院所的学者，他们都是公共管理教育领域的专家，具有丰富的教学经验，同时又注重公共管理实践，能够较好地将理论和实践结合起来。

自 2001 年首本教材出版以来，“公共管理硕士（MPA）系列教材”受到了国内公共管理学界的广泛好评，被誉为“与中国 MPA 共同成长”的一套高质量的 MPA 教材。国内众多高校将本套教材选为 MPA 相关课程教材，“十二五”初期，本套教材的累计销量突破百万册，成为广受读者欢迎的 MPA 教材品牌。

随着公共管理教育和实践的不断发展，公共管理学科的研究和教育也在不断发展与完善，这就要求 MPA 教材也要不断修订和更新。在国内公共管理学界的热情支持下，我们编写的这套教材取得了一定的成绩。今后，还请广大读者，特别是在教学一线的 MPA 任课教师继续给我们反馈意见，对这套教材提出批评和建议，以帮助我们不断对相关教材进行修订和完善，实现这套教材“服务中国 MPA 教育事业，与中国 MPA 共同成长”的目标。

中国人民大学出版社

修订版前言

政策一词好像很容易让人产生一种距离感，其实，它就在我们身边，与我们的日常生活紧密相连，与我们的喜怒哀乐息息相关。比如，政府决定调高个人所得税的起征点，政策会让人觉得挺给力；北京出台机动车尾号限行措施，政策让人觉得挺无奈；房价一路攀升，政府的一项项调控措施好似重拳打在棉花上，政策让人感到挺失望；当食品安全问题不断出现，如浙江金华皮革奶事件、河南瘦肉精事件、上海染色馒头事件等，政策又会让人感到挺无能。

现代社会，公共政策可以说无处不在，已经渗透到生活的各个层面。因此，我们需要对公共政策有所了解，特别是要明确为什么要研究公共政策，以及以什么样的方式进行研究。

一、研究公共政策的缘由

其一，从科学角度而言，分析公共政策的成因与结果，有助于增进和提高社会领域的知识，有助于了解经济与社会、环境与安全、政府与企业、问题与回应、政治与政策等多方面因素的互动关系，有助于增进人们对政治行为和公共管理的理解，从而加深对公共政策本质和规律的认识。公共政策是一门综合性的学科，它涵盖了社会学、经济学、政治学、历史学、心理学、人类学、法学和行政学等学科的理论与方法。公共政策领域的研究成果将极大扩展社会科学的广度和深度。

其二，从专业角度而言，掌握公共政策的理论与方法能够帮助人们应用科学知识解决现实问题。实际上，公共政策是一门解决问题的学问，它强调以问题为中心的知识运用方式，把注意力放到“解决问题”的能力和技术方面，通常更关心如何使理论与实践相结合，怎样将政策知识转化为实践价值，怎样提供有效的专业咨询，如何发挥专家的独到作用。越来越多的政策分析从业人员把经济理论和数学、统计学的分析技术应用于政策实践。由此，政策分析确立了自己最基本的专业方向，即确定现有问题（如对空气污染和生活垃圾的处理）并寻求最有效的解决方案（产生最大社会净收益的方案）。而政策评估往往被视为政策分析的衍生物，它评价政策在多大程度上实现了它的目标以及产生了什么样的社会效果。

其三，从政治角度而言，政策在政治过程中扮演着非常重要的角色，古德诺认为，政府行为过程实际上是一个制定政策和执行政策的过程，前者表现为一个政治过程，后者表现为一个行政过程。如此看来，古德诺实际上把政府政策行为定性为政治行为与行政行为的统一。古德诺的这一思想不仅对后来的行政学的研究产生了非常深刻的影响，而且对后来的政治学研究也产生了很大的影响。政策形成过程不是一个纯操作性的“决策过程”，而是一个带有浓郁政治色彩的政府行为过程。阿尔蒙德也赞同这种观点，他大力提倡以公共政策为中心的政治学研究取向，认为公共政策可以作为应用政治学得到发展。

二、研究公共政策的方式

强调问题导向而非学科导向是政策分析的重要特征，换句话讲，政策实践是政策分析主要的知识源泉。社会科学的实质是事理之学。离开了事实，就不会发现道理。然而，事和理是有区别的。事是理的必要条件而非充要条件，光知道事，只说明有了经验，上升到理，才是有了知识。有人讲过这样一个故事，一位后生听说寺庙里老和尚的智慧十分了得，心里很是不服，想当面领教领教，便匆匆赶往这座寺庙。在路上他看到了一件他认为非常有趣的事，于是心里有了主意，想以此考一考老和尚。见了面之后，后生冷不丁地问了一句：“为何团团转?”“皆因绳未断。”老和尚随口答道。后生听了，顿时目瞪口呆，“你怎么会知道?”后生问道，“我在路上看到一头牛被绳子穿了鼻子拴在树旁，牛想离开这棵树，到草地上去吃草，但是它转来转去都不得脱身。我以为师父您没看见，肯定说不上来，哪知道您出口就答对了。”老和尚微笑着说：“年轻人，你问的是事，我答的是理，你问的是牛被绳缚而不得解脱，我答的是心被俗束而不得超脱，一理通百事啊。”的确，理可通事，社会科学不仅要以事说理，而且要以理论事。政策问题的研究充分体现出社会科学的这一典型特征。

美国著名管理学家，佳里斯·摩根（Gareth Morgan）在《组织的形象》一书中强调应该从多个侧面和多种角度对问题进行观察和分析，并作了一个形象的比喻：当我们试着用自己的眼睛观察外界事物的时候，睁开两只眼睛与闭上一只眼睛显然存在着明显的不同。尽管用一只眼睛进行观察，也能够捕捉到某种意义上的“真实”，但如果能够用两只眼睛去观察，看到的会是另一种意义上的“真实”。[①] 大家不妨都试着这样看一看，通过这一过程我们会从中得到一些启示，当我们都能意识到睁开两只眼睛可以看到更大范围、更高层面的“真实”的时候，为什么还非得闭上一只眼睛不可呢？同样的道理，当我们能够用多种不同的理论和方法解释和分析各种不同的政策现象的时候，为什么还非得把自己局限于一种思维模式、一种分析方法中呢？当我们能够综合运用多种不同的分析方法的时候，很可能会获得一些新的发现，使自己的认识上升到一个新的理论高度。

公共政策是一种非常复杂的社会政治现象，它有时表现为理性的优化选择，有时表现

---

① Gareth Morgan, *Images of Organization*, Thousand Oaks, Calif., Sage Publications, 1993.

为渐进的补充和修正，有时表现为利益团体间的讨价还价，有时表现为精英人物个人或群体的选择，有时表现为竞争状态下的博弈，有时表现为政府制度的输出，有时表现为政治系统与社会环境的互动，有时表现为由一系列政治活动组成的过程。的确，公共政策在社会政治生活中能够表现为许多种形态，其中既有相互重叠的地方又有自相矛盾的方面，这种复杂性提醒我们绝不能片面地去理解和认识它，而应该从多个侧面和多种角度进行观察和分析。

三、本书修订的内容

《政策分析概论》一书在2004年出版，近些年来，政策科学有了很大发展，政策实践也有了很多变化，这次修订在内容和结构上都作了很大的调整，并更名为《公共政策分析概论》。第1章增加了有关公共权力、公共利益的阐述，并为解释政策概念提供了一些新的案例。第2章重点修订了政策分类的有关内容，着重结合我国的政策实践，解释了不同类型的公共政策。第3章对一些案例和专栏进行了删改。第4章对政策分析内容进行了全面的替换，结合政策分析领域的最新发展，从起源到概念，从作用到局限，进行了全面的概括和总结，重点阐述了政策分析的类别和步骤。第5章增加了混合扫描理论和阶段性理论，并运用经济学原理对取舍理论进行了解释。原“政策制定”一章拆分为“政策形成”和“政策采纳”两章，并在内容上作了全面的调整。第6章主要阐述政策问题的界定、政策议程的建立和政策方案的设计。添加了一些实例，便于对相关内容的进一步理解。第7章重点讨论了决策理论、决策标准、决策类型、决策方法等。涉及行为经济学理论（前景理论、心理账户等）、管理学方法（领导规范模型）、心理学现象（倾向性效应、目的颤抖）等内容。第8章提供了一些最新的案例，重点讨论了政策执行的策略。第9章解释了政策输出与政策影响的不同，讨论了政策评估的标准（效益、效率、充足、公正、回应性、适宜性），内容涉及阿罗悖论、帕累托最优、卡尔多—希克斯标准、罗尔斯的差别原则等。第10章从政策清理角度重点讨论了政策终结的内容和形式。

谢　明

2011年4月12日

第一版前言

公共政策虽然不是一个全新的概念，但相关研究却是一门较新的学科。它发端于第二次世界大战后几个主要的工业发达国家，其后迅速扩展到世界其他国家和地区。可以认为，公共政策（科学）是二次大战以后社会科学领域里发展最迅速、影响面最大、应用领域最广、实证性最强、社会效用最明显的学科之一。

公共政策（科学）之所以会在较短的时间内迅速地兴起和发展，既与现代社会的管理特征相联系，也与公共政策自身的学科特征相联系。现代政府所面临的已不再是个别的、单一的、简单的、基本稳定的或一再重复出现的社会矛盾问题，而是大量相互关联、相互制约的，愈来愈具复杂性、尖锐性、普遍性、专业性、变化性和发展性的各种社会矛盾和问题。与此同时，公众所关心的问题和兴趣的焦点，也不再是抽象的理念或原则性问题，而是那些与现实的切身利益密切相关的特殊公共政策问题，比如犯罪与社会安全、公平与经济发展、种族与社会和谐、战争与外交方针、污染与环境保护，以及住房、卫生、社会保障、公共交通等一系列的实际问题。

由于这类问题直接关系人们自身境况的改善，因而使人们对这类问题的关注与日俱增，并因此产生了对政府制定公共政策的能力、程序、方式以及公共政策的质量的疑问和不满。这就使一批具有一定的学术素养，同时具备相当实际经验的学者、科学家和政府官员深切感到，应当建立一种既能够兼容各相关学科的优势，又能够解决各种现实公共政策问题的全新的学科。公共政策（科学）就是在这样的背景下产生的。包括社会科学和自然科学在内的诸多学科的不断发展为政策科学的形成提供了一定的理论基础和实用技术，现实压力和未来需要则为其提供了发展的动力。可以这样说，公共政策（科学）的形成及其发展有其历史的必然性。

一、为什么要研究公共政策？

研究公共政策多出于三种缘由，从科学角度看，分析公共政策的成因与结果，有助于增进和提高社会领域的知识，有助于了解社会与经济、政府与环境、政策与回应等多方面因素的互动关系。公共政策（科学）是一个综合性的学科，它涵盖了社会学、经济学、政治学、历史学、心理学、人类学、法律和行政等学科的理论与方法。公共政策的研究成果将极大地扩展社会科学的广度和深度。从专业角度看，掌握公共政策（科学）的理论与方法能够使我们应用科学知识解决实际问题。换句话讲，政策分析能够产生专业性建议，通过对问题的分析和描述，提供行之有效的解决办法。无论是政府内部还是政府外部的政策研究组织（即脑库、智库或思想库等分析机构）通常更关心如何使理论与实践相结合，怎样用政策知识解决具体问题，而不是专注于理论的研究和学科的拓展。从政治角度看，公共政策（科学）不仅是为了科学和专业而存在，而且在政治领域也具有举足轻重的地位。它通过提供政治讨论的素材，促进政治意识的提高，从而完善政策制定过程，提高公共政策质量。当然，政治领域不存在价值中立，人们在判断什么样的政策“正确”、什么样的目标“合理”时，必然会产生大量的分歧。然而，即使在这样的情况下，有知也总比无知强得多。

二、什么是公共政策？

当我们为北京等国内大城市的交通拥堵感到万分苦恼时，当我们为遭遇非典型性肺炎（SARS）和禽流感而感到惶恐不安时，当我们为国内小煤矿频频发生的安全事故感到忧心忡忡时，当我们为“禁放”（鞭炮）政策的执行难状况感到困惑不解时，我们都不难体会到公共政策的直接影响，它在日常生活中表现得非常具体和形象，它离我们很近。然而，当我们坐在教室里讨论公共政策概念的时候，当我们在学术活动中为此发生激烈辩论的时候，当我们在阅读公共政策经典论著的时候，当我们提笔写作要给出公共政策定义的时候，我们又会感到公共政策似乎离我们很遥远，它在学术领域显得那样笼统和抽象。不仅如此，公共政策有时表现为理性的优化选择，有时表现为渐进的补充和修正，有时表现为利益团体间的讨价还价，有时表现为精英人物个人或群体的选择，有时表现为竞争状态下的博弈，有时表现为政府制度的输出，有时表现为政治系统与社会环境的互动，有时表现为由一系列政治活动组成的过程。有人形容公共政策就像一个万花筒，在社会面前展现出多姿多彩的画卷。的确，公共政策在社会政治生活中能够表现为许多种形态，其中既有相互重叠的地方又有自相矛盾的方面，以致我们很难用一个短语或一句话阐明其所包含的内容。

三、怎样研究公共政策？

有一个家喻户晓的古老童话，讲的是盲人摸象的故事。第一个盲人摸到了大象的牙齿，他说大象就像一支矛；第二个盲人摸到了大象身体的一侧，他说大象更像是一堵墙；第三个盲人摸到大象的一条腿，他说大象就像一棵树；第四个盲人摸到了大象的鼻子，他说大象真像一条蟒蛇；第五个盲人摸到了大象的一个耳朵，他说大象好像一把扇子；第六个盲人抓住了大象的尾巴，他说大象更像一根绳子。如果我们把这个寓言故事再发挥一下，想象这头大象正处在一个运动的状态，情况将会显得更为复杂。挂在大象腿上的那位盲人将会经历重复性的椭圆形运动；牢牢抓住大象尾巴的那位盲人将会体验被随机摆来摆去的滋味；其他的几位盲人自然也会随之产生各自不同的感受。运动中的大象将会完全摧毁这些盲人先前对大象的看法。由于面临这些更为复杂的情况，盲人们达成共识就变得更为困难。

看过盲人摸象的故事，我们不禁会这样问自己：公共政策像不像一只大象呢？有时我们像不像那群盲人呢？这种简单的类比能够引发我们很多的思考。盲人摸象的经历无疑告诉了我们这样一个事实：人是有很大局限性的，受主观条件的限制和客观环境的影响，人们对同一问题的认识会有很大的差别。公共政策是一种非常复杂的社会政治现象。这种复杂性提醒我们绝不能片面地去理解和认识它，而应该从多个侧面和多种角度进行观察和分析。这里不妨作一个形象的比喻：当我们试着用自己的眼睛观察外界事物的时候，闭上一只眼和睁开两只眼显然有着明显的不同。尽管用一只眼进行观察，也能够捕捉到某种意义上的"真实"，但如果能够用两只眼睛去观察，看到的会是另一种意义上的"真实"。大家不妨都试着这样看一看，通过这一过程我们会从中得到一些启示，当我们都能意识到睁开两只眼睛可以看到更大范围、更高层面的"真实"的时候，为什么还非得闭上一只眼睛不可呢？同样的道理，当我们能够用多种不同的理论和方法解释和分析各种不同的政策现象的时候，为什么还非得把自己局限于一种思维模式、一种分析方法呢？一旦我们能够综合运用多种不同的分析方法，就很可能会获得一些新的发现，使自己的认识上升到一个新的理论高度。

谢　明

2004 年 6 月于北京

目　录

第1章

公共政策

在现代社会中，公共政策可以说无处不在，如影相随：当你上学的时候，可能会享受国家的教育补贴；当你毕业找到工作以后，可能会需要缴纳个人所得税；当你去医院看病的时候，市民医保计划体现在了你的划账单上；当你去银行存取钱的时候，发现国家刚刚上调了存款利率；当你想驾车出行的时候，突然发现自己的车刚好那天限行……这些都与公共政策有着密不可分的联系。那么，什么是公共政策？怎样理解这个概念呢？

让我们先来看看下面这些例子：

全党深入学习实践科学发展观活动动员大会2008年9月19日上午在中央党校举行。中共中央总书记、国家主席、中央军委主席胡锦涛发表重要讲话。他强调，适应新形势，完成新任务，实现新发展，要求我们必须深化用中国特色社会主义理论体系武装全党工作，把深入学习实践科学发展观摆在突出位置，把党的政治优势和组织优势转化为推动经济社会又好又快发展的强大力量，为全面推进社会主义经济建设、政治建设、文化建设、社会建设以及生态文明建设，为全面推进党的建设新的伟大工程，为实现全面建设小康社会的宏伟目标，进一步奠定重要的思想基础、政治基础、组织基础。

国务院总理温家宝2011年1月26日主持召开国务院常务会议，研究部署进一步做好房地产市场调控工作。会议确定了八条相关政策措施。其中限购政策扩大，二套房房贷首付比例提高至60%，以及二手房交易营业税全额征收，被称为“三板斧”，这将对楼市产生直接影响。

2010年中共中央一号文件，已经连续第七年锁定“三农”。针对“三农”形势，这份名为《中共中央国务院关于加大统筹城乡发展力度　进一步夯实农业农村发展基础的若干意见》的一号文件，提出了“稳粮保供给、增收惠民生、改革促统筹、强基增后劲”的20字基本思路方针。

中共中央政治局常委、国务院总理温家宝2011年1月24日下午前往国家信访局，与来访群众进行面对面交流，了解他们的困难和要求，并就政府工作听取意见。这是共和国总理首次与来京上访群众进行面对面交流。温家宝强调，要拓宽人民群众向政府提出意见和建议的渠道，创造条件让人民群众批评和监督政府，负责任地解决人民群众的困难和问题。只有善于倾听群众的呼声，勇于面对群众的批评，政府工作才能更加符合人民的意愿。

第十一届全国人大二次会议于2009年3月5日开幕。国务院总理温家宝在作政府工作报告时表示，2009年政府工作要以应对国际金融危机、促进经济平稳较快发展为主线，全面实施一揽子计划。温家宝所说的一揽子计划包括四“大”：大规模增加政府投资，实施总额4万亿元人民币的两年投资计划，其中中央政府拟新增1.18亿元，实行结构性减税，扩大国内需求；大范围实施调整振兴产业规划，提高国民经济整体竞争力；大力推进自主创新，加强科技支撑，增强发展后劲；大幅度提高社会保障水平，扩大城乡就业，促进社会事业发展。

2010年12月23日北京市政府出台了控制小客车增长速度以治理北京交通拥堵局面的“汽车新政”。新政将北京每月车辆的挂牌数控制在2万辆，使得2011年车市销量维持在24万辆的水平。这一次的政策能否在堵住北京汽车市场2010年井喷行情之后，对解决北京市的交通拥堵状况起到长期有效的作用，一时间成为了热点话题。

根据北京市爱卫会和法制办2008年4月24日联合公布的《北京市公共场所禁止吸烟范围若干规定》，从2008年5月1日起全市定点医疗机构的室内区域，托儿所、幼儿园，中、小学校，中等职业学校，高等学校和其他教育机构，体育馆、健身馆，健身场、体育场的比赛区和坐席区等十大类公共场所完全禁烟。从后期执行情况来看，北京市的“禁烟令”更多表现了政策的象征性意义。

《中华人民共和国物权法》是为了维护国家基本经济制度，维护社会主义市场经济秩序，明确物的归属，发挥物的效用，保护权利人的物权，根据宪法制定的法规。由第十届全国人民代表大会第五次会议于2007年3月16日通过，自2007年10月1日起施行。《物权法》是调整财产支配关系的法律，是对财产进行占有、使用、收益和处分的最基本准则。《物权法》主要回答三个问题：一是物属于谁，谁是物的主人；二是权利人对物享有哪些权利，他人应履行怎样的义务；三是怎样保护物权，侵害物权要承担哪些民事责任。

以上内容包括中国共产党的文件，党和国家领导人的重要讲话和重要行动，国家的大型计划，中央政府和地方政府出台的一些规定，人民代表大会通过的法律，笼统地讲，这些都是公共政策的具体表现形式。

在政府所做的众多事情当中，最重要的无疑就是制定和执行政策。大量的政策出于政治官员之手，但具体实施还要依赖于行政部门。公共政策的形式看似比较简单，只是通过民选官员的代议形式表现民众的意愿，但它实际上要复杂得多。它可能表现为立法的形式，需要在议会举手通过；可能表现为由行政部门颁布的行政法规或行政命令；可能表现为全民公决①的一个结果；可能表现为一种习惯的做法或行为方式，并不会形成明确的规则或制度；可能是无数政府决策和行动的实际结果；可能只是政府所要摆出的一种姿态，只具有象征性意义；等等。

1.1 公共政策的含义

1.1.1 透视"公共"概念

何为"公共"？这似乎是一个不难回答的问题。"公共"一词是日常生活中人们常挂在嘴边的字眼，如：公共利益、公共舆论、公共物品、公共法律、公共部门、公共卫生、公共交通、公共教育、公共广播、公共责任、公共秩序、公共债务。这些约定俗成的术语，体现了人们对"公共"概念的基本共识。的确，公共政策所要介入的正是以上这些被称为"公共"的事务或领域。一般而言，建立公共理念的先决条件是：日常生活中存在一个不是私人或纯粹个人的，而是需要大家共同参与和处理的领域及其范围。公共活动是人类活动的一个重要方面，这种活动具有十分显著的社会性特征，它与私人性质的活动相比具有本质的区别。首先，它需要具备大家共同参与的条件；其次，它要求公共机构（政府部门）进行规范或干预。

显而易见，讨论"公共"就不可能不涉及"私人"，两者在概念和实践层面的对立带给社会科学家们无尽的思考。要深入理解公共概念的实质性内涵就不得不从公私关系这一层面加以剖析。那么应该怎样处理二者之间的关系呢？这个问题对任何一个研究政治理论特别是公共政策的学者而言，都是一个再熟悉不过的问题。然而，它却是一个不朽的研究课题，在历史的不断争论中得到演变和发展。从理论与实践的角度来看，公与私的关系表现得极为复杂，两个领域的相互纠缠常常会使人感到眼花缭乱，无所适从。的确，正像一些政治理论家所强调的那样，就两者关系的协调而言，并不存在一元化的途径和方法。从历史和现代的大量文献中可以发现，为了寻求解决或调解公私间的矛盾和冲突，人们已经进行了艰苦不懈的努力，提出了许多非常有价值的学术观点和理论。这些为寻求缓解冲突的有效机制所做的前期探索，在当今的政治思想领域仍留有阵阵回声。

1. 市场至上

在如何认识公私关系问题上，古典经济学派所提出的市场理论作出了有力的解释。这些思想至今仍继续左右着有关公共政策作用的争论。

英国杰出的政治经济学家亚当·斯密在《国富论》中提出了其著名的"看不见的手"

---

① 全民公决：通常的全民公决，又称全民投票或公民表决，指全体公民对重大问题投票作出决定。它起源于古希腊城邦雅典的公民大会。全民公决是一种直接民主形式，它是民主国家实行宪政制度的重要组成部分，是由选民通过直接投票的方式，对相关议题表达同意、反对或弃权的明确态度，进行表决，然后根据表决结果达成决策的一种制度。它是人民自决权实施的一种特定程序选择，属于民主宪政的范畴。从性质上讲，它不是对代议制民主的否定，而是对代议制民主的补充和修正。

原理。亚当·斯密对市场的作用推崇至极。他认为：个人关心的只是自己的安乐与得失，但当他如此行事的时候，总有一只看不见的手操纵和引导他去促进另一种目标的实现。换句话讲，人们追逐自身利益的行为通过市场机制的作用经常会导致公共福利的增长，其效果往往还要比真正想促进社会利益的行为要好得多，正如中国古语所言："无心插柳柳成荫"。亚当·斯密的经济自由主义从利益角度对公私关系进行了剖析，其观点得到许多经济学家的赞同。萨缪尔森（Paul A. Samuelson）指出：亚当·斯密最伟大的贡献就在于他在社会经济领域窥测到了牛顿在物质世界所观察到的东西，即自我调节的自然规律。哈贝马斯（J. Habermas）强调，只有通过市场的力量满足个人利益最大化的需要，才能极大地促进公共利益的发展。个人选择的自主作用和自由化倾向不仅有利于个人利益的发展，而且还有利于公共物品和福利的增长。①

根据经济自由主义的观点，解决公私间利益冲突的诀窍就是建立市场的理念。尽管带有强烈利己动机的个人理性并不可爱，但它却非常实用，能够成为社会经济齿轮运转的润滑剂。因为人们在实践中会发现，社会财富这块蛋糕在个人理性的市场博弈中越做越大。既然国家和政治的实质性作用就是要创造条件使公共利益得到保证，那么毫无疑问，政府做得越少就说明它干得越好。政府不应扮演"牧羊者"的角色，而应当做好一个"守夜人"。放任主义是政府经济政策的最佳选择，经济领域不需要政府的干预，市场能够解决所有的问题。出于良好动机的干预可能会导致一些灾难性的后果，通向地狱的道路有时可能就是由美好的愿望铺成的。

当然，经济自由主义强调市场理念并非是要摒弃政府的作用，经济上的放任并不意味着国家不该参与公共设施的提供和公共秩序的维护，但参与的范围必须要以经济自由化作为重要的分界线。从这个意义上讲，政府不能无所作为，它应该恰当扮演自己的社会角色。当国家能够为市场发展和经济自由提供更多便利时，公共利益才最有可能得到实际的保证；而当国家更多地运用限制与控制手段时，其对公共利益带来的危害可能会远远大于贡献。从本质上看，秩序是个人选择的自然结果。公共干预的存在主要是为了保证法律、权利和秩序的合理架构，并不是为了要干涉由自利结果促成的自然均衡状态。私人利益在市场机制作用下完全能够被聚敛为公共利益。市场派理论家把公共领域定义为不干预经济与商业活动的实质性空间。这样的定义看似能够比较明确地划分公共领域与私人领域的界限。

2. 国家干预

然而，从19世纪末叶开始，明确划分公共领域与私人领域的自由主义理念受到严峻的挑战。公共政策逐渐渗透到了一些一直被自由主义经济学派视为私人性的领域，这种趋势几乎发生在社会生活的各个角落。教育、健康、福利、住房、城市规划都成为国家干预和规范的主题，这在海登海默（A. Heidenheimer）等人的《比较公共政策》② 一书中随处可见。虽然在不同的工业国家里公共领域的这个聚合过程发生在不同的历史阶段，但是它

① J. Habermas, *The Structural Transformation of the Public Sphere*, London, Polity Press, 1989.

② A. Heidenheimer, H. Heclo and C. T. Adams, *Comparative Public Policy: The Politics of Social Choice in America, Europe and Japan*, third edition, New York, St. Martin's Press, 1990.

们都有一个共同的原因，即某些一直被视为纯粹私人领域的问题逐渐演变成了公共领域的问题。约翰·斯图亚特·穆勒（John Stuart Mill）是英国哲学家、功利主义代表人物之一詹姆斯·穆勒（James Mill）的长子，后又被称为小穆勒，在19世纪中叶他就已经为这种界限的转移提供了一个基本的标准：伤害。他认为，私人领域是指那种对其他人不会造成任何伤害的领域。[①] 然而，随着社会活动的日益复杂和有关信息的不断增多，人们对伤害这一术语的见解也在不断地变化和扩展。在此之前，功利主义学说创始人、英国哲学家杰里米·边沁（Jeremy Bentham）和詹姆斯·穆勒，所主张的功利主义也同样为解决公共问题提供了另一个检验的标准：最大多数人的最大幸福。他们认为，政府应该以此为出发点考虑和处理公共事务、制定和颁布公共政策。

20世纪初叶，以美国的杜威（John Dewey）、英国的霍布豪斯（L. T. Hobhouse）和凯恩斯（John M. Keynes）为代表的理论流派对放任主义提出了新的质疑：市场能否引发公共与私人利益的会集？单靠市场自身的力量能否推动一个自发秩序的形成？市场是否存在这样或那样的缺陷？市场失灵能否自发治愈？杜威和霍布豪斯认为只有知识（杜威称之为系统化的情报）的运用才是能够提供经济平衡机制并推进公共利益增长的有效途径。凯恩斯在《放任主义的终结》一文中提到，由新知识和新智慧武装起来的国家应该对社会和经济方面的问题进行更多的干预，国家这只"看得见的手"应该在社会经济生活中发挥更为重要的作用。国家干预能够从科学角度处理市场失灵问题并协调公私之间的矛盾。从杜威等人的观点出发，一个更具知识性的统治形式才是解决私人要求与公共要求间冲突的关键。当然，这并不是什么非常新颖的思想，很早以前希腊哲学家柏拉图就曾断言：只有哲学家才能创造出最为杰出的统治。

国家机器作为协调公共利益与私人利益的一种有效工具，其力量增强的典型标志就是官僚制度的建立与发展。正像社会学创始人马克斯·韦伯（Max Weber）所言，作为法理型权威的典型表现形式，官僚制度能够确保知识统治的有效实施。官僚制非人格化的特点有力地促进了公共行政的成熟与发展。公共行政作为知识统治的组织形式，主要是通过文官这个政治中立的阶层来完成其管理使命。文官只对上级和工作负责，任务是贯彻和执行民选代表们的意志，保护公共利益是其义不容辞的责任。因为官僚制的初始动机是保护公共利益而非私人利益，所以它与存在于私人部门（商业、贸易、工业）的管理目标截然不同。文官的自利动机往往会受到官僚制强有力的制约。对于那些对经济自由主义情有独钟的政治经济学家来说，只有市场才是平衡公共利益与私人利益最为有效的手段，而国家干预主义流派对此却有着完全不同的看法，他们相信公共行政才是促进公共利益发展的更为理性的手段。

无论是在杜威和凯恩斯等人所提倡的知识统治的内容里，还是在罗斯福新政和第二次世界大战期间的行政改革实践中，都清楚地表现了国家政策干预的各种迹象。国家的作用主要体现在公共事物的安排及社会问题的处理方面，其目的是解决那些在社会和经济生活中因市场作用失灵而产生的各种问题。国家干预的主张打破了传统自由主义对公与私的分界，使政府管理的触角得到了极大的延伸。

---

① J. S. Mill, *Utilitarianism*, *Liberty and Representative Government*, London, Everyman, 1968.

3. 公共物品

公共物品（public goods）的分析是公共选择理论的一项重要内容。这个分析架构是通过透视“物品”这样一个概念来分析公共领域与私人领域的有关问题。

所谓公共物品，是指那些能够被所有人得到的物品或服务。换句话讲，如果把公共物品提供给任何一个人，那么也必须提供给所有的人。对单一消费者而言，该物品或服务的成本要远远高于其价值。所谓私人物品（private goods）则是指那些通过市场选择而被个人消费的物品，而且只有那些为之付费的人才有权利对其进行支配。萨缪尔森认为，公共物品的主要特征表现在它的不可分割性，也就是说，它面向所有人，不具有排他性。而私人物品却不是这样，它带有明显的排他性特征。公共物品用税收和借贷的方式予以支付，它们的价格表现在资助其生产所要求的征税水平上，而私人物品则是通过在市场条件下运行的价格体系予以支付。

从广义角度来看，公共选择问题的确会涉及公共物品或私人物品的确定。比如，在一些国家，健康政策适用于大范围的公共领域，所有的市民都可以得到这种照料；而在另一些国家，主导形式却是私人照料和健康保险。再比如，在一些国家，公共交通业由国家进行高额补贴；而在另一些国家，票价则完全由市场决定。所以，在解决什么是公共领域这样一个问题时，公共物品与私人物品的两分法能够提供一些有效的帮助。然而，什么才会被认为是公共物品，这个问题从20世纪60年代开始就一直是经济学家们争论的焦点。比如，布坎南（James M. Buchanan）在1968年就曾对萨缪尔森1954年所提出的公共物品这个概念的纯正性提出质疑，他认为，很多物品都难以进行非常清晰的界定，一些公共物品同样具有一定程度上的排他性。对此，布坎南提出了一种俱乐部理论，他认为俱乐部形式的存在能够通过一种收取费用的机制排除部分公共成员的参与。这种理论的出现代表了公私问题争论中一个非常重要的方面。它告诉人们这样一个事实：纯粹的公共物品毕竟是少数，更多的则是“准公共物品”或不纯粹的公共物品。如果从公共物品纯粹性的观点出发，那么公共政策的确就该对什么是公共的、谁提供的、谁付的钱、怎样付的、付给谁了这类问题加以确认。从理论上讲，只要承认一种服务是公共的，它就应该由国家来承担，而且要对所有人开放，但实际情况并非如此，公共物品的纯粹性在实践中受到严峻挑战。一种公共物品尽管需要遵从萨缪尔森建立的标准，但得到它的人也应符合政策所确立的标准，即利益仅仅能分配给限定的群体或属于特定类型的人。那些所谓具有价值的公共物品或服务将会当场排除部分社会成员，这是因为他们根本不具备参与分配的资格与条件。换句话讲，公共物品或服务经常仅有利于社会中某些团体和个人，有时还需要通过付费的形式或按照一定的价值标准定额定量地分配。如果单纯从物品角度考虑问题的话，公与私的概念难有一元化的解释。二者之间呈现出一种相互渗透、相互重叠的关系。

4. 公共职能

公共职能是公共问题讨论中一个引起广泛争论的焦点问题，同时也是公私冲突表现的一个重要方面。美国学者斯图亚特·S·内格尔（Stuart S. Nagel）在《政策研究：整合与评估》一书中特别强调了公共职能对公私关系的重要影响。[①]

---

① 参见［美］斯图亚特·S·内格尔：《政策研究：整合与评估》，109～114页，长春，吉林出版社，1994。

公共职能就是建立在集体而不是个人基础之上的、用来满足占社会人口大多数的群体需求的一种活动。到底应该由谁来执行公共活动和行使公共职能？是公共（政府）部门还是私人（企业）部门？要回答这样的问题不能仅依赖于理论上的教条，而应该更多考虑客观的实际情况。以建立军队保卫国家为例，这无疑是公共职能的典型体现。但并不意味着它必须得由公共（政府）部门负责执行。我们没有理由阻止一些国家的政府采用合同形式，请雇佣军来保卫自己的国家；我们也同样可以让每一个公民都拥有军事武器，当国家遭到敌人的进攻时，全民皆兵抵御外敌（尽管1775年发生在莱克星顿的战斗说明这种做法很奏效，但就当代情况而言，这样的国防将不堪一击）。目前，国家在设置军队时之所以鲜有私有化的情况出现，主要原因是这样做不符合成本—收益原则。军队私有化的费用会远远高于付给应征入伍者或爱国志愿者的费用，而且那些志愿保家卫国的战士与私人雇佣军相比，具有更多的牺牲精神和更强的战斗力。

现在看来，像建立军队这类的事（典型和极端的例证）的确应该由政府来管。捍卫国家主权，抵御外国侵略，对任何单独的个人而言，其代价都过于高昂，且一旦提供这种服务，就无法排除其他人从中获得益处，即所谓“搭便车”现象。所以人们必须通过政府的集团行动来提供国家防卫的物质保证；但还有许多其他的活动也是一个运转正常的社会所应该提供的，这些公共职能应该由谁来行使，现在并没有形成一致的看法。以民航和铁路运输为例，在一些国家，几乎清一色都是私人公司在经营，而在世界绝大多数国家都是由政府控制和经营。另一个有趣的现象是，政府所设立的机构常常委托私人公司进行管理。如一些国家的监狱，虽然隶属于政府，但却与私人公司签订了合同，委托它们雇用管理人员和警卫来经办监狱事务。再如一些大的住房工程虽然产权属于政府，但却由私人房地产公司进行开发和管理。又如，一辆坦克可以由军方订货，但却由私人公司生产。当然，人们也可以找到一些反例，即私人机构由政府部门出面管理。如政府租用私人建造的公寓，并把它作为公共住房工程加以管理；再如政府部门向私人房产主租赁办公大楼，为政府职员提供办公场地等。

总之，公共服务并不都是免费的午餐，有些时候完全可以由私人公司加以提供，而且只有在付了钱之后才能进行消费。公共活动是复杂多样的，公共职能未必得由公共部门独家行使，现实生活中存在许多不同的职能表现形式。

5. 公共权力

公共权力（public power）一般指由立法、行政、执法、司法等国家和社会的公共机构行使的权力，它在保证社会稳定、维持良性互动和促进经济发展方面发挥着任何非公共的私人权利都无法取代的重要作用。也正因为如此，相对于非公共领域的团体或个人而言，公共权力往往处于明显的优势地位。然而，“政府不是天使”，“公共权力是一把双刃剑”，公共权力不可避免地要交由具体的机构或个人去行使。这样，“执行公务”时便会出现实体上的公共性与形式上的私人性之间的矛盾，所以不可避免地会出现扩展权力的冲动和角色表现的悖论。因此，为了有效抑制这种非理性的冲动和角色的错位，就应该为公共权力划定法律界限。对私人权利而言，“法无禁止即自由”；对公共权力而言，“法无授权即禁止”。这是法治社会的基本理念。只有对公共权力实施有效制约，才能保证私人的合法权利和社会的良性运行。

一个成熟的法制社会，有限政府的理念会被视为行政的法则。在公权与私权博弈与角力时，政府需要表现出管理理性。就社会而言，行政之手不能愣充“千手观音”，不该伸手时就应作壁上观，不然，要么是权力寻租，腐败成灾，要么就是帮倒忙，管不了也管不好。进一步讲，在社会生活的一些方面，某些该与私权利保持距离、粗放式管理的公权力，不可过度“精细化”，更不可“一刀切”地一禁了之。行政之手“热心过度”会带来很多问题。

公权力的边界问题是个大问题，它关系到公权力危害个人权利的可能性，因此行使公权力必须确立边界意识。对公权力的边界予以限定，原因在于对权力扩张本性的警惕和对人性表现的不信任。只有在公权力边界得到限制的前提下，才能使公权力在不危害个人权利和社会自由的前提下，在法定的公共领域内有规则地运行。看过美国警匪片《神探亨特》的人对下面这段“套话”一定很熟悉：“你有权保持沉默，现在你所说的每句话都可能在审判中用作不利于你的证据。你可以请律师在讯问时到场，若无力聘请，可以为你指派。”这是美国（包括许多西方国家）警察在逮捕犯罪嫌疑人之前必须说的话。这个程序，在美国诉讼程序中被称为“米兰达规则”。说起“米兰达规则”，还有一段故事。

20 世纪 60 年代，当时才 20 多岁的米兰达因涉嫌劫持并强奸一名女青年而被警方逮捕。在警察的连续审问下，米兰达招供了。后来，亚利桑那州法院根据他的供述判他有罪。米兰达对此判决不服，一直上诉到联邦最高法院。他声称自己没罪，所做的供述是违心的，因为在接受讯问时他并不知道自己的供述会成为法院判决的依据，也不知道自己有权聘请律师。最高法院认为，警察未通知米兰达有权保持沉默、有权聘请律师，因而违反了宪法的有关规定。据此，最高法院推翻了州法院的判决，米兰达被释放。从此，美国警察便多了一项责任：逮捕犯罪嫌疑人时必须提醒他们拥有两项权利，即沉默的权利和聘请律师的权利。这就是著名的“米兰达规则”，美国警察衣袋里都装有一张印有这一警告的小卡片。多数美国人认为，“米兰达规则”对限制国家滥用权利、消除警察刑讯逼供、保护公民合法权利起到了重要作用。这是西方诉讼文化的一个特点。

6. 公共利益

虽然自古以来国家的形式变化多样，对国家存在的理由也有不同的解释，但是毫无疑问，公共利益（public interest）能够有效解释国家存在的正当性。公共利益概念是界定政府行为（公共政策）必要性的主要界限，是把握公共政策目标性的主要依据。

一般认为，公共利益是指一定范围内不特定多数人的共同利益。它包括国家利益、阶级利益、民族利益、集体利益在内的公共物质利益和精神需要。如果要正确界定公共利益，通常要遵循以下四项基本标准：公共性、合理性、正当性、公平性。

其一，公共性。较私人利益而言，公共利益首先是一种公众利益，受益主体具有普遍性或不特定性的显著特点；同时这种利益的实现主要依赖以政府为代表的公共选择机制，一般难以通过市场等私人选择机制来实现。

其二，合理性。由于一种公共利益的实现经常是以其他公共利益和私人利益的减损作为代价的，因此在界定公共利益时就应当遵循合理性原则（或者比例性原则）：要对局部公共利益与整体公共利益、短期公共利益与长期公共利益加以权衡；对可能减损的私人利益与可能增长的公共利益加以权衡；对实现公共利益的不同方式加以权衡。通过这些权衡，最大限度地避免因小失大，不能保了芝麻丢了西瓜。

其三，正当性。公共利益的界定事关广泛的公众利益，政府机关应当广泛听取、充分尊重公众意见，保证公共利益的界定基于广泛的民意之上。参与是民主重要的特征，程序是民主的有效保证。

其四，公平性。公共利益是一种公众利益，如果以减损少数人的私人利益却又不给予必要补偿的方式来增进公共利益，就会有违公共政策的正义和公平原则。这种补偿应当是一种得失相当的公平补偿和合理补偿，而不能只是强制性和象征性的"适当补偿"或者弹性很大的"相应补偿"。

1.1.2　透视"政策"概念

1. 政策概念的演变

"政策"这个词的意思也有一个变化发展的过程，它像"公共"这一表述一样，并不是非常精确的或一看就能明白的，对它的定义看起来只有一定程度上的一致。根据大家普遍使用的情况来看，政策经常被运用于比特定的决定更大、比大规模社会运动更小的一些事情上。因而，从分析的角度而言，政策这个概念往往被粗略地置于中间的层次。大多数学者在使用这个词时主要强调的是蕴涵其中的某种目的性，这无疑更突出地表现了政策的最基本特征。

在一些语言里，比如英语，政策与行政概念的区分早已有了明确的定义，政策是打算去做的事情，行政是正在做着的事情。牛津英语字典对政策所作的定义涵盖了这样一些内容："政治的睿智，治国的本领，慎重的引导，权术以及被政府、党派等采纳的行动方案。"

政策一词的含义还必须从更深的历史背景中加以理解。正像理解公共概念一样，政策含义的不断变化告诉了我们许多政策在实践活动中的变化。从历史角度看，政策曾有着丰富且复杂的含义。比如，在莎士比亚的剧作里我们可以发现四种不同的用法：谨慎和小心；一种统治形式；事务及其管理；马基雅维里主义（权术）。政策涵盖了制造政治假象和进行政治欺骗的伎俩。故弄玄虚、表里不一、诡计多端和制造错觉同样是权力形成的基础材料。莎士比亚使用了当时非常著名的马基雅维里哲学中的词语：权力不能单纯凭借武力来维护，政策从中发挥着重要的作用。从马基雅维里哲学来看，权力还需要政策来支撑，像莎翁在《雅典的泰门》中告诉我们的那样，那是一种脱离了良心道德的实用工具。

的确，从古时候起，人们就尝试创作政治哲学的故事以表现对政策和问题等领域的关注，而且这种关注一直是政治理论的核心内容。与莎士比亚生活在同一时代的弗朗西斯·培根和马洛也从理性诡诈的层面上定义了政策。

在马洛的剧本《马耳他的犹太人》里面，政策的概念起到一个核心的作用。这个词在台词中出现了许多次。比如，一位爵士称其为"看似简单的政策"，对此，巴拉巴斯补充说："唉，政策，那是他们的专业，并不像他们口头上所讲的那样简单。"政策有其实质性的含义——谋划。政策就是要编造一个似乎有理的情节以确保阴谋者能够达到他想要达到的目的，政策在统治活动中往往就扮演着这样一种角色。而且，正像伊萨斯所讲的，“意思中还有一层意思”。巴拉巴斯就是靠他的政策得到了“并不简单的职位”，成为马耳他的统治者。他在土耳其人和基督教徒之间挑拨离间、制造矛盾，从而运用他的政策从中渔利。

然而，随着时间的推移，被当作政治的政策概念和被当作政策的政治概念都被另一种政策的理念所取代，即把政策视为政治的贯彻落实或行政/官僚体系所担负的职能。随着工业社会的不断发展及继之而起的行政方式的不断变化，马克斯·韦伯所论证的官僚制成为了国家理性结构的主体形式。

官僚制从其充当非政治角色的主张中取得合法性，同时政治家们也宣称其权威依赖于公众对其政策的认可或由选民们支撑的“讲台”。从而，政策这个词就成为政治理性的一种表达形式。有了一项政策也就等于宣称有了理解和解决问题的合理原因和依据。政策就是提出可以做什么和应该做什么。它提供了一种能使政府合法性得以实现的途径。随着工业社会中现代选举制和党派体制的发展，有关政策的对话就成为选民们涉足政治领域并与政治精英展开对抗的主要方式。政治家被期望能有政策，这就像一个商店被期望能有商品销售一样。按照熊彼特（E. F. Schumpeter）对民主真实性的解释，一项政策或一条政纲就是民主交换的基础货币：

> 民主方法是为达成政治决定所作的制度安排。在这种制度安排下，个人依赖其选举权及为之所进行的斗争，要求得到参与政策制定的一些权利……当然，所有的政党在特定的时间都要为自己提出一整套原则和纲领，这些原则和纲领代表了那个政党所具有的特征并对其能否成功具有重要影响，这就像百货商店里标明商品特征的商标对这种商品能否取得成功具有重要影响一样……政党管理的心理技能以及设计政党广告、宣传口号、前进步调的技术不是什么附属品，它们才是政治的本质。①

把政策视为一个产品或一条政纲的理念继而发展出一个中性的内涵，这与莎士比亚和马洛戏剧中所反映出的马基雅维里对政策的见解相去甚远。政策和政治现在（至少在英语中如此）已成为非常明确的术语。因而政策的话语成为了政治理性的重要工具。正如拉斯韦尔指出的那样：

> 政策一词被普遍地用于标明在组织或私人生活里所作的最重要的选择……这样政策就摆脱了许多与政治一词绑在一起的、不合需要的内涵，而政治经常被认为指的是党派或腐败。②

在以自由民主理念为指导的制度框架里，政治精英不得不为他们提议的内容或所做的事情提供合理的依据。在一个以宗教信仰方式运行的政体里，一项命令或决定只要符合宗

---

① E. F. Schumpeter，*Capitalism，Socialism and Democracy*，London，Allen & Unwin，1974，pp. 269-283.

② H. D. Lasswell，“The Policy Orientation，” in D. Lerner and H. D. Lasswell（eds.），*The Policy Sciences*，Stanford，Stanford University Press，1951.

教的戒律就足以被认为是正当的和合法的；在君主专制制度下，统治措施的贯彻与执行根本无须作出原因的解释。彼得大帝就曾经说，他之所以不喜欢胡须就是因为它总是要被剃掉。的确，政策在有些统治者眼里不过是一种时髦的虚饰。但在脱离了宗教价值观和强权理念的社会形态里，作为决策者的政治家们就不得不宣称他们正在做的事情都经过了对事实的理性考虑，都有充分的根据。换一句话讲，当政府选择做什么的时候，公众期望政府能够有一项政策。

英语中政策一词的现代含义是一整套行动方案或计划，一组政治目标（这一点与行政正相反），尤其是在第二次世界大战结束以后的这个阶段里，政策被认为是考虑作出判断时发表的政见及其理论上的说明。比如，我们可以设想一下，政治家们能承认他们对事件X或事件Y拿不出政策吗？一项政策可以说就是一种为政府行动或反应作出原因解释和提供合理依据的尝试。

因为国家改变了它的合法化表达方式，所以政策的作用也要有所改变。第二次世界大战后的现代自由民主国家寻求建立通过政策来解释其合法性的制度体系。霍格吾德和冈恩详细阐明了政策一词在现代意义上的十种用法：

- 一个活动领域的标签
- 总体目标或事物期望状态的一种表达
- 专门性的建议
- 政府的决定
- 正式的核准
- 一项计划
- 一种产品
- 一种结果
- 一种理论或模型
- 一个过程①

2. 社会理论家的贡献

下面我们选择了一些社会理论家进行介绍，他们的思想观点对政策概念的演变有着很大的影响。

（1）马基雅维里。马基雅维里（Niccolò Machiavelli）是意大利著名的政治家和思想家，资本主义初期进步思想的代表人物。他出身于佛罗伦萨的富豪家庭。但是到他父亲那一代时，除四壁图书外已一无所有。因此，他始终没有机会学习希腊文，而攻读拉丁文也多以自学为主。他曾参加推翻美第奇家族统治的起义，担任过佛罗伦萨共和国“十人执政委员会”的秘书。当皮埃罗·索德里尼当选为佛罗伦萨旗官（首席执政官）时，他成为索德里尼最为得力的助手，主要负责外交和国防事务。1511年，教皇的神圣联盟军队前来讨伐佛罗伦萨，废黜了旗官索德里尼。1512年，美第奇家族重新成为了佛罗伦萨的主人，马基雅维里被免除了所有的职务。1513年，他因涉嫌一起反对美第奇家族统治的活动而

① B. W. Hogwood and L. A. Gunn, *Policy Analysis for the Real World*, London, Oxford University Press, 1984, pp. 13-19.

被投入监狱。几经拷问，他坚持陈述自己是无辜的，最后终于获释。这时他已一贫如洗，藏身于佛罗伦萨郊外一个祖遗的小庄园里，开始发愤地写作。他的两部名著《君主论》（有人译为《霸术》）和《论李维》就是在这个时候完成的。马基雅维里主张结束意大利的政治分裂，建立一个统一而强大的君主国。这反映了意大利新兴资产阶级的政治要求。马基雅维里认为，那些掌握权力的人应该了解权力如何发挥作用。而且，他确信，需要高质量的信息以及能对这些信息作出恰当的解释。不仅如此，他还相信，有可能对人类行为的特征以及人类行为对制度与结构的影响作出一般性的结论。简而言之，他认为政府工作是一个需要特殊技能的行业，对这种技术的研究能够逐渐向科学迈进。马基雅维里对国家管理的技能（治国术）很感兴趣，他的信念是，通过反映政治和权力真实性的知识，决策者能够更好地控制事态并具有更强的处理问题的能力。正像后人对其所作的评价那样，马基雅维里所关心的问题与现代社会的治国术有一种奇妙的共鸣。

当马基雅维里坐下来写《君主论》这本书的时候，他的心情肯定是非常焦虑的。在从事了多年的政府工作之后，他终于有充裕的时间坐下来，安安静静地进行思考，并反省自己过去的经历。在这本写给新统治者的建议书中，他试图在新到来的美第奇行政时代为自己谋得一官半职。然而，他的希望最终落空。马基雅维里所遇到的难题在今天这个世界里对那些即将成为或曾经是政府官员的人来说也同样不会感到陌生。如果马基雅维里能够生活在今天的世界里，他将会坐在一个国际著名的“思想库”里，被一大群秘书簇拥着，电视台谈话节目制片人的电话一个接一个打来，溢美之词充斥耳鼓。“政策智囊”这个美国人创造的称谓，用在他的身上是再恰当不过了。的确，今天的政策智囊们仍在尽力提出他们的研究结论以表现出一种公正的专业才干。但是，像马基雅维里一样，他们总是在使劲拉扯政治家们的袖子。

马基雅维里被权力及其结果强烈地吸引，他认为权力的结果就是通过政策的运用达到权力持有者所要达到的目标。他相信他已经发现了在一个屈从于持续变化的世界里使政策和政治成形的基础动力。总之，他关心目的和手段的关系及其在变化过程中的前后联系，他认为这种变化往往会超出人类的理性控制，似由命运女神在操纵。具有影响力的政治家是一个能够最充分地利用时间和环境的人。马基雅维里相信，国家利益应成为政府政治行为的唯一准则，政府权力应作为国家和法律的基础。他主张，统治者为达到自己的目的可以不择手段，在外交领域以实力讲话，只要具备实力就没有必要去遵守道义和诺言。后来他的“以目的说明手段正当”的理论被称为马基雅维里主义。

对《君主论》一书我们仍会有一种非常现代的感受。政策科学在20世纪的出现似与马基雅维里提出的原因如出一辙：要求搞明白政府内部实际发生的情况以及政府的运行如何符合其承诺。政策的成功、实际的执行、最终的结果，这是我们在政府内赖以判断事物的基本标准。政策是一种策略，靠它才能达到目标。一项政策是正确的还是错误的并不重要，重要的是它所取得的最终结果是不是符合政策设计所要达到的目标。其中的谎言单从效果看也可能成为合法性的真正源泉。

（2）培根。如果说马基雅维里是一位视政策为狡诈和诡计的哲学大师的话，那么弗朗西斯·培根（Francis Bacon）则可能被说成是一个在更现代的意义上探究政策，视政策为知识所预见的理性行为的人。作为一个与莎士比亚同时代的人（有一些人坚持认为是培根写了莎士比亚的戏剧)，培根的政策思想追求的是一条中间的道路。

好的政策实质上所要实现的是一种行使权力所需要的能力，这种能力表现在通过赢得支持与赞同而不是对抗来支撑权威与合法性。然而，詹姆斯国王并没有全部接受这些建议。权力是知识的实践，这也可以用培根著名的格言“知识就是力量”来表述。对培根而言，政策是基于统治目的的知识运用。

培根和马基雅维里两人都对他们那个时代的政府和政治极为关注，而且两人都曾有过在法庭上丢掉官职的屈辱经历。依马基雅维里的观点，政策是支撑权力的活动；而对培根而言，政策是支撑平衡的活动。马基雅维里认为政策顾问是在帮助亲王撒谎、欺骗乃至谋杀；而培根却从另一方面理解，他设想顾问们的作用应该更高尚、更富有力量，正像在他的《新大西岛》(1627 年在他逝世后出版) 一书中所描述的那样。培根在这部乌托邦式的小说中绘制了一幅新世界的蓝图，构筑了一个理想国的框架，培根哲学的原则在那里得到充分实现，科学家在一个全新的社会秩序下拥有真正的权力。

当然，从研究风格和方法上看，培根与马基雅维里可谓一脉相承。作为一个哲学家，培根在他所处的时代里寻求科学知识和归纳方法的有机组合；作为一个政治理论家，他尽力定义和提炼政治的内涵和学问。培根认为，从根本上讲，进步依赖于科学知识的组织，统治依赖于政策知识的组织。政府涉及利用知识与判断的复杂艺术。

培根对政策的认识基于这样一种理念，即完全可能运用知识制定更好的政策，这与马基雅维里的政策观点如出一辙。两个人的政策观最大的不同之处是，马基雅维里的观点更富有历史的含义。培根曾在他的书中写道，政策的形成需要内心的支持和赞成，国王应该意识到建立这种赞同的必要性。政策所涉及的这方面内容用我们现代的语言表述就叫作合法性。政策是一种国王为促进政治力量的平衡而作出决定的活动。由于培根的归纳法及其对科学的坚信，他被公认为现代政策理念的创始人，他视政策为理性的思考和科学的产品。

(3) 杰里米·边沁和詹姆斯·穆勒。杰里米·边沁和詹姆斯·穆勒是功利主义杰出的代表人物。功利主义起源于 18 世纪末 19 世纪初，其基本原则是：一种行为如果有助于增进幸福，则为正确的；如果导致与幸福相反的东西产生，则为错误的。幸福不仅涉及行为的当事人，也涉及受该行为影响的每一个人。

功利主义与伦理学不同，伦理学在评价行为的正确与错误时，不考虑行为的结果，只考虑当事人的动机，并以此判断行为的是与非；而在功利主义者看来，不好的动机也有可能导致好的结果。边沁和穆勒都认为，人类行为的唯一目的就是追求幸福，所以对幸福的促进就成为判断人的一切行为的标准。

他们宣称，“最大多数的最大幸福”这一功利原则应该成为个人行动和政府政策的基础。以此为标准才能对政策的好与坏作出判断。功利主义的信条是，可以在幸福与痛苦之间作出计算，也可以基于结果对行动进行比较，从而探寻人类福利的量化形式和模型，为政策理论的发展铺平道路。从公共政策方面的改革情况看，经常采取促进更大社会福利和更多个人自由方面的功利主义形式。作为一种理论，功利主义受到众多的批评，理由如这种“快乐计算”忽略了道德因素和公正平等问题。不过，功利主义对政策理念与政策科学的发展所起到的中心作用使其哲学方面的缺陷并没有引起人们更多的注意。

如果我们按照詹金斯·史密斯的观点把政策分析定义为评估公共政策方案并加以选择的一套技术的话，那么杰里米·边沁和詹姆斯·穆勒以及其他功利主义哲学家所作的贡献就在于定义了政策理念的中心因素，即突出了“福利的计算是可能的和必要的”这样一种概念。从这一前提出发，经济学家就能够提出比较成本—收益和确认效率水平的方法。总而言之，他们所强调的是，政策应该以幸福为出发点，而这种幸福是建立在多数基础上的幸福。

（4）詹姆斯和杜威。威廉·詹姆斯（William James）是美国著名的心理学家和哲学家。他 19 岁进入哈佛大学攻读医学，同时广泛阅读心理学和哲学方面的著作，特别是有关康德主义和相对主义的著作。他对哲学的兴趣远远超过了对医学的兴趣。1872—1876 年间，他在哈佛大学任教，1890 年出版了《心理学原理》一书，论证了思维和知识在生存斗争中的工具作用。1907 年出版了《实用主义：旧思维方法的新名称》一书，系统阐述了实用主义的理论。这时，詹姆斯的哲学在英语国家中已处于主导地位。他与杜威同被誉为现代实用主义之父。实用主义是一种哲学学说，首先由美国的查里斯·S·皮尔斯提出，当时主要是指实验性的、以经验为依据的思想。皮尔斯在 1878 年首次表述了实用主义的基本原则：任何一个概念的全部内容和意义在于它所能引起的效果。詹姆斯对实用主义可谓情有独钟，他将其称之为“彻底经验论”。他相信心理学起源于经验生物学的知识而非思想反省的产物。作为一位哲学家，他认为真实只是相对理念而言的，理念只有通过事件才能成为真实。从生物学角度看，思想是一种活动，它使人类能够为生存和发展去改变自身的环境。詹姆斯喜欢把哲学家区分为现实的和空想的两类，前者对经验知识非常敏感，后者从抽象思维中获取理念。在两次世界大战期间，希望对美国的公共政策作出变革的一些社会改革家、社会科学家和政治家受到这种现实性理念的很大影响。詹姆斯“激进经验主义”的大旗是鼓舞这一代人前进的思想源泉，这一代人相信，为了推动人类社会的前进，通过社会实验并运用经验知识，改进和完善政策及其过程是可以实现的。

约翰·杜威是美国的一位长寿和多产的作家和改革家。他与皮尔斯和詹姆斯共享实用主义哲学学派创立者的美誉。他曾在伯灵顿大学学习，毕业后在一所中学里教了三年书，1882 年秋季进入约翰斯·霍普金斯大学研究哲学，1884 年获得哲学博士学位。1894 年，开始担任芝加哥大学哲学系主任。他曾任美国心理学会、哲学学会和大学教授联合会会长。1919—1921 年间和 1931 年他两次来中国讲学，通过他的学生（胡适等）传播他的思想。对他而言，实用主义是一种社会实验的方法，一种实验并学习的形式。按杜威的理解，民主是一种调查研究的活动，在这种活动中思想得到交流并通过不断的学习和实验使社会问题得到解决。对新的政治技术的发展，他举双手拥护。他相信，这种政治技术能为民主制度下的问题解决提供更科学的方法。

杜威自称其哲学为“工具主义”，认为一切科学理论都可归结为经验，科学理论只是帮助人们整理经验、适应环境的工具和手段。他认为真理不是主观世界对客观世界及其规律的正确反映，主张“有用就是真理”，“成功证明手段合理”，“能满足我的需要就是真理”。杜威提出，在解决社会问题时不应再使用诸如个人主义和社会主义、竞争和合作、独裁和民主之类抽象的概念，而应通过特定的调查、专门的分析、系统的陈述、耐心的实验和渐进的改良来加以处理。杜威的思想在最近几十年里一直受到一些批判理论家和社会实验主义者的推崇。

总而言之，杜威和詹姆斯的实用主义思想遗产是一种召唤，它使政治行动领域和社会科学领域越来越关注社会和政府的改善。这种把政策焦点置于解决问题的理念逐渐成为了政策科学的核心信条，在第二次世界大战后的年代里，无论是在美国还是在世界的其他地方，这一理念都得到了很大的发展。

1.1.3 什么是公共政策

从抽象层面定义公共政策，思路不胜枚举，结果难以统一。有的学者从广义的角度去界定，也有的学者从狭义的角度去解释；有的学者习惯从政治的角度给出定义，也有的学者习惯从行政的角度进行说明；有的学者强调政策的实质性功能，也有的学者关注政策的象征性特征；有的学者认为公共政策具有问题导向，也有的学者认为利益分配是公共政策的核心功能。

在本书中，政策被定义为社会公共权威在特定情境中，为达到一定目标而制定的行动方案或行动准则。其作用是规范和指导有关机构、团体或个人的行动，其表现形式包括法律法规、行政规定或命令、国家领导人口头或书面的指示、政府大型规划、具体行动计划及相关策略等。

在上述定义中，社会公共权威是一个较为宽泛的概念，它既包括国家政府或执政党派，又涵盖宗教团体或宗族势力，泛指具有特殊权力、能够制定公共政策的政治实体。当然，政策既可能是个人制定的，也可能是群体制定的。但个人是代表群体的个人，群体是作为组织核心的群体。特定情境是指特定的历史时期和特定的环境条件，以及公共政策特定的适用范围，即所谓的时空条件。政策目标是政策的灵魂，一般而言，制定政策总是为了达到一定的目标，从主观来看，不会有无的放矢的政策。行动方案是指政策的具体性和可操作性，行动准则是指政策的指导性和原则性。

公共政策的概念梳理

公共政策具有明显的跨学科特征并被广泛应用于社会各个领域，不同的研究者会从不同的分析角度，应用不同的理论和方法去研究不同的政策现象，而不同的公共政策实践亦需要针对性很强的、不同的公共政策理论与方法，这就使得对公共政策概念的解释遇到一些麻烦。在学术领域，人们对公共政策含义的理解歧义颇多，并没有形成一致的界定和彼此的认同。下面介绍的是一些颇具代表性的观点。

美国学者伍德罗·威尔逊（Woodrow Wilson）认为，公共政策是由政治家（具有立法权者）制定的并由行政人员（国家公务人员）执行的法律和法规。这一定义主要是从政策制定和政策执行的角度对公共政策进行界定，并借助政策的概念解释了政治和行政的不同，对理解公共政策具有重要的启示意义。①

① 参见伍启元：《公共政策》（上册），4页，台北，台湾商务印书馆，1985。

美国政治学家哈罗德·拉斯维尔（Harold D. Lasswell）在政策科学创立之初就曾提出，公共政策实际是“一种含有目标、价值和策略的大型计划”。这一定义突出了公共政策的设计功能及其目标取向，强调了理性的政策制定通常应有科学的论证和合理的程序。①

美籍加拿大学者戴维·伊斯顿（David Easton）在《政治体系》（1953）一书中，确定了政治系统的概念。他认为，政治系统是一个对社会进行权威性价值分配的行为系统，它由整个政治活动组成，并以人际互动为基本单位。政治系统的主要功能是根据社会系统的需要，通过政策的制定和执行对全社会的价值进行权威性的分配。而这种权威性的政策制定和执行其实是一种政治现象。② 伊斯顿还著有《对政治生活的系统分析》（1965）、《政治制度：对政治学状况的探究》（1971）等著作。他对政策概念的解释主要出于传统政治学原理的视角，侧重于公共政策的价值分配功能。其中所涉及的“价值”应从广义去理解，它是指所有有价值的东西，不仅包括实物、资金和知识，还包括权力、声誉和服务。这种理解隐含了一个最基本的政治学假设，即利益及利益关系是人类社会活动的基础，而政府的基本职能就是对利益进行社会性的分配。公共政策是政府进行社会性利益分配的主要形式，即决定什么人取得什么和取得多少。

美国学者托马斯·戴伊（Thomas R. Dye）在《理解公共政策》一书中明确指出：“公共政策是政府选择做的或选择不做的事情”。这一定义侧重了政府的作为和无为，突出了公共政策的行为特征，说明公共政策不仅涉及政府所采取的行动，而且还涉及政府决定停止的行动和根本不去做的事情。③

美国学者罗伯特·艾斯顿（Robert Eyestone）在《公共政策的思路：对政策领导的研究》（1971）一书中指出，“从广义上讲”，公共政策就是“政府机构与其周围环境之间的关系”。④ 这种理解是从政治系统角度认识公共政策，认为公共政策是政府与其环境互动的结果，突出了环境因素的作用，强调了政治系统的功能。

英国学者理查德·罗斯（Richard Rose）在《英国的政策制定》（1969）一书中提出，不该把公共政策只看作某个孤立的决定，而应把它看作是由“或多或少有联系的一系列活动所组成的一个较长的过程”，以及这些活动对有关事物的作用和影响。⑤ 尽管罗斯的定义并不十分明确，但它却包含了一种很有价值的见解，即公共政策是一个活动过程或一种活动方式，而不仅仅是一个关于做什么事的决定。

美国学者斯图亚特·内格尔（Stuart S. Nagel）认为，公共政策是政府为解决各种各

---

① H. D. Lasswell and A. Kaplan，*Power and Society*，N. Y.，McGraw-Hill Book Co.，1963，p. 70.

② David Easton，*The Political System：An Inquiry into the State of Political Science*，N. Y.，Knopf，1953，p. 129.（[美] 戴维·伊斯顿：《政治体系——政治学状况研究》，北京，商务印书馆，1993。）

③ 参见 [美] 托马斯·戴伊：《理解公共政策》，2页，台北，韦伯文化事业出版社，1999。

④ Robert Eyestone，*The Threads of Public Policy：A Study in Policy Leadership*，Indianapo-lis，Bobbs-Merrill，1971.

⑤ Richard Rose，*Policy-Making in Britain：A Reader in Government*，London，Macmillan，and New York，Free Press，1969.

样社会问题所作出的决定。政策研究是对公共政策的性质、原因及效果进行的研究。① 内格尔的这种观点突出了公共政策的问题导向及其实践特征。

美国学者叶海卡·德罗尔（Yehezkel Dror）在《重新审视公共政策制定》（1968）一书中强调，政策就是在指导社会行动的主要方案之间进行选择的结果②，这种观点的渊源甚至可以追溯到古希腊和欧洲文艺复兴时期的政治理论。从选择的角度而言，德罗尔认为政策作为一种理念，可以从重商主义者的论著中得到启示，换句话讲，所谓决策就是从个人立场出发，作出最大价值的选择。

美国学者查尔斯·柯克兰和埃利依斯·马龙（Charles L. Cochran and Eloise F. Malone）在《公共政策：展望与选择》（1999）一书中提到，公共政策概念源于政治学。③ 从广义上说，对公共政策的研究可以追溯到人类文明的起源，但只是在20世纪60年代中期公共政策才成为一个政治学的附属学科，常被人们称为应用政治学。研究公共政策其实就是研究政府的决定及其旨在处理公共问题的行动。

美国学者詹姆斯·安德森（James E. Anderson）在《公共政策制定》（2003）一书中指出：公共政策是一个或一组行动者为解决一个问题或相关事务所采取的相对稳定的、有目的的一系列行动。④ 这种定义更关注政府实际所做的事情，而不是那些仅仅被提出或打算去做的事情；此外，它还区分了政策与决策的不同，决策本质上是指在众多预案中作出特定的选择，而政策却明显带有过程的特征。

台湾学者伍启元先生在《公共政策》（1985）一书中提出："公共政策是政府所采取的对公私行动的指引；公共政策是将来取向的；公共政策是目标取向的；公共政策是与价值有密切关联而受社会价值所影响的；公共政策是由政府或有决策权者所采取或选择的；公共政策是具有拘束性而受大多数人接受的行动指引。"⑤

1.2 政治与政策

1.2.1 公共政策的政治解释

因为从政治概念的最一般的意义上讲，公共政策是解决冲突性要求并为合作提供激励的一种行动模式，所以我们希望公共政策至少应当与政治活动的各个方面及其类型大体上保持一致。正如我们将在下文中看到的，尽管用一个简洁的短语来定义政策或许像寻找政

① 参见［美］斯图亚特·内格尔主编：《政策研究百科全书》，7页，北京，科学技术文献出版社，1990。

② Yehezkel Dror, *Public Policymaking Reexamined* "San Francisco, CA" Chandler Publishing Company, 1968.

③ Charles L. Cochran and Eloise F. Malone, *Public Policy: Perspectives & Choices*, Second Edition, N. Y., McGraw-Hill, 1999.

④ James E. Anderson, *Public Policymaking*, Fifth Edition, Boston, Houghton Mifflin Company, 2003.

⑤ 伍启元：《公共政策》（上册），4页。

治的一个简单定义一样困难和徒劳，但是我们的分析并不会与所要达到的目标相差得太远。

广义的政策概念表现出两个非常显著的特点。首先，政策是一种社会活动，而不是单一的或孤立的事件。例如，一次暗杀是一个政治事件，即使它在一个国家的整个历史中只发生过一次，但它并非是一项政策或者一个政策所要解决的问题，除非它被视为一种重复性的活动，一种由某一社会组织（如革命团体或宗教团体）所进行的活动。其次，政策产生于两种需要的其中一种，或者是协调冲突性要求，或者是为集体活动建立激励机制，这类集体活动的参与者往往具有相对一致性的目标，但总会在活动中发现与他人的合作不怎么合算（后面这种情况有时要求解决“搭便车”问题）。如果我们考察一下社会生活中存在的政策现象，我们就不难发现，它们都或多或少带有这样一种真实性的特点，即糟糕的事情已经摆在了你的面前，人们既不能通过自发性方式也不能根据某种愉快合作的自然法则提出其要求或表现其目标。

实际上，有时冲突性要求是由那些渴望提出要求的人们以直接方式加以表达的，这是日常生活中司空见惯的政策现象。例如，当黑人要求进入公立学校学习而白人想把他们排斥在外时，反对性主张都是由那些持反对意见的团体提出的。而在另一些时候，这些要求则仅仅表现为各种对立的行动，且看似需要对其拿出一定的解决办法。但实际上，建立新的机构，组织新的团体，扩大公民权利，可能并不是为了回应社团要求所实施的行动，而只是出于领导对秩序要求或道德规范所进行的个人考虑。还有些时候，或许会有一些具有理性的个人怀有一致性的目标，可单靠他们自己却难以找到一种合理的合作方式来实现这些目标，政策是一种社会实践性活动。在所有政策实例中人们都可以清楚地感觉到，单靠分析思考而不采取行动，那么任何事情都解决不了。例如，一个建筑师桌子上有三种方案，直到他开始执行某种方案而放弃其他方案的时候，才是以类似政策活动的方式开展行动。政策实际上是某种行动，而不是几种可供选择的主张。

实践中我们不难发现，一些最重要类型的公共政策都是在资源缺乏的情况下制定的。假设我们都具备足够的物质资源，那么许多最重要类型的政治冲突就会消失。可利用资源的数量无疑会对一种或另一种政策的出台有着有利或不利的影响。有许多经济学家认为，在贫困社会中不断加大稀有资源（最大化）的利用是目前最令人头痛的一个问题，它对社会的可持续发展构成严重的威胁；而解决富裕社会中存在的分配难题也同样迫在眉睫，它使政府面临严峻的挑战。但是，即便我们在物质方面拥有我们所需要的一切，所有的人都对物品的分配感到满意，各种争端同样可能在伦理领域中发生。例如，一些人认为堕胎是可以接受的，而另一些人则认为是不可以接受的；一些人认为选择安乐死是个人的权利，而另一些人则认为生命权并不属于个人。这样的分歧就会产生不能由更多的物质资源或更好的分配方式加以解决的道德问题。因此，公共政策即使在资源缺乏的问题并不突出的时候也需要不时地制定和出台。

可能最好的定义方式就是把“公共政策”视为一系列程式化的政治企图，或是为了解决或控制政治争端，或是为了确保一致性目标的实现而提供的一种理性激励。这是因为公共政策问题所涉及的范围很广，既包括物质资料方面的问题，又包括伦理道德方面的问题。政治事件可能进入不了政策问题的领域，例如，一次谋杀行动。但是，如果一个政治事件变成一个需要政策来解决的问题，如重复性谋杀行动，那么一些模式化的反应将会使所制定的政策带有上述的几个特征。

1.2.2　政治行动的三种类型：控制、交易与博弈

什么是政治？这似乎是一个不朽的话题。从古希腊的哲学到欧洲文艺复兴时期的思想启蒙，从马克思主义的唯物主义历史观到现代的自由民主理念，无不对政治的定义具有浓厚的兴趣。古希腊哲学家亚里士多德就曾认为，政治只是用以满足团结需要的一种调节手段，政治在利益差异中创造平衡，在价值冲突中创造秩序，政治是为民谋利的一种"善业"，是实现正义、治理国家的行动。古典政治学说和政府理论正是基于这样的理念逐渐形成和发展起来的。

现代的政治理论家们普遍认为政治并非是一个失去父母的孤儿，而是一个几世同堂的大家族。他们并不满足于单一术语的定义（如价值或利益的权威分配），而是倾向于给予政治概念一组多元化的解释，尽可能准确地区分政治家族中的不同成员。弗雷德·弗罗霍克在《公共政策》一书中从政治行动的类型分析入手对政治的含义进行了总结和概括。[①]他认为，从学术层面上来看，近些年来，起主导作用的主要有以下三种观点：

1. 权力与控制（power and control）

这种观点视政治为一个强制性模型，这是最为传统的一种认识。它认为，政治活动经常以一种命令形式表现而且通常需要以武力作依托。俗话说，弱国无外交，你不具备一定的实力，靠什么去命令和指挥别人，谁又会买你的账呢？马克斯·韦伯就把国家定义为在一定领土范围内对武力具有垄断性的社会机构。国家行使最后的或终极的权力，这种权力至高无上且无与伦比。这种观点与现代一些有关政治体系的看法相吻合，突出了互动体系中的强制职能及其合法性。这种控制模型尽管有助于我们更好地理解政治活动的许多种形式，但它不可能涵盖政治活动的所有形式。国家并不单单只具有警察的职能，统治也不仅仅只表现为强制性执行。

2. 讨价还价（bargain）

一些政治研究强调了政治活动的交易属性，交换政治利益的基本方式就是讨价还价。这种活动通常发生在相互难以靠命令施以控制的人们和团体之间。各方在讨价还价中有付出也有所得，从而达成一个能使各方基本满意的结果。在自由民主的社会制度下，一项政府政策的出台往往就是各种利益集团进行政治交易的结果。斗争和妥协是政治交易中必不可少的策略和手段。磋商和调解是相互竞争且权力相当的各派政治力量的共同需要，但如果出现互不妥协和谈判破裂的情况，武力的使用和强权的实施也并非不可能出现。美国总统艾森豪威尔派军队进驻小石城中心中学就是一个很好的例证。

> 在取消公立学校种族隔离的问题上，如果 1957 年艾森豪威尔总统没有决定动用军事力量，那么在小石城中心中学取消种族隔离的措施就无法实施，联邦法院的判决

---

① Fred M. Frohock, *Public Policy: Scope and Logic*, Englewood Cliffs, N. J., Prentice Hall, 1979, pp. 9-12.

就会落得个无意义的下场。当时的州长法伯斯（Farbus）曾下令阿肯色州的民兵部队开往该中学，目的是阻止联邦法院的执行官执行联邦法院的命令，并把黑人学生赶离小石城中心中学。艾森豪威尔号召阿肯色州的民兵部队听从联邦法院的命令，迅速从校园里撤离，并以美国第82空降师取而代之。艾森豪威尔并未就取消种族隔离问题专门进行过公开演说，但此次由阿肯色州州长引发的对国家权威的挑战，使他不得不采取果断措施维护联邦政府的权威。如此看来，当协商解决不了问题的时候，强权往往就会派上用场。

3. 博弈（gaming）

博弈论是运用数学模型解释两个或更多的参与者彼此冲突与合作的行为模式。不像权力与控制理论，更不像讨价还价理论，正规博弈中的参与者并不需要彼此发生直接的影响。他们可以作用于一定的环境以使他们自己（同时也包括其他的人）确保一种结果的形成。博弈的参与者彼此通常不具备命令与被命令的关系，至少在权力关系中难以发现处于优势地位的人。有时在某些合作性的博弈中也会有讨价还价的现象出现，通常为达到一定的结果彼此都要付出一定的代价。但是，在其他一些更富有竞争性的博弈中，特别是零和博弈①中，参与者不必相互讨价还价，他们可以转而命令旁观者或与旁观者讨价还价，就像候选人对选民们所做的那些事一样。例如，选举的目的就是为了在与其他参与者的竞争中赢得最多的选票。政治的博弈观强调的是非权力环境中人们的战略与战术。它有助于阐明政治活动的参与者在既不彼此控制也无须直接交换利益的情况下颇令人费解的竞争与合作行为。

以上阐述的三种政治观，尽管只是对政治活动庞大家族的重点成员作了极为简单的介绍，远没有达到详尽无遗的要求，但它们具有非常重要的启发性作用，对于指导我们探讨公共政策的含义有很大的帮助。

1.2.3 政治的三个层面及其与公共政策的关系

埃米特·S·雷德福德（Emmette S. Redford）在《行政国家中的民主》一书中从政治行动的层次分析入手对公共政策的含义进行了总结和概括。② 显然，政策主体并不全部参与所有公共政策的制定过程，社会中只有某一些事务能够引起人们的普遍关注，从而吸引了众多的政策参与者；而另一些事务则因为不那么引人注目或只影响到少数人，结果就很少引起人们的注意或参与。那么，根据问题涉及范围的大小和人们参与程度的高低，就能够从三个层面上去理解公共政策，即微观政治层面、中观政治层面和宏观政治层面。

1. 微观政治

微观政治是指个人、公司和社区向政府有关部门提出他们的政策诉求，努力寻求政府采取有利于他们的行动。当个人到政府或准政府部门寻求有利的裁定或要求自己免受某种

① 在零和博弈中，我得你失；在非零和博弈中，我得你不一定失，可能出现双赢。

② Emmette S. Redford, *Democracy in the Administrative State*, Chapter 4 and Chapter 5, London, Oxford University Press, 1969.

法规的限制时，当公司到政府或准政府部门寻求政策法规的有利变革时，当社区要求政府部门批准它们的建设项目或反对政府在该社区的建设项目时，微观政治便产生了。微观政治所涉及的是一个或数个个人、公司和社区的具体、分散且十分迫切的利益需求。这里所要寻求的政策决定只适用于少数人。一般而言，不管一个或多个政策决定对努力寻求它或它们的那些人来说多么重要，也不管一个或多个政策决定最后导致的结果怎样，都只有少数人与其相关，即参与的官员有限，政策的目标群体有限，甚至只有他们才关心或了解这种政策决定形成的过程。

作出这类决定一般无须顾虑资源的有限性，因为它所涉及的范围很窄。而且政策诉求往往都是在互不干涉的基础上提出的，社会中的每一个人都有权为自己寻求利益和资助，同时也并不反对或干涉别人做出同样的努力。个人或团体从政策决定中获取的利益并不以牺牲他人或别的团体的利益为代价。美国国会每年对国内税法所进行的具体修订及其通过的特定税收条例都能够用来说明微观政治。这些政策决定给予某些团体或个人特殊的对待，使他们无须交付原来应该交付的捐税。尽管有关条款是以法律形式进行表述的，但它们按规定只适用于很少一部分人。绝大多数社会公众几乎根本注意不到或不去关心它们的存在。

2. 中观政治

中观政治是指在某一特定的政策领域内，一些与此相关的立法机构、行政机构和利益群体所形成的互动模式。如在航空管理方面，美国国会中的民航委员会及一些负责贸易和拨款的次级委员会、联邦航空署及有关部门、空中运输联合会及飞行员协会等利益群体，它们之间所形成的关系就构建了中观政治。同样，围绕开发港口和改善河流、围绕公共牧场的开发和管理，都能够形成中观政治。中观政治作为一个系统必然涉及特定的职权范围，带有某种专业性色彩，表现出集中化的行动特征。当有关政策问题不再存在时，这个系统便会走向消亡，当政策问题愈加膨胀时，这个系统便会发展壮大。

中观政治在各个公共政策的领域产生，不仅与政府部门的分散性权力和专业化分工有关，而且与人们的愿望和兴趣有着密切的联系。不可能每个人对所有政策问题都感兴趣，就算他都感兴趣，他也不可能都去关注。对民航问题感兴趣的公民和官员对银行问题或外援问题就可能没什么兴趣。当他希望并试图影响民航方面的政策时，就可能会把银行和外援方面的政策制定留给其他对之感兴趣的人去做。鉴于权力的分散和功能的专门化，中观政治系统在各自的领域内制定和运用政策时具有相当大的自主权。在现行立法的范围内，它们决定了与自己相关的领域中政府的行动。不过，这并不是说它们可以完全独立于上层的控制。比如当需要制定新的立法时，它们要么需要国会和总统的支持，要么试图避免国会和总统的否决。尽管如此，从政策制定的现行趋势来看，它们作为相关领域的权威发挥着主体作用。

3. 宏观政治

宏观政治是指某些政策问题已经引起了人们的广泛关注并形成了广泛的政策争论。某一事务可能起初发生在微观政治层面，而后逐渐发展成为宏观政治问题；同样，政策问题也可能从中观政治系统进入宏观政治领域；当然，还有一些问题从一开始就出现在宏观政治舞台。宏观政治的参与者主要包括政党和国会的领袖（他们可能会重叠）、总统和各个行政部门、新闻媒介和社会团体的代表等。由此可见，在宏观政治层面，人们参与的程度很高、范围很广。宏观政治问题常常因为其显而易见和引人注目而引起政策研究人员的密切关注。

同一问题的政策决定在宏观政治层面作出与在其他层面作出有着很大的不同。首先，当某一问题从微观政治层面或中观政治层面进入宏观政治层面时，冲突的范围和影响的程度无疑大大扩展了；其次，问题的这种演进常常会改变其解决的方式，即引起政策决定的相关变化；最后，在宏观政治层面的政策制定中，社会公众的整体利益更有可能得到充分的考虑。

1.3 公共政策的表现形式

1.3.1 西方国家三权分立体制下的公共政策

1. 国会立法是公共政策最基本的形式

立法者（国会议员）在政策制定过程中具有重要作用。除了其授权于行政部门的决策以及法院制定的专门政策，几乎所有的政策必须通过立法规定。国会在宪法的“授予权力”和“默示权力”的限度内行使其立法权。一项议案要经过提出、审议、听证、通过，当它最终成为法律，就标志着一项公共政策完成其制定过程并正式出台。

2. 总统是强有力的直接决策者

总统的决策往往是通过如下途径作出的：一是在内阁决策中行使独断权。就美国的情况而言，宪法把行政决策权仅授予总统而不是委员会。据说，有一次林肯在全体内阁成员投票反对他的决定时宣布：“七票反对，一票赞成，决定通过。”可见总统在行政决策中的地位。二是政府各部门提出的政策倡议会源源不断地会集到总统直辖机构这个行政系统的末端，总统据此作出决策。总统决策一般包括以下五种类型：

（1）立法倡议。总统每年要向国会提交国情咨文、预算咨文和经济咨文，并就国防、科技、能源、环保、民权、福利等问题提出专门咨文。这些咨文虽然不是公共政策的完成形态，但它们作为重要的立法建议，实际上决定了国会的主要议事日程并最终成为国会的重大立法。

（2）立法否决。国会通过的立法须经总统签署方能成为法律。总统可以运用否决文书或议案搁置的方式行使其立法否决权。

（3）委托立法。国会依法把立法权委托给总统行使。“委托立法权”涉及的范围很广，在处理对外事务和紧急状态时更为突出。在总统直接行使立法权的情况下，行政决策无须履行国会立法程序而直接以公共政策的形式颁布实行。

（4）外交决策。总统在外交事务方面处于支配地位，可以行使主权国家的“固有权力”。

（5）防务政策。从美国的情况看，总统作为武装力量总司令，有权为“保卫国家权力”而采取一切必要的行动。

3. 国会授予政府机构以正式权力去作出具有法律效力的抉择

比如，国会可以授予环保局以正式权力作出有关规章、条例、细则等。这种高度专业化的决定往往依赖于专门的知识和足够的信息。

4. 最高法院也是公共政策的直接制定者

法院通过解释宪法和法律进一步扩大现行法律的适用范围，或直接宣布某项法律违宪使之无效，或提出纠正的具体措施。这实际上就是在制定政策。法官的决策往往比立法决策更尊重先例。美国最高法院的判决被视为国家的法律，各级政府和下级法院必须遵行。司法决策的主要形式有以下三种：

(1) 司法审查。司法复审权使最高法院能裁决国会通过的法律是否违宪。

(2) 推翻先前的判决。司法裁决的一项约定俗成的规则就是维护先前判例的效力。但是，法官有时也会发挥政策分析者的作用。他们至少能够从原则上发现某种适合当前问题的理性政策。这种发现推动他们依据时代的发展变化，抛弃先前判例，作出新的裁决。

(3) 司法命令。它以宪法和法律为依据，规定纠正不公正情况的具体办法，这也同样是公共政策的一种表现形式。

最后，应当指出，不论是执政党还是在野党，虽然它们在公共政策制定过程中具有重大影响力，但其政策方针不能直接转化为公共政策。

1.3.2 中国人民代表大会制度下的公共政策

其一是从宪法规范的权力关系来看，全国人民代表大会是国家最高权力机关，行使国家的立法权，在国家机关体系中居首要的、全权的地位。其二是从政府系统与中国共产党的关系上看，中国共产党是中国政府系统的领导核心，左右着政府过程的运行，主导着公共政策的制定。在西方国家，公共政策多以法的形式出现，而当代中国的公共政策从其实质特征看，充分体现出中国共产党的领导作用，从其形式特征看，则由三部分构成，即中国共产党的政策、人民代表大会的立法和国家行政机关的决策。

1. 中国共产党的政策

公共政策的制定与执行过程，实际上“是指以中国共产党组织为首的所有履行当代中国社会公共权力的组织机构的决策与执行的过程”①。中国共产党作为各种社会公共权力机构的领导核心，其公共权威作用集中体现在公共政策的制定与执行过程中。

中国共产党制定的政策是其在一定历史时期为实现一定的目标和任务而规定的调整国与国之间、国内团体与团体之间、人与人之间关系与行为方式的依据和准则。党的政策往往以直接和间接两种形式形成国家的公共政策。

(1) 直接形式。党的历次代表大会和中央全会通过的政策性文件，以及党的主要领导人所发表的重要讲话，如中国共产党十一届三中全会公报、邓小平南方谈话等。党的这些政策都直接采取公共政策形式贯彻于社会生活的各种领域和各个方面。

---

① 胡伟：《政府过程》，17 页，杭州，浙江人民出版社，1998。

（2）间接形式。从党的十三大开始，工作中开始强调“党的领导是政治领导，即政治原则、政治方向、重大决策的领导和向国家政权机关推荐重要干部。党对国家事务实行政治领导的主要方式是：使党的主张经过法定程序变成国家意志”。这里的法定程序主要涉及三种类型：第一，中共中央与国家其他机构联名发布的政策文件。如中共中央与国务院联名发布的决定、指示等，这种政策告知形式在中国的政策制定过程中表现得极为普遍。第二，中共中央单独提出政策倡议，国家有关机构据此制定具体的政策方案，并依照法定程序加以通过。如1982年1月，邓小平同志在中央政治局会议上作了题为《精简机构是一场革命》的报告，提出了机构改革的指导原则。会后国务院据此拟订了国务院机构改革的行动方案，并经全国人民代表大会常委会讨论通过，以公共政策的形式加以颁布。第三，国家有关机构以党的政策为指导原则制定相关政策，如全国人民代表大会的刑事立法等。总之，党虽然具有对国家重大事项的决策权，但由于国家事务涉及全民利益，需要全体遵行，所以这种决策往往需要转变成为国家政策法规的形式。

2. 人民代表大会的立法

我国宪法规定，国家机关体系有四大组成部分，即国家权力机关，国家行政机关，国家审判机关和国家检察机关。显然，国家权力机关在国家机关体系中居首要地位。它有权决定同级其他国家机关的领导人选，并从法律制度和原则上规定它们的机构设置、职权范围、人员编制和活动方式。国家行政机关、审判机关和检察机关由国家权力机关产生，由其赋予职责和权力，对其负责，接受其监督并向其报告工作，它们与国家权力机关的关系不是平行而是从属关系，完全不同于资本主义国家的三权分立体系。

立法是全国人民代表大会的首要职权，主要表现为以下五种形式：

（1）宪法。全国人民代表大会有权修改宪法和解释宪法，并监督其实施。而全国人民代表大会对宪法的每一次修改和解释都意味着我国公共政策的重大变动。

（2）基本法。宪法精神或基本原则必须通过基本法的形式加以体现，全国人民代表大会所制定和修改的刑事、民事、国家机构、选举等法律都属于基本法的范畴。

（3）其他法律。这里是指超出基本法律性质的其他法律，但仍包括在现行宪法所界定范围之内。其他法律涉及外交、治安、环保、土管、工商、统计、专利等多种领域。

（4）地方性法规、自治条例和单行条例。我国是单一制国家，执行地方立法只是为了贯彻国家立法或补充国家立法。根据宪法规定，地方人民代表大会可制定地方性法规，并报上级人民代表大会批准和备案。民族自治地区的人民代表大会有权制定自治条例和单行条例，并报上级人民代表大会批准和备案。地方人民代表大会虽也从事立法活动，但都没有独立的立法权。“我国的立法权就是一个，它是统一的，不可分割的，并且只属于全国人民代表大会及其常委会。”①

（5）人民代表大会决定。除立法权外，人民代表大会还具有决定权、任免权和监督权。决定权的表现形式就是决议、决定、命令、条例等的制定和颁行。一般而言，凡是批准性文件都采用决议的形式，它一般不具有实体的规定性和行为的规范性，而是对已有文件或事件的一种带有批准、告知、确认、表态、结论等性质的法律文件形式；而决定则是

① 蔡定剑：《中国人大制度》，234～235页，北京，社会科学文献出版社，1996。

一种对事件作出实体性规定和对行为进行规范的法律文件形式，但从政策角度来看，不仅命令、条例等都属于决定的范畴，而且决议、决定也不具有实质性区别。因此，人民代表大会行使的任免权与监督权也可统统纳入决定的范畴。

3. 国家行政机关的决策

国家行政机关是指国务院及其组成部分和地方各级人民政府，它们是国家权力机关的执行机关，行使国家行政权。决策是国家行政机关重要的职能表现，行政部门所作的决策，即行政决策是当代中国公共政策的一个重要组成部分。所谓行政决策是指国家行政机关在法定的权力和职能范围内，在履行行政职能的过程中，就所面临的相关问题制定的行动方案和行动准则。行政决策作为公共政策出现主要有以下五种形式：

（1）行政法规。行政机关依据国家宪法的规定和全国人民代表大会授予的权力制定行政法规的活动习惯上被称为政府立法活动或行政立法活动。行政法规常以总理令的形式加以发布，在公共政策中占有极其重要的地位。

（2）行政措施、决定和命令。行政措施、决定和命令与行政法规在实质构成要件上虽未明确作出规定，但在发布形式上则有显著区别，即行政措施、决定和命令往往以国务院文件或国务院办公厅文件的形式发布。无论是行政法规还是行政措施、决定和命令都被称为“国家政令”，具有相同的法律效力。

（3）部门规章。部门规章是国家法律和行政法规的进一步具体化，外部形式也与国家法律和行政法规很相似，同样具有较强的规范性，常常以部长令的形式加以发布。部门规章须报国务院备案，国务院有权予以改变或者撤销。部门规章与行政法规在制定内容上的划分原则是：凡仅涉及一个部门内的关系的，凡调整内容明确限于部门职权范围内的，须采取部门规章的形式加以规范；凡法律未作规定且国务院也未发布过决定、命令的，凡全国性的和涉及几个部门的关系的，凡调整内容是否属于部门职权范围尚未明确的，均须采取行政法规的形式来加以规范。

（4）地方性规章。根据我国宪法和地方政权组织法，有权制定规章的只有法律明确授权的地方政府，如省、自治区和直辖市政府，省会城市的市政府，以及计划单列市的市政府等。地方性规章与地方性法规在内容上的划分一般表现在如下四个方面：第一，地方性法规是法律原则的具体化，地方性规章是行政法规的具体化。第二，涉及地方司法活动的，制定法规；涉及地方行政机关自身调整的，制定规章。第三，法律和行政法规未作规定，需要创设新的实体及其权利义务时，制定法规，即地方性法规可以在与法律和行政法规不相抵触的前提下，对法律和行政法规未纳入调整范围的问题作出先行规定；只有在不涉及创设新的实体及其权利义务时，可以制定规章，即地方性规章的制定必须以法律和行政法规为依据。第四，本地区重大事项由地方性法规规定，其他事项由地方性规章规定。

（5）地方性行政措施、决议和命令。根据我国宪法和地方政权组织法的规定，地方各级政府有权规定行政措施、发布决议和命令。那么怎样区分这些措施、决议和命令与地方性规章的不同呢？首先，地方性行政措施、决议和命令并不需要一定以上级部门的法规文件为依据，只要事务属于自己的职权范围就可以作出相关决定；其次，从行政法角度而言，地方性规章可以设定有限的处罚种类和处罚权，而地方性行政措施、决议和命令则不能作这样的设定；最后，司法部门在审理行政案件时要参照地方性规章，而地方性行政措施、决议和命令则不属于其参照依据。

本章小结

本章作为全书的导言，重点阐述了公共政策的基本概念、表现形式和政治功能。通过对本章的学习，应该明确公共政策的基本含义，理解公共物品、公共职能、公共权力、公共利益等与公共政策相关的概念，了解三权分立体制下和人民代表大会制度下公共政策的不同表现形式，掌握政治行动的层次划分及其与公共政策的关系。

关键术语

公共政策　　公共物品　　公共职能　　公共权力　　公共利益　　控制　　讨价还价　　博弈　　三权分立

复习思考题

1. 什么是公共政策？
2. 应从哪些方面把握公共政策的含义？
3. 如何从“公共”概念理解公共政策？
4. 如何从政治角度理解公共政策？
5. 怎样区分公共权力与个人权利？
6. 如何界定公共利益？
7. 三权分立体制下公共政策有哪些表现形式？
8. 中国的公共政策有哪些表现形式？

第 2 章

公共政策的类型、特征与功能

有一位民间收藏家叫王孝立，他收藏有 4 000 多把大大小小、形状不同、功能各异的锤子。收藏有许多冷门，可他的冷门实在太“冷”，因为独此一家。王孝立认为：每一种锤子都代表着一种手艺和劳动方式，它们是历代能工巧匠劳动的工具，劳动创造了历史，收藏锤子正是用另一种更生动的形式沉淀并记录历史。在他收藏的锤子中，最大的是外形像鼓的“鼓锤”，它足有几十公斤重，据说是打木桩用的；最小的不足 100 克，是手艺人在首饰、金银器具上雕花刻字时使用的；最长的是一把锤柄 1 米多长的登山锤；一件表面锈蚀的多棱锛锤上还可依稀看到“1945 年”的字样；一把来自美国的蟹爪锤更是设计巧妙，因为形似蟹爪而得名，据说 19 世纪在美国被广泛使用。数量最多的是大大小小、圆头细脖的捣药锤。其中一个配套的小捣药锤和铁缸更是少见，锤的顶端可以伸进一根手指让人提起，铁缸可以伸进一根手指让人托住，人随时随地可以捣药。此外，还有葫芦锤、猪蹄锤、鹤嘴锤、垫锤等等各种锤子，千奇百怪，让人目不暇接。

锤子是什么？要解释这个概念，先要说明锤子的外形、作用、特性和类型。锤子是敲打物体使其移动或变形的工具。最常用来敲打钉子，矫正或是将物件敲开。锤子有着各式各样的形式，但最基本的形式是一柄把手以及顶部。顶部的一面是平坦的以便敲击，另一面则是锤头。锤头的形状可以像羊角，称羊角锤①，也可以是楔形，称楔形锤，其功能为拔出钉子。另外也有圆头形的锤头。锤子不仅可作工具，也可作兵器，比如长柄单锤、短柄双锤及链子锤等。

① 羊角锤：早在古罗马时期就有了羊角锤，只不过现代羊角锤的样式是美国人设计出来的。羊角锤应用了杠杆原理，拔钉子能省力。

这里说了半天锤子，是不是它与公共政策有关系呢？显然不是。实际上我们只是想借助锤子的定义来说明一个道理：要解释一件事物，需要从其类型、特征和作用起步。

2.1 公共政策的类型

在现代社会，公共政策作为政府对团体和个人行动的有效干预手段，存在于社会生活的各个领域，其数量巨大、内容繁杂、形式多样、性质复杂，因此要把它们都解释清楚是很不现实的。公共政策的分类并无定式，根据不同的标准，可以作不同的分类。从传统角度来看，根据措施规定的详细程度，公共政策可分为计划性政策与纲领性政策，前者明确规定了具体的行动方向和步骤，后者只是规定了总的方向和目标；根据涉及的不同领域，公共政策可分为国防政策、外交政策、经济政策、人口政策、教育政策等；根据政策制定的不同机构，公共政策可以划分为行政的、立法的、司法的；根据政策出台的不同时间，公共政策也可作出相应划分，如根据中华人民共和国成立后的不同历史阶段，公共政策可以划分为过渡时期（1949—1957 年）政策，全面建设时期（1957—1966 年）政策，“文化大革命”时期（1966—1976 年）政策，“两年徘徊”时期（1976—1978 年）政策，社会主义现代化建设时期（1978 年至今）政策。

尽管这样一些一般性的分类方法在区分不同政策方面比较便捷，但是它们在概括能力上表现出明显的缺陷，因为它们没有真正反映公共政策的基本特征和实质内容。下面有关分类方法的介绍将使读者对公共政策的涉及范围、多样性和目标的差异有更深刻的理解。

2.1.1 实质性政策和程序性政策

1. 实质性政策

实质性政策与政府将要采取的行动有关，如修建高速公路，实施福利计划，抓捕恐怖分子，禁止零售酒精饮料等。实质性政策会直接给人们带来利益或产生不便，并分配相关收益和支付必要成本。2008 年面对全球金融危机日益演化为全球经济衰退，中国政府强力启动了刺激内需计划。国务院出台的新措施将在未来两年内新增约 4 万亿元的投资。相当于 2007 年全国固定资产投资的 29.2%。这项政策具有典型的实质特征。这 4 万亿投资的大体构成涉及这样几个方面：民生工程（保障性住房、棚户区改造、农村电网改造、农村道路建设、农村危房改造和游牧民定居工程等）、基础设施的建设（铁路、公路、机场、水利等）、社会事业方面（教育、卫生、文化、计划生育等）、节能减排、生态工程、调整产业结构和进行技术改造、汶川大地震灾后重建。

2. 程序性政策

与实质性政策相比，程序性政策则只涉及怎样采取行动和由谁来采取行动的问题。根据这样一个定义，程序性政策就包括了一些法律，如组织法①。这些法律是行政机关创建

---

① 组织法：专门规定某类国家机关的组成和活动原则的法律，是实体法的一种，如《中华人民共和国全国人民代表大会组织法》、《中华人民共和国国务院组织法》等。

的基础和依据，并决定行政机关的职权范围，规定行政机关在执行任务时的程序和手段，对其运作还提供了行政的、司法的和其他方式的控制。当然，程序性政策也可能会有重要的实质性结果，即“怎么做”和“谁来做”可能对实际做了什么（政策结果）具有重要影响。在行政领域，一些人往往会试图利用程序性问题推迟或阻止实质性的决定与政策的通过，他们擅长此道，有办法使用程序规则来推迟行政机关的行动。某一行政行为可能因为采取了不恰当的程序而遭到诘难，看似是程序问题，但实际试图抵制的却是政策的实质内容。

2.1.2　分配性政策和再分配性政策

1. 分配性政策

分配性政策涉及将服务和利益分配给人口中的特定人群——个人、团体、公司和社区。有些分配性政策只向少数人提供利益。如美国发生次贷危机①后，2008 年 6 月美国政府出手救助联邦国民抵押贷款协会（Federal National Mortgage Association，简称 Fannie Mae，中文俗称“房利美”）和联邦住房贷款抵押公司（Federal Home Loan Mortgage Corporation，简称 Freddie Mac，中文俗称“房地美”）。另一些政策则向大多数人提供利益，如农业收入补贴政策、房屋抵押贷款的减税政策、义务教育及职业培训计划等。

一般说来，分配性政策涉及使用公共资金来支持特定的团体、社区或产业。那些寻求利益的人们并不相互直接竞争（尽管也有特例，如大型项目的选址，往往只能有一方胜出），这类利益并不意味着由任何特定团体支付，而是由公共财政承担，即由所有纳税人支付。因此，分配性政策一般只产生受益者，而没有明确的受损者。一个地方政府及其相关支持者在为他们的计划项目争取授权和资金支持的同时，并不会反对其他地方采取类似的行动，可能还会形成一定的同盟。因此，绝大部分项目在进入决策程序后往往支持者众多而反对者寥寥。

2. 再分配性政策

再分配性政策是政府有计划的积极行动，涉及在社会各阶层和团体中财富、收入、财产和权利的转移性分配。例如，穷人和富人之间的利益再分配。“其目的不是财产的使用而是财产本身，不是平等的对待而是平等的拥有，不是行为而是状态。”②

再分配性政策的通常模式是资源从有产者流向无产者。但是，这个流向也可能会出现相反的情况。由于再分配性政策多涉及金钱、权利或权力的再配置，所以往往难以制定和通过。那些拥有财富和权力的人很难心甘情愿地放弃他们的既得利益，并会努力阐述他们

---

① 次贷危机（subprime crisis）：次贷即“次级按揭贷款”，“次”与“高”、“优”相对，形容信用低，还债能力差。次级抵押贷款是一个高风险、高收益的行业。它与传统意义上的标准抵押贷款的区别在于，对贷款者信用记录和还款能力要求不高，而贷款利率相应地比一般抵押贷款高很多。那些因信用记录不好或偿还能力较低而被银行拒绝提供优质抵押贷款的人，往往会申请次级抵押贷款购买住房。在房价不断走高时，次级抵押贷款生意兴隆。即使贷款人现金流并不足以偿还贷款，他们也可以通过房产增值获得再贷款来填补缺口。但当房价与贷款金额持平或下跌时，抵押品价值不再充足，按揭人收入又不高，面临着贷款违约、房子被银行收回的处境，进而引起按揭提供方的坏账增加和倒闭案增加、金融市场的系统风险增加等，形成次贷危机。

② James E. Anderson，*Public Policymaking：An Introduction*，Fifth Edition，Boston，Houghton Mifflin Company，2003，p. 10.

为获得财富所承受的巨大压力和所承担的巨大责任。既然金钱和权力在政治世界中是很好的筹码，因此拥有者也就有了进行抵抗的有效手段。

具有或者曾经具有再分配性质的政策包括累进收入税、医疗保险和医疗补贴、扶贫计划、选举权法以及立法机构席位的重新分配等。以美国为例，约翰逊政府的“反贫困”计划代表了把财富和其他资源向黑人和穷人转移的政策努力，但遭到保守派的强烈抵制，而且总统班子的支持也不力，该计划渐渐偃旗息鼓，无疾而终。美国司法部曾花很大气力去实施的《选举权利法》，使得黑人选民登记、投票的数量有了大幅增加，而且还使一些黑人在南部地区竞选成功。建立在支付能力基础上的累进收入税（即收入高的人应当适用更高的税率，税率从14％～50％分成十几个档次），由于边际税率的逐渐减少（一些人认为高边际税率既会侵害个人自由又会影响经济增长），它的再分配效果现在也大打折扣。

总之，再分配性政策不仅难以通过，而且难以维持，就像上面讨论的收入税政策一样。对大多数人来说，结果或条件的平等（即收入或生活水平的平等）对他们其实并没有太大的吸引力，他们更为关注的是机会上的平等。

2.1.3 管制性政策和自我管制性政策

1. 管制性政策

管制性政策是对个人或团体的行动加以限制和约束的政策。或者说，这类政策减少了受管制对象的自由和权利。管制性政策不同于分配性政策，后者的实施只会增加利益相关者的自由与权利。当我们谈到管制性政策时，我们的注意力往往会更多地集中到商业领域，如对污染的控制和对汽车的控制。但对有些人而言，这些正是需要放松政府管制的领域。实际上，管制性政策涉及的最重要的领域还是针对个人权利、财产保护、打击犯罪、防范恐怖等社会性管制方面，这类政策主要包括平等就业、物权保障、刀具管制、扫黄打非①等，其中也会涉及对个人行为的一些规定。

管制性政策的形成通常涉及两个团体或团体联盟之间的冲突。其中一个团体或团体联盟试图将某种管制加给对方，而另一方则试图加以抵抗，声称这种管制要么毫无必要，要么所提出的是一种错误的控制方式。在这种冲突中，管制性的决定会产生明显的赢家和输家，尽管最终赢家所得到的一般少于他们想要得到的。当赢家是以公共利益为目标的团体时，他们并不会得到直接的物质利益，如2000年9月1日起开始施行的《中华人民共和国大气污染防治法》提供的是广泛的社会利益，而非集团利益。

管制政策存在以下几种形式：

（1）某些管制性政策提出了行为的基本准则，即指定应该采取哪些行动，或命令不得采取哪些行动。如2008年8月1日起开始施行的《中华人民共和国反垄断法》实际上就是明确地告诉企业，政府要“预防和制止垄断行为，保护市场公平竞争，提高经济运行效

① 根据《国务院办公厅关于印发新闻出版总署（国家版权局）职能配置、内设机构和人员编制规定的通知》（国办发［2001］97号），“扫黄”、“打非”是指“扫除黄色出版物”、“打击非法出版活动”。

率，维护消费者利益和社会公共利益，促进社会主义市场经济健康发展”。这类管制能够通过法院对违法者的起诉而得到实施。相比之下，公共事业性的管制多是由地方政府加以承担，往往包含一些更为具体的控制措施，如规定准入机制、服务标准、财务操作标准，以及电力、电话和其他公用公司的收费标准等。相对来说，《反垄断法》比公共事业管制更少限制企业的权利。

（2）消费者保护政策能用来说明管制政策存在的另一些差别。有些立法，如 1994 年 1 月 1 日起开始施行的《中华人民共和国消费者权益保护法》明确规定，消费者为生活消费需要购买、使用商品或者接受服务，其权益受法律保护。这类政策试图向消费者提供有关作决策时所需要的信息。另一些消费者保护的立法，如 1993 年 2 月 22 日颁布的《中华人民共和国产品质量法》等确立了产品生产商必须遵循的质量标准。自 2009 年 6 月 1 日起开始施行的《中华人民共和国食品安全法》，制定了食品安全国家标准。这类政策旨在阻止不符合预定标准的产品进入市场。

（3）某些管制性政策，比如限制企业进入广播、电视、煤炭、电力等特殊行业的政策，是通过将利益赋予某些人，而拒绝赋予另一些人的决定来加以贯彻实施的。对于某一行业的营业执照发放，会有若干申请者提出申请，但只有一家申请者的要求能够得到满足。这些政策可以称之为竞争性管制政策，因为它限制了特定物品和服务的提供商。但是，这样做也可能会降低服务效率和产品质量。

2. 自我管制性政策

同管制性政策相似，自我管制性政策同样涉及对某些事物或某些团体的限制和控制。然而，二者的不同点在于，自我管制性政策受到被管制团体更多的控制，而且他们把其用作保护和促进自身成员利益的一种手段。在一些国家存在几百种专业和职业执照，如树木整形师、拍卖师、调酒师、律师、教师和医师等。通常发放的关于医疗方面的执照就有按摩师、牙医、牙科保健师、急救人员、验光师、药剂师、内科医师、脚病医师、注册护士、心理医师、保健医师和社会工作者。就这类政策的形成而言，通常的模式是，某一专业或职业团体主动从政府部门寻求关于营业执照发放的立法。由于利益关系，他们参与政策制定的热情很高。而在这些团体之外，社会上则很少有人对之感兴趣。结果便是某一关于发放营业执照的立法获得通过，实施权就被授予了行业委员会。这类组织无疑会受到执照持有团体的多方控制。不难想象，在相当长的一段时间内，要进入该行业会受到诸多的限制，而且其索取的专门服务价格也会不断上升。这种自我管制很难说一定能够提高服务的质量。

2.1.4　物质性政策和象征性政策

根据所要分配的利益类型，公共政策还可分为物质性政策和象征性政策。物质性政策是将有形的资源和实质性的权利给予受益人，或将真正的不利条件强加给那些受相反影响的人。确立最低工资标准、给公共住宅计划拨款、给农民提供收入补贴等政策在内容和效果上都具有物质性特征。

相比之下，象征性政策对人们几乎没有什么真正的物质性影响。它们并不交付表面上似乎要交付的东西，也不分配有形的利益。确切地说，这些政策多涉及人们所珍视的一些价值观，如和平理念、爱国主义和社会公正等。对这一类政策效果的评价有时似乎就显得没有什么必要了。谈到象征性政策，这里需要提一下“得克萨斯州诉约翰逊案”（*Texas v. Johnson*）。

> 1984 年，美国共和党大会在得克萨斯州举行，反对里根的人在会场外示威游行。他们打出横幅并呼喊口号，一路游行到市政厅。有一个叫约翰逊的男子觉得光打打标语和喊口号不过瘾，他接过一面美国国旗，使之浸上煤油并开始焚烧，之后他被当局逮捕。约翰逊因焚烧国旗而违反了得克萨斯州的不准侮辱国旗的法律，一审被判罪名成立，但得克萨斯州的刑事上诉法院推翻了一审判决，认为惩罚损坏国旗的州法律违反了美国宪法第一修正案关于“言论自由神圣不可侵犯”的规定，判决约翰逊无罪。最后，联邦最高法院的 9 名大法官以 5∶4 的表决维持了这一判决。其后的民意调查发现，有不少美国人认为：爱国旗，固然是爱国的外在表现；而爱民主、爱自由，则是更深刻、更永远、更爱国的表现。一位美国最高法院的法官意味深长地说：“如果一个国家连自己的国旗都允许你烧，那么你还有什么理由去烧它呢？”
>
> 然而，政治家们与大法官的看法是有分歧的。多年以来，美国的国会议员们一直对把焚烧美国国旗作为政治抗议的一种象征性方式的做法感到愤怒和不安。美国 1989 年颁布的《国旗保护法案》规定，任何“故意损毁、破坏、污损、焚烧、置国旗于地板或地上、践踏国旗”的行为都是违法的。然而这一法案很快受到来自最高法院的挑战。最高法院宣布该项法案违宪。最高法院的这一判决引起了很多公众和政治家的愤怒，他们试图增加一条宪法修正案以禁止对国旗的亵渎，但他们的努力在 20 世纪 90 年代早期以失败告终。直到 1995 年，情况有了一些变化，共和党占多数的众议院成功通过了一项修正案，授权联邦和州政府禁止“对美国国旗的物理损害”，然而这项提案在参议院却没有能够获得通过。这场持续的冲突充满了某种象征性的含义。

绝大多数政策既非纯粹的象征性政策，也不是完全的物质性政策。相反，这两类政策可以被视为一个物体的两极，大多数政策落在两极之间，并依据象征性或物质性的程度来确定其在物体中的位置。教师节在中国的设立明显表现出象征性政策的特征，对推动尊师重教的社会风尚、提高教师的社会地位具有重要意义。而政府“限塑令”① 颁布后，虽然商场和超市的塑料购物袋使用量明显减少，但政策的棱角在农贸市场已被逐渐磨平。由此看来，“限塑令”从象征性走向物质性还有一段不短的路程。2008 年 5 月 1 日起开始施行的《北京市公共场所禁止吸烟范围若干规定》在执行中也遇到不少障碍，只能说是介于象征性政策和物质性政策之间。

此外，由于行政活动（政策执行）的干预，或者由于立法机关（政策制定）没有通过

① “限塑令”：2007 年 12 月 31 日，我国政府有关部门正式发布通知，从 2008 年 6 月 1 日起，在全国范围内禁止生产、销售、使用厚度小于 0.025 毫米的超薄塑料购物袋。该通知被公众称为“限塑令”。政府颁布“限塑令”的目的是为了限制和减少塑料袋的使用，遏制“白色污染”，保护公共利益。

政策实施时所需资金的预算，被立法语言标榜的物质性政策有时也会演变成象征性政策。政策声明与政策输出其实并不是一回事。一方面，一些政策提出的实质性目标，如果没有相关资金作保证，那么就会成为实质上的象征性政策。另一方面，政策也可能从更多的符号类型向更多的物质类型转化，如在过去很长一段时间里，中国环境污染的控制政策更多表现出象征性特征。立法虽然写在纸上，但实际做的并不多。进入 21 世纪，公众对污染问题日益关注，政策执行活动不断增加，政府部门的相关立法活动也有所增多，其结果是随着《大气污染防治法》、《环境保护违法违纪行为处分暂行规定》等一系列法律法规的出台，污染控制政策变为更富有实质性特征的政策。

在分析政策效果时，物质性—象征性分类法尤其有用，因为它把我们的注意力带到了正式的政策声明之外，并提醒我们注意符号在政治行为中的重要作用。

2.1.5 涉公政策和涉私政策

所谓涉公政策和涉私政策实际是指涉及公共物品提供和涉及私人物品提供的政策。公共物品最重要的性质是非排他性，即没有任何有效的方法可以在向某些人提供此种服务的同时把其他人排除在外；也没有任何方法可以计算哪些人比其他人从此项服务中得到更多的收益。国防便是一个标准的例子。因此，一个理性经济人是不会自愿支付国防建设所需资金的，他倒乐意选择让别人支付费用而自己搭便车。所以国防必须由政府通过税收加以提供。其他公共物品的例子还有清洁的空气、公共安全、交通控制和卫生行动。与公共物品相比，私人物品就可以任意进行拆分，通过市场进行买卖，让使用者和受益者付费。如此一来，其他人就被轻易地排除在外。政府提供的一些社会物品也有一些带有私人物品的特征，如垃圾收集、邮政服务、医疗卫生、博物馆、公共住宅和国家公园等。有时候政府也会向这类物品的使用者收费，但并不都是或总是如此。政府之所以提供这些物品（当然有时也可以由市场来提供），反映了政治决策的作用，多源于一些传统因素（政府理念、政治文化等）的影响。

人们普遍认为，只有公共物品才是公共政策需要关注的对象。从社会福利的发展趋势来看，现在也的确有通过政府行动将具有私人性事务转化为社会性事务的趋势，如健康问题、失业问题、环境污染、工业事故、疾病控制已被广泛认为是公共问题而不是私人问题，是影响所有人的事情而不是影响个别人（或少数人）的事情。因此，它们得由社会支付，由政府提供。一般来说，凡被认为具有公共物品性质的东西，人们都希望由政府负责提供。如果某些人明显地比别人得到更多的直接收益，他们则可能被要求为此支付费用或税款以承担部分开支。因此人们进入国家公园要买门票、使用公共住房要交租金，以及在大桥和高速公路上开车要交通行费。

20 世纪 80 年代一些国家的政府所倡导的私有化运动代表了一股对长期以来扩大社会物品提供范围的反对力量。依据自由市场经济的理论，私有化运动把很多政府的资产和项目转化到私营机构中，并通过和私营企业签订合同的方式来提供公共服务，如垃圾的收集和监狱的运营。一些人认为，私营部门在行使这些职能方面会比公共部门花钱更少，效率更高。

政策分类

弗雷德·弗罗霍克在《公共政策》一书中从政治概念的分析入手对公共政策的类别进行了总结和概括。① 他指出，近来引起学者们关注的公共政策的类型划分可以从我们对政治生活的理解中产生。例如，可以把公共政策划分为如下五种类型：

1. 规章型

公共政策的一种比较明确的形式就是规章。其中最具代表性的形式无疑是刑法。这些立法从整体上讲，属于各州的立法权限，通常是为了对社会上的人际互动关系作出规定。而联邦一级规章型政策的出台则主要是通过一些独立的立法机构的活动。例如，食品和药品管理委员会，联邦交通委员会，国内商业委员会等，这些机构主要负责贸易、税率、安全、交通，以及不计其数的一般性商贸活动和其他不胜枚举的社会生活领域内的活动。美国也有关于民权的联邦立法，它以民法和刑法作依托。

2. 分配型

分配型政策就是把物品和服务提供给社会人口中特定的群体。社会福利和公共卫生领域是最常应用分配型政策的领域。几乎所有提供社会福利的项目都是分配型的。公费医疗制度和医疗补助制度、食品代用券项目、对多子女家庭的援助项目、退伍军人管理的项目，以及其他一些有关的项目，都是为了给那些符合标准的人提供一定数量的现金和其他类型的支付手段（如服务、设施、食品代用券等）。分配型政策中比较间接的形式是社会安全保障政策，例如社会安全项目，这类政策在资金分配上主要考虑是否符合标准的问题，不太关注是否需要的问题。

3. 再分配型

再分配型政策的目的主要是为了对一种或多种社会和经济报酬的原有格局进行重新安排。累进税政策通常被视为再分配型政策的典型范例，因为政府按比例从富人手中收取比穷人更多的钱。生产性安排的基本变动或综合服务方面的一些变化，如工业中的政府拨款和社会化的医药政策，也是对财富进行了重新的安排，所以同样属于再分配型政策。比如，社会福利项目不断加大的成本必然会影响到一些财富分配的基本结构。与大多数欧洲国家相比，美国社会中再分配型项目还不是很多和很好。因为这类政策会直接关系富人（和有权人）的利益损失，所以它们实行起来非常困难，也容易引起争议。

4. 资本型

商业部门和政府（地方政府和州政府）也能够从联邦政府那里得到分配性财物。这种分配如果不是在实践上那么至少在理论上能够增加社会机构的生产能力。虽然资本型政策通常包括在简单的分配型政策里面，但资本型政策不同于福利项目中基本的消费性政策。联邦政府对经济部门的财政补贴数额巨大且在不断增长。它们包括：(1) 给农民（例如甜

---

① Fred M. Frohock, *Public Policy: Scope and Logic*, Englewood Cliffs, N.J., Prentice Hall, 1979, pp. 9-15.

菜和甘蔗种植主）支付现金来发展农业生产；(2) 通过税收补贴，如石油补贴，来鼓励一些特定行业开采和生产石油；(3) 信用补贴，如对市政府（如纽约市）的低息贷款，给社会工作项目提供无偿资金和进行贷款担保（例如对洛克希德飞机制造公司的贷款担保）。私人同样能够得到这种补贴的实惠，例如大学生就是受益者，他们可以享受低息且可以改变期限的政府贷款。

分配型政策是公共政策的一个重要组成部分，其中一些是为消费者提供物品和服务，比如为穷苦人和老年人提供服务的政策。另一些则主要是为了实现效益最大化或完成生产目标，如对某些工业进行的财政补贴。由此，我们可以从分配型政策中分离出另一种形式——资本型政策。这种类型的政策主要是用来描述分配的第二种形式。既然存在这种附加类型的资本型政策，那么就有必要提到另一种混合型的政策，即中央政府把资金拨给市政府和州政府，市政府和州政府再通过一定的分配计划依次把这些钱下拨，用于消费项目或资本项目。由于用于政府补贴的资金数量在不断增长，所以在美国要划分私人部门和公共部门之间的界限成为很难的事情（如果不是不可能的话）。

5. 伦理型

公共政策也对一些道德问题确立了正确的行为规范。1973 年美国最高法院通过了一项提案，规定在怀孕的前三个月堕胎是合法的。然而，最高法院在堕胎问题上并没有真正解决道德上存在的争议：尽管堕胎行为得到了法律的认可，但许多人仍坚持认为这种行为从道德上说是错误的。但根据法院决定所颁布的公共政策明确规定了在社会生活的这一领域里人们该怎么做或不该怎么做，这无疑涉及了社会的道德观念领域。最高法院的决定给一个道德问题建立了一个法律许可的惯例。有关堕胎问题的政策，其目的是规范人们的社会行为。因此，这种政策的显著特点是它与道德问题紧密相连。一些政府颁布的法令明显带有伦理方面的特征，比如美国参议院在 1977 年通过的道德法规。尽管这些法规在形式上是规章型的，但它与其他法律和商业领域里的规章型政策有着很大的不同，因为它涉及了道德问题。

除了以上这五种形式，我们还可以按照一定的逻辑关系对公共政策进行描述，如下列两种政策的划分形式：

(1) 规定型政策：一些政策详细规定了所要执行的一系列活动。如 1955 年美国政府颁布的《中小学教育法案》规定了对学校和学生的资助类型，这就是规定型政策的一个例子。

(2) 目标型政策：一些政策确立了通过多种行动方式所要实现的目标。美国国会 1964 年通过《经济机会法》时，号召穷人要最大限度地参与该项目的管理。至于怎样实现这些目标通常并不是非常明确的，在方式和方法上可能（也确实）会有很大的不同。这就是目标型政策的一个例子。

另外，还有一种在实体型政策和程序型政策之间进行划分的方法。规定型政策和目标型政策都属于实体型政策，它们确立了所要完成的任务和所要实现的目标。但有时一项政策只是规定了一套程序，而且特别强调由谁去执行这一行动。例如，税收分享的政策就把许多城市政策的执行从联邦政府手中转移到州一级和地方一级政府。1972 年实施的《州和地方财政援助法》规定每年要有 50 多亿美元的联邦基金被用来分配给各州和社区。至于对州和地方政府应该用这些资金去做什么则只是作了大体上的限定。程序型政策的一个重要特征就表现在“执行者”的变化上，执行者是联邦政府还是州和地方政府。

严格区分实体型政策和程序型政策几乎是不可能的，政治家所偏爱的一种方法是把政策标准移交给某一代理机构，由它来设计执行的步骤，以确保取得某一实体性结果。例如，约翰逊总统就是通过新设的经济机会局来实施他的“反贫困计划”，而不是通过原有的负责住房建设、经济规划、社会福利和城市发展的那些政府部门，他的目的是为了更好地控制政策过程并取得预期的政策效益。国会议员也经常把一些议案移交给某个委员会处理，目的是为了看到这些议案从实体上彻底消失。对程序的成功操纵能够充分表现一个政治家驾驭实体的能力。

2.2 公共政策的特征与功能

2.2.1 公共政策的特征

1. 政治性

如果单纯从公共与政策的概念来看，公共政策本应是公共利益的集中体现，不应成为政治统治的工具。然而，在阶级社会中，任何政党和政府都是代表特定阶级利益的政治集团，其所作所为本质上都要服从阶级利益的需要。尽管从表面上看，政党和政府的政策行为有时并不带有政治色彩，如人口政策和环境保护政策等，但其实质上还是为了巩固阶级统治的需要。尽管有违统治阶级意愿的政策结果在社会生活中并不鲜见，但那只是因为政策制定者或执行者缺少经验致使措施不当造成的，根本不是出于他们的本来意愿。由此可见，公共政策的制定是政党和政府（政治组织）的政治行为，公共政策集中体现了统治阶级的利益需要，因而它带有鲜明的政治倾向性。

2. 多样性

公共政策的多样性主要包括如下几个方面的内容：层次多样性、领域多样性、形式多样性、时间多样性、功能多样性等。从层次来看，政策可以划分为元政策（政策的政策）、基本政策和具体政策；从领域来看，政策可以划分为国防政策、外交政策、经济政策、科技政策、社会政策等；从形式来看，政策可以划分为指示型政策（具有指导性和强制性等特征）、决定型政策（具有确定性和稳定性等特征）、建议型政策（具有选择性、参考性、试行性等特征）、条例型政策（具有特定性、详尽性、规范性等特征）；从时间来看，根据效果显示的时间要求，政策可以划分为即时型政策、短期型政策和中长期型政策；从功能来看，政策可以划分为引导型政策、管制型政策、协调型政策、分配型政策、程序型政策等。

3. 层次性

公共政策是有其层次要求的，“一刀切”的政策往往是要碰壁的。一般而言，高层次的政策对低层次的政策具有指导作用，但它往往都是概括性很强的原则规定，难以直接规范人们的行为，可操作性不强，只有把高层次的政策逐层分解并加以具体化，才能使之转化为低层次的一系列具有可操作性的辅助政策。比如，中央政府制定的政策往往是从整个国家的全局出发，对地方政策具有宏观的指导性作用。而地方政府应依照本地区的实际情况，具体分析政策的目标群体，以中央政府的政策为框架，制定出适合本地区情况的政策。

4. 阶段性

从动态角度来看，公共政策有一个发生、发展的变化过程，表现出阶段性的特征。从广义角度讲，政策过程可以分为两个阶段，即政策制定阶段和后政策制定阶段（执行和反馈调节阶段）。前一个阶段涉及问题觉察、议程建立、方案评估、政策采纳及其合法化等环节；后一个阶段涉及政策实施、信息反馈、效果评估、调整变更和政策终结等环节。

5. 复杂性

从执行结果来看，政策表现出多重作用。因为社会是复杂的，事物是变化的，所以任何一项政策都不可能尽善尽美、万无一失，它既可能产生我们希望看到的结果，也可能导致我们不愿看到的结果；既可能使我们意料之中的事发生，也可能使我们始料不及的事发生；既可能有我们易于发现的显现功能，也可能有我们难以觉察的潜在作用。以我国人口政策为例，其正功能不言而喻，可以降低人口增长速度，缓解人口压力，提高人口素质，促进经济发展；但它也有非常明显的负面作用，即在未来的几十年里，可能会出现人口老龄化的问题以及农村老年人的赡养问题。再如，我国“对内搞活”的经济政策使大批农民流入城市，其正面的直接作用表现在满足了城市居民的某些“边缘”需要，对城市发展起到了极大的促进作用，其正面的间接作用表现在改变了农民“半亩地，一头牛，老婆孩子热炕头”的故土难离的小农封闭意识，使他们得以接受现代社会的精神洗礼；但其负面影响也不可低估，农村流动人口在住房、交通、治安等方面给城市管理带来了巨大的压力。

6. 合法性

从广义角度而言，公共政策的合法性主要是指公众对其的认可和接受程度。公共政策要具有合法性就必须经过一个合法化的过程，这个过程可以分为两个部分，第一部分是政治系统的合法化，第二部分是公共政策的合法化。因为政治系统如果不能被公众认可，它所输出的政策必然难以被公众接受，所以没有政治系统的合法性，公共政策的合法性也就无从谈起。

7. 权威性

公共政策的权威性是以其合法性为基础、以强制性为保障的，政策只有经过合法化的过程，才能具有对公众的约束力。一般而言，一项政策不可能符合所有人的利益，有时不得不为了多数人的利益牺牲少数人的利益，为了全局的利益牺牲局部的利益，为了长远的利益牺牲眼前的利益。因而，一项政策的出台，对于那些不愿作出利益牺牲的对象而言，不能不带有一定的强制性，这种强制性往往同一些惩罚性措施相联系，若没有这些措施作后盾，政策就会成为一纸空文。比如，我国目前实行的人口政策就是出于全局考虑而制定的，这样的政策对于那些因各种原因想多生几个孩子的家庭来说，就构成了一定的强制性，若有人违反了这项政策，公共权威机构就会根据具体情况对其进行不同程度的惩罚。

8. 普遍性

公共政策在其所规定的范围内具有广泛的适用性。其规定的行为标准和设定的行为限度具有普遍的约束力。公共政策不是针对个别人和个别事制定的，而是针对多数人和普遍性问题制定的，它是要求社会成员普遍遵循的行为规范。

9. 稳定性

公共政策必须保持一定的稳定性。“刚说不变了，又来文件了。”朝令夕改、变化无常的政策，是最不得人心的。这样做不仅会丧失政策的严肃性和权威性，大大降低公众对政策的信任程度，影响社会秩序的稳定和生产力的发展，而且还会给政策执行带来许多的麻烦，使政策执行机构无所适从，进而导致政策难以贯彻执行。当然，强调政策的稳定性并不是要否定政策的变动性。古人云：“世异则事异，事异则备变。”事物都是发展的，没有一成不变的东西，公共政策应该随着环境的变化而有所调整。但保持相对稳定是必要的。特别是一些关系全局和影响深远的政策，其稳定性具有极为重要的意义。而保持这种稳定性最根本的途径就是政策的法律化，即将政策上升为法律，这也叫政策立法。这样做能够防止因重要领导人更迭等因素所引起的政策的大起大落。

2.2.2 公共政策的功能

1. 导向功能

公共政策作为规范公众行为的社会准则，其对公众行为具有重要的引导作用，这种引导既包括行为的引导也包括观念的引导，它告诉人们要以什么为标准，应该做哪些事和不该做哪些事。这种行为的引导必然对人的观念变化产生影响，这种影响在社会变革时期表现得尤为明显，这是因为人的观念变化在这一阶段有着强烈的动机需求。

公共政策的导向功能具有两种作用方式，一是直接引导，二是间接引导。比如，我国改革开放后的农村政策既直接调动了农民发展农业生产的积极性，又引导他们走上脱贫致富的道路；而农村剩余劳动力向城市的大量流入，必然会对城市居民的工作与生活产生影响，起到了农村经济政策间接导向的作用。

公共政策的导向功能从作用结果看，既有正向功能也有负向功能。所谓正向功能是指政策对事物发展方向的正确引导，体现了公共政策与事物发展规律的协调一致；所谓负向功能是指对事物发展方向的错误引导，表现了公共政策与事物发展规律的冲突和矛盾。这里需要强调的是，并非只有错误的政策才具有负向功能，一些正确的政策也可能产生负向功能。如西方某些国家的一些社会福利政策，对社会公平的实现有积极的作用，但同时它使社会寄生阶层受益，懒汉越养越多，这无疑是它的负向功能的表现。

2. 管制功能

为避免一些影响社会良性运行的不利因素的出现，公共政策就要发挥对目标群体的约束和管制功能。这种功能往往是通过政策的有关条文规定明确地表现出来的，通常采取两种管制方式。一是积极性管制。政策条文的规定突出正激励原则，即对某种行为给予物质或精神方面的奖励，以增加这种行为重复出现的频率，从而达到减少其反向行为的目的。二是消极性管制。政策条文的规定突出负激励原则，即对某种行为加以物质或精神方面的惩罚，以抑制这种行为重复出现的可能性，从而达到有效管制的目的。

3. 调控功能

公共政策的调控功能是指政府运用政策手段对社会生活中出现的利益冲突进行调节与控制。政策的调控作用主要体现在调控社会各种利益关系，特别是物质利益关系。在社会生活中人们有着不同的利益需求，利益的差别使冲突不可避免。为了平衡这种矛盾，保持社会的稳定和经济的发展，作为政府重要管理手段的公共政策需要承担起调控社会利益关系的重任。

公众的利益矛盾经常会涉及这样几方面的问题：第一，人民的利益增长得快一点、激进一点，还是慢一点、稳定一点之间的矛盾。第二，社会中一部分人与另一部分人的冲突。他们同属人民范畴，但处于不同阶层，利益矛盾此起彼伏。如工人与农民之间、国家职工与个体工商户之间、城市人口与外来流动人员之间等。第三，人民这方面的利益与那方面的利益之间的矛盾。

公共政策不仅需要指明人们应该做什么和不该做什么，而且还需要指明人们应该先做什么和后做什么，并以此调控社会群体和个人的行为倾向。因此，公共政策的调控功能还常常表现出其特有的倾斜性。因为政府工作在不同时期会有不同的侧重点，因此公共政策就应对此加以倾斜，即在大的目标前提下，优先考虑某一地区或某一领域的发展，并相应对某些利益群体加以保护，如我国的特区经济政策和发展第三产业的政策等就突出表现了政策的倾斜性特征。

4. 分配功能

对社会公共利益进行分配是公共政策的本质特征。每一项具体政策都会涉及“把利益分配给谁”这样一个问题，换句话讲，就是都要面临一个“政策使谁受益的问题”。人的利益需要是不同的，而社会资源却是有限的，因此，政策对利益的分配不可能同时满足所有人的需要，往往是一部分人从中获得了较多的利益，另一部分人却不能从中获取利益或损失了原有的利益。政策的这种利益分配功能对社会的良性运行和稳定发展有着非常直接的影响。近年来，虽然我们一直在强调社会公正的原则，但社会的利益矛盾仍突出表现在分配不公的问题上，物质利益的分配不公，更是公众瞩目的焦点。那些不合理的分配政策如果得不到及时的纠正，就可能会激化社会的利益冲突，进而使物质利益上的矛盾转化为政治利益上的矛盾。因此，公正分配的问题既是重要的理论问题，又是紧迫的实践问题。

对政府而言，在政策领域如何处理公平与效率的关系是一个非常棘手的问题。政治学、经济学和管理学都没有很好地解释清楚这个问题。什么是公平？平均分配公平吗？大锅饭、铁饭碗，干多干少一个样，干与不干一个样，这怎么能叫公平？可在一些特定环境和条件下，它又是最为公平的分配形式。比如，一个地区遭了灾，国家救济物资的分配不会考虑谁官大谁官小，谁有钱谁没钱，谁受教育多谁受教育少，而是一律平均分配。当涉及人的基本权利的时候，唯有平均分配才是公平的。再来看看机会均等，经济学一向视其为公平的代名词。可仔细推敲一下，问题就产生了，如果起点不公平怎么办？假如两个学生都考取了北京某著名高校的同一个学院，一个学生家在北京，父母都是老师，上的也是重点中学；另一个学生家在西部山区，父母都是文盲，上中学时每天上学要走几十里山路。那么，毫无疑问，第二个学生所付出的努力要远远大于第一个学生。所以，机会均等只是表现了一种形式公正，并不一定导致实质公正。多少年来，一些学者、专家在公平问题的理论研究上纠缠不清，经常给政策制定带来很多的困惑。我们应该更现实地考虑一下这个问题，只要结果得到了认同，公平不公平就没有讨论的必要了。比如，一个家庭中有三个孩子，父母在抚养第一个孩子的时候，家庭生活非常困难，所以孩子只能上到中学；等到第二个孩子成长起来时，家庭生活有了很大的改善，孩子读完了大学；而到第三个孩子长大时，家庭生活步入小康，孩子被送到国外留学，并且拿了博士学位回来。不难想象三个孩子在社会生活和社会地位方面存在的巨大差异。假定他们对家庭都是认同的，完全能够体谅父母的处境，那么他们当中谁会觉得自己受到了不公平的待遇呢？家庭如此，政府做事是否能从中受到一些启发呢？

本章小结

本章主要讲述公共政策的基本属性、主要类型和重要作用，通过本章的学习应该掌握公共政策的主要特征及其具体表现，了解公共政策的基本分类方法，区分公共政策的重要类型，如实质性政策和程序性政策、物质性政策和象征性政策，明确公共政策的功能表现，尤其是公平分配的政策作用。

关键术语

实质性政策　程序性政策　分配性政策　再分配性政策　管制性政策
自我管制性政策　物质性政策　象征性政策　涉公政策　涉私政策

复习思考题

1. 公共政策有哪些特征？
2. 政策的多样性主要表现在哪些方面？
3. 公共政策如何分类？
4. 物质性政策和象征性政策有何区别？
5. 管制性政策有哪些形式？
6. 公共政策的功能有哪些？
7. 公共政策如何体现社会公平？

第3章

政策主体、政策客体与政策环境

有一种分析方法叫 5W1H 法或六何分析法，5W 是指 Why，Who，What，When，Where，1H 是指 How。这种分析方法要求对选定的分析项目从原因（何因）、对象（何事）、地点（何地）、时间（何时）、人员（何人）、方法（何法）六个方面提出问题，进行思考。这种看似简单的提问式思考方法，可使思考的内容深化、细化、规范化、科学化。政策分析也可借用这种思考方法，研究一下在政策制定环节中谁来做，对谁做，以及在什么条件下做等问题。

3.1 政策主体

一般而言，政策主体可以被简单界定为直接或间接地参与政策制定过程的个人、团体或组织。尽管世界各国的政策环境不尽相同，但政策主体的构成因素并无大的差别，只是它们对政策制定过程的作用方式和影响程度有所不同罢了。许多政策学的论著和教科书都有政策主体的相关阐述，比较具有代表性的看法是：政策主体的构成因素主要包括立法机构、行政决策机构（政务官系统）、行政执行机构（文官系统）、司法机构、政治党派、利益集团、思想库、大众传媒和公民个人等。

政策主体的分类多以官方决策者和非官方参与者进行划分。① （也有人从体制内与体制外②、国家权威与社会权威③、直接参与和间接参与的角度对政策主体进行分类。）安德

---

① 参见［美］詹姆斯·E·安德森：《公共决策》，44～48 页，北京，华夏出版社，1990。

② 参见［美］斯图亚特·内格尔主编：《政策研究百科全书》。

③ 参见张国庆：《现代公共政策导论》，34～39 页，北京，北京大学出版社，1997。

森指出，官方决策者是指那些具有合法权威去制定公共政策的人（他们中的一些人事实上可能会受制于非官方的政治党派或压力集团）。这些人包括国会议员、政府首脑、行政人员和法官。他们所从事的决策活动或多或少会有所不同。然而，除了他们之外，还有许多其他的人也参与了政策的制定过程，在这些参与者中不仅包括政治党派和利益群体的成员，而且包括代表个人的普通公民。我们之所以把他们称为非官方参与者，主要是因为不管他们在各种政策场合多么重要或处于何种主导地位，他们自身通常并不拥有合法的权力去作出具有强制力的政策决定。

3.1.1 官方决策者

现代政治体制多以三权分立为原则构建国家的公共权力。立法、行政和司法三种权力分别由议会、内阁和法院掌握，这三大系统各司其职、彼此独立，依靠国家宪法所赋予的权力制定不同类型的公共政策。它们彼此监督、相互制约，以保持三种权力之间的平衡状态。一些国家所实行的政党制度从形式上看似乎能够把政党政治排除于国家的三权之外，而实质上却能够使政党政治"以一贯三"或"以一治三"，从而实现对公共权力的制约和对国家利益的整合。因此，政党权力有时候完全可能会成为凌驾于三种权力之上的至高权力，从这个意义上讲，政党也有可能会成为站在官方决策者行列之外的"超官方决策者"。

1. 立法机关

立法机关是政策主体最重要的构成因素之一，其主要职责当然是立法，即履行制定法律和政策这一政治任务。立法机关在政策制定过程中究竟充任怎样的角色？到底能做些什么？起到什么样的作用？要回答这些问题必须通过实际的调查作具体的分析。

在美国，一般而言，国家立法机关常常能够在独立决策意义上行使立法权，如在国会中，常设委员会对提交的法案通常拥有生杀大权，它们甚至可以置议会大多数成员的反对于不顾，强行通过有关法案。美国有关税收、人权、社会福利和劳动关系等方面的政策一般都是由国会制定的，但在国防和外交政策的制定方面，总统比国会拥有更大的权力。很多时候，总统的意志左右了国会的决定。而美国各州的立法机关却常常因为其职责范围的限制或专业人士辅助不力，难以对较为复杂的或技术性强的立法事务采取主动。它们往往只是简单地批准和通过一些专业部门所提交的法案。当然，至于其他方面的一些一般性事务，如治理犯罪等，州立法机关显然具有独立决策的能力，因为这些事务并不需要特殊的技能和科技方面的专业知识。

英国的情况与美国有所不同，英国议会所批准和通过的法律往往是那些首先由政党提出，其后由文官起草，然后由政府（首相和内阁）提交的法案。英国下院在批准立法的过程中拥有绝对权力，起着至关重要的作用。而在苏联，立法机关——最高苏维埃受布尔什维克制约，通常只起象征性的作用，它们不得不批准那些由布尔什维克高层领导人所作出的决定。同样，在一些拉美国家里，立法机关受到行政机关的严密控制，几乎难以在独立决策的意义上行使其立法权。在一些非洲国家则根本没有建立立法机关，而且它们认为也没有必要建立这样的机构。对于这样的政治模式，政策学家如果把许多研究精力放在立法组织和立法程序上的话，那么他们只能是白白地浪费自己的时间。

2. 行政决策机关

一些西方国家虽然推行三权分立的政治体制。但随着行政权力的不断扩张，行政机关在政策制定过程中的地位和作用越来越突出，“行政国家”已成为一个司空见惯的提法。就美国而言，总统在进行立法领导方面的权威显然已经被确定，并作为必不可少的规定而被人们普遍接受。委员会制导致了国会领导的分散，加之缺少强有力的政党权威，国会越来越依赖于总统提出的立法建议。而且，国会还常常将一些非常重大的决策权授予总统，特别是在需要高度集中的外交和军事领域，总统所拥有的合法权力和行动自由比其在内政方面所拥有的权力和自由要大得多。

叶海卡·德罗尔认为，行政部门对政策制定的影响在发展中国家要比在发达国家大得多，他指出：“由于发展中国家存在的政策问题少，所以大部分政策问题都能进入政府内阁的议事日程。而且在发展中国家一般不存在专业性的文官系统，因而行政部门在绝大部分政策制定中都起到了核心作用。另外，发展中国家的权力更为集中，所以政务部门无须去考虑建立政治联盟的问题，它们有更多的决策自主权。”① 简言之，发展中国家的决策体制和结构一般非常简单，主要决策权都掌握在行政部门手中，利益集团由于很少能够在政治体系中独立发挥作用，所以它们很难对政策制定构成重大影响。

3. 行政执行机关

传统行政学认为，政策往往是由政府中的“政治”部门制定的，行政执行部门只是或多或少地以自主的方式实施这些政策。然而，现代的人们已经越来越明确地认识到，政策制定与政策执行相互缠绕、不可分割，行政执行部门对政策制定不是没有影响，而是有很大影响。当我们把政策定义为政府在特定领域所采取的实际行动时，这一点就更为明显。行政执行部门不仅能够参与一些法律法规和政策的制定，而且能够使其他机构所制定的法律或政策不能取得应有的效果，其最拿手的办法就是行动拖拉和无所作为。

在现代社会，许多政策事务往往带有复杂性和技术性特征，而且需要进行连续控制。立法人员缺乏必要的时间和充足的信息，导致许多问题的处理权（即规制决定权）被授予了行政执行机构。众所周知，权力具有自我扩张的趋势，其边界难以构成有效的制约，结果必然导致行政执行机构作出具有更大政治意义和政策效果的决定。这也难怪，在现代社会中，如果没有官僚组织所发挥的重要决策作用，那么其对公共事务的有效管理就会成为一句空话。

不仅如此，在一些国家的政治系统中，行政执行机构还是立法建议的重要来源之一，它们不仅积极地提出一些所需的法案，而且还努力地进行游说，试图对国会形成一定的压力以使其提出的政策建议得到采纳。因此，“公共政策受行政人员的支配”这句话并不为过。

4. 法院

尽管在许多国家特别是发展中国家，法院难以介入政策制定过程，不具备实际的决策功能，对公共政策的影响微乎其微，但在有些国家，如美国，法院闯入了许多社会和政治活动领域，它们不仅参与了政策的制定，而且在其中扮演了非常重要的角色。法院常常能

① Yehezkel Dror, *Public Policymaking Reexamined*, Scranton, Pennsyvania, Chardler, 1968, p. 118.

够通过司法审查权和法令解释权对公共政策的性质和内容产生巨大影响。它不仅规定了政府不能做什么，而且规定了政府应该采取何种行动以符合法律和宪法的规定。

所谓司法审查权是指法院有权审查立法和行政机关的活动是否违宪，如发现与宪法相冲突的情况，有权决定这些活动无效。政策的制定显然深受这种权力的制约，国会可能因此而对某些事务所要采取的行动犹豫不决，因为它会担心这些行动可能会被法院判为违宪。

法院还有权解释和决定那些只有抽象的表述且容易引起歧义的法规的含义。当法院接受这一种而非另一种解释时，它在无形中就进入了政策制定领域，因为解释的结果无疑会使胜方的政策选择得以贯彻和实施。司法活动并非新生事物，司法判决中逐渐确立的某些原则对公共政策制定有着至关重要的影响。

3.1.2 非官方参与者

非官方参与者包括利益集团、政党、公民个人、大众传媒和思想库等，相比官方决策者而言，尽管他们对政策制定过程的影响较为间接，但他们同样是政策制定中不可忽视的主体因素。

1. 利益集团

利益集团是由具有相同价值需求和利益倾向的个人所组成的团体或团体间的联盟。它代表其成员的利益，履行利益表达的功能，其对公共政策的影响一般取决于这样一些因素，如团体的规模、资金及其他资源条件，团体的凝聚力，领导层的工作技巧，团体的社会地位，竞争性组织是否存在，官方决策者对其的态度，在政治系统的权力体制中所处的位置等。当然，什么事情都不是绝对的，某一利益团体在某一政策问题上可能具有支配性影响，但在别的政策问题上其影响可能微不足道。

由于各个国家的具体情况有所不同（民主政体或专制政体、经济发达或经济落后），所以利益集团在组成方式及合法化程度上差异很大。在有些国家，利益集团无论是在成员数量、集团数量、成熟程度、管理状况方面，还是在行动的公开化和享有的自由度方面都远远超过其他一些国家。它们不仅积极表达自己的政策诉求，而且努力为政策制定提供可选方案。它们会就政策方案的性质和可能出现的后果，以及操作层面上的一些技术性问题，向官方决策者提供更多的信息。这种活动无疑非常有利于决策过程的合理化。

利益集团影响政策制定的方式或途径是多种多样的，如院外活动、舆论宣传、政治捐款、抗议示威等。其中具有代表性的一种形式就是游说，即作为说客的利益集团的代表，努力劝说立法官员或政府官员，希望他们能够支持利益集团所赞同的议案。由于游说活动通常是在议院走廊或休息室进行，所以人们习惯称之为“院外活动”或“lobbying”。

社会发展的多元化趋势必然导致利益集团数量的增多及其规模、结构和活动方式的多样化。一般而言，某一利益集团只关注与其集团利益相关的政策领域，其行为动机无疑是追求集团利益的最大满足，这种需要的满足很可能会以牺牲公共利益为代价。因此，政策制定不应受个别或少数利益集团的操纵，而应该调和不同的利益需求或相互冲突的政策愿望。按照政治学的团体理论，公共政策不是某一利益团体的一厢情愿，而是团体冲突的一种平衡产物。

2. 政党

政党作为利益集团的一种特殊类型，往往以政治联盟的形式出现。其关注的政策范围要比一般的利益集团更广，对政策制定的影响当然也比一般利益集团更大。现代国家的政治统治大都通过政党政治的途径加以实现，政党常常履行着一种“利益聚合”的功能，即政党努力将不同利益集团的特定需求转变为一般性可供选择的政策方案。

然而，在不同国家、不同历史条件下，这种“利益聚合”的方式并不完全相同，不能一概而论。在实行两党制的国家中，如英国和美国，政党总希望能够获得更多选民的支持，因而在它们的“一揽子”政策纲领中试图更多地体现多数人的需求，并尽力避免与势力强大的利益群体发生直接的利益冲突。在实行多党制的国家中，如法国，政党只代表着各种相对狭隘的利益，其“利益聚合”的功能不能得到很好的体现。它们更多的是以各种特定利益的经纪人而非倡导者的面目出现。在实行一党制的国家中，如苏联，政党是政策主体的核心力量，在政策制定中起主导作用。公共政策在一定程度上可以被视为执政党的政策。

在两党制和多党制的条件下，政党最重要的一项活动就是争取在竞选中获胜，以便能够控制政府的人事安排。简言之，政党首先与权力而非政策紧密相关，它们只有在大选中取胜，把握了国家政权之后，才能把其政治纲领和政策主张转化为真正意义上的公共政策。换句话讲，政党对政策制定的影响往往是靠选举来实现的。哪个政党控制了国会或赢得了总统竞选，它就将在政策制定过程中享有更多的发言权。

3. 公民个人

在政策主体的讨论中，人们往往更多地关注那些重要的参与者而忽视作为个人的公民所能发挥的作用。尽管有相当数量的公民不把自己所拥有的权利当回事，他们惰性十足，自觉放弃能够影响政策制定的机会，如在投票或选举中弃权，不参加政党或压力集团，对政治问题毫无兴趣等，但无论是在专制体制下还是在民主体制下，政策制定者都必须认真对待普通公民的利益和愿望。现代专制政权即使努力排斥公民参与政策制定，也仍然十分关注多数公民的利益需要。而现代民主政权则通过实行选举制间接地增强官方对公民利益所负有的责任。正如林德布罗姆（C. E. Lindblom）所言：“投票选举之所以是公民影响政策制定的重要手段，不仅是因为它允许公民选择政府官员，而且在某种程度上指导这些官员对政策的态度……因此，选举的事实间接地将一个原则强加于未来的决策者，即‘政策制定要考虑公民的愿望’。”① 林德布罗姆在这里谈及的原则阐明了这样的观点：公民有权让他们的意见被官员听到，而官员有责任认真听取他们的这些意见。

在现代社会，公民参与政策制定过程的主要途径有以下六种：一是以主权者身份，通过直接投票的方式决定某些重大的政策问题，直接行使个人的权利；二是通过代议形式，推选代表参与政策制定，间接行使个人的权利；三是使用威胁手段，如参加请愿、示威、罢工、罢课等活动，反对某项政策的出台，迫使政府修改或废止这一政策；四是通过参加政治党派和利益集团，借助团体的力量影响公共政策的制定；五是通过制造社会舆论或进

① ［美］查尔斯·林德布罗姆：《政策制定过程》，45页，上海，上海译文出版社，1988。

行多方游说等手段，提出政策诉求，影响政策导向；六是以个人的知识活动为政策制定提供实证依据或理论指导。

4. 大众传媒

现代大众传媒主要是指广播、电视、报刊、杂志、书籍、电子信息网等人们借以表达思想和意愿、传播各种信息的舆论工具。它是现代社会最强有力、最直接、最方便的沟通手段，对政策制定过程有着非常重要的影响，被普遍视为政策主体的一个重要组成部分，有“第四种权力”之称。

随着现代科技的发展，网络化时代已经到来。各种信息载体把整个世界联系在一起，其触角已经伸向社会的各个角落。大众传媒具有覆盖率高、信息量大、影响面广、冲击力强等特点。其主要作用是传播信息、制造舆论、沟通思想和传播知识。

大众传媒之所以成为现代社会中政策主体的一个重要因素，是由它的特点决定的：

（1）大众传媒是传播政府政策意图的有效工具。现代公共决策需要社会公众的广泛参与，因而需要政府把其政策意图及时、迅速、广泛、有效地告知公众，以得到必要的反馈。仅凭政府自身的宣传渠道是不行的，必须借助现代化传媒工具。

（2）大众传媒是社会舆论的风向标。它能及时有效地向官方决策者反映社会所需和公众所求，为公共政策的制定提供客观的依据，从而影响公共政策的内容，使政府出台的政策更加符合公众的实际需要。

（3）大众传媒是社会舆论的导向舵。它总是或多或少、或隐或显地传达一定的思想和情感，能在很大程度上引导公众的价值取向，产生一定的宣传力量。借此，官方决策者得以实现有效的社会控制，从而有助于政策系统的良性运行。

（4）大众传媒是社会信息分配的中枢。社会公众和各种利益实体往往需要借助传媒影响公共政策的制定。传媒利用自己优先或抢先获得信息的有利条件，能够有效影响利益集团和普通公众掌握信息的数量和质量。当然，首先获得信息的利益团体或公众在影响公共政策方面具有一定的优势，即优于那些没有掌握这些信息的其他团体或公众，这种由于信息差异而对政策制定造成不同影响的状况被称为“知识鸿沟”。“知识鸿沟”无疑会介入政治过程和政策过程。社会的“知识鸿沟”越大，则社会在公共政策方面具有的影响力的差异就越大。

5. 思想库

思想库（think tank）是现代政策研究组织的别称。它是政策主体的一个十分独特而又非常重要的构成因素，被认为是现代决策链条中不可缺少的一环。布鲁金斯学会、胡佛研究所、兰德公司、野村研究所等一些世界闻名的思想库，在政府政策制定中发挥了非常重要的作用。

思想库是现代社会的产物。问题日益复杂，信息不断增多，科学技术发展，决策任务加重，所有这些为思想库的发展提供了活跃的时代和社会背景。现代科学决策离不开政策咨询，政策研究机构的日益崛起，代表了未来决策的发展趋势。思想库是由专业人员组成的跨学科、跨领域的综合性政策研究组织，它的出现对改善政策系统和环境、促进决策质量的提高有着积极的影响。

思想库既从事理论研究又从事应用研究，既关注学术问题又关注实际问题。其服务对象、成员组合、研究领域和构成形式有很大差别，在政策制定过程中所起的作用当然也不相同。一般来讲，可以把它们划分为如下四种类型：

（1）官方思想库。官方思想库隶属于政府及其职能部门，或作为最高行政长官的智囊团，或隶属于不同职能部门，或具有相对独立的建制。

（2）半官方思想库。半官方思想库一是由政府出资支持重点研究课题，把其研究工作纳入为政府服务轨道的研究机构。二是与政府签订合同从而建立合作关系的政策研究机构。三是与政府有关机构有对口挂靠关系的思想库，它们直接为对口单位提供政策咨询服务。

（3）民间思想库。民间思想库是由民间发起，得到基金会或公司企业赞助的社会性政策研究机构。它具有选题自由、研究范围广、社会联系多、不受政治局限、独立性强、灵活性大等特点。

（4）国际思想库。国际思想库是由不同国家的学者和官员组成的，以国际问题为研究对象的国际性政策研究组织。其研究范围往往涉及人类共同关心的问题，如环境保护、气象服务、战争与和平、资源利用、人口控制等。

3.2 政策客体

政策客体研究的是公共政策的作用对象及其影响范围，即公共政策所要处理的社会问题（事）和它的目标群体（人）。

3.2.1 社会问题与政策问题

政府的主要功能及其公共政策的主导作用就在于有效地解决社会所面临的诸多问题，所以社会问题的客观存在及其主观认定被普遍认为是政策过程的始点。一般而言，政府的政策范围是极为广泛的，但这种范围也不是无限的。政府作为社会的公共权力机构，主要是针对社会问题进行决策。什么是社会问题？从抽象意义上讲，社会问题是指实际条件与应有条件之间的偏差，或者是实际状态与社会期望状态之间的差距，而这种偏差或差距往往会导致社会的紧张状态，它超越了个人稳定的环境和范畴，牵涉较为广泛的社会关系。当社会上的一些人对社会生活中的某方面表示焦虑和不满，或提出一定的主张，或采取一定的行动时，那就显示已经发生了问题。但通常在人们表示不满之前，问题就已存在，只是那些受其影响的人或者畏惧社会习俗或政府权威，或者没有自觉意识到存在不公、应该改革。在这种情况下，问题虽然没有被发现，但的确已经发生并存在一定时间了。

是不是所有的社会问题都属于政府的政策范围呢？显然不是。社会所面临的问题很多，但在政府决策者看来，并非所有的问题都是需要政府解决的。有些问题可能通过民间渠道就能够进行处理；有些问题可能过于复杂，政府无力加以解决；有些问题已经成为历史，再无解决的必要；另外，也不能排除政府出于各种利益的考虑，对有些问题采取漠视的消极态度。所以，只有一部分社会问题能够得到政府的真正重视，进入政府议程，这部分社会问题才由此转化成为政策问题。

社会问题具有如下特征：

（1）社会问题是一种客观条件。所谓客观条件是指一种可以通过实证加以认识的情况。换句话讲，它的存在状况及其数量（比例）大小能够被人们认识，如国防状况，出生率倾向和失业问题等。客观条件是社会问题存在的必要前提，但不是充分条件。这也就是说，没有客观条件就不可能形成社会问题，但仅仅有了客观条件还不足以构成社会问题。尽管两个不同地区的客观条件完全相同，但这种客观条件可能仅在一个地区会形成社会问题。比如，在公共场所吸烟在一些地区是一个社会问题，而在其他一些地区则不是；离婚在一些地区是一个社会问题，而在另一些地区则不一定是。

（2）社会问题是一种主观定义。所谓主观定义是指人们对上述客观情况的察觉和认识，即他们明显感到目前的客观条件已经危及他们所珍视的社会价值观，是对他们所信奉的社会规范的一种背离。社会问题主要还是由人们来加以定义的，如果某种状态并不为身处其中的人们认定为社会问题，那么对于这些人来说，这种状态就不会构成社会问题，尽管有时候在旁观者或其他人眼中，这种情况的确是社会问题。

（3）社会问题受价值判断的影响。以上分析说明，研究社会问题不仅要研究其产生的客观条件，而且要研究身处其中的人们的价值判断。这些价值判断使这些人以不同的方式或从不同角度看待同一种状况及其解决方法。社会问题之所以能够出现并得以持续，主要是由于人们具有不同的价值选择和目标取向。社会问题会涉及价值观的双重冲突。第一，在某些情况下，人们并不会一致认为某些状态对社会基本价值观构成了威胁，如种族歧视、离婚问题、童工现象等；第二，在另外一些情况下，尽管人们基本上一致同意某些状态对社会基本价值观造成了威胁，但由于他们对所采取的相关措施和解决办法抱有不同的态度，因而难以就改革的计划达成一致性意见。因此，人的价值判断不仅在被认定为社会问题的客观条件中起了一种非常重要的动因作用，而且对解决那些被定义为社会问题的客观条件有时还起到阻碍作用。这主要是因为人们并不愿意去支持那些要求他们损害或放弃固有信仰和制度的改良计划。比如，一项要求社会接受用避孕和堕胎的方法来解决私生子问题的解决措施就被一些人认为是对固有价值观的一种侵犯，受到他们的普遍反对。艾滋病开始出现时被普遍认为只是在吸毒者、同性恋者和卖淫嫖娼者群体中出现的问题，极端的观点甚至认为这是上帝对这些社会异己分子的一种严厉的惩罚。但随着时间的推移和环境条件的变化，人们的认识开始发生转变，艾滋病的防治提上了政府的政策议程。安乐死的问题已经讨论了很久，大家在人有没有权利选择结束自己的生命，在什么条件下有权利选择、什么条件下没有权利选择等问题上的看法有很大分歧，难以达成共识。有人说，经济的发展往往会经历一个从要钱不要命到要钱也要命，再从要钱也要命到要命不要钱的观念变化过程，环境污染开始可能并不是什么问题，没有人去注意它，但越到后来，环境保护及可持续发展的问题就显得越加重要。这从一个层面也反映出价值观对社会问题的影响。

（4）社会问题是关系到大多数人的问题。如果问题只涉及个别人或少数人的利益，往往不能形成社会焦点，也难以引起人们的普遍重视，因而一般构不成社会问题。比如，一次偶然的歉收构不成社会问题，但大面积的饥荒却可以构成社会问题；某个工厂倒闭，一部分人失业，那只是他们个人的问题，但由于社会经济动荡而造成的许多人的失业就会形成社会问题；在一个本不富裕的国家，一个家庭多生几个孩子，吃糠咽菜是他们自己的事，但家家都如此，那政府就不能坐视不管了。总之，政府是国民的代表，应该重视关系多数人利益的社会问题。当然，这也并不等于说对少数人的事政府就可以弃之不管，而只是表明政府应更多地关注那些引起社会普遍反响的问题。

（5）社会问题的形成往往具有一个时间发展过程。社会问题往往不是突然发生的，而是逐渐形成的，它有一个从小到大、从潜到显、从一般到突出、从小范围到大范围的变化过程。以我国老龄化问题为例，随着生活水平的提高，医疗条件的改善，人们预期寿命的增长，人口老龄化问题日益严重。统计显示，1982年，我国65岁及以上人口比例只有4.91%，与1953年相比变化不大。2000年末，我国65岁及以上人口比例达到7%，标志着我国已经进入人口老龄化国家行列。到2007年底，我国60岁及以上人口超过1.53亿，占总人口的11.6%。标志着我国已经进入了老龄化社会。（最直接、最重要的老龄化社会标准就是60岁及以上人口占总人口10%以上。）虽然老龄化问题是一个世界性的问题，但是从目前情况来看，我国的问题尤为突出。我国老龄化问题有这样四个特点：第一，数量多。目前已超过1.5亿。第二，进展快。21世纪前30年中，我国人口老龄化速度将是空前的。专家预计，到2014年，60岁及以上人口将突破2亿人，2026年超过3亿人，2041年将达到4亿人。第三，生产力水平比较低。政府用来支撑这方面事业可动用的财力有限，不像一些国家是“先富后老”，我们是“先老后富”。第四，历史欠账较多。我们缺少养老积累，这是个沉重的历史包袱。

（6）社会问题往往是系统性的问题。任何一个社会问题都不是孤立存在的，它往往是整个社会问题系统中的一个有机组成部分。一个小范围的社会问题往往是一个更大范围的社会问题的局部，且这个小范围的社会问题的内部还有可能包含几个更小范围的社会问题。不同范围、领域、层次的社会问题存在着相互联系、相互制约的辩证统一关系。比如城市自行车被盗问题，必然会牵扯城市治安问题，由此又涉及流动人口问题、户籍制度问题、公房出租问题等，所以，社会问题的系统性特征要求我们在处理问题时必须从整体出发，从各个具体问题之间的相互关系上去把握，不能“头痛医头，脚痛医脚”。有时，同时处理几个关系密切的问题反而比单独处理一个孤立的问题更妥当，因为这样能发挥系统的整体效应。我们提倡搞综合治理，就是这个道理。

3.2.2　目标群体

尽管政策的目标各式各样、类型千差万别、内容五花八门、规模有大有小，但它总是表现为对一部分人的利益进行分配或调节，对一部分人的行为进行规范或指导。这些受政策影响和制约的社会成员被称为政策对象或目标群体。

目标群体的作用不可小视。政策能否落实，目标能否实现，不单纯取决于政策制定者或政策执行者的一厢情愿，它与目标群体的态度有着直接的联系。目标群体理解、接受、遵从政策的程度是衡量政策有效性的关键性要素。一般来说，目标群体的态度选择有两种形式，一是接受，二是不接受。当然，接受又可划分为完全接受或部分接受、积极接受或消极接受；不接受也可划分为完全不接受或部分不接受、积极不接受（强烈反对）或消极不接受（不予合作）。从制度激励角度来看，一项政策如果能够使目标群体获得一定的利益，那么它相对就容易被目标群体接受；反之，一项政策如果被目标群体视为对其利益的侵害和剥夺，那么它就难以得到目标群体的认可。例如，党的十一届三中全会以后，在我国广大农村推行了家庭联产承包责任制，这项政策适应了当时农民渴望致富的利益需求，因而赢得了他们广泛的支持与积极的合作，为政策执行创造了极为有利的条件，很快取得了超出预想的政策成果。再如，一些基层政府打着发展地方经济的旗号，以修建公共设施为借口，制定相应规制政策，搞形象工程、政绩工程，在农民身上征收各种名目的费用，使农民的利益受到侵害，造成了政府部门与农民群众的严重对立。这类严重损害农民利益的政策，必然会受到广大农民群众的强烈反对和抵制，不可能得到顺利推行，即使采取高压和强制措施，也只能得逞于一时。

1. 政策认同的缘由

目标群体之所以能够接受、遵从和执行某一项公共政策，通常是出于以下几个方面的缘由：

（1）政治社会化的影响。所谓政治社会化是指人们在社会化的过程中，政治观念的树立（对国家、政党、制度、权威、意识形态、权利义务的认识）和政治行为模式的形成（遵纪守法，拥护社会制度等）。任何国家都会设法通过家庭、教育、传媒等渠道促成人们的政治社会化。如果这一过程较为成功的话，社会成员就会逐渐树立起支持现行社会制度的观念，能够体谅公共政策中的一些无奈之举。

（2）传统思想观念和行为习惯的制约。政策往往会对目标群体思想和行为的改变提出一定的要求，改变幅度的大小在很大程度上会影响目标群体对政策的接受和服从。例如，我国的计划生育政策之所以在一些地区执行不力，关键是因为与当地传统的思想观念和行为方式有很大的差距。“重男轻女”、“传宗接代”、“多子多福”、“人旺家兴”等传统观念根深蒂固。时间的塑造和历史的熏陶在一定程度上固化了人们的思想和行为，要想很快改变这些是极为困难的。在政策制定中必须要考虑习惯的因素，把握改变的幅度，如果能采取渐进方式就最好别搞激进变革。

（3）对政策形式合理与实质合理的看法。政策不仅需要实质合理，更需要形式合理，二者相辅相成。只讲实质合理，不讲形式合理，必然会走向人治；反之，必然会导致教条。我们需要的是形式合理基础上的实质合理，这是迈向法治社会的必然选择。毫无疑问，如果政策制定不符合法定的程序或违背法律原则，其被目标群体接受的可能性就会大大降低。

（4）成本收益的权衡。目标群体对某一项政策的态度在很大程度上取决于其对利益得失的判断。如果他们认为接受此项政策比不接受此项政策所受的损失要大，他们就会采取抵制的态度。当然，现实中人们并非仅仅从利益得失角度考虑问题，但是，目标群体的利益得失是制度激励的关键，必须引起政策制定者和执行者的高度重视。

（5）大局或整体的考虑。虽然人是“经济人”，但也是“社会人”，他们不仅会从成本和收益角度考虑问题，而且还会从整体和大局角度进行判断。如果他们认为某项政策从总体上看是合情合理的，是照顾大局的，那么即使牺牲一些个人利益和小集团利益、局部利益和眼前利益，他们往往也能够顾全大局，从长远考虑，接受和服从该项政策。

(6) 避免受到惩罚。公共政策的权威性是不争的事实。如果没有强制力作依托，政策就难以得到贯彻和执行。作为利益分配与调节杠杆的公共政策，不可避免地会触动一部分人的既得利益。如果没有一定的惩罚措施，他们很可能就会去做违背政策的事情。人们有时候会因为畏惧惩罚而接受和遵从政策。当然，惩罚只是手段而不是目的，为惩罚而惩罚实际上就是权力的滥用。

(7) 环境条件的变化。政策在实施过程中会产生“振动效应”。随着时间的推移和客观条件的改变，人们的主观认识也会产生这样或那样的变化。一项最初不受欢迎的政策可能逐渐被人们理解并接受；一项最初深受拥护的政策可能逐渐被人们认清并抵制。应该从辩证的角度认识这个问题，事物的运动是绝对的，静止是相对的，没有一成不变的事物，也没有一劳永逸的政策。

2. 政策抗拒的起因

目标群体之所以产生政策认同障碍，其原因主要表现在如下几个方面：

(1) 合法性危机。合法性危机是当代政治学极为关注的一个研究课题。尽管它是一种传统性政治现象，但在现代社会，合法性危机已经成为各国特别是发展中国家所面临的一个普遍性问题。合法性危机的典型表现就是被统治者视为“合法”的事物反被被统治者认为“非法”，这种民众与政府权威之间的冲突无疑会导致合法性基础的动摇。发展中国家之所以更为普遍地面临合法性危机，主要是因为在传统社会向现代社会转型过程中容易出现以下几种问题：一是传统价值观受到冲击。人们对政府权力的界限、政府建立的途径、公民应享有的权利、政策制定的程序等政治方面的问题产生了一些新的认识，形成意见的分歧，使传统权威的社会心理基础逐渐崩溃。二是物质文化需求的攀升。现代化带来的开阔的视野刺激了横向比较的欲望，在纵向比较时代形成的心理满足已经难以维系社会的稳定，社会不满情绪的波动必然对政府权威形成巨大的挑战。三是政府的许诺不能兑现：现代化进程本质上就是一场革命，社会的各个层面都会出现动荡和变革，政府要不断出台一些新的措施，作出多种许诺，可一旦许诺不能兑现，公众就会对政府能力产生怀疑，从而失去对政府权威的信任。总之，一旦出现合法性危机，作为政府权威“代言人”的公共政策自然会在目标群体中产生认同障碍。

(2) 缺乏对政府官员的信任。信任作为一种复杂的社会心理现象，很早就引起了学者们的密切关注。在任何一个社会中，倘若人们缺乏必要的相互信任，社会运行成本必然会大幅度增加。正如美国著名政治学家亨廷顿所指出的那样：“社会文化中缺乏信任将给公共制度的建立带来极大的障碍。在那些政府缺乏稳定和效能的社会，也同样缺乏公民间的相互信任，缺乏民族和公众的忠诚心理，缺乏组织的技能。”① 对目标群体而言，对政策执行者的不信任会通过态度泛化机制向其传递的政策信息投射。政策执行者的个体特征对其所具有的信任度有着非常重要的影响。这些特征包括人格特征、能力特征、权威特征、态度特征和仪表特征等。

1) 人格特征。人格魅力是信任的基础，“歪嘴的和尚念不出好经”，真理一旦失去人格的依托，光彩将不再照人。社会心理学的研究告诉我们，人们总是习惯于通过具体形象

---

① ［美］塞缪尔·亨廷顿：《变化社会中的政治秩序》，26～27 页，北京，三联书店，1996。

的事物去把握笼统抽象的事物。

2）能力特征。目标群体对政策执行者的信任不仅取决于他们对执行者道德因素的判断，而且取决于他们对其能力特征的评价。政策执行者只当好人是没有用的，关键还要看其是不是能人。

3）权威特征。权威特征的形成受制于多种因素的影响，如职业、地位、名望、身份、家庭、年龄等。社会心理学的研究表明，带有权威特征的信息具有更大的影响力，因为权威本身往往就是一张信度的名片。

凯尔曼实验

在这项心理实验中，同一个人就预防青少年犯罪问题作了三场内容完全相同的报告，只是对报告人的身份作了不同的介绍。第一场报告介绍他是一位著名的法官，第二场报告介绍他是一位社会热心人士，第三场报告介绍他是有过前科的悔过人员。实验结果表明，报告人以法官身份出现，其报告内容最容易使人信服；而以悔过人员的身份出现，报告几乎起不到说服的作用。

4）态度特征。自信、执著、专注、热情，这些态度因素对信任度的影响并不亚于权威因素的影响。所谓自信就是要具有对自身能力的一种信念；所谓执著就是要对目标坚持不懈地去追求；所谓专注就是要集中精力、全神贯注、专心致志、忘我投入；所谓热情就是要作出热烈、积极、主动、友好的情感表达。

5）仪表特征。“远看是警察，近看像警察，仔细看一看，原来都是假警察”。中国各行业仿制警察制服的情况颇为严重，涉及的部门包括城管、文化稽查、技术监督、环卫、环保、市政、市场管理、烟草管理、环境监察、劳动执法、农机监理、客运、畜牧检疫、交通联防、国土监察、卫生监察、物价、动物检疫、进出口商品检疫、盐业、工商行政、商品综合治理、屠宰监察等，仿制的种类几乎涵盖了“99”式警服的所有品种，包括常服、值勤服、多功能服、制式衬衣以及警帽、领带、腰带、警衔标志、领花、胸徽、警号、臂章。其颜色款式与“99”式警服极其相似，足以乱真。为什么会出现这样的局面？看来，仪表特征对执法信度关系重大。

（3）社会心理负担过大。“社会心理承受力”作为一个研究概念主要是指公众心理对社会刺激所能接受的程度，更多表现为社会成员对社会变革和政策措施的心理适应能力和心理反应程度，即对心理压力的承受能力。其形成因素有：理解能力、应激能力、耐压能力和平衡能力。

1）理解能力。越是理解的内容，越能够被接受，其与心理承受力成正相关关系。

2）应激能力。面临突发和意外情况时的情绪自控能力和随机应变能力。

3）耐压能力。亦称挫折忍耐能力，具有明显的弹性特征。

4）平衡能力。情感上不能接受，但理智上可以接受，沟通中的消极反应在行为中得到补偿，这种心理的平衡是一种重要的能力。

由于不同个体在人格特征、成长经历、生活环境、受教育程度、价值观念、健康状况等方面存在很大的差异，而且人的心理意志力、适应力和承受力具有很大的可塑性，所以社会心理承受力的阈限多表现为一个很宽的范围，而并非是定量清晰的临界点，因此很难找到一个确定的指标对其加以明确的界定。尽管如此，“社会心理承受力”概念的提出仍具有重要的启发性意义。它提醒我们，政策变革如果超出了人们的心理承受力，政策认同障碍就必然会出现，即所谓“不能承受之重”。

3.3　政策环境

3.3.1　环境与生态

从广义而言，环境是指事物周边的境况，几乎涵盖所有因素。事物与环境之间往往存在着既可以相互分辨又可以彼此渗透的界限。环境因素对事物本身总会发生或多或少、或直接或间接、或强烈或一般、或明显或隐晦等形式多样、程度不同的影响。

在 19 世纪，达尔文学派的动植物学家们曾广泛地运用“生态”一词来描述生物体如何生存和适应它们的环境。在 20 世纪 20 年代，一些社会学家开始借用动植物生态的概念，对人类社会进行分析，他们不仅强调在日益复杂的组织系统内部人类生活具有相互依赖性，而且强调有机系统在生存形态上与周围的环境趋向于均衡化。

生态是指生物体的生存空间和条件，它与生物体共同构成生态系统，在这个系统中，生物体与环境进行物质、能量和信息的交换，从而实现自身新陈代谢的生命过程，并维持生态系统的动态平衡。狼、羊、草之间存在的制约关系是对生态平衡理论最为简化的解释。据媒体报道，因蛇、麻雀和青蛙统统被人捉去吃了个精光，重庆璧山县古老城地区爆发了特大蝗灾。近千亩农作物眼看就要绝收，由于是生态农田，所以还不能使用农药，当地农民紧急呼吁，希望支援他们大批蛇、麻雀和青蛙。可见，生态系统需要保持平衡，人类破坏了生物链，自身的生存就会受到威胁。有一句老话说得好：使人类无法生存下去的状态往往是人类自己造成的。

从生态角度来看，生物体对环境有着明显的依存关系，特定的环境满足生物体的特定需要。因此，根据不同的环境可以区分不同生物体的特点，这就像北极熊生长在北极，骆驼活动在沙漠，鳄鱼出没于沼泽一样，某种生物在特定的环境下，比其他类型的生物有更强的适应能力，所以研究生物不能抛开它的环境，不能不考虑两者之间的依存关系。

政策环境是指作用和影响公共政策的外部条件的总和。它涉及诸多因素，从人到物，从自然到社会，从历史到文化，几乎无所不包。研究政策不能不研究环境，这种研究可以借助行政生态学①的研究方法和理论成果，把政策与环境的互动视为一个生态系统。

---

①　行政生态学是一门较新的学科，它把行政系统比喻为生物体，把行政环境和行政系统的相互影响比喻为生态系统的平衡互动，运用生态学的观点和方法来研究行政管理问题，为行政学的研究拓宽了理论思路，开阔了研究视野。

3.3.2 公共政策与政策环境的关系

公共政策是政策环境的产物，二者存在一种辩证统一的关系。它们相互联系、相互依存、相互影响、相互作用。就其关系而言，环境决定和制约政策，起主导作用；政策反过来改善和塑造环境，具有反作用。

首先，公共政策是随着社会的发展由环境的需要而产生的。历史唯物主义告诉我们，经济基础决定上层建筑。由于私有制的出现、阶级的产生、统治集团的形成和国家机器的建立，才有了以社会管理为目标并代表统治阶级意志的公共政策的出现。如果没有这样一种政治和社会环境的形成，公共政策就根本没有存在的必要。

其次，公共政策必须适应政策环境，有什么样的政策环境，就应该有什么样的公共政策。如果公共政策与政策环境存在严重的冲突和对立，也就是说，政府管理社会的政策手段与环境条件格格不入，那么这样的政策就必将走向失败。比如非洲一些落后国家不考虑本国国情，盲目移植、机械照搬一些西方发达国家的政策经验，其实施结果往往是枉费心机、事与愿违。所以中国政府在借鉴别国政策经验的时候，融入了“中国特色”的概念，这样做是非常明智的。

再次，政策环境的发展变化必然导致公共政策的发展变化。随着历史的演进，社会的发展，政策环境经历着不断的变化，这是不以人的主观意志为转移的客观规律，公共政策必须要适应这种变化的需要，否则就会阻碍社会系统的良性运转，产生消极的影响。比如将封建社会的政策拿到资本主义社会去用，不仅是死路一条且滑稽可笑，同样，资本主义社会的政策也不可能照搬到社会主义社会中来。不同的社会形态需要不同的政策指导，而且，就同一社会形态的不同发展时期而言，公共政策也表现出不同的特征。以我国为例，自改革开放以来，高度集中的计划经济体制向社会主义市场经济体制过渡，公共政策也随之进行了一系列改变，目的就是为了适应政策环境变化的需要。

最后，公共政策也不是完全消极和被动的，它对政策环境也具有一定的能动作用。正确认识和合理发挥这种能动作用，是政策实施的重要目标，也是研究政策环境的主要原因。公共政策的作用发挥得好，就能达到改善政策环境的目的，使政策环境不断地得到优化，按照公共政策的目标去发展；反之，公共政策的作用发挥得差，就会使政策环境不断恶化，成为政策环境良性发展的羁绊。

3.3.3 政策环境的构成因素

毫无疑问，离开了公共政策得以产生的特定环境，人们就无法对公共政策的制定进行分析和研究。政策诉求产生于环境，并从环境输入政治系统。不仅如此，环境条件还制约着决策者的行动，限制政策实施的规模和程度，从而决定政策系统的现实特性。

政策环境的构成因素形形色色，复杂多样，有物质的、精神的、社会的、自然的、传统的、现实的、国内的、国际的等等。我们的讨论并不想把政策环境的一切要素都包揽无遗，而只是想介绍那些对公共政策构成有较大影响的相关因素。

1. 地理环境的影响

地理环境是指一个国家所处的地理位置和自然状况，包括地形、地貌、气候、土壤、水系、矿藏甚至人种等自然构成。地理环境是人类生存的摇篮，它与社会发展和公共政策有着极为密切的关系。

18世纪，法国有个很有名的启蒙思想家叫孟德斯鸠。我们中国人知道他的名声，主要是因为他提出了政治学说中的“三权分立”理论，其实他的“地理因素说”同样引起过很大反响。在一般人眼中，法律与政治、经济的联系是相当密切的，与风俗、习惯也有所关联，而与所在的地球纬度、气温，以及人种等却无多大关联。然而，孟德斯鸠却认为法律与后者的联系并不亚于其与政治和经济的联系。

在那本学人皆知的《论法的精神》一书中，到处都可以看到对这民族或那民族、热带或亚热带或温带、高原或平原的法律的各具特色的描述。比如孟德斯鸠告诉我们，在热带尤其是靠近赤道附近的国家，法律时常会出现早婚和一夫多妻制的规定，而在地处温带的国家，法律则时常会出现晚婚和一夫一妻制的规定。为什么会这样？因为，在气候炎热的地方，人就像热带植物一样生长得特别快，尤其是妇女，发育速度惊人，可她们身体的发育与智力的发育不同步，换句话讲，12岁的姑娘有成年妇女的身体却没有成年妇女的头脑。这样，法律让她们早点结婚，与此同时，又让她们处于男人的从属地位，几个人围着一个丈夫是合理的。而在气候适宜或严寒的地方，妇女发育相对迟缓，身体成熟较晚，到了可以结婚的年龄，她们已具有相当的智力，法律让她们晚婚，让她们与男人处在平等的地位上也是合理的。

孟德斯鸠还认为，热带及亚热带国家之所以盛行严刑酷法，就是因为那里的酷热容易使人暴躁和不理智；温带和寒带的国家之所以刑法较为宽和，就是因为那里的适中温度或严寒气候使人冷静和富有理智。这位思想家仿佛在说，你能找到多少法律与政治和经济的联系，他就能找到多少法律与地理环境因素的联系。

当然，孟德斯鸠的理论在学界存在很大的争议，我们在这里无须对其观点进行正确与否的评价，更不必迷信他的理论，但需要强调的一点是，孟德斯鸠的“地理因素说”的确能够给予我们很好的思想启示，这就是，地理环境与国家政治、经济、文化、军事等方面的相互作用及其对公共政策的影响是十分重要的。地理环境不仅为社会发展提供了各种可能性，同时也为政策的制定与执行提供了各种可能性。从经济角度来看，如澳大利亚拥有辽阔富饶的草原，所以政府一直把畜牧业的发展视为国家的首要任务；加拿大有着茂密、广阔的森林，所以木材的采伐与加工始终在其经济结构中占有突出的地位；中东的沙特阿拉伯、科威特等国地处沙漠，虽然发展不了农业生产，但丰富的石油资源，使石油开发与炼制成为这些国家国民经济的主要支柱。再从军事角度来看，如英国是一个岛国，有着优良的港湾条件和海洋所形成的天然屏障，因此政府一直把发展海军力量作为自己的目标，制定了进攻型的国防战略，在国防系统内部，海军部门始终居于主导地位；而瑞士位于欧洲内陆，地处相邻强国的夹缝，地理环境缺乏天然屏障，于是，政府一直以陆军力量作为国防主体，制定了中立性的防御型国防战略，在其军事部门中，陆军占据绝对的支配地位。

总而言之，地理环境作为政策环境的一个重要方面，对政策系统存在着直接或间接的影响，且这种影响并不是一时的，而是永恒的。但是，过分夸大地理环境的作用，忽视政策系统自身的能动性，则会导致“地理环境决定论”的机械唯物主义，所以要用辩证的观点看待两者之间的关系。

2. 经济环境的影响

谈到经济环境不能不使我们联想到“按劳付酬”的分配政策。按劳付酬暗含的意义是：同样质量和数量的劳动应该得到同样的报酬，这是众所公认的、毫无争议的公平分配。但大家是否注意到，在同样职业岗位上工作的一些人，即使能力水平一样，工作强度相仿，由于在不同地区或不同国家工作，劳动的报酬会有相当大的差距。不论是简单的体力劳动还是复杂的脑力劳动，都存在着这种差别，这种看似奇怪的现象从一个侧面说明，一个人的劳动报酬不但取决于他本人的劳动数量和质量，还取决于这个人所处的经济环境。

“报酬取决于经济环境”，这种观点给予我们某种新的启示，使我们明确认识到经济环境对政策效果的重要影响。但经济环境究竟是什么呢？它又是怎样左右一个国家的公共政策的呢？

所谓经济环境是指对政策系统有重要影响的各种经济要素的总和，主要由社会生产力和生产关系的发展状况构成，包括生产力的结构、性质（科技发展、国民收入、资源分配等）和生产资料的所有制形式（个人所有、集体所有、国家所有等）。世界各国之间，国内各地区之间，由于生产力的水平、生产关系的状况以及科学技术的发展存在着很大的差异，所以，经济环境就表现出极大的不同。

历史唯物主义告诉我们，社会的经济基础决定上层建筑，同时上层建筑对经济基础也具有反作用，从而说明社会经济环境对公共政策制定具有决定性的影响。无论什么性质的国家和地区，其政府决策体制、目标、职能、行为、原则、方法等都要受到经济环境的制约。因为经济环境是人类社会生活中最基本的环境。政策系统不可能超越经济环境所提供的条件和要求。另一方面，政策系统对经济环境的反作用主要表现在它可以促进或阻碍生产力和科学技术的发展以及生产关系的健全与完善。只有正确地认识经济环境，才能有效地制定和执行公共政策。

从历史发展的角度来看，经济环境大体经历了自然经济、商品经济、有计划的商品经济这样一个发展过程，并因此对政策系统提出了各自不同的要求。自然经济建立在小生产的基础之上，经济活动由家庭或个人自行组织，产品主要不是为了交换，而是为了满足自身的需要，所以无须政府对经济活动进行协调管理，从而就决定了奴隶社会和封建社会公共政策经济职能的薄弱，管理经济的部门机构弱小，行使职能的手段简化、单一等特征。资本主义的商品经济是建立在生产资料的私人占有基础上的社会化大生产。产品只有通过以货币为媒介的交换才能实现其价值，这就使得生产者之间，生产者与消费者之间，生产领域与流通领域之间的关系日益密切，从而需要进行广泛的分工与协作。但是，生产的社会化与生产资料的私人占有之间的矛盾是资本主义社会的固有矛盾，经济环境中不时出现的无序状态，使得资本主义国家的政府不得不强化经济职能，通过各种经济政策对经济活动进行干预。社会主义市场经济是建立在公有制基础上的社会主义经济模式，可以实现协调的社会化大生产和有序的资源分配，经济的宏观计划职能由政府承担，通过政策手段加以实施，经济的微观调控由市场机制来完成，靠市场自发的力量达到平衡。国民经济各部门在政府的监督下，合理分工，密切协作，形成一个有机的整体。这正是我们国家目前正在探索的发展道路，也是中国特色社会主义的典型特征。

3. 政治传统与政治文化的影响

文化是一个非常宽泛的概念，其定义不计其数，但无论是知识的传继还是信仰的选择，无论是特定的思维还是行动的标准，无论是法律的制定还是习俗的形成，无不包括人的价值取向。因此，文化归根到底还是一套价值体系。每一个社会都有各自独特的文化，从而使其成员的价值观和行为方式区别于其他社会的成员。不仅如此，在某一社会内部，不同地区或团体也可能形成自己独特的亚文化。绝大部分社会科学家似乎都认为文化决定或影响社会行为，但这种决定或影响并不是绝对的，文化只是可能对人类行为构成影响的要素之一。

我们这里感兴趣的是社会总体文化中被视为政治文化的那一部分。那么什么是政治文化呢？阿尔蒙德（G. A. Almond）认为，政治文化是一个民族在特定时期流行的一整套政治态度、政治信仰和政治情感。①《政治学分析词典》将政治文化表述为每一社会内学习和社会传递得来的关于政府和政治行为模式的聚集，通常包括政治行为的心理因素，如信念、情感及评价取向等。②《公共政策词典》把政治文化界定为一个民族在政治制度方面由社会遗传下来的传统和行为特征的总和，包括公众对政治过程所持的态度、信念和价值观，以及由这些观点所产生的行为和制度。它起源于政治社会化过程，是一个民族的整个历史经验，以及公民所受的正式和非正式教育的共同产物。③

政治文化通过社会化过程代代相传。在社会化过程中，个人通过与父母、老师、领导和其他人的交往，学到了与政治有关的价值观、信仰和态度。这样，个人获取的政治文化就变成了心理要素的组成部分，逐渐固化并体现在其行为中。

政治文化是影响公共政策的一个重要环境因素，不同国家中公共政策及其制定过程的差异至少部分地可以用政治文化的不同来解释。在不同政治文化氛围中，政策系统表现出不同的特征。政治文化影响政治行为，尽管它并非绝对地支配行为，但与各种行为出现的频率和可能性直接相关。

政治文化是政治心理和主观活动的集中表现形式。无论各个学派对政治文化如何各抒己见，但政治文化的存在，说明在影响政策制定的政治因素中包含有主观的成分，例如政治意识、民族政治心理、人的政治价值观、政治信仰等。因此，无论是政策制定者还是政策执行者，都处于一定的文化传统氛围之中，并因此在公共政策的形成和实施过程中不可避免地带有主观判断、价值选择和文化取向的色彩。所以，公共政策并不是绝对客观地受外界影响及目标指引，其中也包含了主观的认知成分。

每个国家、每个民族都有其在政治领域内年深月久积淀下来的、根深蒂固的特定行为方式和价值观念。就我国的情况而言，传统政治文化伴有伦理化政治和政治化伦理的相互

---

① 参见［美］阿尔蒙德、小鲍威尔：《比较政治学：体系·过程·政策》，29页，上海，上海译文出版社，1987。

② 参见［美］杰克·普拉诺等：《政治学分析词典》，111页，北京，中国社会科学出版社，1986。

③ 参见［美］E. R. 克鲁斯克：《公共政策词典》，26～27页，上海，上海远东出版社，1992。

作用，带有很大程度的人治色彩。人情因素、血缘政治、地域观念、权力意识在政策领域内有很大影响。随着改革开放的深入，传统政治文化已经受到严峻挑战，市民社会的价值意识正在成长，公众已不再只是公共政策的被动接受者和服从者，他们已开始扮演参与者和评价者的角色。的确，在现代社会，公众应该成为公共政策制定的主导力量之一。

4. 社会变迁的影响

凡社会制度（包括社会的根本制度和各种具体制度）、社会结构、社会组织、社会人口、社会规范、哲学宗教、文学艺术、风俗习惯等一切社会现象的突发的、急剧的变化或演进的、缓慢的变化都可叫作社会变迁。社会变迁是一个广义的概念，由于它不同程度地影响到社会系统的平衡，所以必然会对公共政策造成冲击。公共政策必须随着社会变迁而不断地调整其政策目标与内容、执行方式和手段，坚持改革的方向，使之能跟上形势变化与发展的脚步，为了加深对这个问题的认识，我们可以用我国经济转型期人口流动问题进行进一步说明。

“流水不腐，户枢不蠹。”多年的计划经济之后，我们终于从这句古老朴素的成语中读到了关于“流动”（资本的“流动”，以及同样作为资本的人的“流动”）一词的真实意义。然而，在由计划经济向市场经济转轨的转型期，一些人在“流动”，在冒市场经济的风险，而另一部分人却在“固守”计划经济的好处。因此，我们看到了这样一种现象：当一些人（在这里是指“外来打工族”）“流动”到一个城市的时候，这个城市的市民便护卫着他们的奶头——福利体系（就业、教育、医疗等），并对“外来打工族”说：“不!”

早些年，我们从国内一些大中城市的“排外”政策中，很容易听到这样一声响亮的“不”。在经过改革的“阵痛”之后，人的观念发生了一定的转变，许多涉及外来打工人员权益的事情得到了一些城市政府有关部门的首肯。这种迹象表明，城市开始在向流动人口说“是”。这种从“不”到“是”的转变，从某种意义上表现出政策系统对环境变化的适应过程。

我们是社会主义国家，每个公民都具有教育、劳动、社会保障等方面的权利。但是，长期沿袭下来的户籍制度使这些权利属地化了，也就是说，这些权利只在每个人的户籍所在地有效，一旦离开了户籍所在地，权利就将成为一纸空文。

在一个没有人口流动的社会里，权利的属地化并不影响人们平等地享受公民权利，但在人口流动的规模不断扩大流动频率日益增加的今天，权利属地化的不合理性就表现出来了。在城镇和沿海地区，数以千万计的外来人口已成为当地社会经济发展不可缺少的力量。这些外来人口在新的地区工作、生活，许多人还成了家，生了儿女。但是，由于权利的属地化，他们在就业、劳动保护、社会保障、子女教育等诸多方面的基本权益得不到保护，甚至在受到伤害时得不到法律的保护。与当地人相比，他们无论在收入、劳动环境、居住条件、节假日休息还是医疗和养老保障等方面都处在较低的水平上，许多时候连法定的最低标准都达不到。

权利属地化在这些地区造就了一个巨大的“亚群体”。这些人长期生活在非户籍所在地，已难以再接受户籍所在地的文化、价值和生活方式，但他们又不被新地区接受，不平等的待遇使他们难以认同新地区的社会，导致他们与社会的“隔离”，滋生着对立的情绪，甚至形成了“捞足了就走”的冒险心态，成为社会的不稳定因素。权利属地化对于儿童的影响更为严重。这些孩子随父母在非户籍地出生、成长，他们对自己的户籍地没有父辈那种对家乡的眷恋之情，绝大多数孩子成年后不可能再回去，将成为非户籍地政府不得不面对的一群没有户籍的常住人口。他们没有条件得到较为系统的教育，许多人成为社会的新文盲一族；他们没有属于自己的世界，从幼年起就随父母频繁迁徙，缺乏正统的道德伦理教化；面对一个物质财富和精神财富都迅速增长，而自己却很少有权享用的社会，他们是在一种贫困感、被剥夺感、被歧视感中成长的，因此，心理健康、人格发展都是令人担忧的。

长期以来，对外来人口我们强调的是“管”。毫无疑问，管是十分必要的，但是，我们绝不应忽视对外来人口权利的保护，这不仅是社会主义民主的要求，也是一个地区社会稳定、长治久安的要求。既要管好，又要不损害外来人口的合法权利，这就需要我们在制度上作出新的探索，使之符合外来人口的实际状况。在外来人口权利保护的问题上，必须深刻认识到外来人口的素质对当地社会经济长远发展的影响，认识到剥夺外来人口应有的权利是产生社会不平等，导致社会不安定的重要因素。

我国是一个农业大国，80%的人口住在农村，70%的人口以务农为生。如果改革不能使农村的收入有所增长，就难以阻止农民成百万上千万地从农村涌向大城市。坦白地讲，短期内大城市根本吸收不了这么多的流动人口，阻止这股浪潮唯一有效的办法就是加大对农业的投入，发展农业经济。研究改造大型国企、研究创新金融制度、研究教育制度改革，这些都是对的，但目前更有意义的工作是如何增加农民的收入。如果这个问题不解决，改革开放将遇到很大的阻力。

5. 国际环境的影响

国际环境是指一个国家同世界各国和各地区之间的政治、经济、文化、地理等方面的关系以及其他国家之间的相互关系。在今天这个科技高度发达的信息社会，国与国之间不同的地理位置已不再成为相互交往的障碍，政治关系中的相互支持，经济关系中的相互依赖，科技文化的相互交流，密切了国与国之间的关系，使今天的世界成为了真正意义上的地球村。国际环境对一个国家的公共政策有着非常重要的影响。

每个国家都置身于国际大背景中。一个国家的公共政策不仅受国内环境因素的影响，而且也受国际环境因素的牵制和约束。把公共政策置于国际背景中，不仅是比较公共政策的优劣和效能的需要，同时这也是每个国家制定和实施公共政策尤其是外交政策的基本需要。

和平与发展的国际环境为各国发展经济提供了有利的条件，无法想象如何在一个战乱频发的国际环境中关起门来搞建设。20世纪80年代初，我国利用和平稳定的国际环境，确立了发展社会主义经济的长远目标，作出了改革和开放的战略决策，努力扩大对外交往，借鉴西方国家先进的管理经验，加强与世界各国的经贸联系，引进大量外资和现代科技，促进了我国经济的飞速发展，提高了人民群众的生活水平，改善了国内的政策环境。由此不难看出国际环境对公共政策的制约与影响，没有和平稳定的国际环境作保证，我国就无法实施与之相适应的一系列政策目标。

1973年末爆发了中东战争，石油输出国组织把石油减产、禁运、提价和国有化等措施作为斗争的武器，形成了世界范围的能源危机，使严重依赖进口石油的西方发达国家出现了社会、政治、经济等方面的一系列连锁反应，由此引发了一些新的社会问题，迫使这些国家的政府对能源问题作出新的考虑，相继设立了一些政府机构，如英、美设立的能源部，日本在通商产业省内建立的资源能源厅，加拿大组建的能源矿产资源部等。这些机构制定了有关的政策措施，加强对国内能源的控制管理。由此看来，国际环境的发展变化，必然在各国国内的形势上有所反映，进而构成对公共政策的相应影响。

随着国际关系的日益发展，国际交流的不断扩大，国际社会中出现了许多各国政府需要联手解决的问题。如生态环境保护、外层空间开发、国际邮政通讯、控制人口过度膨胀、打击国际犯罪团伙、研究疑难病症、救济国际难民等。这些国际性问题的出现，使公共政策具有了国际化特征。因此，在全球化和国际化的趋势下，一个国家的力量往往已经不能解决所有政策问题。各个国家必须加强横向联合，制定共同发展策略，相互协调与合作，努力实现共同的目标。这方面的问题早已使各国公共政策突破国别界限和意识形态的约束。

总之，一个国家所处的国际局势及所拥有的国际地位都是制定和调整内政外交政策的主要依据。随着科学技术的迅速发展，交通、通信工具的不断完善，国际交往日益频繁，各国之间相互依赖的程度不断增强，国际社会呈现出错综复杂的局面。国际环境因素对各国公共政策的影响将有增无减。

综上所述，政策环境由多种要素构成，有政治的、经济的、文化的、人口的、国际的、国内的、自然的、社会的等等，所涉及的范围很广。随着经济发展和科技革命的推动，公共政策领域呈现出更加多样化的趋势，不断出现一些前所未有的问题，或者旧问题在新时期发生了新变化而使社会处于新旧问题交织的复杂状态。以上我们只是择其主要方面进行了一般性介绍，目的是以窥一斑而见全豹，认识和了解政策环境的构成要素及其与公共政策的相互作用和影响。

本章小结

本章内容主要从官方和非官方两个方面阐述公共政策主体的重要作用，从社会问题和政策目标群体两个方面讨论公共政策客体的不同表现，从地理、经济、政治、社会等多个方面分析政策环境的主要影响。通过本章的学习，应该理解公共政策主体的不同类型，明确社会问题的基本特征，了解政策目标群体政策认同和政策抗拒的缘由，掌握影响公共政策的环境因素，并在此基础上理解公共政策的作用范围。

关键术语

利益集团　政党　大众传媒　思想库　社会问题　主观定义　目标群体
合法性危机　地理环境　经济环境　政治文化　社会变迁

复习思考题

1. 如何划分政策主体？
2. 政策制定的官方决策者包括哪些机构？
3. 政策制定的非官方参与者包括哪些个人或机构？
4. 公民参与政策过程有哪些途径？
5. 作为政策过程的非官方参与者，大众传媒具有哪些特点？
6. 思想库是如何影响政府决策的？
7. 社会问题具有哪些特征？
8. 试举例说明目标群体政策认同和政策抗拒的缘由。
9. 哪些环境因素会对公共政策构成影响？

第4章

政策分析

进入21世纪，人类社会面临更多、更为复杂的难题，如环境、人口、健康、能源、交通、教育、贫困、犯罪等各种问题。社会的变化与发展对公共政策的制定与执行提出了更高的要求，同时也有力地促进了公共政策分析学科的形成和职业的发展。从目前情况看，政策分析的费用在各国政府预算中所占比重越来越高，介入和参与政策分析工作的部门和人员也越来越多。公共政策分析已经成为当代社会科学中发展速度最快、最富有研究活力的学科之一，并逐渐形成了一整套日趋完善的理论和方法体系。

政策分析是什么？它具有哪些类型和特征？应该怎样进行政策分析？政策分析到底能不能发挥作用？政策分析人员是做什么的？在哪些机构里可以发现他们的身影？他们都有什么样的学科背景？他们主要关注哪些问题？这些问题都是进入政策分析领域必须面对的问题。本章内容试从概念角度对这些问题作一些基础性的阐述。

4.1　政策分析的基本含义

4.1.1　政策分析的由来

公共政策不是一个新的话题，而政策分析却是一个全新的领域。第二次世界大战期间，基于作战的需要，1945年“兰德计划”得以签署，1948年兰德公司（Rand Corporation）正式成立，并逐渐成为美国最重要的综合性战略研究机构。它先以研究尖端军事科学技术和重大军事战略而著称于世，继而又扩展到内外政策方面，并逐渐发展成为一个研究政治、军事、经济、科技、社会等多方面的综合性思想库，被誉为现代智囊的开创者和代言人。20世纪50年代初，一些政治学家开始关注兰德公司对效率（投入/产出）问题进行分析研究的方法，并逐渐将其运用于社会政治领域，建立起政策科学的基本框架。基于效率的分析方法具有这样一个假设前提，即固定的资源或投入，经由增加效益的有效途径，能够获得最高的产出。政治学家以此为据，先设定明确的目标或产出，然后寻求如何增加效率，即以最低的投入或最少的资源达到事先确立的目标。就此而言，早期的政策分析实际上只是一种基于效率的研究方法，而且仅限于做一些辅助决策的具体分析工作。政策分析的前期准备主要涉及问题的确认和资料的收集，其工作任务是确定最有效率的手段，其最终目的是为决策者提供决策的有效依据。在整个20世纪60年代里，美国的兰德公司和其他一些以政策分析为主要工作的机构都是基于这种政策分析理念开展研究工作的。这类基于理性原则的政策分析在政策科学形成之初具有决定性的影响，构筑了现代政策分析的基础架构。

“兰德计划”的签署与兰德公司的成立

第二次世界大战期间，美国一批科学家和工程师参加了军事工作，把运筹学运用于作战方面，取得了一些成果，颇受朝野重视。之后，为了继续这项工作，1944年11月，当时陆军航空队司令亨利·阿诺德上将提出一项关于《战后和下次大战时美国研究与发展计划》的备忘录，要求成立一个“独立的、介于官民之间的研究机构”，“以避免未来的国家灾祸，并赢得下次大战的胜利”。根据这项建议，1945年底，美国陆军航空队与道格拉斯飞机公司签订了一项1 000万美元的“研究与发展”计划的合同，这就是著名的“兰德计划”。“兰德”（Rand）的名称是英文“研究与发展”（research and development）两词的缩写。不久，美国陆军航空队独立成为空军。1948年5月，在福特基金会捐赠100万美元的赞助下，阿诺德携“兰德计划”脱离道格拉斯飞机公司，正式成立了独立的兰德公司。

然而，在分析的具体操作层面，人们发现，实际上很难把政策分析仅限于行动方案的选择过程，有时不得不去考虑政策过程的其他环节。随着政策科学的不断发展，政策分析的含义也出现了一些变化，具体的解释也有了多种不同的版本，各个学派的研究重点呈现出很大的差异。的确，社会的发展和变化不可能完全按照人为设计的逻辑进行。因此，学科发展过程中出现概念问题的多元化现象也就不足为奇了。政策分析的范围目前看似已扩展到影响政策制定和执行过程的诸多因素，人们视其为“在政策领域创造、沟通和应用社会知识的复杂过程”①。当政策分析一词被用作学科名称时，它所代表的含义则更为广阔。

公共政策关注的是社会和公众的问题，那么这些问题是怎样被定义和构建的呢？它们又是如何进入政府政策议程的？政府对此做了些什么和没有做什么？为什么要这么做或为什么不这么做？这么做会有什么样的结果？为什么会有这些结果？怎样对政策进行评估和修正？怎样进行贯彻和执行？如何反馈？这种对于公共政策本质内容、具体原因和实际结果的研究构筑了当今公共政策分析的主流。

① W. N. Dunn，*Public Policy Analysis*：*An Introduction*，Englewood Cliffs，N. J.，Prentice Hall，1981，p. 1.

正如美国匹兹堡大学威廉·邓恩（William N. Dunn）教授在其《公共政策分析导论》一书中所总结的那样：

> 政策分析是针对整个政策制定过程并在政策制定的各个环节中创造知识的一项活动。为创造和获得这种知识，政策分析必须对公共政策的产生原因、结果及其执行情况展开认真的分析和调查。……国家的行政、立法和司法三大权力主体，以及公共决策的目标群体才能够利用政策分析的成果改善政策制定过程及政策执行结果。因为政策制定的实效依赖于对已有知识的检索和使用，所以知识的交流与政策分析的运用就成为公共政策制定理论和实践的核心所在。①

4.1.2 政策分析的含义

讨论政策分析的含义，可以从理论和技术这两个角度进行区分。

一些学者比较倾向于从理论的角度来看待政策分析，认为政策分析的目的是要发展出一套能够适用于所有政策的理论体系。他们认为，政策分析者所希望发展的理论，绝非仅适用于对某一项政策、某个政策领域或一些个案进行具体解释，而是要能够对不同时间、不同空间的政策进行比较全面的解释。总之，政策分析是运用科学理论解决政策选择和实施问题的过程，这些政策可能涉及国内、国际等多方面的事务。

另有一些学者更多地从技术角度看待政策分析，认为政策分析的目的是为了对具体的政策制定和实施提出合理的解释和建议。政策分析只是一种分析的形态，其功用在于产生和提出有价值的信息，用以改良决策者进行判断的基础。政策分析的目的不是产生某种一锤定音的政策建议，而是帮助人们在现实可能性和期望之间建立逐渐一致的认识，产生一种新型的社会相互关系与社会心理模式。这种模式使人们对政府的某项职能产生新的共识，其结果是使各个政治集团之间的活动更为协调，行为更趋一致，矛盾得到缓解，冲突趋于减少。

看重政策分析中理论因素的学者，往往对政策分析作较为宽泛的理解。他们认为，政策分析不仅是对政策制定的分析，而且还包括对政策执行和政策评估的分析。重视政策分析中技术因素的学者，则常常对政策分析作较为严格的限定，从狭义上进行理解，他们只将政策分析限定在政策制定的环节中。

综合来看，政策分析是依据一定的政策理论、知识，运用各种分析方法和技术，帮助决策者制定和优化具体政策的过程。政策分析必须以一定的政策理论和知识为基础。这里讲的政策理论包括两个层次：一是有关政策的本质、结构、类型、功能、过程等方面的理论；二是用于政策分析的认识理论、因果理论和系统理论。政策分析也必须以一定的知识为前提。主要包括必要的常识与专业知识，有关的自然科学知识与社会科学知识，以及各种经验知识。

政策分析是运用一定方法和技术的思维与实验过程。政策分析强调分析人员必须熟练地掌握某些分析方法和技术，并借助模型来对正在制定中的政策或已经制定出来的政策加

① W. N. Dunn, *Public Policy Analysis: An Introduction*, Englewood Cliffs, N. J., Prentice Hall, 1981, p. 1.

以思考与再思考。多数政策分析是通过个体与集体的思维来进行的，但有时为了对政策方案进行必要的检验和优化，还必须进行局部的实验。

4.1.3 政策分析的基本特征

作为一门应用学科，政策分析需要学习和借鉴其他学科，它是一个由多种学科背景、多种技术方法和多种理论模型组成的综合研究领域，其特色主要表现在如下四个方面：

第一，理论与实践的结合。进行政策分析主要是出于科学和专业上的双重考虑。从科学角度而言，政策分析无疑有助于公共政策的制定和执行，从而进一步提高政府对社会的管理水平。而科学和专业却是两个完全不同的认知层次，前者的目标是探求理论知识，后者的目标则是运用这些理论知识去解决社会中的实际问题。理论与实践的结合是政策分析最为突出的特征。

第二，复杂的学科背景。政策分析具有跨学科的特点，从而成为各研究领域学者们共同关注的焦点。政策分析所涉及的学科包括政治学、哲学、经济学、心理学和社会学。除此之外，政策分析还要求了解与公共政策有关的历史、法律、人类学和地理学方面的知识。而进行政策分析时使用的量化技术和计算机科学对政策形成、执行和评估所产生的影响也是巨大的。

第三，多架构的研究方法。正如威尔达夫斯基（A. Wildavsky）所指出的那样："政策分析是一个应用性的边缘学科，其内容不是由学科界限所决定，而是由所处的时代及其环境与问题的特征所决定。"① 政策分析需要结合各种具体情境运用不同的分析模型，它强调的是针对性和适用性。因此，政策分析不能视野狭隘，而要博采各种研究方法和学科之长。

第四，广阔的研究领域。在现代社会里，公共政策可以说是无所不在，它已经渗透到社会的各个层面和生活的各个领域。人们到医院去看病，会受制于国家的医疗卫生政策；送孩子去学校读书，会受益于国家的义务教育政策；骑车或开车上路，需要遵守交通管理规定；过节燃放鞭炮，需要避开禁放区域。政策分析与公共政策如影相随，好的政策往往源于有效的分析。一般而言，政府和公众所关心的问题都是政策分析所要涉及的研究领域。

4.1.4 政策分析的内容

政策分析主要涉及以下六个方面的内容：

1. 政策问题

需要明确的问题有，政策问题是什么，具有哪些性质和特征，应该如何加以缓解或解决。政策问题不可能一开始就非常明确，只有经过不断调查研究、认真分析总结之后才能

---

① Aaron Wildavsky, *Speaking Truth to Power: The Art and Craft of Policy Analysis*, New Brunswick, Transaction Publishers, 1987.

够逐渐清晰起来。政策问题分析是政策分析的核心内容，它对政策分析的成败具有至关重要的影响。

2. 相关政策

过去的和现行的一些政策会与将要制定的政策具有一定的相关性，需要对这些政策有所了解并进行分析，搞清这些已有政策的制定原因、制定过程、具体内容、实施效果、制约因素、成功或失败的原因等。

3. 备选方案

提出备选方案并进行比较和筛选，这是政策分析的基础工作，内容涉及目标分析、手段选择、价值判断等。当然，其中也不乏一些预测的任务，要设法了解未来可能发生的情况，预想方案实施中可能出现的限制因素，寻求一些可能的应对措施。

4. 政策效果

成本—收益方法虽然是评估政策的重要方法，但却不是起决定性作用的方法。政策效果不仅需要用效率（efficiency）标准进行衡量，而且还需要用效益（effectiveness）标准进行衡量，效率高不代表效益好，评价政策效果不能忽略价值因素。

5. 政策环境

政策环境对政策效果的影响是不容置疑的，它既可以限制也可以促进政策目标的实现。离开了政策制定和政策执行赖以发生的环境，政策分析将寸步难行。

6. 政策结构

政策是一个系统，其结构是指构成要素的组合形式和排列顺序。政策结构对政策功能的发挥具有重要影响，因此也成为政策分析的重要内容。政策结构包括塔式（政策纵向结构）、链式（政策横向结构）、环式（放射性特征）、网式（结点相关性）、矩阵式（纵横并举）和群落式（间接联系）等，不同的政策结构具有不同的特点。

系统与结构

所谓系统是指由若干个相互依赖和相互作用的组成部分（或要素）构成的具有一定功能的有机整体。构成系统的各个组成部分之间的结合方式叫系统的结构。任何事物都可被视为一个系统，所以，系统是事物存在的普遍形式。系统的功能不是由要素的数量多少决定的，而是由要素之间的相互关系决定的。也就是说系统的结构决定了系统的功能。一堆自行车零件，简单的叠加不会使它具有以轮代步的功能；音符不经过作曲家的合理组合就难以构成优美的乐章；文字不经过诗人的精心排列就不可能形成伟大的诗篇；砖石、木料不经过建筑师的双手就不可能建成壮丽辉煌的宫殿；有机物不经过时间的冲刷和大自然的雕琢就不可能有生命的起源……古希腊哲学家亚里士多德有一句名言：“整体不等于部分之和。”就是说就整体和局部的关系而言，$1+1\neq2$，有可能>2，也可能<2，关键决定于整体的结构。这句话可以说是系统思想最概括的表达。石墨和金刚石都是由碳元素构成的，但由于分子结构不同，就表现出完全不同的性能，一个非常松散，一个异常坚硬。建筑上也是如此，用同样的建筑材料，建成不同结构的建筑，其牢固程度会有极大的差别。

比如李春设计的赵州桥采用拱形结构，历经千年风雨，完好留存至今，成为著名的历史古迹。而与其同时代的石桥，很多早已化为“历史的尘埃”。

4.1.5 政策分析的形式

政策分析需要关注信息的相互转化关系。由此产生出政策分析的三种形式。

1. 前瞻性分析

它主要涉及政策行为启动和实施之前信息的提供与转换。回答会发生什么，应该干什么这类问题。前瞻性分析主要用于政策方案的选择，为拍板决策提供依据。

2. 回溯性分析

它主要涉及政策落实后相关信息的获取及其转换。回答发生了什么，政策有何作用这类问题。根据不同的目的可以分为三种操作模式：一是以学科研究为目的的分析，其兴趣在于建立并检验与发展科学理论相关的基础变量，很少提供与解决实际问题有关的信息，因而与实际问题关系不大；二是以研究实际问题为目的的分析，其兴趣主要在于描述政策实施中因果关系的资料，离实际运用及问题解决尚有一定距离；三是以实用为目的的分析，倾向于理论方法的具体运用，与解决实际问题密切相关。

3. 综合性分析

它结合了前瞻性分析和回溯性分析的特点，目的是取二者之所长，去二者之所短，是一种更为全面的分析形式，主要回答应该解决什么样的问题（问题发现阶段）、解决方法是什么（问题解决阶段）这类问题。前瞻性分析涉及预测，存在信息不充分，可信度不高等缺陷，但它对政策运行控制具有重要的指导性作用；回溯性分析属于事后分析，虽与政策执行过程无关，且具有一定的被动性，但它所提供的信息真实、可靠，具有重要的参考价值；而综合性分析要求不断获取政策执行中的新信息并及时加以转换。这实际上就要求政策分析人员对政策运行不断加以跟踪，将分析变成一个信息反复更新和转换、不断反馈和持续的过程。

4.1.6 政策分析的目标

政策分析的目标源于其描述性、评价性和规范性的学科特点。作为一门应用学科，政策分析有三个需要解决的问题，即事实分析、价值分析和理性判断。与之对应，政策分析也有三种基本的分析方法，即经验的方法、实证的方法和规范的方法。

1. 经验的方法

经验的方法主要是用来描述既定公共政策的原因和结果，突出的是问题的事实前提（问题是否真实，都有具体哪些表现），提供的信息类型是描述性或预测性的（descriptive & predictive），例如，政策分析人员可以描述、解释或预测发生在教育、卫生或交通领域的公共开支问题（费用实际是多少，如何分配，分配的结果是什么）。

2. 实证的方法

与经验的方法相比较，实证的方法主要与政策的价值判断有关，突出的是问题的价值前提（这么做是否值得，为什么值得或不值得），提供的信息类型是实证性的（有根据的）和评价性的（有倾向的），例如，在提供了各项税收政策的描述性信息后，政策分析人员可以依据其价值选择（社会伦理道德效果）对不同的税收负担分配方法进行评估（征收房产税对改善公众的住房有利还是不利）。

3. 规范的方法

主要是提出可以解决公共问题的未来行动方案，关注的焦点是行动（应该干些什么，怎么去干），提供的信息类型是规范性的和指导性的（prescriptive & directive），例如，一个关于最低年收入的社会保障政策可以作为解决贫困问题的行动方案（用什么行动和措施来解决下岗工人再就业问题）。

从政策分析三种方法的目标程度来看，它已经超越了传统社会科学的学科目标，传统社会科学的学科一直故意回避实证和规范的方法，主要是基于一种根深蒂固的理念，即科学需要区分事实与价值。当然，这种理念可能会导致对政策分析方法论及其目标的误解。根据这种理念，规范性方法提出的是政策倡议（policy advocacy），而政策倡议常被视为一种进行情感煽动、发表意识形态纲领和从事政治目标行为的方法，而不是提供关于公共问题解决方面的政策相关信息和合理论证的有效方法。这种把政策倡议视为非理性过程的错误观点主要源于对价值因素的认识偏见，总认为价值是纯主观的，只和持有者有关，致使价值既不能被理性地讨论，也不能被科学地研究。

4.1.7 政策分析的作用

虽然政策分析并非灵丹妙药，它不能取代政策制定和政策执行，更不能解决一切问题。但政策分析对政策问题的认定、政策目标的确定、政策方案的选择、政策资源的配置、政策执行计划的拟定都具有重要的作用，政策分析能够对政策制定、政策执行提供多方面的帮助。

1. 政策问题认定

政策分析的起点是对政策问题进行调查、论证和确认，并区分政策问题的结构类型。政策问题是从大量的社会问题中筛选出来的，谁参与筛选，为什么进行筛选，以及如何进行筛选，对这几个问题的不同选择会使结果大相径庭。从专业角度而言，政策分析人员参与政策问题认定，对优化政策过程，提高政策效率具有非常重要的作用。

2. 政策目标确认

在选择和确定政策目标时，由于政策制定主体由不同的利益团体和不同的公共部门构成，因此他们在确定政策目标时会基于本身利益的考虑而产生意见分歧。一些强势团体会利用手中掌握的种种资源优势将对自己有利，但却缺乏科学依据和合理性的愿望作为政策目标强加给其他的决策主体。相对来说，政策分析人员能够站在较为客观、公正的立场上，从有利于解决政策问题的目的出发，对政策目标的正确选择以及论证提出合理化的建议。

3. 政策方案选择

在政策制定过程中政策分析人员会围绕政策目标提出各种可供选择的方案。政策制定的正确与否与提出的政策可选方案以及对这些方案的正确评估有直接的关系。在政策制定过程中，由于参与主体专业知识的局限，或者缺乏必要的科学评估方法与技术，可能在方案选择时出现错误。政策分析人员具有专业优势，可以借助专业知识，运用各种评估的技术与方法，尽可能准确地评判各种可选方案的优劣，从而帮助决策者作出正确的判断和选择。

4. 政策资源配置

政策执行常常是以实施一个或多个具体项目的方式进行。一项政策要能得到忠实、有效地执行，就必须考虑资源配置问题，进行成本—收益的分析。政策资源主要包括物质资源、人力资源、经费资源、信息资源、权威资源（政治和制度资源）等。政策分析人员可以从专业角度出发，在对政策实施的总资源量作出预测的基础上，依据一定的规则编制政策执行的总成本，并对资源的配置（资源在各个阶段、不同项目上的分配）作出论证。

5. 执行计划拟定

政策方案选定以后，制订科学、可行的实施计划也是至关重要的。政策实施计划的制订是连接政策制定与政策执行的重要环节。由于政策制定与政策执行是两个分开的环节，因此，政策执行机构与人员制订的实施计划有可能会与政策制定者的初衷产生出入，而政策分析可以很好地弥合两者的裂痕。他们通过对政策目标、政策资源加以分解或组合，借助专业技术和方法，包括使用计算机模拟技术，对政策实施的整个过程加以分析，从而确定在不同阶段需要完成的基本任务及其相关的资源条件。

4.1.8 政策分析的意义

1. 避免或减少政策失误

在实际的政策制定和实施中，出现政策失误的情况一般有如下三种：

（1）由于决策所需信息不完整，一些数据、信息、证据无法获得，与政策问题相关的材料、事件、现象、过程的内部矛盾还没有充分暴露，环境条件中存在的不确定因素过多从而造成政策失误。

（2）虽然决策过程中信息较为完整，但决策的方法出现问题，或程序出错、思考有误而导致政策失误。

（3）虽然政策方案选择正确，但由于实施过程中计划不妥、资源缺乏、人员配备失当等原因而导致政策失误。

一般而言，第一种情况主要是客观因素造成的，这类政策失误有时是很难避免的。但第二种、第三种政策失误主要源于主观原因，能够通过工作努力加以避免。如果要减少后两种类型的政策失误，不仅需要提高决策者素质和严格执行决策程序，还要进一步加强政策分析工作。政策分析不仅有助于消除政策制定中存在的问题，而且能够对政策实施计划和资源有效配置提出相关建议，从而有利于减少执行过程中出现的失误。

2. 提高决策效率

公共机构的决策不仅会有失误的问题，而且会有低效的问题。公共机构出现决策低效往往是由以下三个方面的原因造成的：

（1）政策制定主体系统中不同的决策者，或者是个人，或者是团体，他们之间利益矛盾较大，意见分歧过多，相互讨价还价，常常议而不决，贻误决策时机，造成决策低效。

（2）某些公共机构决策方法落后，决策技术陈旧，决策过程费时、费力，浪费资源现象严重，造成决策低效。

（3）参与决策的人员素质较差，既缺乏必要的政策常识，又不熟悉政策制定的技术、方法、步骤和程序，从而导致决策低效。

当然，要解决政策制定的低效问题可以从多个方面着手，但加强政策分析无疑是其中较为重要的一个途径。政策分析人员的加入，可以提供专业的知识，优化决策的过程，使用高效的决策技术和方法，避开利益团体之间、政府部门之间的矛盾，提供较为客观、公正的政策建议，从而不仅节省时间，节约经费，而且能把握时机，确保高效。

3. 为决策者提供好的建议

政策分析人员不是决策者，他们通常只是给予自己的客户以有效的建议，他们并不为客户作决定。这对于所做的各类分析来说至关重要。但就分析结果而言，把握好宣传方式同样很重要。虽然客户将作最后的决定，但他们需要基于分析的资料作出选择。当分析工作做得好，宣传工作很有效时，决策者将能有效权衡假定的价值意义和不确定因素及其后果，并得出自己的结论。

4.1.9 政策分析的局限

政策分析真能起作用吗？有很多人存在这种顾虑并不是没有根据的。有不少人认为：政策分析只不过是掩饰政治冲突的一种时髦的虚饰而已，决策者为解决冲突所进行的实际上是一种实力的较量。他们更多地依赖于权术的玩弄、阴谋的策划、竞争性投票、政治上的讨价还价，甚至有时候不惜付诸暴力。在政策制定过程中，理性的谋划虽说无害，但也只是一种无效的消遣，政策分析人员所做的大量专业分析实际上是枉费心机，因为各种重要问题的最终决定还是取决于“政治”实力的对比。

的确，政策分析人员毕竟不是决策者，他们的职责只是为自己的雇主和顾客提供政策建议和评估结果，拍板决策的权力不属于他们。政策分析人员可能很难让决策者听取他们的意见，“绝大多数的决策者的意见经常会与政策分析人员完全相反”①，政策分析报告被轻视和搁置的情况可以说屡见不鲜。由此看来，理性的呼声并不一定总能博得那些特殊听众的好感。所以政策分析人员常常抱怨决策者忽视了他们的研究成果，而政治家们却对此不以为然。他们认为那些提供给自己的分析结果往往并无多大用处。

托马斯·戴伊指出：“政策分析能否解决美国的问题？人们实在难以对这个问题作出肯定的回答。无知、犯罪、贫困、种族冲突、不公平、住房问题、健康问题、环境污染、人口稠密、生活不幸等问题，长期困扰着公众的生活。当然，政府没有理由不去努力解决这些问题，但是找到有效的解决方案的确是非常困难的。有几点原因极大地挫伤了人们对于政策分析的热忱。”② 具体来说，政策分析的局限主要体现在下列五个方面：

① Hok Lin Leung, *Towards a Subjective Approach to Policy Planning & Evaluation: Common-Sense Structured*, Winnipeg, Canada, Ronald P. Rrye, 1985, p. 19.

② Thomas R. Dye, *Understanding Public Policy*, Englewood Cliffs, N. J., Prentice Hall, 2002, pp. 7-8.

第一，政府权力的限制。政府受到许多社会力量的限制，如家庭生活、婚姻状态、儿童抚养、宗教信仰、社会习俗等，这些力量均不易受到政府权力的左右。即使政府有心介入，也很难实施有效的控制，相关问题的解决可能非常棘手。

第二，认识问题上的分歧。在目标与手段、方向与路径的政策讨论中经常会有冲突产生，当人们难以对问题涉及的内容达成共识时，政策分析就难以派上用场。当然，政策分析可以对如何达成特定结果提供思路，但它无法决定什么对社会最具价值，政策分析解决不了价值冲突问题。换句话讲，如果在价值判断方面缺少共识，那么政策分析就无法对政策制定作出太多的贡献。

第三，人文研究的设计限制。对人类社会进行某种受控制的实验似乎是不太可能的事情。例如，研究人员不可能只为观察教学条件对学生学习成绩的影响而命令孩子们进入一所他们不喜欢的"劣等学校"学习数年。再如，在教学改革中常常会发现孩子们在新的教学方法和新的教学计划下皆有上佳的表现，但却很难确定这种行为的变化是因为教学改革的影响还是因为实验情景的激励。

第四，人类心理和行为的复杂性。因为政策分析人员缺少对个人和群体行为的足够了解，以至于他们没有能力为政策制定者提供可信的建议。管理学领域著名的"霍桑实验"①，其前期工作之所以以失败告终，就是因为它忽视了人类心理和行为的复杂性。后期发现的"霍桑效应"告诉我们：当人意识到自己正在被研究和观察的时候，往往会改变自己的行为。

第五，社会问题的多样性、社会环境的复杂性和科学知识的有限性。也许造成我们对政策分析持保留态度的最重要原因，就是社会问题的复杂与人类知识的有限。绝大多数的社会问题都会涉及多个变量，受到多项因素的影响。因此，政策分析人员往往难以对政策方案进行精确的预测和明确的解释。政策议程中所充斥的大量矛盾的建议和冲突的提案充分说明了实践经验的不足和科学知识的缺乏。尽管有人说，没有建议也要比提出自相矛盾的或不正确的建议为好，但政策制定者有责任必须要制定政策。因此，在有限的知识范围内采取行动总要比毫无知识或无所作为要强得多。

毫无疑问，政策分析并不是灵丹妙药，它当然会面临诸多障碍和局限。很多时候，政治性因素会阻止技术性占优势的备选方案被选中，政治家往往更关注选举人的意见而不是政策分析人员的意见。但是，政策分析人员大可不必为此感到苦恼和失望，一个政策方案在政治上占优势或符合多数人的看法并非一定是在理性上应该去做的事，虽然这两者有时也会重合，但政策分析的作用恰恰就在于在两者不重合的时候对此作出正确的预测和分析。

4.1.10　政策分析的陷阱

正如存在某些政策分析的最佳方式一样，同样也存在某些导致分析失败的陷阱。阿诺

① 霍桑实验是指1924—1936年间在美国西方电气公司所属霍桑工厂进行的一连串实验。霍桑工厂是一个制造电话交换机的工厂，具有较完善的娱乐设施、医疗制度和养老金制度，但工人们仍愤愤不平，生产效率很不理想。为找出原因，1924年美国科学院组织了一个包括各方面专家在内的研究小组，对该厂的工作条件和生产效率的关系进行考察和实验，就此拉开了著名的霍桑实验的序幕。这次著名的研究活动可以分为两个大的阶段：第一阶段是从1924年11月至1927年5月，主要是在美国国家科学委员会的赞助下进行的。第二阶段是从1927年至1932年，主要是在美国哈佛大学教授梅奥的主持下进行的。

德·梅尔斯纳（Arnold J. Meltsner）指出：在政策分析过程中，“人们常常会受到一系列重复发生的问题的困扰，人们总以为只要委托人能够找到更好的政策分析人员，他们就可以作出更好的决策”①。实际情况并非如此。他总结了政策分析人员易犯的七种过错，即墨守成规（channeled）、生搬硬套（distant）、贻误时机（late）、一知半解（superficial）、目光短浅（topical）、反复无常（capricious）、脱离政治（apolitical）。

1. 墨守成规

墨守成规的主要表现是过分依赖惯例，依据理想状态，以老套方式行事，从而使思路受到禁锢。其主要原因是分析人员或委托人忽略环境条件的变化和其中存在的限制性因素，比如官僚机构的办事规则和其他一些制度性因素、人们对改革存在的心理焦虑等。

2. 生搬硬套

生搬硬套的主要表现是不认真考虑和分析客观条件的不同，忽视实地调查研究的作用，把对待一般情况的解决办法应用于特殊情况，比如适用于A地的办法不一定适用于B地，“桔生南方则为桔，桔生北方则为枳”。单纯一个地理因素就会产生足够的复杂性。经济学里有一个“合成谬误”之说。大名鼎鼎的萨缪尔森的《经济学》这样写道：“由于某一原因而对个体来说是对的，便据此而认为对整体来说也是对的，这就是合成推理的谬误。”比如，在精彩的足球赛中，前排的球迷们为了看得更清楚而站起来，后排的也跟着站起来，可是当所有的人都站起来的时候，大家都没有看得更清楚。

3. 贻误时机

政策分析步骤规定了到哪一步该做些什么，它对参与者提出了非常苛刻的要求，政策分析人员可以在自己的婚礼中迟到，但对于政策分析而言必须守时。迟到不仅会带来资源的浪费，而且会引起决策效率的损失。准时守时会与“精益求精”发生冲突，平衡的必要手段是要清楚地了解委托人的实际处境，避免发生“抢座位的游戏”（musical chairs）②。

4. 一知半解

一知半解的主要表现是政策分析不是基于对问题根源的足够钻研，而是过于反应迅速，缺乏必要的准备，从而导致问题的产生。政策分析不是“搭积木游戏”，政策分析人员需要三思而后行，不能被肤浅的解决办法蒙蔽双眼。明确的问题诊断和艰苦的分析努力恰恰是明智的分析所必备的条件。

5. 目光短浅

这种过错往往出现于应对某种自然和人为危机。一些突发的情况容易导致分析人员的“消防队心理”——先把火扑灭再说，因而匆匆忙忙提出建议，“生搬硬套”或“一知半解”也就在所难免。目光短浅的主要麻烦在于官员们忙于处理当前的问题，只关注事物看得见、摸得着的部分（表面），忽视看不见、摸不着的部分（实质），重视那些带有紧迫性的建议，而将那些不很紧迫的但很有价值的建议排挤在外。

---

① Arnold J. Meltsner，*Policy Analysts in the Bureaucracy*，California，University of California Press，1976.

② n个参与者围着$n-1$张椅子转，当音乐停止时，那个没有坐在椅子上的人被淘汰，随之椅子也被一把把减少，直到最后只有一个胜利者。“抢座位的游戏”在这里比喻一个期待某种建议的委托人被另一个不需要这种建议的委托人所取代，从而造成约定研究的成果浪费。

6. 反复无常

反复无常或可解释为一种对于改变的嗜好，即为了变化而变化，而没有搞清楚我们所做的和我们所期待看到的这两者之间的关系。就政策制定而言，缺少明确的动机，伴有顺其自然的心理。以学校教育为例，人们从没停止过对它的批评，从没停止过用一些“反复无常”的建议去骚扰学校，学校不得不屈从于各式各样的教育奇想和形形色色的变革方法。

7. 脱离政治

脱离政治是指政治上的政策建议与实质性的政策建议缺乏适当的关联和整合。政策分析人员从自己的专业角度出发，总是坚持认为事情存在正确的答案，而政治作为非理性的产品，应属于政策分析领域之外的东西。“我只管提出建议，不考虑什么政治。”这是政策分析人员常挂在嘴边的话。但实际上，对于委托人和分析人员来说，保持政治上的洞察力是非常重要和必不可少的，否则，重要的机会就可能白白失去。

政策建议的政治性：赞比亚鳄鱼之惑

在赞比亚，由于鳄鱼数量不断增长，村民经常会遭到鳄鱼的攻击。出于愤怒，他们把无所作为且态度傲慢的村长打成重伤，发生了严重的群体性事件，他们谴责政府的行动缓慢。村民们说，如果官方能多尽点责，一起起悲剧也许就不会发生。他们强烈呼吁政府采取一些紧急的措施，尽快解决鳄鱼伤人的问题。而当时在赞比亚首都卢萨卡，政府当局正在考虑如何扩大鳄鱼养殖的问题，为的是用鳄鱼皮换取更多的外汇。对于卢萨卡当局来说，问题是如何将鳄鱼从危险物种名单中去掉，并着手建立更大规模的鳄鱼养殖场；而对于村民来说，问题却是如何摆脱鳄鱼的威胁，或至少控制一下鳄鱼在数量上的增长。这看似是一个两难的抉择，但实际上却是一个很好的政治机会。如果卢萨卡当局能够事先就将当地村庄控制鳄鱼的需求编入其外汇计划之中，就会赢得当地村民的大力支持和效忠，不仅有利于推动计划的实施，而且有助于维护政局的稳定。

对于以上这些政策分析人员易犯的过错，也可以从正面作出判断，归纳起来有如下几点：政策分析要与时俱进、灵活运用、把握时机、融会贯通、有条不紊、按部就班、兼顾政治。

4.2　政策分析的类型

4.2.1　分析倡议两分论

按照托马斯·戴伊的观点，所谓公共政策就是政府选择做的或选择不做的事情。[①] 政

① Thomas R. Dye, *Understanding Public Policy*, Twelfth Edition, Upper Saddle River, N. J., Prentice Hall, 2008, p. 1.

策分析就是回答如下几个问题：政府做了什么？为什么要这么做？这么做与不这么做究竟会有什么不同，即政策行为会产生什么样的结果。通过运用政策分析的方法能够从中得到什么收获呢？

首先，我们能够学会描述政策——可以得知政府在公共管理领域（福利、教育、环境、卫生、交通、税收等）正在做的事情。了解一些公共政策的实际信息。例如，国家的社会保障计划处于什么状况，公共医疗补助和保险制度对穷人和老年人作出了怎样的承诺？国内外反恐斗争进展如何？政府为此每年支出多少费用？

其次，我们能够学会探究原因，了解一些政策的决定性因素。为什么政策会是现在这个样子？为什么政府非得这样去做？政治制度、政治过程、政治行为对政策产生了哪些影响（如特殊利益集团的游说对政府税收制度产生的影响）？社会、经济、文化等因素对政策产生了哪些影响（如经济的大萧条对政府支出的影响）？当我们对政策原因进行分析时，政策就是因变量，而决定政策的各种社会、政治因素就成为自变量。

最后，我们能够学会对结果进行分析（通常被称为政策评估），了解公共政策给社会生活带来的结果。比如，死刑是不是有助于遏制犯罪？福利计划是不是伤害了人们的工作热情？教育支出是不是真的与学生成绩成正比？当我们对政策结果进行分析时，政策就成为自变量，而政策对社会、政治的影响就变成了因变量。

然而，政策分析（policy analysis）与政策倡议（policy advocacy）是有区别的。[①]

托马斯·戴伊认为政策分析与政策倡议根本不是一回事，不能把两者混淆。解释公共政策的原因与结果并不等于指明政府应该追求何种政策。了解政府为什么这样做而没有那样做，以及这样做会产生哪些影响并不意味着告诉政府应该做什么，如何去做，以及行动上应作出何种变化。政策倡议需要修辞、说服、组织和实践的技巧，而政策分析却鼓励研究人员运用调查工具去评判重大的政策议题，尝试发现那些构建公共政策的基本因素，以及公共政策所带来的相关影响。政策分析活动产生的知识是政策倡议和政策实践的先决条件。

具体而言，政策分析表现出如下特征：解释而非描述公共政策；探究公共政策的原因和结果；尝试发现适用于各种政策领域的一般性理论。

毫无疑问，政策议题都是由政治行动者而不是政策分析人员决定的。所谓政治行动者是指那些民选的或委任的政府官员、社会利益团体，有时甚至包括一般选民。社会科学研究在政治领域发展得不尽如人意，其研究成果可能被加以主观的解释、错误的理解，甚至可能被利用为政治斗争的工具。有时，政策分析的一些研究发现还可能使政治领域陷入尴尬的局面。公共政策不以政策分析人员的意志为转移，相关的政治利益团体和个人接受、利用或拒绝、反对政策分析的结果，多出于他们对自身目的的考虑。

4.2.2 研究型分析与快速分析

根据卡尔·帕顿（Carl V. Patton）和大卫·沙维奇（David S. Sawicki）的观点，按照

① Thomas R. Dye, *Understanding Public Policy*, Twelfth Edition, Upper Saddle River, N. J., Prentice Hall, 2008, pp. 5-6.

政策分析的项目要求不同，可以把政策分析分为研究型分析与快速分析。①

研究型分析主要面向一些大型的或长期性的项目，分析人员努力寻求问题背后的真相，对分析的复杂性和精确性有较高的要求；快速分析多涉及社会生活中的一些具体事项，目标比研究型分析更为实在，旨在向决策者提供简明的建议。研究机构的学者们和思想库的顾问们多受雇对一些公共政策问题进行专门的研究，人们习惯于称这类分析为研究型的政策分析（researched analysis）或政策研究（policy study/policy research)。这类政策分析的重要特点是研究周期长，投入成本高，占有资料多，效果显示慢。它对社会现实问题的回应力相对来讲是比较弱的，与日常工作中为决策提供服务的分析方法有着明显的不同。快速分析（quick analysis）或基础分析（basic analysis)，从其名称上就能反映出与研究型分析的区别。快速分析需要对政策问题作出及时的反应，在时间资源稀有的条件下，快速提出有效的政策建议。它以简便、快捷的分析过程及其分析结果的及时提供引起了决策者的广泛关注并受到政策分析人员的青睐，逐步在政策分析领域得到推广和应用。

从某种意义上讲，快速分析并不比研究型分析来得轻松。研究型分析具有相对固定的程序，存在一些常规性的步骤和已为人们所接受的科学标准。而快速分析最重要的特征就是与现实因素的密切互动。这意味着在基本的分析程序之间，在分析人员与服务对象之间，在分析结果的沟通形式之间，存在相互间的作用和影响。不仅如此，快速分析还不得不面对时间的压力、“顾客”的压力和环境的压力。因此，一些人只是把快速分析描述为技巧而不愿意称其为科学。

4.2.3 信息转换分析模式

威廉·邓恩在《公共政策分析导论》② 一书中特别强调了公共政策分析中信息的作用，他认为，政策分析需要回答下列五个重要问题：(1) 寻求解决办法是针对什么样的问题？

(2) 选择什么样的行动方案去解决这个问题？

(3) 选择了这个行动方案会有什么样的结果？

(4) 达到这些结果是否有助于解决这个问题？

(5) 如果选择了其他的行动方案，能够期待出现什么样的结果？

要回答这些问题的就需要掌握五类政策信息：即有关政策问题（policy problems）的信息、有关偏好政策（preferred policies）的信息、有关政策预期结果（expected policy outcomes）的信息、有关观察到的政策结果（observed policy outcomes）的信息和有关政策绩效（policy performance）的信息。

第一，政策问题是指一种能够通过采取公共行动达到改善目的的还未实现的价值和机会。有关解决什么问题的知识要求了解问题前提条件的信息（如辍学是失业的前提条件，失业是贫困的前提条件等）和有效结果的信息（十分安全的学校、维持生计的工资等），这

① 参见［美］卡尔·帕顿、大卫·沙维奇：《政策分析和规划的初步方法（第二版）》，5 页，北京，华夏出版社，2001。

② William N. Dunn, *Public Policy Analysis: An Introduction*, Fourth Edition, Upper Saddle River, N. J., Prentice Hall, 2008.

些信息有助于导致问题的最终解决。在政策分析中，政策问题的信息起到了一个非常重要的作用，这主要是因为定义问题的方式对寻求解决方案具有很大的影响。此种信息的不足或缺失可能会导致最终的错误，即以解决问题形成中的错误代替解决那个本该去解决的问题。

第二，偏好政策是指一个问题的潜在解决方法。选择一个偏好政策，需要拥有政策预期结果的相关信息。政策偏好的出现源于对预期结果效率和价值的判断。换句话讲，政策建议不单要考虑事实前提，还要考虑价值前提。单独从事实前提出发，比如假设一项政策在事实判断方面明显比另一项政策更为有效，但这并不能证明偏好政策的选择是正确的。

第三，政策预期结果是指那些政策备选方案的预期结果，导致问题出现的环境因素的信息对政策预期结果的分析具有至关重要的影响。因为现在不会复制过去，历史只会相似而不可能重复，影响行为的价值观也会发生各种变化。所以，有关环境因素的信息往往是不足的。这就要求政策分析人员必须意识到政策预期结果不是现存条件能够完全决定的，要产生有效的预期结果信息，可能还需要政策分析人员具有一些创造力、洞察力和直觉判断的能力。

第四，观察到的政策结果是指正在执行的偏好政策过去和现在的结果。政策结果有时不很清晰，因为一些影响并非政策结果。有很多结果是由其他的、政策外的因素导致的。有一点必须要弄清楚，行动的结果不可能会在事前被充分地了解和阐明，一些非预期的、没想到的结果在未来都可能发生。幸运的是，关于政策结果的信息不仅可以事先预料（在政策执行前）；而且可以依据对过去执行情况的分析而得到（在政策执行之后）。

第五，政策绩效是指观察到的政策结果对实现需要改善的价值或机会的贡献程度，在政策实践中，政策效果总是不全面的，因为问题很少能被真正解决，多需要重新解决、重新构建或根本得不到解决。因此，政策执行永远不会是一个完整的或圆满的过程。要想知道一个问题到底是解决了还是重新解决了、是重构了还是根本没解决，必须掌握观察到的政策结果的信息以及这些结果对实现需要改善的价值或机会的贡献程度的信息，正是这些价值和机会促成了问题的产生。反过来说，政策绩效的信息同样也是预测政策预期结果的依据，由此保证了信息的有效循环。

以上五种与政策相关的信息相互联系、相互转换，构成政策信息系统（见图 4—1）。

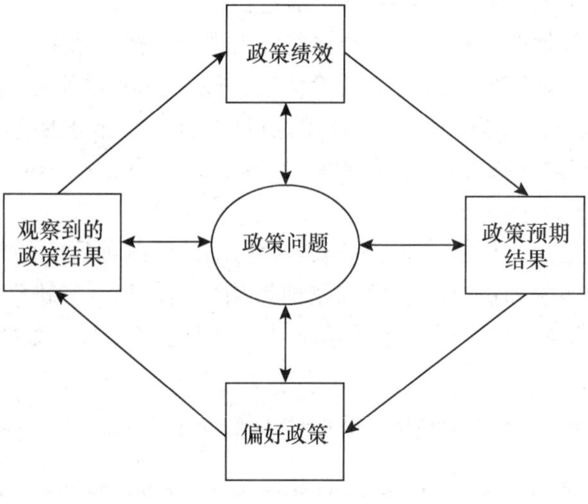

图 4—1 政策信息系统

连接每一个信息元素的箭头，描述了信息传递的动态过程。其中，一种形式的信息通过一定的政策分析程序被转换成另一种形式的信息。信息的层层递进，构成了政策分析的逻辑框架。当然，框架的构筑还需要加入标准、规则和程序的元素。标准和规则决定了程序的选择及对其结果的分析评估。

4.2.4 预测性政策分析与描述性政策分析

公共政策分析还可依据时间标准进行分类。在政策执行之前所作的政策分析称为预测性政策分析。在政策执行后进行的分析，可以称为描述性政策分析。

预测性政策分析是指对即将采用的特定政策方案可能导致的未来后果进行预测。由于这类政策分析发生在政策实施之前，所以人们又称之为事前分析、预先分析、预见性分析、预期性分析等。依据这类政策分析的目的，也可以加以细分：一种是预期式分析，其目的是通过政策分析，对政策方案实施后会产生的结果加以推测；一种是指示式分析，其目的是通过政策分析，对政策执行者的行动提出具体建议。但无论是哪种预测性政策分析，其基本任务都是确认和鉴定复杂的政策问题，对各种备选方案进行定量和定性的比较。政策分析人员会将分析中所获得的各种信息汇总起来，供政策的决策者或政策主体作政策决定时参考。预测性政策分析最重要的任务是对将要实施的政策方案进行可行性论证，包括政治上的、行政上的、经济上的、法律上的、伦理上的、技术上的可行性分析。

描述性政策分析是指对两类政策所作的分析。一类是以往的政策，这种描述性分析实际上是历史分析。另一类是执行中的政策，这种描述性分析实际上是跟踪分析。由于描述性政策分析都是在政策付诸实施后的分析，因而也有人称之为事后的分析、后期分析或回溯性分析。描述性政策分析又可以依据分析的目的分为两种：一种是回溯式分析，其目的是要通过分析，来具体地阐释政策，弄清楚以往发生了什么；另一种是评价式分析，其目的是通过分析，来确定政策实施的结果与原先预期意图的关系，弄清楚政策目标实现了没有。

描述性政策分析除了专门为了政策评估而要独立地进行外，一般都会或多或少地包含在预测性政策分析中。因为为了对新的政策方案加以评价和比较，人们有必要去考察与即将要实施的政策有关联的过去已经实施过的政策。政策分析人员只有通过对已执行的政策加以评估，才能决定是否要对旧的政策进行修正或补充，以便更好地加以利用。此外，对已经实施过的政策进行评估还可以从中接受政策制定和执行中的经验和教训，从而去指导新的政策制定及其执行。

4.2.5 面向大政方针的政策分析

研究人员的调查发现，在政府高层机构中，很少明确运用政策分析方法或起用受过政策分析专门培训的人员。这除了权力本身存在固有的妨碍政策分析的因素之外，政策分析在政府高层中受到冷落的一个重要的原因，就是一般性政策分析方法在处理政府面临的关键性问题上无能为力。一些在处理微观问题上十分奏效的方法面对大政方针问题往往显得捉襟见肘。政策学家叶海卡·德罗尔因此主张在政策分析领域实施一场大刀阔斧的变革，他提出要大力发展能够应对高层决策的政策分析，并为此专门设计了宏观政策分析的二十二条基本原则。

德罗尔的宏观政策分析的二十二条原则

(1) 以行为哲学而不是科学哲学作为判断基础
(2) 高度重视超理性的作用
(3) 以宏观政策为研究焦点
(4) 对政策模式的专门考虑
(5) 从国家兴衰、革命影响、政权命运、计划成败的高度思考问题
(6) 未来因素的设计与逆时间的思考方式
(7) 在历史中思考
(8) 对形势进行远期的和动态的预测
(9) 以协调的观点把握关键性抉择
(10) 趋利避害
(11) 去除弊端
(12) 从主体与环境互动角度进行分析
(13) 挖掘深层次矛盾
(14) 不确定意义上的政策赌博
(15) 价值分析和目标探索
(16) 在反馈基础上完善旧的决定
(17) 突出多样性与创造性
(18) 保持政治上的周密及其相对独立
(19) 重视危机决策的相关性
(20) 与社会的政策探索过程保持内容广泛的、富有成效的联系
(21) 关注元政策的制定
(22) 加强沟通的针对性

4.3 政策分析的步骤

要了解政策分析的步骤，首先需要对一些重要的、具有代表性的理论进行梳理，如卡尔·帕顿和大卫·沙维奇提出的政策快速分析方法，威廉·邓恩提出的政策分析五步法，尤金·巴达奇（Eugene Bardach）提出的政策分析八重路径，查尔斯·沃尔夫（Charles

Wolf）的系统分析模式和爱德华・S・奎德（Edward S. Quade）的过程分析等。

4.3.1　政策快速分析方法

卡尔・帕顿和大卫・沙维奇指出，政策快速分析方法包括如下基本步骤[①]：

1. 确认政策问题

问题最初会表现出多面性特征，不要不经质疑就轻易接受最初对问题的陈述，这也许只是浮在水面的冰山之顶[②]，只是一个更大问题的一小部分，或是决策者和执行者根本无法施加影响的那一部分。由于问题具有即时性，分析具有短期性，所以常常需要问题的反向解决方法（backward problem solving），即依据其后面的步骤能够得到的信息，重新对问题进行界定。因为最初的目标不很确定，经常会在陈述中表现出冲突的特征，而且还存在因对术语的不同理解引起的沟通障碍，所以对问题的界定常常会遇到很大的困难。

2. 建立评估标准

人比较高矮要有高度标准，比较胖瘦要有重量标准，比较美丑要有大众标准，比较好坏要有道德标准。那么，为了在备选方案之间进行比较、权衡和选择，就必须确立相关的评估标准。标准的确立源于事实和价值的判断。一些被普遍运用的衡量标准包括成本、效益、公平、效率、管理简便、合理合法、政治可接受性等。标准很少是平等的，所以必须考虑对各类突出标准的满足程度。因此，标准的相对重要性就成为政策分析的一个中心问题。

3. 提出备选方案

无为方案（继续保持原状或作出最小的变动）是值得推荐的策略。这种以静制动的方式看似保守，但经常是较佳的选择（付出成本小）。如果委托人在确认问题时已经有了自己偏好的可选方案，分析人员只需把它推演开来，提供一些细节的帮助。类似的问题也许在别处早已存在，那么不仅那些在别处已尝试过的方案可以作为一种选择，而且那里的分析人员可能考虑过其他的方案也非常值得借鉴。可行性方案可能会很多，实际选择的往往是一套方案而非一个方案，比如要解决大城市的交通拥堵问题，单靠多修路是无济于事的。备选方案的变动和组合是一个重要的方法，不同的方案体现了思考问题的不同角度，正确的取舍源于对细节的关注。对那些以前不被接受的方案也应重视，以前不可行不代表现在不可行，既然参与者的价值判断和环境条件会随时间而改变，那么昨天否定的方案在今天就不能不经分析而加以简单抛弃。

4. 评估备选方案

问题的性质和评估标准的形式将会给评估工作以提示。政策方案的预期影响是什么？

---

① ［美］卡尔・帕顿、大卫・沙维奇：《政策分析和规划的初步方法（第二版）》，43～55页。

② 1932年，海明威在他的纪实性作品《午后之死》中，谈到漂浮在大洋上的冰山时说："冰山运动之所以雄伟壮观，是因为它只有1/8在水面上。"研究冰山，总是首先要搞清楚水下的"7/8"，因为这一部分是冰山的基础。由此就有了所谓的"冰山理论"，并得以广为流传且应用于多种领域。一些表现出问题特征的社会现象，其实只是漂浮在水面的冰山一角，它的水下部分会给政策分析带来巨大的挑战。

它们是否满足评估标准和满足到何种程度？这是方案评估必须要面对的问题。评估中要避免使用评估者熟悉或喜欢的工具箱式的方法去衡量每一个方案，比如，你只会使用锤子，那么就可能把所有的问题都视为钉子。成本—收益分析方法是不错的评估方法，但它并非包治百病的灵丹妙药。有些问题需要进行定量分析，另外一些问题则需要进行定性分析。方案评估不但需要考虑经济和技术的可行性，更要考虑政治上的可行性。许多方案能否被执行往往是政治方面的问题。在方案评估过程中发现的一些新情况、新信息也许会揭示出问题的新内容，从而会要求改变或附加评估标准。尽管这种情况的出现会使人感到有些泄气，但在政策分析过程中进行反复的评估是必不可少的。

5. 展示备选方案

毫无疑问，突出标准的选择、备选方案的排序、给予各个选项的空间等因素都会对决策构成重要的影响。时效性、可视性、直观性和对比性是展示中需要重视的方面。如果标准能用量化的术语加以表述，那么价值的比较就能通过图表的形式进行表现。一般来说，分析人员往往希望能为自己钟情的方案提供强有力的证据，所以会产生为此专门制作案例的冲动。他们爱把故事化的写作方法融入政策分析报告当中。的确。情节化、戏剧化的表现手法是人们偏爱的沟通工具，“新闻效应”① 会使信息接受者感受到更强烈的心理冲击。有人说，“每个解决方案都可能孕育着新的问题，只不过表现的程度有所不同罢了”。的确，汽车的出现带来了出行的便捷，但尾气的污染也给社会带来了无穷的烦恼。事物都有两面性，要想使委托人接受推荐的方案，需要对利弊分别加以说明。

6. 监督政策执行

政策分析人员常把自己比作设计师，他们说自己设计了汽车但并不开车，这的确是一个很形象、很准确的比喻。尽管分析人员不参与政策执行，但并不能因此放弃监督和评估执行情况的责任。由于社会生活中存在太多的不确定因素，政策执行中什么情况都可能发生，所以设计得再好的方案也不一定能够很顺利地得到执行。对政策分析人员来说，了解执行信息是非常重要的。政策为什么会失败？是如何失败的？是设计问题还是执行问题？设计与执行是不是不合拍？对这些问题的关注无疑将会大大提高政策分析人员前期工作的效率和政策分析的质量。

总而言之，卡尔·帕顿和大卫·沙维奇提出的是一个较为简化的过程模式。这个模式虽然简单，但应用范围较大，从政策问题分析一直延伸至政策执行分析。

4.3.2 以问题构建为中心的政策分析五步法

威廉·邓恩认为，根据政策分析信息类型的不同，可以区分政策分析的五个步骤②。

① 新闻效应：心理学的实验告诉我们，人们往往会对极为熟悉的、形象生动的、特点鲜明的信息产生积极的心理反应，不仅表现得非常敏感，而且容易留下深刻的印象。我们习惯上将其称之为新闻效应。受此影响，有时候生动的例证就比枯燥的统计数字对人的心理冲击要大得多，它所起的作用也非平时想象所及。

② William N. Dunn, *Public Policy Analysis: An Introduction*, Fourth Edition, Upper Saddle River, N.J., Prentice Hall, 2008, pp. 6-7.

这五个步骤是描述（description）、预测（prediction）、评价（appraisal）、开处方（prescription）和定义（definition）。所有步骤都会涉及如下几种判断：判断是接受还是反对一种解释，确信还是质疑一个行动的正确，选择还是不选择一项政策，认可还是不认可一种预测，同意还是不同意一种定义问题的方法。在政策分析领域，这些程序已经被赋予特有的名称，即监测（monitoring）、预见（forecasting）、评估（evaluation）、建议（recommendation）和问题构建（problem structuring）。

1. 监测（描述）

这一步骤产生有关政策观测结果的信息，提供先前政策执行情况方面的知识。很多政府部门会在相关管理领域依据各种政策指标对政策的执行结果及影响实施监测。监测多为例行事务，有时也有例外情况。监测有助于及时了解目标群体的政策服从程度，发现一些事前没有预见到的结果，识别政策执行过程中出现的困难和障碍，确定政策出现偏离时的责任归属。

2. 预见（预测）

这一步骤产生期望政策结果的信息，提供有关事件未来发展状态的相关知识。这里所说的未来发展状态，主要是指政策方案在未来可能出现的情况和可能发生的结果，这些问题是在政策形成阶段必须进行考虑的。通过预测性分析，能够很好地检验那些潜在的、合理的、规范的前景因素，能够有效评估现行政策和可选方案的相关关系及其结果，明确在政策实施过程中可能出现的限制和障碍因素，评估不同政策方案的政治可行性。

3. 评估（评价）

这一步骤主要产生观察政策结果和期望政策结果的价值信息，及时发现预想和实际执行状况之间的差异，设法提供一些与政策价值有关的信息，为辅助决策提供帮助。评估不仅是对问题的缓解或解决的程度给出结论，而且要对驱动政策过程的价值观进行全面的评价，从而对政策的调整与再造、问题的构建修补与重新构建提供必要的依据。

4. 建议（开处方）

这一步骤产生政策偏好的信息，通过对结果的得失进行分析，产生对政策选择有用的知识。建议有助于评估风险因素与问题的不确定性，明确外部性影响和溢出量大小，把握政策方案选择的相关标准，确定在政策执行中的具体行政责任。

5. 问题构建（定义）

这一步骤产生有关什么样的问题需要解决的信息，提供的是与问题基本假设相关的知识。支撑问题定义的一些基本假设需要被质疑，没有质疑就没有正确。一旦那些缺乏假设质疑的问题顺利进入政策议程，势必会对政策制定的质量和效率构成不利的影响。而那些与问题基本假设相关的知识正是进行假设质疑的有力武器。实际上，问题构建被认为是在其他方法之上的方法，它有助于发现潜在的假设、判断问题的成因、勾画可能的目标、综合冲突的观点以及设计新的政策可选方案。因此也被称为元方法（meta-method），即方法的方法（见图4—2）。

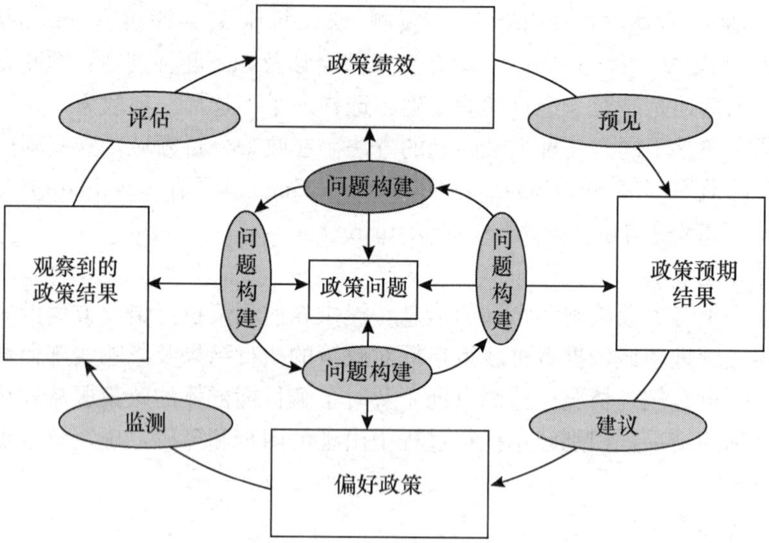

图 4—2 以问题构建为中心的政策分析

4.3.3 政策分析八重路径

尤金·巴达奇在其《政策分析实用指南：通向有效问题解决的八重路径（第三版）》①中提出政策分析的八个步骤。他认为，问题解决的分析工作大体沿着这样一个思路进行：以定义问题为起始，接着作出决定，最后对决定作出解释。但是需要牢记的是，分析工作是一个反复思考、不断反馈、改变主意、修正想法的过程，换句话讲，就是在继续出发之前你有必要折回原路，重来一次。

1. 定义问题

定义问题是政策分析的起点，对其他环节起着至关重要的作用。首先，它为政策分析的前期工作提供了一个理由；其次，它也为将要进行的证据收集工作提供一种方向性引导；最后，在政策分析的最后阶段，问题定义的最终版将会帮助构筑所要讲述的政策故事。

定义问题需要用“不足”与“过剩”的方式进行思考。例如，可以提出如下问题：

> 有太多买不起房的人。
>
> 农业用水增长过快，超出了可接受的财政与环境成本下的供应能力。
>
> 加利福尼亚州的学龄儿童每年增长 14 万人，而教育他们所必需的实体设施的发展速度尚不能与之持平。

在问题定义中使用“太”这个字眼是很有帮助的，如“太大”、“太小”、“增长太慢”、“增长太快”等。后两个短语（关于“增长”的问题）提醒我们：有些问题之所以引起注

① Eugene Bardach, *A Practical Guide for Policy Analysis: The Eightfold Path to More Effective Problem Solving*, Third Edition, Washington, CQ Press, 2009.

意，并不是因为它现实存在，而是因为它将来（无论是不远的将来或是遥远的未来）会（至少有这种可能）成为问题。

然而，当问题本身结构良好、可将之作为一种决策选择时，用这种方式进行思考显然是无益的。例如，“将淤塞的废物倾倒在海湾或太平洋以外的某处”。如果你试图对已经限定的标的提出挑战，用这种方式进行思考同样无益。例如，“寻找一些可以弥补收支预期空缺的补助资金”。以上两种类型的问题也是政策分析人员所面临的，但并不是定义问题过程中在这部分所要提及的那类问题。

2. 收集证据

进行政策分析时，几乎所有的时间都会花费在两项活动上——思考和整理那些可能会成为证据的资料。相比整理，思考通常来说更为重要，但整理却会花费更多的时间：阅读文件、出入图书馆、仔细研读统计资料、进行采访与面谈、等待约见，等等。

对于一个学术严谨的研究者来说，现实很难为他提供足够的时间使其进行充分的研究工作。事实上，作为高质量政策分析工作的敌人，时间压力的危险性不亚于政治上的预谋所带来的危害。因此，简化资料收集活动是至关重要的任务。其关键在于，尽量只收集那些可以转变为“信息”的数据，这些“信息”反过来又能转变为“证据”，而这些“证据”与所要分析的问题是紧密相关的。

3. 提出方案

在分析工作的最后阶段，谁都不会希望仍在评估两个或两个以上的备选方案，但在开始阶段，总会因纷繁复杂的评估工作而犯下一些错误。因此，有必要把那些在分析过程中可能会考虑到的所有备选方案列一个清单。随后，抛弃那些明显不可行的方案，整合剩下的方案。所谓整合就是以一个或多个分类标准，根据方案间的一些差异，重新整理到一个单一的“基础”方案中。这个基础方案与最初的清单相比，重点会表现得更为充分。

分析工作开始时应注意那些重要的政治领导人提出的建议或已经在他们头脑中考虑的行动方案。这种明显带有个人倾向性的观点或决策机构中那些“被陈列”的建议，特别是政治上被长期提倡和已经被包装的政策建议，对政策分析工作会产生重要的影响。要尝试突破这种定式，试着去“创造”出一种方案。“头脑风暴”有利于产生创新性结果，但是不要总期望一定会产生比别人更好的观点。

4. 选择标准

任何一项政策都包含两个既相互联系又彼此独立的标准，即分析性标准和评估性标准。前者涉及政策所有的事实要素及对后果客观公正的预测，而后者则是指价值判断的相关内容。理想情况下，所有的政策分析人员都会对政策本身的分析性内容持比较一致的意见。但从评估性角度来说，情况就不是这样了，因为人们都期望自己的主观看法能够得到更大的诉求空间。分析性标准会判断 X、Y、Z 是否会发生，但在评估性标准中考虑的则是 X、Y、Z 是有利于社会还是有害于社会。

当然，最重要的评价标准还是要看预期后果能否会以一种可以接受的程度解决一个政策问题。但这仅仅是初始标准。毕竟，任何一项行动都会在很多方面影响社会，这种影响或许是积极的，或许是消极的。标准的设定本质上就是为了体现这种判断。

5. 预测结果

对列表中的每一种备选方案都要预测可能的结果（或影响）。这些结果是利益相关方所共同关注的。从分析角度而言，预测是比较困难的一步，即使是那些经验丰富的政策分析人员也不一定能做得很好。在这里至少要面对三个实践与心理上的挑战。

首先，政策是关于未来的，而不是关于现在或过去的。我们可以对过去和现在有所了解，但对未来会发生什么难以知晓，即使我们怀着最美好的愿望和深思熟虑的态度去进行预测，我们也很难对结果有充分的把握。

其次，“预测结果”是提醒我们必须“现实一点”的另一种说法。现实常常会使人不安，因为很难符合你的意愿。大部分人会选择乐观，但政策实际上对人的生活、命运、声望会有好和坏两方面的影响。因此，政策制定并不像看上去那样简单，而是要承担更多道德上的责任。

再次，要提一下“51—49”原则。根据这个原则，尽管应该对政策报以100%的信任，但出于自卫心理并考虑到政策损耗，我们往往将这一百分比降为51%。因此有时我们不仅会误导他人，也会误导自己。第一点困惑就是——我们永远不可能为未来会发生什么找到令人信服的证据，至于第二、第三个困惑都源于我们主观的愿望无法完全参照已有的经验性证据。

尽管存在上述困难，仍要在预测政策结果方面做出系统的、有计划的努力。因为在现代民主社会，无论是单凭感觉行事还是机械死板地制定政策都极不可取，并会遭到激烈的批评。

6. 权衡方案

有时会出现这样的情况：一个审议中的方案，无论单独以什么样的评估标准进行衡量，都被期望能产生比其他备选方案更好的结果。在这种被称为“方案的绝对优胜”情况下，当然就不会存在备选方案之间权衡和取舍的问题了。但是通常我们并没有那么幸运，我们必须弄清方案之间的关系，并加以比较和权衡，这些结果对政策选择是至关重要的。

最常见的情况是在金钱与一定比例的公众服务之间进行权衡，例如相对于每年100万元的运营费用，是否可以将图书馆的闭馆时间由晚上八点延长至晚上十点？另一种常见的情况是涉及私人负担成本与社会收益之间的权衡。

7. 作出决定

在八步分析法中，到这一步就可以检查一下前期所做的工作究竟如何。即使自己本身并不是一个决策者，这时候也必须把自己当作一个决策者，根据自己的分析和判断作出选择。如果发现作出这个决定有些困难或棘手，那么原因可能是还没有彻底弄清方案之间的不同，或者还没有进行结果的权衡，或者还没有充分地思考各种已出现的（或潜在的）执行中的问题，或者对于一个至关重要的成本估计并不确定甚至模糊，等等。“除非你能说服自己有关某项政策行动的合理性，否则你不可能会说服别人。”要学会用这种方式思考，也应该用这种方式去行动。

8. 宣讲故事

在定义问题、提出方案、重新思考标准、评估结果、权衡方案等步骤反复进行后，你就要准备向自己的听众讲出政策故事了。听众有可能是委托人，也有可能包括更大范围的利益团体与利害关系人。范围的扩大对分析人员来说有可能是好事，也可能是坏事。这类演讲可能只有一次，也可能只是为获取长期支持而进行的初步演讲，后面还要经历更多的演讲。

4.3.4　系统分析模式

查尔斯·沃尔夫在《市场，还是政府：市场、政府失灵真相》[1]一书中提出了系统分析模式。他认为，政策分析不仅要重视对政策制定过程进行分析，而且还应加强对政策执行过程进行分析。沃尔夫在书中对政策分析步骤进行了阐述和说明。他认为，首要的任务是收集资料，即收集和整理那些政策所涉及领域中各种有用的数据和资料，而且对那些能够加以量化的材料要特别关注。与此同时，还要研究与某项政策制定、实施有关的政府机构的内在关系，这虽然看似是“软件”，但其重要性并不亚于定量的数据。其次是要设法建立关系，即在材料整理的基础上，运用数据分析结果和有关理论方法，建立研究领域内各种变量之间的函数关系或相关关系。第三是要进行模型的构建。没有模型就难以解释和说明因变量与自变量之间的关系。然而，能否成功地建立模型，主要依赖于在把握数据和相关领域知识的基础上产生的特有“直觉”，以及对公共政策目标的敏锐察觉。第四是要提出方案，即收集并思考多种可供选择的方案，其中包括具有“基准性”内容的现有项目与政策、由他人建议的选择方案、政策分析人员设计的选择方案等。第五是要对方案进行检验。这需要对实现政策目标所要达到的结果进行对照比较，在遵守约束条件的前提下，以最少的费用满足目标要求，或是在规定的费用标准下，达到政策效用的最大化。

沃尔夫在对政策分析一般步骤进行描述后指出，通行的标准程序往往存在一个较大的缺陷，即忽略了那些政策执行过程中可预见或不可预见的错误。政策分析人员总以为运用模型方法对政策成本—效益进行分析之后，它在执行过程中就不会再有变化了。但事实上，在政策实施过程中会出现很多意想不到的情况，事前关于成本—效益的计算只能是一个参照，因为这方面有时会发生一些根本性的变化。在沃尔夫看来，这种变化的原因主要还是“非市场”行为的缺陷，即政府进行的公共政策活动无法取得它所要达到的目标。

4.3.5　过程分析

爱德华·S·奎德[2]认为，政策分析是一个应用的分析形式，其目的是帮助决策者制定和改进政策，提高政策效率。政策分析之所以必要，主要是因为决策的失误和决策机构的低效。在奎德看来，决策失误表现为两种形式：一种是能够避免的决策失误，比如，具备决策所需的信息、资料和证据，但由于没有科学的决策方法和缺乏有效的决策程序，因而造成的决策失误。这类失误虽说不上是政策分析的责任，但有政策分析总比没有政策分析好。另一种是难以避免的决策失误，比如，不具备或缺少决策所需的信息、资料和证

① ［美］查尔斯·沃尔夫：《市场，还是政府：市场、政府失灵真相》，重庆，重庆出版社，2009。说明：该书的第一版（英文1988年版）早在1994年由谢旭翻译成中文（见［美］沃尔夫：《市场或政府：权衡两种不完善的选择/兰德公司的一项研究》，北京，中国发展出版社，1994）。该书英文版第二版在第一版的基础上进行了某些修改。《市场，还是政府：市场、政府失灵真相》是根据1993年英文版第二版翻译的。

② 爱德华·S·奎德：著名政策学家，长期在美国兰德公司供职，从事政策分析的理论与实践研究。他与政策学家德罗尔一起创办了理论刊物《政策科学》。其代表作有《公共政策分析》、《公共决策分析》等。

据，对事件未来的发展缺少了解或涉及的问题过于复杂，并带有许多不确定性因素，从而导致决策失误。这类决策失误虽然难以避免，但政策分析能使损失更小。

奎德指出，目标、备选方案、效果、标准和模型是构成政策分析的五大要素。这些要素是政策分析的必要条件，是任何一项优秀决策所必须考虑的问题。而政策分析的过程（政策分析工作的先后次序），主要是由问题的性质和内容决定的。奎德认为，政策分析过程主要包括五个基本阶段：一是总体概述，包括解释问题、界定范围和阐明目标；二是广泛探索，主要任务是收集相关材料，发现相互关系，寻找备选方案，提供分析依据；三是多方比较，即比较每个方案的成本、收益及其他后果，并依据不同标准对备选方案进行权衡；四是说明解释，参照实际情况，说明模型所示结果，并对原因加以解释；五是测试检验，一般来说，因为总是会出现一些决策者难以左右的情况，因此检验“决策者是否根据政策分析结果作出了正确选择”是非常困难的事情，但奎德坚持认为，根据模型所显示的结果进行检验是非常必要的，尤其是在形势相对稳定的情况下，测试检验将发挥更重要的作用。

4.3.6 政策分析七步法

通过对以上几种具有代表性的观点进行梳理，可以看到，政策分析并没有统一固定的程序与模式。然而对于这些过程步骤的研究，可以为我们提供政策分析的指导性原则。综合一些政策分析专家们的观点，本书提出政策分析的七个步骤，即定义问题、收集证据、分析原因、评估政策、开发方案、预测结果和择优选择。

1. 定义问题

什么是问题？问题是指期望状态与实际状态之间的差距。政策分析首先需要从发现问题和定义问题开始。症状不代表疾病，现象也不一定就是问题。客观条件是问题存在的前提，它是必要条件而非充要条件，构成问题的另一个不可或缺的条件就是主观定义。

任何政策问题都不会以一种孤立、静止的状态出现，而是多与其他问题相联系并处于不断的变化过程之中。定义问题最重要的步骤是要做症状分析，即在问题筛选的基础上对问题产生的时间、地点、环境和条件，问题的性质、类型、范围和程度，问题的结构及其作用等进行多维分析，以确定是不是真的问题，是什么类型的问题，是能否处理的问题等，从而形成对问题本身的全面认识，评估其在社会公共领域的作用和影响。

定义问题涉及的主要方法有：类别分析法、类比分析法、假设分析法等。

类别分析法是为了澄清、界定、甄别和区分问题情景而对问题进行类别划分的一种方法。问题依据不同的标准可以进行多种分类，如根据地理范围、影响程度、政治性、确定性、结构功能、性质特点等进行分类。分类的目的是为了有效地鉴别。

类比分析法是建立若干类比的标准和模型，对已出现的问题成因、表现形式、具体特征、类别因素等与其他问题进行比较分析，以发现此问题与彼问题的相似性、相关性和差异性，并以类比的结果为基础，对问题的性质和特点进行确认。

假设分析法是通过假设一定的前提，推导相关的结论，提供有效的分析。假设的焦点在于问题的主要因素，尤其是相互冲突的因素。比如，设定问题的利害关系人，提出相应的主客观依据，对假设条件进行检验，在评估分析的基础上提出政策建议。

2. 收集证据

收集问题的证据是为了拓展分析思路，开发解决问题的技巧。可以利用多种途径收集问题信息，为支持问题存在提供有价值的证据。收集证据的首要工具就是互联网，网络是信息资源的宝库，蕴藏着社会问题的无限资源，要学会开发这种资源，利用它来支持问题分析。最需要关注的是关于目标问题的统计数据、专家观点、理论剖析、案例研究。

针对目标问题的统计数据无疑是最为有效的证据材料，只是有时仅能发现国家层面的统计数据，无法找到目标问题发生地的相关数据，那么在使用统计数据时就需要作一个说明，明确问题发生地与国家级统计数据之间存在的联系。

假设所要分析的问题是一个较偏的或较具体的问题，在网上查不到什么有价值的证据，那么就可以通过调查收集证据。把调查内容贴在局域网（如校园网）上，鼓励大家完成这项调查，通过调查所收集到的数据也可成为有利的证据。然而，调查对象应该达到要求的规模，否则通过调查所收集到的数据就不能作为证据。

除了以上提到的网络查询和调查的方法，还可以通过一些其他途径获取问题证据的信息，如去图书馆查找，向各级政府部门直接进行咨询，去调查研究组织查询，去公共或准公共事业团体查找资料，去私人组织（特殊利益集团）查找资料，有时需要通过市场手段解决证据收集中的问题。

3. 分析原因

依据已有的经验和知识，运用科学的方法和手段对问题产生的原因进行分析，包括主观原因和客观原因、主要原因和次要原因、直接原因和间接原因、表层原因与深层原因、近期原因和远期原因等。主要方式有纵向分析和横向分析。纵向分析是指从问题的表层入手，由表及里，由浅入深，层层剖析，找出根源（根本原因）；横向分析是指对同一层次的各种原因及其相互关系进行分析、比较、综合和确认，找出其中最主要的原因。

症状多指因疾病或问题所导致的异常状态，只表现“现实”与“标准”之间的“差距”。症结多指疾病或问题的根源或本质，是对差距产生原因所作的概括。症状往往是多元的，而症结一般是一元的。一个好的医生不会只关注症状而不考虑症结，不知道症结所在就不可能对症下药。政策分析同样如此，解决问题无非是要缩短和消除差距，或叫消灭症状，如果不能准确表达这种差距或症状，就不具备解决问题或治疗疾病的前提条件。但只注意差距或症状是不够的，最重要的还是要找到原因。

分析原因阶段运用的主要方法是层次分析法（hierarchy analysis）。每一个问题的产生必有特定的原因，这种原因可以从历史上或现实中的相关因素中去寻找。因此因果分析是问题分析最基本的方法，因果分析中的层次分析主要用于帮助认定问题的三种原因，即可能的原因、合理的原因和可行的原因。可能的原因是可能导致问题出现的原因，包含问题产生的直接原因和间接原因；合理的原因是以科学研究或直接经验为基础获得的并可以确认的原因，其中包括现实条件下可以解决的原因和现实条件下不可以解决的原因；可行的原因是那些可以通过行动加以解决的原因，即现实条件下可以解决的原因。

4. 评估政策

评估政策实际上就是对现行政策做利弊的分析，所谓利是指政策带来的好的、期望的结果，所谓弊是指那些不好的、不想要的结果。利弊分析的目的就是要发现现行政策需要持续和加强的部分以及需要调整和改进的地方。

如果一项政策看起来不仅是不足与缺陷的问题，而是完全失效或失败的问题，那么这项政策可能就需要被替代了。一般来说，政策低效或失败的原因是多方面的，或是因为根本没有按计划进行（执行中的问题），方案没能得到有效实施，或是因为政策在目标或手段上存在缺陷（政策自身的问题），很难达到预期的效果。评估的目标是试图更多地发现缺陷与不足，设法对现行政策加以改善。比如，汽车制造公司对现有车型进行利弊评估，从而为明年推出新车型做准备，新车型可能改动甚微，如减少重量、降低油耗，也可能在评估的基础上做大的改进或根本性替代。

以美国城市学校的安保工作为例，多年以前安保措施极为松懈，任何一个人都可以随意进入学校，并走遍建筑物的每一个角落。学校暴力活动的增多使得校方不得不开始检查他们现有的安全措施。很多学校只是简单地把警示通告贴在学校的入口处，告知来访者需要向校方报告。这项政策措施的主要优点就是省钱，唯一的花费无非是贴在大门口的那个警示标志。可是，政策最大的缺陷就是无法落实。跟学校毫无关系的少年帮派成员、寻衅滋事者、盗贼可以毫无顾忌地在校园里游荡而根本不向校方报告。而且，一些学生很容易地把枪带进校园，严重威胁到其他学生的生命安全。利弊的权衡导致了政策的变化，一些大城市的学校开始要求所有的来访者都需要通过学校在门口设置的安全门，进行金属探测。还有其他一些新的政策措施，包括拨钱雇用保安或警察保护学校安全。

美国关于修改车速限制规定的建议也是在政策评估的基础上提出的。评估的焦点集中于55英里/小时的时速限制在降低车祸死亡率中所起到的作用上，研究发现，55英里/小时的限速只能减少不超过3%的车祸死亡率，这个评估结论导致政策建议的产生，希望将现行监督限速政策执行情况的经费用于汽车尾气检测和其他保障健康和安全的措施上。建议发挥了它的作用，到1990年，大约40个州取消了55英里/小时的限速规定。

5. 开发方案

如果大学里的一个班级打算在下个周日里做点什么，比如进行志愿者社区服务活动，那么就要考虑以下问题：到哪个社区去？到底做些什么？多少人去合适？干多长时间的活？达到什么样的效果？可能同学们经过讨论会产生多个不同的行动方案。同理，为了有效开发社会问题的解决方案，多提出几个方案总比少提出几个方案要好。需要强调的是，开发方案有两个非常重要的步骤：一是设法消除或减轻问题产生的原因或其相关因素；二是要关注现行政策的问题，努力改善或加以替换。

需要注意的是，开发方案不同于政策目标，政策目标往往很大、很抽象，如改善教育现状、减少环境污染、降低犯罪率等，政治家们需要在他们的公共演说中掺入这些政治目标，这对公众会有很大的诱惑力。但是，公共政策必须要落实为政府的具体行动，才能有效完成政策目标。行动方案往往很细、很具体，需要对地点、时间、人员、装备、天气等方方面面的因素进行认真的考虑。

开发方案是政策分析的中心环节，也是参谋系统参与决策最多的一个环节。开发方案一般涉及轮廓设想和细部设计两个步骤。轮廓设想就是设计各种方案的基本框架，将行动原则、指导方针、发展阶段、大体规模等大致勾画出来。轮廓设想阶段的主要要求是方案要尽可能多样化并具备整体上的完备性，各个方案之间要具排斥性。细部设计就是对轮廓设想阶段所产生的备选方案进行初步筛选，淘汰那些明显不可行的方案，留下一些较为可行的方案，并对其进行精心的细节设计。细节设计需要对每一可选方案进行方案扩大，将可选方案根据目标群体的性质分解为一些较为具体的规定。

6. 预测结果

所谓预测结果，就是立足过去和现在，预料和推测政策实施的可能结果。俗话说，“往者可知，来者亦可知”，“预则立，不预则废”。科学预测绝非主观臆断和凭空猜测，而是要以科学理论为指导，以知识和经验为依据，运用各种预测方法和技术，分析和判断所掌握的多种信息，对事物未来发展的可能状态作出合理的估计和推断。未来对任何人来说都是一个未知的领域。然而，人们不会甘心在未知的领域面前无所事事，他们希望能够对未来作出一定的判断，以把握自己今后行动的方向。但这种判断只是一种事前的估计和设想，任何人对行动的结果都没有百分之百的把握，可他们会尽其努力去接近这种把握。

预测结果的基本步骤包括：第一，收集资料。即对预测对象的相关资料进行全面系统地收集、整理，为准确的预测提供真实可靠的依据。第二，确定方法。根据预测对象的性质特点、指标特征和收集到的资料，选取相应的方法和模型。有时为了提高预测的精确性，还需选取几种不同的方法进行相互验证。第三，计算和分析。对预测对象进行具体预测，对关键变量进行综合汇总，做定量和定性分析。第四，评估结果。对预测的结果进行分析和检验以确认预测活动的精确度。

7. 择优选择

没有差别就不用选择，没有标准就无法选择。所谓择优，就是要在多个可选方案中选出自认为好的方案。什么叫好，什么叫不好？这里提供两个重要的标准，一个是可行性，一个是有效性。如果可能，在挑选政策方案时应设法使这两项标准都达到比较高的水平。

可行性即政策落实的可能性，它可能会受到多种因素的影响，如社会文化的接受程度、利益比较中的期望值等。比如，捉住小偷就砍掉手的政策对减少盗窃行为是非常有效的，但是在社会文化层面上是不可能被人们接受的；把城市警察的规模一下扩大数倍，这样的政策对降低犯罪率具有重要作用，但加诸纳税人的增加成本使这类政策几乎不可能会被市议会通过。

有效性即政策在减少或减轻社会问题方面产生积极效果的可能性，为了能够达到政策预期，提高结果的有效性，必须在政策分析的第一个环节（定义问题）上下一番工夫，使问题被窄化、具体化，能够得以清晰地呈现。

在可行性和有效性这两项标准上，政策往往在一项标准上高，就会在另一项标准上低。面对这样的两难选择，究竟该如何行动呢？一般来说，在这两个标准中，可行性比有效性更为重要，换句话讲，就是最好能够使政策有合理的机会被有效执行（可行性），即使它们的有效性很一般。在择优选择中应该遵循可行优先的原则。

本章小结

本章主要讲述政策分析的基本概念、形成过程、主要特征、具体内容、不同类型、功能作用、主要局限、分析陷阱等，重点讨论的内容是政策分析的类型划分和基本步骤。通过本章的学习，应该了解政策分析形成的历史背景，认识政策分析的基本概念，掌握政策分析的基本步骤，区分政策分析的不同类型。

关键术语

政策分析　　政策预期　　政策行动　　政策绩效　　政策倡议　　研究型分析
快速分析　　宏观分析

复习思考题

1. 什么是政策分析？
2. 政策分析有哪些特征？
3. 政策分析有哪些局限？
4. 政策分析人员易犯哪些错误？
5. 政策分析与政策倡议有何区别？
6. 根据信息转换分析模式，政策分析会涉及哪五种类型的信息？
7. 德罗尔提出的宏观政策分析原则包括哪些内容？
8. 卡尔·帕顿和大卫·沙维奇提出的政策快速分析包括哪些步骤？
9. 简述尤金·巴达奇提出的政策分析步骤。

第5章

政策模型

模型这个概念对大家来讲并不陌生，如建筑模型、汽车模型、飞机模型等，在现代生活中并不鲜见。模型是现实世界部分化、序列化、简单化或抽象化的代表。通过模型进行思考是人类思维的一个典型特征。模型突出了原型的本质特点，忽略了次要因素，使错综复杂、变化纷繁的现实世界便于人们把握。模型作为研究原型的中介，也是一种重要的方法，它有助于人们分析和理解研究的对象，有助于人们解释和阐述研究的问题。

5.1 模型概述

5.1.1 什么是模型

一般来讲，模型可划分为具体模型和抽象模型两类。具体模型主要是指与原型在形态上几何相似的模型，如示意沙盘、模型飞机、交通地图等。这些模型对原形是一种形象的说明，使人一眼望去就会联想到现实生活里的真实事物，突出表现了模型的相似性特征。而抽象模型主要是指用语言、符号、图表、数字等抽象形式反映原型内在联系和特征的模型。

在政策分析领域，模型方法得到了非常广泛的应用。为了分析公共政策，我们需要组织我们的思想和概念。现实世界是一个复杂多变的场所，形形色色的政策现象表现出多种不同的特征，为了理解这种复杂和解释各种疑惑，我们就有必要对其进行简化和抽象，因而我们构建了各种各样的模型。这些模型有助于我们理解和解释公共政策产生的原因，认识和分析公共政策产生的社会效果，思考和预测公共政策未来的发展。不同的模型体现了对公共政策思考的不同角度，为政策分析提供了多种研究途径。

5.1.2 模型的风险

进行政策分析，如果不使用模型的方法，那几乎是不可想象的事情。然而我们不能忘记的是，当运用这些方法的时候，我们实际上正在把主观强加于客观，人为地创造一种认识世界的方法，从看似并不存在程序的现实中提炼出一种程序。模型事实上的确来源于人类的经验，但它们绝不是经验的再现和翻版，而是人们对客观现象的一种认识方式，是人们理论知识、价值观念和个人信仰的综合体现。因而，在政策分析领域，我们不得不非常谨慎地对待模型所代表的"真实"。这种"真实"往往只是一种主观的构建，是人们对复杂现实的一种人为的想象。因此，我们不得不对此保持高度的敏感。公共政策理论的活动实际上就像是在画一张示意图，它包含了我们所知道的内容，引导我们去认识我们所不知道的方面。

一张城市的地铁示意图，即便再精确，它也不是真正意义上的城市地铁。政策生命周期的比喻，即便再形象，它也与政策实践有着相当的距离。我们的理论架构是用来作分析工具的，从某种意义上讲，它们毕竟只是一种人为的想象。然而，有时候我们却常常百分之百地确信这种想象的真实性，把主观的抽象完全等同于客观的现实，这也正是模型方法在实际运用中所面临的一种风险。

模型不仅是现实世界的简单替代物，而且是现实世界抽象化的代表。任何模型都是对现实世界的不完全模仿和简单化省略。只有省略所有非本质的东西，模仿才能取得成效；只有忽略不相关的细节，模型才能发挥作用；只有对事物原型进行概括和抽象，才能对同类事物进行有效的分析。正如没有什么有力的模仿会描述现实世界的所有方面一样，有效的模型通常也不会试图预测所有的细节；同样，抽象的目的在于把握事物的本质特征，模型的作用是指明分析的方向和路径。

伦敦地铁示意图是一个很有启发性的例子。在政策研究中我们同样会遇到伦敦地铁示意图所带给人们的困惑。的确，没有简化和抽象，我们就难以认识复杂。为了认识和解释形形色色的政策现象，我们的确需要借助于模型的分析方法。然而，当我们运用分析模型的时候，必须清醒地认识到许多政策学家多次提到的潜在危险——"误置具体的谬误"，即把源于经验的抽象认识等同于实实在在的客观现实。的确，在政策分析领域我们同样会遇到像伦敦旅游者一样的麻烦。

模型运用中的风险——伦敦地铁示意图的启示

1860 年在伦敦帕丁顿的法灵顿街和毕晓普路之间建造的地下铁路开始动工，这条线路全长 6.2 公里，采用传统的开挖回填式方法建造。1863 年 1 月 10 日全线通车，这一天对伦敦人来说是一个值得纪念的日子，因为他们拥有了世界上第一条地铁。从 1866 年开始，格雷特黑德研制发明的隧道盾钻技术运用于地铁建设。到 1900 年，伦敦建造的管式地铁已经形成网络，电气化改造也基本完成。随着地铁系统的不断完善，为了方便乘客的使用需要，地铁公司在 1910 年推出了第一张地铁线路图（见图 5—1）。这种早期的线路图是纯地理性的，即完全以地表距离和面积为准，严格按照比例尺进行缩小。地铁线路图的问世，满足了当时的实际需要。但随着地铁线路的日趋复杂，新设车站的不断增多，早期的地铁线路图使用起来就显得越来越麻烦，查找行车路线和停靠车站非常不便。从图纸上看，市中心的站点过于稠密，识别起来极为困难；城郊站点过于稀疏，白白占用图纸空间。地铁乘客的不满和基层工作人员的抱怨给地铁公司管理层施加了一定的压力，他们在公司内部开始征询图纸的改进方案。当时有一个名叫贝克的绘图员，正好临时受雇于地铁公司。因为他过去曾亲身体验到地铁线路图带来的不便，所以对新图纸的设计热情很高。他很快就拿出了自己的方案。但不幸的是，他的上司对这张草图不屑一顾，认为贝克纯粹是在胡闹，因为他认为贝克所设计的图纸完全脱离了真实情况。其后，地铁公司也试着推出过几次改进的方案，但都与早期的地铁线路图大同小异，不能真正解决实际的问题，乘客的抱怨声仍然不绝于耳。到了 1933 年，迫于社会舆论的压力和贝克自身的不懈努力，地铁公司在无奈之下，试探性地推出了贝克的设计图（见图 5—2），没想到一炮打响，受到广大地铁乘客的热烈欢迎。贝克执著的精神得到了社会的回报。贝克设计的这张地铁站线图，简单实用、检索方便、明确清晰、一目了然。其后，美国、法国、日本、加拿大等国家也相继在地铁线路图的设计上采用了贝克的思路。从目前情况看，贝克的创意几乎被世界上所有拥有地铁的国家所采用。可以说贝克为社会作出了非常大的贡献。可令人感到遗憾的是，贝克当时仅得到了极为可怜的一点报酬。

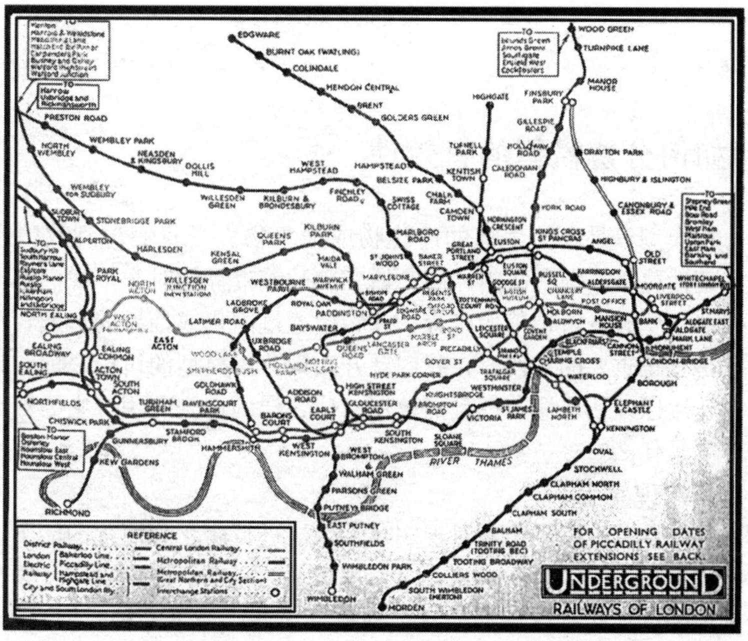

图 5—1　第一张伦敦地铁路线图

贝克所设计的地铁线路图为人们更好地利用地铁带来了便利。但我们必须要记住的是：它不是一张纯粹的地图，而只是一张线路示意图；它不是真实的具体，而只是近似的抽象；它不是现实的翻版，而只是解释的工具；它不是实际意义上的伦敦，而只是头脑想象中的伦敦。如果你把它与伦敦实际的地理位置画等号的话，那么你就大错特错了。许多伦敦的市民和来此观光的游客，都曾经历过这方面的教训。

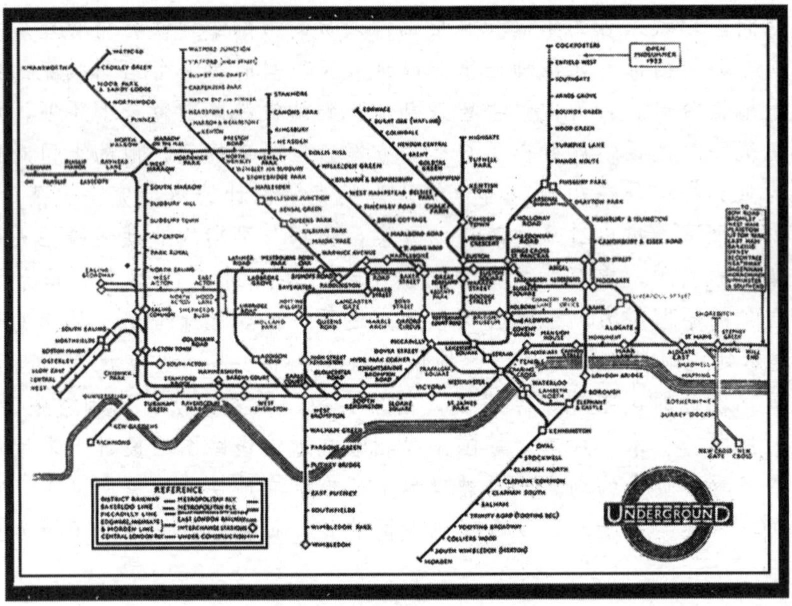

图 5—2　贝克的地铁设计图

5.1.3　如何分辨模型的有效性

一个政策分析模型只是政治生活的简化物或抽象物。当我们想到政治系统、政治精英、团体互动、理性决策、渐进决策、政治博弈和政策过程的时候，我们都在试图从现实的政治生活中提取一些有分析价值的内容，并希望通过简化或抽象的形式，澄清并理解什么对于政治而言是真正重要的东西。在我们展开政策分析模型的讨论之前，让我们提出一些一般性的准则，用以评估概念与模型的效用。什么样的模型有用？它为什么有用？评价其是否有用的标准是什么？

1. 排列并简化现实

政策模型的有效性首先依赖于它对现实政治生活进行序化和简化的能力。序化（理清顺序）能够使真实世界中错综复杂的关系建立逻辑上的联系，简化（变复杂为简单）能够有助于人们清楚地理解那些难以琢磨的复杂现象。当然，如果一种模型过于复杂或空泛，涵盖了过多的内容，会给我们的理解带来很大的困难，乃至无法得到利用。但如果一种模型过于简化或狭隘，仅仅对表象进行了概括，忽视那些关键的因素，那么我们就不可能用其来解释真实的世界。

2. 认定重要层面

政策模型的有效性还与其概括政治生活中重要内容的能力有关。好的模型应该能够抓住主要矛盾，把人们的注意力从那些不相关的因素吸引到真正重要的因素上来。使人们更多地关注公共政策的真实起因和重要结果。当然，什么是真实的？什么是虚假的？什么是相关的？什么是不相关的？什么是重要的？什么是不重要的？什么是表象的？什么是深层的？要回答这些问题不可避免地会涉及人的知识水平和价值判断。因而，出现多种不同的答案也是非常正常的现象。

3. 符合社会现实

一般而言，政策模型应该与客观现实具有一定的联系性，即从经验角度看，它应该具有真正意义上的指涉对象。的确，模型的建立往往源于人类的经验，它应该以现实生活为重要的参考依据。对于那些完全脱离实际，没有经验依据的主观模型，我们在使用过程中会感到茫然或不知所措。当然，任何事情都不是绝对的。从另一种角度讲，我们也不该草率地抛弃那些所谓“不真实的”理念，因为它们经常发挥重要的启发性作用，把我们的注意力成功地引向这样一个问题：为什么它们是“不真实的”？比如，几乎没有人会认为政府决策是完全理性的，公共政策能使社会成本最小化、社会收益最大化。然而，“理性决策”的思路还是很有价值的，它促使我们去探讨政府决策的非理性程度及其原因。

4. 提供有意义的沟通

政策模型往往借助概念进行抽象，而这些概念在沟通过程中应该具有实质性含义并形成较为一致的看法。否则的话，这个政策模型的有效性就会大打折扣。没有共识就难以沟通。举个例子来说，“精英”这个概念对许多人而言可能就具有不同的含义。一些人可能把“精英”定义为由民选产生的政府官员，他们能够代表大多数公众的利益；另一些人则认为所谓“精英”是指少数社会上层人物，他们根本不是公众的代表，他们只是根据自己个人的偏好为社会制定政策。

5. 指导调查与研究

一个政策模型应该具有一定的可操作性，应该有助于对公共政策进行实证的分析。从某种意义上讲，它应该直接指向和涉及现实生活中那些能够被观察到的、可以进行测量的、能够被加以证实的客观现象。一个概念或一系列概念（我们称之为概念模型）所解释的内容应该能够在现实世界中得到检验和证实。如果我们没有办法在政策实践中对此进行证实或证伪，那么它的有效性就很值得怀疑了。

6. 提出一定的解释

一个政策模型应该对公共政策提出一种解释，而不是只对公共政策及其过程进行简单的描述；它应该对公共政策的原因和结果提出一定的假设，而不是只死死盯住客观存在的经验数据。它源于现实却又超出现实。毫无疑问，一个解释性模型总是比描述性模型更具有研究和应用价值。

5.2 政策分析模型

5.2.1 传统理性模型：决策追求最优解

什么是“理性”？它的英文是“rationality”，中文通常解释为合理、有理，它与感性相对，是指人从理智上控制行为的能力。买汽车光挑颜色，买衣服只注意款式，作决定选择抽签，做事情喜欢打赌，这都不能说是理性的行为。在《廊桥遗梦》这部影片中，女主角佛朗西斯卡望着情人的汽车在雨中拐弯消失，几经犹豫而最终没有走下丈夫的汽车，她的行为是理性的选择。当然，在评价某种行为是理性的或非理性的时候，人的价值判断起很大的作用。某种行为可能你认为是理性的，但别人却认为是非理性的。我们在谈到理性概念的时候，往往是以共识性标准为前提的。

理性模型起源于传统经济学的理论，传统经济学理论是以“经济人”的假设为前提的。那么什么是“经济人”呢？一般来讲，“经济人”自私且功利，做任何事都以满足个人最大利益需要为目标。分析经济人的行为实际上很简单，他之所以这样做而没有那样做，就是因为这样做可以最大限度地满足他的利益需要。这种带有强烈自利特征的经济理性尽管十分不可爱，但却非常有用。因为我们惊奇地发现，社会财富这块蛋糕在市场理性的博弈中越做越大。市场机制这只看不见的手，会使人的自利行为导致利他的结果。

以“经济人”假设为前提的理性优化模型，为微观经济学的发展提供了便利的条件，同时也对当时经济领域的微观决策起到了一定的指导作用。它舍弃了一些次要变量，使问题的分析得以简化，形成有效的分析框架，能够被用来解释资本主义市场活动中的诸多现象，因此其影响迅速蔓延到社会生活的其他领域，当时这种假设几乎被认为是一个不证自明的公理，是解释人类行为不可缺少的依据。

的确，理性行为的概念是一个非常有力的解释原则，因为它有着许多人类行为的经验依据。我们经常对其他人这样解释我们的行为，“我想达到 X 这样一种目的，所以我选择了 Y 这样一种方式”。同样，这也是我们理解其他人行为的基本思路。基于这种考虑，我们一样可以用这种模式去解释一个政府的行为。就政府政策而言，如果你了解了政府的目标，你就不难解释其政策方案的选择。它之所以这样去做而没有那样去做，是因为它要满足自己最大的利益需要，作出最大价值的选择。比如在对日本为什么要偷袭珍珠港，苏联为什么要把导弹放在古巴（参见本书附录 A），伊拉克为什么会入侵科威特这类政策问题进行分析的时候，传统政策分析的理性模型能为我们提供一种有效的解释方法。

传统的政策理论有着理性主义前期发展的深刻烙印。它认为，任何决策都是目标性行为，达到目标当然会有很多种途径和手段。所谓理性的选择就是要作出最大价值的选择，即选择达到目标的最优方案。传统理性模型所要求的最优选择应具备如下条件：

（1）把决策行为视为整体行为而非群体行为。因为只有整体才会有一致性的价值判断，如果是群体就必然会出现价值观方面的差异，因而在目标选择和最优认定方面产生分歧。

(2) 决策者具有绝对理性。表现在他们具有完备的知识和信息，能穷尽备选方案并预测所有结果。

(3) 决策目标单一、明确和绝对。

(4) 决策者在决策过程中具备一以贯之的价值偏好。

(5) 决策过程中不考虑时间和其他政策资源的消耗。

理性决策的具体步骤是：

(1) 确定决策目标。

(2) 提出备选方案。

(3) 对这些方案及其结果进行比较分析。

(4) 通过排序选择出最优方案。

从理论角度而言，最优选择并不是不可行的。然而，社会现实不等同于理论假设，传统理性模型的限制条件使其遭遇到诸多的障碍，人们逐渐发现政策实践中的许多现象都难以用它来作出解释。其原因不在于它的逻辑体系有缺陷，而在于其前提假设有问题。

第一，决策目标不是单一、明确和绝对的，而是多元、模糊和相对的。传统的经济学理论总是把企业的目标视同于企业家的目标，似乎只是为了最大限度地追求利润。这种认定是完全错误的，因为企业是由许多人组成的，它包括股东、经营者和员工等，他们对企业的目标都会产生直接或间接的影响，尽管在程度上会有所不同，但表现了一种多元化的趋向。因为这些人有着不同的价值取向和利益要求，并不一定会把企业目标作为自己的目标，所以企业的实际目标反映了其成员错综复杂的、相互矛盾的利益追求。这里只是分析了企业的情况，实际上在公共部门和政府机构里，目标多元化的特征就表现得更为明显。

美国著名的政策学家赫伯特·西蒙在其《管理决策新科学》一书中讲了一件他亲身经历的事情：

> 一些大公司就购置计算机的问题向西蒙咨询，西蒙当时就建议这些公司先考虑一下是否真的需要这样的设备，购置计算机主要是为了解决哪些具体问题，等到这些问题明确了以后再决定购置什么类型的计算机。后来西蒙很快就发现自己给这些公司出了个“馊主意”，因为它们在尚未使用过任何计算机之前，根本无法具体明确地了解计算机的性能与用途，从而也不可能提出购买计算机所要达到的具体明确的目标。只有当它们先买台简单实用的计算机，并在使用一段时间且有了经验之后，它们才会知道下一步应该做些什么。

可见许多决策问题其总目标往往只是一个不十分具体明确的大的方向，具体的内容还有待于在决策执行过程中逐渐地加以明确。

查尔斯·林德布罗姆也认为，政策往往是针对解决社会问题的，所以要想使政策目标明确就必须找到问题的症结所在，然后才能作出决策。可是决策者面临的往往并不是非常具体且可以明确界定的问题，比如，当物价飞涨，公众要求政府作出反应时，政府部门就要对问题的原因进行分析：是公众的要求过分还是物质生产和供应服务的不足？是垄断公司的幕后操纵还是通胀心理引起的连锁反应？或者上述原因兼而有之？不管政府部门出于何种考虑，“治标”总不是目的，可“本”在何处？找出通货膨胀的动因也许是很困难的，这无疑会影响决策目标的确定，所以目标很多时候并不是绝对的而是相对的。

第二，人是感情动物，存在理性缺陷，其行为往往会受到个人偏好、性格特征等非理性因素的影响。如果有朋友送给你一张免费的篮球票，而那天晚上恰巧来了场暴风雪，这使得驾车去体育馆看比赛十分危险，这时你去还是不去呢？假如换一种情况，同样的篮球票，同样的暴风雪，但球票是自己花300元买的，这时你去还是不去呢？根据行为学的研究，在后一种情况下，人们多半会冒险前去观看比赛。人多具有“成本陷入倾向”和“损失厌恶倾向”——认为既然已为此花了钱，那么就最好不要浪费，而不去过多考虑结果会怎样。人们通常会把损失看得比收益重要得多。实际上，有时人们面对的完全是性质一样的客观情况，但却会作出大相径庭的行动选择，这完全是非理性因素在起作用。

第三，人处理信息的能力是非常有限的，这主要表现在如下两个方面：

首先，人对信息的感知能力有限。所谓感知就是人通过自己的感官把外界信息作为刺激反应而输入大脑的过程，人的感知能力对大脑处理信息的容量具有限定作用。心理学的研究表明，人的感知是有选择的，而不是全面的。以视觉为例，人们总习惯于用照相机来形容眼睛，因为它们都可以成像，而实际上二者结构上的类似并不能说明它们彼此在功能上也相当。照相机能够把视角内所有的物体都拍摄进去，只不过辨别的精度受限于镜头的透光能力和胶片上感光材料的颗粒密度。而人的眼睛通常只能接收到集中注意力看到的那些信息，绝大部分信息都没有能够被接收，这就是人们常说的“视而不见”的现象（如英国童谣《波斯猫与老鼠》所描述的那样）。心理学的实验结论是：人的视野中存在的东西，能被同时接收到并形成印象的大约只占1/70。

> 有位心理学家曾做过这样一个有趣的实验：会场里，一位演讲者正在眉飞色舞地发表演说，听众聚精会神地在听，忽然一个人破门而入且动静很大，后面紧跟着又追进来一个人，二人在众目睽睽下扭打成一团，其中一个人还抽出了手枪并对天花板放了一枪。这场闹剧历时二十多秒钟，实验者把整个过程拍了录像，等闹剧刚一结束即让听众描述情节，结果五花八门，说什么的都有。与所录实情对照，情节出入极大。在40位听众当中，只有一个人对主要情节的描述错误率没有超过20%。

不仅如此，有时人们还会提出这样的疑问：“眼见真的为实吗？”筷子放入盛满水的杯子我们会看到它发生了扭曲，固定的光点落在屏幕上会使我们感到发生了漂移，可事实真是这样吗？答案当然是否定的。更何况眼睛有时候还会完全失去作用。试想，在一个伸手不见五指的夜晚，一个具备超强视力的人与一个盲人又有什么区别呢？

其次，人的记忆能力有限。一般来说，人脑的记忆容量要比现代最先进的计算机的信息存储量大许多个数量级，似乎可以视其为无限大，但实际上人脑存贮信息的速度却很慢，所以它与计算机的记忆能力不能相比。计算机可以按照信息的原输入形式完整地进行保存，并按照既定方式加以检索，它并不关心信息本身所具有的含义。比如，计算机对一个有意义的词“management”和一个无意义的词“tmnaenmaeg”具有相同的存取速度和相同的单元容量，因为这两个词都是由相同的10个英文字母组成。可是如果让懂英语的人去记忆这两个词，则很容易记住前者，很难记住后者。由此可见，人脑的记忆模式与计算机截然不同。人们习惯于把记忆分为机械式记忆和联想式记忆两类，电脑主要依赖机械式记忆，而人脑在这方面是非常落后的，为弥补因存贮速度不足所产生的记忆力的有限性，人脑主要依赖联想式记忆。这种联想会重新构建记忆中的事件，而构建记忆内容的主要依据就是信息本身的意义。随着联想过程中记忆构建的不同，记忆的内容就会有所差别。一个懂英语的人之所以能够很容易地记住“management”这个词，主要是因为这个词有意义，可以使人在这个词与其意义之间形成联想，而对于一个不懂英语的人来说，“management”和“tmnaenmaeg”一样难记。

一位心理学家曾做过这样一个实验，他要求一位国际象棋的高手和一位初学者去记忆棋盘上的两种类型的布局，第一种类型是实战的残局，第二种类型是棋子的随机摆放，结果发现两位棋手对第二种类型的布局都难以记住，而对于第一种类型的布局，国际象棋高手的记忆能力远远超出了初学者（中国象棋大师胡荣华，曾同时与十多个人下盲棋，可见其惊人的记忆力。但如果在棋盘上随机摆放棋子，让他记住两三盘一定非常困难）。这说明人脑所记住的往往是能够联想起来的整体而不是其中的各个组成单元。

第四，决策所面临的情况往往是价值冲突而非价值一致。

西蒙等人在1956年曾对23名参加专业培训的企业管理人员进行了一次心理实验，首先让他们阅读一段反映某公司经营状况的案例材料，然后请他们分析和判断该公司面临的主要问题是什么。结果发现他们所作的判断差异很大，比如，在从事营销工作的管理人员中有83%的人认为该公司的主要问题是市场营销问题，而从事非营销工作的管理人员中只有29%的人持同样的看法。西蒙从这次心理实验中发现受试者的专业经验对他们作出的判断有很大影响，这些受试者的看法大多与他们最熟悉或所从事的工作有关。

现代系统论的创始人路德维希·冯·贝塔朗菲（Ludwig Von Bertalanffy）也曾说过：

同一张桌子，在物理学家看来是电子、质子和中子的聚集；在化学家看来是物质有机成分的组合；在生物学家看来是木细胞的复合体；在艺术家看来是某种艺术风格的体现；在经济学家眼里则是一定货币价值的效用，等等。

由于人们认识事物的出发点和角度不同，所以对问题的判断会有很大的差别。

第五，决策总要受制于时间、人力、物力、财力等资源条件的限制。决策一方面要讲究合理性，同时也要讲究及时性。尽管时间因素对不同决策的制约存在程度上的差别，有着轻重缓急之分，但毫无时间限制的决策是根本不存在的。俗话说，“机不可失，时不再来”，讲的就是这个道理。时效永远是决策成功不可缺少的前提。为追求尽善尽美而不顾时间的限制，这是非常愚蠢的做法。就算你真能找到最优的方案，机会一旦失去，即便再好的方案也一文不值。决策从某种意义上讲，就是在没有时间继续进行信息搜索时所必须作出的选择。

除了时间限制以外，决策还要考虑其他资源的消耗。因此，决策不仅要在合理性与时效性之间作出权衡，而且要在合理性与经济性之间作出权衡。所谓经济性是指政策制定过程要力求以小的代价获得大的收益，至少其边际代价不能大于边际效益。比如，政府为制定某项政策需要进行实际的调查。当然，调查的规模越大，程度越深入，获取的信息就会越充分，对决策的合理性就越有帮助。但政府绝不会不计花费地去实施调查，因为政府的人力、物力和财力资源是有限的，而且它还要权衡得失，考虑政策的重要程度，然后开展力所能及且得大于失的调查行动。

基于上述认识，传统理性主义受到多方面的质疑与批判。西蒙等人认为，传统理性主义从“经济人”假设出发以逻辑推理方式所确立的规范性政策理论无法解释现实生活中政策制定过程的实际行动。现实生活中不存在纯粹的理性，传统理性模型只能被认为是一种理想的追求，而缺少实践的基础。

尽管传统理性主义在一定程度上带有“乌托邦”的色彩，我们也欢迎对它的批判，但是，过于简单和绝对的否定态度也是不可取的。其实，所谓“乌托邦”无非是指不能实现之事，而不能实现不等于没有意义，理想主义虽没有实践基础，但也绝非是无稽之谈。拿破仑有句名言：“不想当元帅的士兵不是好士兵。”仔细想想，士兵想当元帅在多数情况下不是“乌托邦”又是什么？当然，那是关于个人功利的“乌托邦”，社会管理又何尝不是如此？“取法乎上，仅得其中；取法乎中，仅得其下。”人们总是在追求尽善尽美中得到较善较美的。从这个意义上讲，理想主义并无过分的问题，正因为如此，传统理性模型的思想价值一直受到理论界的肯定。

5.2.2 有限理性模型：决策追求满意解

西蒙认为，现实生活中决策者的理性是界乎完全理性与非理性之间的有限理性，他们不是“经济人”，而是“行政人”。行政人的价值取向和目标往往是多元的，受到多方面因素的制约，经常处于变动状态且表现出冲突特征。行政人的知识和能力水平是很有限的，他们的决策行为往往会受其心理因素的制约，他们不可能也不奢望发现最优解，而只是找到满意解就知足，能满足需要就行。

西蒙在对传统理性主义总结和批判的基础上，提出了有限理性模型或称满意模型、次优决策模型。由于这一突出的理论贡献，西蒙荣获了1978年诺贝尔经济学奖。西蒙认为，由于受种种条件的限制，无论是个人决策还是群体决策，大多数都是发现和选择满意方案的过程；只有在非常例外的情况下，才是发现和选择最优方案的过程。这并不是因为决策者头脑糊涂，一个富有理性的人，如果能够同样顺利地求优的话，就不会止步于满意；如果能够得到最好，就不会停步于次好或比较好。但是现实世界复杂多变，客观条件充满局限性，人们根本无法求得最优解和准确解，所以不得不转而求其次，寻求“足够好”的解。人们并不是“不想干”，而是他们“无法干”。

1. 有限理性的行为表现

人的理性实际上是介于完全理性和非理性之间的一种有限理性，这种有限理性在决策过程中的表现是：

（1）在情报活动阶段，人的决策行为往往受到知觉选择性的支配，不同经验和背景的决策者，对决策环境的认识会有不同的解释。

（2）在设计活动阶段，人们并不试图找出所有可行性方案，而是通过力所能及的问题求解活动，寻找尽可能多的决策方案。

（3）在抉择活动阶段，决策者的选择往往与备选方案的提出顺序有关，如果A是先于B提出来的，A又是满意方案，那么就不会再花时间去考虑B，哪怕B比A更好。

2. 次优决策涉及的基本问题

（1）有限目标。决策并不能保证一开始就有十分明确的目标，而环境（自然环境和社会环境）又经常不容许我们等到目标完全明确之后再作选择。例如，我们到超市去买东西，事前并不一定非得有明确的目的，一旦遇到自己需要的东西，价格又比较合适，就会考虑是否购买。再如，政府遇到一个棘手的难题，涉及多种因素，一时难以理清头绪，但又不能无所作为，那么就需要从主要的、紧迫的、局部的、明确的问题入手，边了解情况，边探索目标。

（2）期望水平。什么样的决策才能被视为满意的或足够好的呢？这往往取决于决策者的期望水平。这个期望水平并不是固定不变的，而是随环境条件和个人体验的变化而变化。在存在许多好的备选方案的良性环境中，期望水平会提高；在比较恶劣的环境条件下，期望水平会降低。为决策目标确定一个恰如其分的期望水平，是决策成败的一个关键环节，在可能的条件下，应尽量采用量化方法将期望水平明确表达出来。然而，在多数情况下，我们则不得不求助于经验来为自己确定目标期望水平。

（3）搜索方法。搜索方法基于满意原则，它是西蒙有限理性学说的核心内容。

1）试探方法。在没有现成满意方案的情况下，一种可行的方法就是提出探索性方案，选择若干试点进行实验，看看是否能够满足期望水平，由此总结经验和教训，再设计下一步的备选方案。

2）随机方法。比如，军队被包围，而敌情又不明，这时最大的期望就是能够突围，一个可行的方法就是随机选择突围的方向；再比如，一个农民初次进城，他最大的期望就是找到一份工作安身，这时恰好一位招工的人走过来，他很可能就跟着那个人走了。

3）折中方法。当决策面临一定风险，实际情况难以搞清，而又必须提出决策方案时，对尖锐对立的意见进行折中，对相互冲突的方案进行折中，不失为一种可取的方法。

4）效益方法。决策不能不考虑效益，方案的搜索需要一定的成本投入，我们不可能为找到一束漂亮的花而跑遍全世界，这样做实在不值。决策资源的“稀缺性”决定了决策价值分析的重要性。尽管决策多涉及一些非金钱因素，做价值分析并非易事，但是，一些学者在这方面进行了有益的探索。他们认为，信息的价值不仅与决策的重要性有关，而且与决策结果的可控程度有关。时间成本的计算一要看机会成本，二要看决策过程花费的工时。总之，所谓决策效益指的是，在资源有限的条件下，选择能产生最大效益的备选方案。

无论采取何种搜索方法，人们一旦遇到满意方案便会终止搜索行为。

以上分析说明，有限理性模型对人们的实际决策行为作了比较真实的解释，为决策理论及其实践的发展开辟了一个新的方向。

理性模型：公共政策是社会价值最大化[①]

所谓理性的公共政策实际上就是指能够带来社会效益最大化的政策。社会效益的衡量涉及两项重要的指标，一是收益必须高于成本，二是选择两者差值最高的方案。当然，就社会成本的计算而言，金钱的多少绝非唯一的衡量标准。政府不能用牺牲基本社会价值的方式来换取金钱的收入，必须同时考虑社会政治、经济、文化等多种因素。理性模型经常被用来思考政府计划的适宜规模，它是评估政府支出决策的主要分析架构。

理性政策的前提条件是：(1) 了解所有的社会价值偏好及其相对权重；(2) 发现所有的备选方案；(3) 预测每项方案的所有结果；(4) 计算每项方案的成本效益比；(5) 选择最有价值的政策方案。因此，理性模型假定社会是一个整体，其价值偏好可以被了解并被赋予权重；同时，理性决策依赖于有关政策方案的充分信息、预测政策方案结果的超强能力，以及计算成本效益比的知识和技能；最后，理性决策还需要一套完备的决策系统，以有助于形成理性的程序。

然而，理性决策面临许许多多的障碍，以至于在政府决策领域理性模型很少能够派上用场。但由于理性模型提出了优化目标并分析了理性障碍，所以它仍具有重要的解释作用。

5.2.3 渐进主义：新政策是对旧政策的补充和修正

美国学者林德布罗姆在批判传统理性模型的基础上提出了渐进模型。他认为，政策制定的实际过程并不完全是一个理性过程（分析问题，明确目标，提出方案，优化选择等）而是对以往政策行为的不断补充和修正的过程。政策制定只能根据以往的经验，在现有的政策基础上实现渐进变迁。决策者要依据现有方案，通过与以往政策的比较，考虑不断变化的环境需要，对以往政策进行局部的、小范围的调适，逐渐把一项旧的政策转变成为一项新的政策。说得通俗点，就是“积小变为大变”的过程。

渐进模型可以用图 5—3 给予粗线条的说明。它表现了政策渐进与变化的动态过程。

渐进模型有以下一些特点：

(1) 渐进模型要求决策者必须保留对以往政策的承诺。政策制定要以现行政策为基础，不能另起炉灶，政策要有继承性。

(2) 渐进模型注重研究现行政策的缺陷。政策制定并不强调有所创新，但也不是无所作为，只是更关注对现行政策的修改与补充，以弥补现行政策的不足或缺陷。

(3) 渐进模型强调目标与方案之间的相互调适。政策制定不是金口玉言，一劳永逸，而是要注意反馈调节，在试探和摸索中前进。

---

① Thomas R. Dye, *Understanding Public Policy*, upper Saddle River, N. J., Prentice Hall, 2002, pp. 16-18.

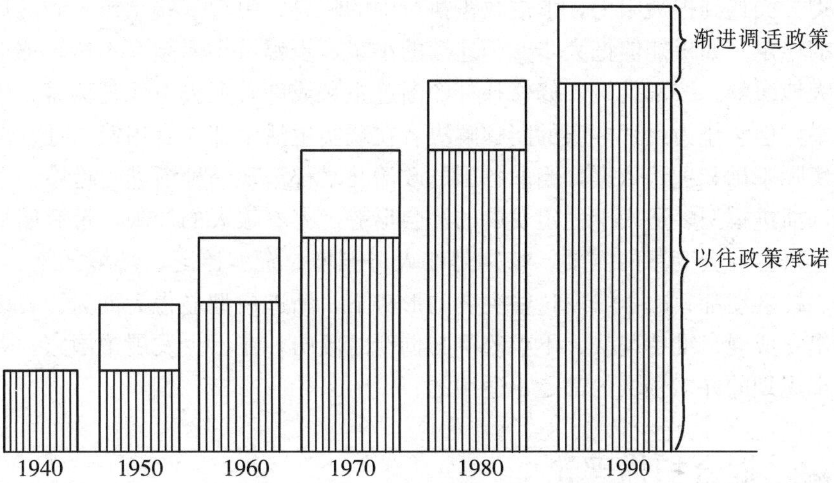

图 5—3　渐进模型

蚂蚁回窝的路径对我们的启示

让我们细心观察一下一只蚂蚁在沙滩上费力爬行的路径，它时而在斜坡上转向，以便以一个比较适当的角度更轻松地爬过陡坡；它时而在鹅卵石中转圈，试着发现通往蚁窝的路径；它时而停下来不动，以便感知下一步的爬行方向。这只蚂蚁就是这样迂回地、时停时进地甚至是反复无常地向蚁窝爬行。我们不妨把所观察到的蚂蚁回窝的路径画在一张纸上。

呈现在我们面前的是什么呢？那是一连串极不规则的多角线段。时而向左，时而向右，时而向前，时而向后。当然，这也并不完全是随机性的，因为它还有指向某一目标的隐含的方向性。这是一条什么径迹？为什么不是从起点直接指向目标呢？蚂蚁对其巢穴有着一般的感知，但它不能预见通往蚁穴的道路上会出现什么样的障碍，它必须不断地调整方向，以适应遇到的困难。蚂蚁的眼界很窄，所以总得对付撞上的每一个障碍物，在其四周寻觅道路，而对以后还有什么障碍未曾预见，感知的局限使其根本不可能作出这样的预见。要戏弄蚂蚁在原地转来转去，实在是件再容易不过的事了。蚂蚁的爬行路径是复杂的，而这种复杂性不仅源于沙滩上的障碍，而且源于蚂蚁自身认知的局限。

渐进的过程实际上就是一个不断学习和实验、不断反馈和调整的过程。从某种意义上讲，很像蚂蚁向其巢穴的爬行，一边探索一边前进。渐进模型的这一特性有利于避免因决策严重失误所产生的持久性结果。社会是一个惯性很大的系统，覆水难收，越是严重的错误越难以完全纠正。如果把步子迈得小一些，那么发现了问题就能够及时纠正。迈大步往往意味着进行重大的政策变革，这样做一方面可能会引起决策层内部的紧张和冲突，导致权力的改组和社会形势的重大变化，所冒的政治风险较大；另一方面也可能会在制度安排和公众心理方面遇到很大阻力，形成政策执行中的障碍，引起一些意想不到的后果，很不利于社会的稳定。如果能够把大步变为连续的小步，步幅虽小但频率不慢，那么上述的风险就会大大地缓解。按部就班、修修补补的渐进主义或许看上去不像是英雄，因为它缺少惊人的壮举，但它作为足智多谋的问题解决者在现实生活中却大有用武之地。渐进模型的出现有其实际基础和理论依据，当前各国的政治几乎都呈现一种渐进的趋势。

然而，渐进模型多适用于稳定发展的社会形势，有着很大的局限，带有明显的保守主义偏见，不符合社会变革的需要。特别是在人口剧增、资源匮乏、环境污染、货币骤贬、物价飞涨、社会动乱、战争爆发这些突变的形势下，渐进模型显得无能为力。因此，渐进模型这种墨守成规、维持现状、不求改革与创新的倾向，在不少发展中国家，尤其是在需要进行改革规划的许多领域内都是不适用的。

5.2.4 混合扫描理论

社会学家阿米泰·埃齐奥尼（Amitai Etzioni）认为完全理性理论和渐进主义理论都存在不足。比如，渐进主义决策大多反映了社会上最有权势的组织集团的利益，而忽视了政治上处于无组织状态的弱势群体的利益。而且像那些重大的或基础性的决策，比如说对外宣战，就不适用渐进主义。尽管这样的决策为数不多，但它们不仅非常重要并且常常要为渐进主义决定提供背景。①

在合并基础性决策和渐进性决策的基础上，埃齐奥尼提出了混合扫描的决策方法，强调一种“更好的次序，即基础性决策程序设定基本方向……渐进性决策为基础性决策做准备并在基础性决策达成以后对其加以实施”。对此，他还作出了如下阐述：

> 假设我们要利用气象卫星来建立一个全球气象观察系统的话，理性方法会利用一个先进的卫星探测镜头尽可能经常地、反复地观察整个天空，这是一项耗费巨资的气象调查，将会导致细节信息堆积如山，分析成本加大，并且很可能会超出行动的能力限度。渐进主义则集中关注那些最近发生相似情况的地区或其周围区域。当然，如果这些信息产生于意料之外的地区，那么许多值得关注的信息就会被遗漏。
>
> 混合扫描理论汲取二者的优点，运用两个卫星探测镜头：一个广角镜头全方位覆盖天空中的各个部分，但不要求细节。另外一个镜头锁住那些需要细致观察的地区。尽管混合扫描可能会漏掉某些只有运用细致观测才能发现问题的地区，但是相比渐进理论，它不会忽略在不熟悉的地区存在的明显问题。②

混合扫描理论有助于决策者在不同场合综合运用完全理性方法和渐进理论。当然，在某些情况下，用渐进理论就可以了；而在其他一些情况下，则需要一种符合完全理性要求的更彻底的方法。混合扫描理论同时也考虑到了决策者的能力大小。决策者运用权力执行

---

① Amitai Etzioni, “Mixed Scanning: A ‘Third’ Approach to Decision-Making,” *Public Administration Review*, XXVII (December, 1967), pp. 385-392.

② Amitai Etzioni, “Mixed Scanning: A ‘Third’ Approach to Decision-Making,” *Public Administration Review*, XXVII (December, 1967), p. 389.

决策的能力越大，就越能进行更多的“扫描”活动。扫描的范围越大，决策的有效性也就越强。

混合扫描方法经常为政府部门所采用。比如，经济顾问委员会分析国家经济形势，提醒决策者关注可能遇到的问题或失败的威胁；并针对经济的发展和稳定提出具体的政策建议。如此，经济顾问委员会既关注经济总体运行又关注出现的具体问题，既进行了全面扫描又聚焦于个别物体。由此可见，混合扫描理论试图将理性主义和渐进主义二者相互结合，取之所长，弃之所短。

5.2.5 精英理论：政策是精英们价值偏好的反映

精英理论近似英雄史观，它将公共政策视为把握统治权力的政治精英们的价值偏好。其主要观点是：在政策过程中，公众完全是被动的，他们的要求及其行动对公共政策不会产生决定作用。与之相反，占统治地位的政治精英们把握政策制定的主动权，公共政策完全由他们来决定，然后由行政官员及其机构加以执行。

精英理论是政府权力理论中一项重要的内容，它对政策分析领域具有很大的影响。托马斯·戴伊在《理解公共政策》一书中对精英理论的基本观点作了如下概括：

（1）社会分化成掌权的少数人和无权的多数人，少数人掌握社会价值的分配权，多数人参与不了公共政策的决定。

（2）作为统治者的少数人并非是作为被统治者的多数人的代表。精英人物主要来自经济地位较高的社会阶层。

（3）从被统治的非精英阶层进入统治的精英阶层，这个变化过程一定是缓慢且持续的，从而才能保持社会的稳定并避免革命的发生。在非精英阶层中，只有那些能够接受精英阶层共同观念的人才可能被允许进入统治精英的行列。

（4）在社会制度的基本价值观和维护这一社会制度的发展方面，精英阶层表现出看法的一致性。比如在美国，精英集团在私有财产、有限政府、个人自由等所谓的大是大非问题上观点完全一致。

（5）公共政策所反映的不是大众的要求，而是政治精英的主要价值观。公共政策的变化一定是渐进性的，而非革命性的。

（6）精英是活跃的，公众是麻木的，二者信息严重不对称。前者对后者的影响远远大于后者对前者的影响。

精英理论能给予政策分析哪些启示呢？首先，它告诉我们公共政策不反映公众的要求，而反映精英的兴趣和偏好。因此，公共政策的变革和创新只是精英们对其价值观重新定义的结果。出于维护社会制度的需要，精英阶层怀有浓重的保守主义情结，所以，公共政策的变化必然是渐进性的，而不是革命性的。尽管公共政策经常会被修改和补充，但极少会被替换和取代。渐进的变革将以现行社会制度最小牺牲和最小混乱的方式，对威胁社会系统的重大事件作出必要的反应。社会的稳定对维护社会制度发展和维护精英所处的地位起着至关重要的作用。精英们的价值观中可能含有很强烈的公众情结，“贵族行为理应高尚”的观念早已深深地融入他们的心中，公众福利可能是精英决策时需要考虑的一个非常重要的内容。精英理论并不认为公共政策一定要违背公众福利，只是说为公众谋取福利的责任由精英人物承担，而不是由公众自己去承担。

其次，精英理论认为公众是被动、麻木和信息闭塞的，公众的情感往往被操纵在精英们的股掌之中，公众对精英价值观的影响微乎其微。精英与公众的沟通在极大程度上是自上而下的。因此，普选与政党竞争并不会使公众参与统治，政策问题的决定极少会通过民众选举或政党提出政策方案的形式进行。选举制和政党制这些民主制度在很大程度上只具有象征性意义，它们作为民主的符号有助于把民众牢牢地束缚在政治制度的罗网中。公民们在选举日可以行使自己的权利，在平时也有权加入他们认同的政党，他们会以为自己能够而且已经在国家政治生活中发挥着作用，而实际上这只是一种错觉。精英理论认为，公众对精英们的决策行为充其量只会有间接的、微小的影响。

最后，精英理论认为，对支撑社会制度的基础准则，精英集团有着一致的认识。这也就是说，他们对基本的“游戏规则”具有共识，对社会制度的延续看法一致。社会的稳定和秩序的存在就依赖于精英集团的这种共识，它们反映了社会的基本价值观。政策方案只有与此相符才可能进入政策议程，得到决策层的认真考虑。当然，这并不意味着精英集团的成员之间不存在意见分歧，他们彼此也会为一些问题争得面红耳赤。从历史发展情况来看，没有一个社会的精英之间不存在竞争，冲突的产生是一种必然的情况。但是，精英理论认为，这类争论往往是围绕具体和枝节的问题，范围也比较狭小，不涉及一些根本性的问题。而且，精英之间观点一致的方面远远多于不一致的方面。所谓根本性的问题包括很多方面的内容。比如在美国，精英集团的一致性表现在立宪政府、民主程序、多数原则、言论和出版自由、组成反对党和竞选公职的自由、在社会生活中机会均等、私人财产神圣不可侵犯、个人奋斗及其回报的重要性、自由企业、资本拥有者和经济制度的合法性等方面。公众对这些民主制度的象征可能会给予一定的支持和拥护，但往往是非常形式化和表面性的，难以像精英们那样给予这种价值观以一贯性的、令人信赖的支持和信任。（见图 5—4）

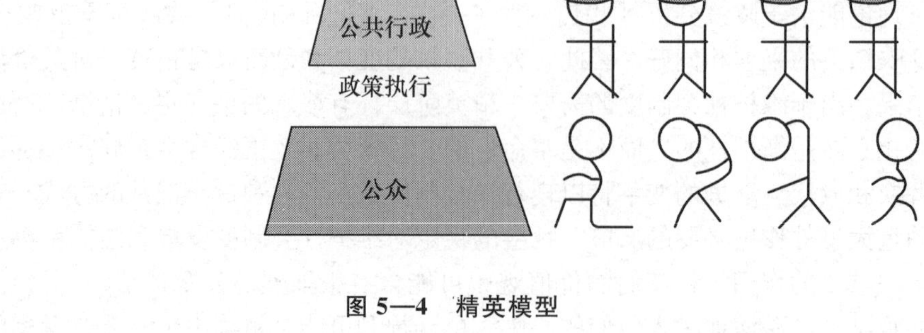

图 5—4　精英模型

精英理论“少数精英操纵一切”的断言受到了多方面的批判，被认为是难以证实的观点。多元主义理论、统合主义理论、职业化理论、专家政治论、马克思主义理论都对此提出质疑。一些学者认为，许多事包括政策制定，就是因为一小部分人太“负责”了，而大多数人无法负责，更无权负责，所以才把事情搞得一团糟。尽管精英理论引起了颇多的争议，但简单地认定其不成立也不是一种实事求是的态度。的确，大众参政议政是现代社会公共政策制定的发展趋向，也是民主制度所要追求的目标。但是，口号代替不了现实，表象总与真实存在很大的差距，如果仅以理想为标准就很难得出正确的结论。精英理论作为一种启发性方法，为政策分析提供了一条重要思路。

托马斯·戴伊认为，20世纪60年代美国一些人权政策的形成过程，非常适宜用来解释精英理论的实际应用。这些政策是这个国家的政治精英对影响少数民族环境的问题所作出的一种反应，而且并非是决策集团对大多数美国公众的情感所作的反应。精英理论最关心公共政策形成过程中领导人物所发挥的作用，所以在发展中国家特别是一些带有专制统治色彩的政治系统中，精英理论在分析和解释公共政策制定过程时，其作用可能会远远超出其他的一些政策理论。

5.2.6 制度理论：政策是组织的产物

制度理论起源于传统的政治学。因为政治活动往往是围绕一些特定的政府制度展开的，所以传统政治学一直予以政府制度极大的关注。但是，其研究焦点通常只是一些特定的政府机构，对它们的结构、职能、权利、责任、方法、程序等进行描述，并没有对政府制度的政策结果进行系统的考察，忽视了政府制度与公共政策之间的内在联系。尽管如此，传统政治学为现代制度理论和制度分析方法的形成奠定了理论和实践的基础。

制度理论认为，公共政策与政府制度之间的关系是非常紧密的，政府制度是公共政策的母体，它在公共政策的整个生命周期里都发生着决定性的影响。也就是说，不同的政府制度会导致不同的政策输出，公共政策是政府制度的产物。

政府制度赋予了公共政策三个明显的特征：首先是公共政策的合法性，只有公共政策才表现为法律的规定，要求公众与团体予以忠诚与服从，尽管人们也可以把其他一些社会组织的政策视为非常重要或具有约束力，但从法律角度来看，它们与公共政策绝不可同日而语。其次是公共政策的普遍性，其触角深入社会的各个层面和社会中的每一个人，而其他一些社会组织的政策与公共政策相比较，其目标群体是非常有限的。最后是公共政策的强制性，只有政府才有权关押其政策的反对者，它以武力为后盾，独享社会的强制权，而其他一些社会组织所能实施的惩罚是难以与政府这方面的力量相比较的。

政府制度实际上是个人和团体行为的结构性模式，我们在这里使用结构性一词主要是指这些行为模式所具有的持久性特征。这些相对固化的行为模式对公共政策内容的影响主要表现在这样三个方面：第一，它可能有利于某些政策的形成与实施，不利于另一些政策的形成与实施；第二，它可能对社会上的某些利益需求提供便利，对另一些利益需求起抑制作用；第三，它可能为某些个人和团体提供接近政府权力的便利，为另一些个人和团体设置接近政府权力的障碍。

制度研究侧重于研究政府机构中那些涉及政策过程的组织和政治行为人的行为方式。政府好比一部机器，这部机器由不同的齿轮和杠杆组成，它有固化的结构（如科层制）、有约定俗成的工作习惯（工作俗套）、有规律性的运行方式、有程序化的工作过程等。毫无疑问，机器自身内在的结构性特征对其产品有着决定性的影响。同理，具有不同制度特征的政府所输出的政策一定会有显著的差别。制度理论视公共政策为政府制度运行的结果。

理性模型断言，重大事件总有重大起因，没有无目的的行动，它视政府为一个整体，好比单独耸立的一块巨石，其所付诸的行动都是出于某些方面的原因，政策分析就是要探究这些原因。然而，理性模型所讲的目标与行动的结合，不得不面对政府机器这一不可回避的方面。以下几点需要明确：

（1）政策过程涉及政府中的许多部门，它们的行为规律存在明显的差异，集中表现于日常的工作惯例。

（2）政策过程中大的行动是无数次的和经常性的小的行动的汇集或结果，政府机构中处于不同层级的部门和个人扮演了这些小的行动的主要角色（尤其是在政策的体制内运作当中，这些小的行动对政策形成有重要的影响）。

（3）政府中的不同部门和个人为一项政策提供多样化服务，他们只是在国家目标、政治目标、组织目标这些富有概念特征的领域部分一致罢了。

现代组织理论的发展为制度分析提供了理论上的依据，制度分析的理论模型逐渐成为政策分析的主要方法，代表了当前政策分析的最新动态和研究走向。就古巴导弹危机这个典型的政策事件而言，如果政策分析人员能够明确界定苏联政府有关机构的行为模式等制度方面的特征，他们实际上就已经解释了苏联在古巴导弹危机中的反应，回答了“苏联为什么会把导弹放在古巴”这样一个十分令人头痛的政策问题。制度分析不同于理性分析，不认为某种原因必然导致某种行动，而认为具有某种制度特征的组织必然会作出某种行动的选择。

5.2.7 博弈理论：政策是竞争环境中进行的理性选择

博弈理论研究的是在特定情况下如何进行理性决策的问题。这种特定情况是指，两个或两个以上的参与者，他们彼此存在相反的利害关系，其中每个人的选择都会对他人的决定产生影响，最终的结果依赖于所有参与者的选择。在政策制定过程中也会出现类似的情况，当孤立的最优选择不存在，只能根据他人的选择作出自己最佳的决定时，博弈论就可以派上用场了。

博弈的理念源于互为因果、相互关联的选择。它的每个参加者不仅要考虑自己的需要和能力，而且还要对他人的预期行为作出判断，然后调整自己的决定。博弈这个词有游戏的含义，看似难以应用到严肃的场合，但事实恰恰相反，博弈的技巧可以用来处理重大的政策问题。博弈的参与者可以是个人，也可以是一个组织或政府，只要它们能够以明确的目标为导向实施理性的行动。

博弈理论并不描述人们实际上如何进行决策，而是解释理性的人在竞争状态下会怎样去考虑决策。的确，博弈论是一种理性的模型，只是它更多地适用于竞争环境罢了。一般而言，在竞争环境中，自己的选择往往要依赖于对手的选择。比如下围棋，你在头脑中考虑的招法是好是坏，需要依赖对手的选择。博弈理论所要告诉我们的就是在考虑了对手所有选择的基础上，作出自己最理性的选择。

博弈规则描述了适用于所有参与者的多种选择，这些选择通常用数学上的矩阵来表述。最简单的形式被称为二阶矩阵，即只有两个参与者，而且每人仅有两种选择（见图 5—5）。

		参与者甲 方案 A	参与者甲 方案 B
参与者乙	方案 A	甲：结果 乙：结果	甲：结果 乙：结果
	方案 B	甲：结果 乙：结果	甲：结果 乙：结果

图 5—5　博弈的二阶矩阵

二阶矩阵会有四种可能的结果，通常矩阵的一个小方框用来表示一种结果。当然，每种结果都依赖于双方的选择。在博弈论中，这些结果代表着不同的价值回报，往往通过赋值来加以表现。因为两个参与者对结果会有不同的评价，所以在矩阵的每个方框内都有两个值。让我们用年轻人进行公路挑战的游戏来形象地解释一下博弈论中的二人博弈：

> 有两个正值青春期的毛头小伙在公路上高速驾车且相向而行，每辆车都有一侧的车轮压在高速公路中央的分道线上，如果两个人都照直开，他们肯定要撞在一起，可谁要打轮转向，谁就会被视为懦夫，因而在这场博弈中失败。尽管两个人都不想被撞死，但谁也不愿被认为是懦夫。最终结果依赖于双方的选择，每个人都必须试着预测对方将要做什么。这种边缘性对策的情况在国际关系问题上也经常会发生。
>
> 对结果进行量化在博弈分析中是非常必要的，而数值的提供往往是分析人员的工作。如果车手甲和车手乙都选择直行的话，双方都会有惨重的结局，所以分值都是－10；如果车手甲选择直行而车手乙选择转向的话，那么车手甲就会因其勇气获得＋5分，而车手乙也会因其懦弱获得－5 分；如果车手甲选择转向而车手乙选择直行的话，结果可能正好相反；如果两个人都选择转向的话，那么就都同样表现出了一定的胆怯，尽管如此，但这种选择总要比自己转向而别人直行要强得多，所以分值都是－1（见图 5—6）。

		车手甲 直行	车手甲 转向
车手乙	直行	甲：－10 乙：－10	甲：－5 乙：＋5
	转向	甲：＋5 乙：－5	甲：－1 乙：－1

图 5—6　“公路挑战”的博弈矩阵

> 通过分析上列矩阵我们可以得出这样的结论：对两位车手来说，为了能够使造成个人最大损失（－10 分）的可能性最小化，转向是他们的理性选择。当然，上列矩阵还太过简单，现实生活可能并非如此，假设参与者对结果的赋值与上列数值具有很大差异，那么分析的结论就难以立足。比如，在“公路挑战”的博弈中，车手甲宁可

以生命作代价也不愿首先打轮而表现出自己的怯懦，因为他更看重个人的尊严和无所畏惧的勇气。至于值不值得，那只源于他个人的感觉。在别人看来，为开斗气车而献身，并非“生得伟大，死得光荣”，而只能是“生得渺小，死得可悲”。尽管竞争双方都没有自己对手价值观的完整信息，但他们都会试图对自己对手的价值观作出一些预测。而出于吓唬一下对手使其误解自己立场的目的，故意制造一些假象的情况也是在博弈环境中经常出现的。比如，在“公路挑战”的博弈中，一个可供选择的策略就是在竞赛开始之前让对手见到你“喝得醉醺醺”的样子，踉踉跄跄地走进你的车里，嘴里嘟嘟囔囔地说着“这个腐朽的世界已经让我活够了”之类的话。这种信息的传递可能会极大地影响你的对手的判断及其抉择。他可能会更高地估计你一直保持直行的可能性，并对他作出转向的选择提供了某种程度的激励，从而使你有更大的可能成为这次竞争的赢家。

在博弈论中还有一个非常关键的概念——“策略”。它所对应的是这样一种理性决策的情境，即在考虑了对手所有的可能性选择之后，设计一组行动并使之达到最优的结果。博弈论者借用了这样一个词——“最小最大化”来阐述理性策略的实质性内涵，对博弈的参与者而言，无论对手怎样做，自己的选择都将使自己最大的损失最小化或最小的收益最大化。“最小最大化”的理性策略能够有效地抑制对手的最佳选择给自己造成的伤害。它也许会被认为是一种非常保守的策略，因为它所设计的行为只是为了减少损失或确保最低限度的收益而不是为获取最大利益去冒很大的风险。但是，绝大多数的博弈论者都把“最小最大化”视为最佳的理性策略（在“公路挑战”的博弈中，理性的人一定会选择转向，因为这种选择将会把他最大的损失降至最小；当然，在这里我们为了分析的方便，简化和省略了其他一些环境因素）。

博弈论确实大大开阔了我们的眼界，为政策分析提供了一个有趣的思路，特别是在冲突情境下进行政策选择时，它所发挥的作用更为明显。就目前情况而言，博弈论在政策领域的影响正在逐渐加大。

大理论中的小故事——囚徒困境（prisoner's dilemma）

博弈论毕竟是运筹学的一个分支，谈经论道少不了数学语言，外行人可能会被一大堆公式给吓蒙。好在博弈论关心的内容常涉及日常生活，所以它既可阳春白雪，也可下里巴人。确切地说，博弈论这个词听上去有点玄妙，但其理论多是从棋弈、扑克这类竞赛和对抗的游戏中得来的。

假设两个同案犯（犯罪嫌疑人）都被抓进了监狱。为了防止串供，他们被隔离囚禁、分别审理。法官认定这两个人都犯了罪，但如果两个人都不坦白，法官没有足够的证据来定他们的重罪，只能根据一些次要证据判处每人 5 年监禁；如果两个人都坦白，他们就会受到从宽惩处，每人被判 10 年监禁；如果一个人坦白而另一个人不坦白，坦白者将将功折罪，从轻发落，处以一年监禁，不坦白的人将被处以所犯罪行的最高刑罚——20 年监禁。博弈矩阵见图 5—7：

		罪犯甲 不坦白	罪犯甲 坦白
罪犯乙	不坦白	甲：5 年 乙：5 年	甲：1 年 乙：20 年
罪犯乙	坦白	甲：20 年 乙：1 年	甲：10 年 乙：10 年

图 5—7　囚徒困境的博弈矩阵

现在的问题是，这两名罪犯被分别审讯，他们都知道以上的量刑标准，但他们又被隔离囚禁，都不知道对方将作何选择，他们应该怎样选择自己的对策？罪犯甲和罪犯乙都会考虑对方作出选择之后自己的最佳选择。对于罪犯甲而言，如果罪犯乙选择不坦白，罪犯甲的最佳选择是坦白，因为他坦白后所受的惩罚轻于不坦白所受的惩罚，即监禁 1 年轻于监禁 5 年；如果罪犯乙选择坦白，罪犯甲的最佳选择仍是坦白，因为监禁 10 年轻于监禁 20 年；这样，无论罪犯乙作出什么选择，罪犯甲都会选择坦白。同理，罪犯乙所作出的最佳选择也是坦白。那么，两人所受到的惩罚都是监禁 10 年。但实际上，如果两个人都不坦白，他们将得到一个对两个人都有利的判罚（监禁 5 年），但由于两人都害怕对方的坦白会使自己获罪 20 年，因而不愿选择不坦白。在竞争状态下，因为人是理性的，所以两个人都选择不坦白而各获罪 5 年的结果是无法达到的。这就是囚徒困境。

用博弈理论分析现实问题——行贿动机的博弈分析

在现实生活中，接受礼物和回报相应礼物的行为方式是随处可见的，它作为人际互动的一种交换形式本无可厚非，但如果这种交换是不正当的，一些本不该用以交换的东西进入了交换领域，那么事情就应另当别论了。比如，受贿者利用个人的职权把行贿者在正当的条件下本不该得到的东西或利益给予行贿者。亚里士多德早在两千多年前就曾评判过这种交换行为，他指出，几乎所有的人在观念上都希望崇高却又在行为上选择实利。因此，我们可以给出当今社会科学中的一个基本假设：人们在生活中都希望得到和扩大自己的利益，即“理性经济人”的假设。从这一点出发，我们就不难找到行贿受贿的产生机制。下面我们用一个十分简单的例子对此加以说明。

例如，A 代表市政府为某项工程招标，B 和 C 均为投标者。任何中标的一方都可以在此项工程中创造 100 万元的利润。假设：(1) B 与 C 的条件相同，这就意味着 B 和 C 都有 50%的中标可能，即期望利润为 50 万元（换句话说，双方都有 50%的机会赚到 100 万元，即 0.5×100 万元=50 万元）。(2) 如果 B 行贿 5 万元而 C 不行贿，B 中标的机会将为 100%（期望利润为 100 万元−5 万元=95 万元）。而 C 中标的机会则为 0（期望利润为 0×100万元=0 元）。(3) 同样，如果 C 行贿 5 万元而 B 不行贿，C 中标的机会将为 100%（期望利润为 95 万元）。而 B 中标的机会则为 0（期望利润为 0 元）。(4) 如果双方都行贿 5 万元，双方中标的可能则都是 50%，各自的期望利润为 45 万元（0.5×100 万元−5

万元＝45 万元）。图 5—8 可以使上述情况一目了然。图中的数字代表每一方的期望利润。

		B：行贿	B：不行贿
C	行贿	B：45 万元 C：45 万元	B：0 万元 C：95 万元
C	不行贿	B：95 万元 C：0 万元	B：50 万元 C：50 万元

图 5—8　行贿动机的博弈矩阵

在上述条件下，B 与 C 无疑都会产生强烈的行贿动机。这是因为，B 和 C 都会用以下的方式猜测对方的行动：如果我行贿而对方不行贿，那么我中标的可能将大于对方；如果我和对方都行贿，那么我中标的可能将与对方相等；如果我不行贿而对方行贿，那么对方中标的可能将大于我；如果我和对方都不行贿，那么我中标的可能将与对方的相等。在这个过程中，我们可以清楚地看到，大家（此例中的 B 和 C）都不行贿明显优于都行贿，因为行贿需要花费资金，扩大了成本投入。但是，对于独立的每一方来说（B 或 C），行贿却明显优于不行贿，因为行贿能够带来利润风险的下降。这里就出现了一个“个人最优”与“集体最优”的选择问题，在竞争性环境中集体最优是难以实现的。由此，我们从“理性经济人”的假设前提可以推导出这样的结论：尽管行贿行为在道义上会受到谴责，在法律上会受到制裁，但受利益魔杖的驱使，人人都可能产生行贿的动机。由于在社会的人际互动过程中，有时难以对正当的交换关系与不正当的交换关系作出明确的区分，更何况这种交换行为往往是“天知地知，你知我知”，是发生在两个人之间的事情，而且很难指望由受贿者去揭发行贿者，这样就使得行贿行为被发现和被制裁的可能性大打折扣，法律的威慑力受到极大限制，从而使相关条件进一步简化。由此不难理解为什么行贿行为成为一种极为普遍的社会现象。尽管大家都会谴责这样的行为，但如果有这种需要的话，人人都有产生这种动机并付诸行动的可能。

5.2.8　团体理论：政策是团体利益的平衡

政策分析的团体理论源于政治学对组织问题的思考。认为所有政治现象都可以归结为团体现象。团体是个体的集合，是有着共同利益需要或理想追求的一些个人正式或非正式的联合形式。不同的团体有着不同的要求，来自不同团体的不同要求都聚敛于政府，从而对其形成不同程度的压力。

“利益团体是指社会中有着共同观点和看法并有权力对其他团体提出要求的社会团体。当这个团体通过政府机构或向政府机构提出其要求时，它就从社会性利益团体变成政治性利益团体。”社会中的个人只有在成为团体成员并为团体利益进行活动时才能够在政治生活中发挥其作用。在政府与个人之间，团体成为不可或缺的纽带。团体之间的互动是政治生活的核心，政治实际上就是各团体为影响公共政策所进行的相互斗争。政治体系最根本的使命就是通过以下途径调和团体之间的冲突：

（1）建立团体斗争的游戏规则并充任裁判（规则）。

（2）平衡各方利益，力求彼此妥协（目标）。

（3）以公共政策的形式出台折中办法（手段）。

（4）通过各种形式和措施推动公共政策的实施（执行）。

团体理论认为，公共政策实际上是团体斗争中相互妥协的结果，是不同利益集团之间的一种平衡的产物。制约这种平衡的力量来自不同利益团体的相互影响。毫无疑问，公共政策往往更偏向影响力较大的利益团体，公共政策的相对稳定依赖于团体斗争均衡状态的持续。一旦这种状态被破坏，公共政策就会起变化，待到新的平衡形成，新的政策随之出现。任何利益团体政治影响力的减弱或增强都会延伸到政策的制定领域，从而导致公共政策不同程度的变化。其变化的方向无疑更靠近力量增强的团体的要求，远离力量减弱的团体的要求，从而在新的基础上达到平衡（见图 5—9）。

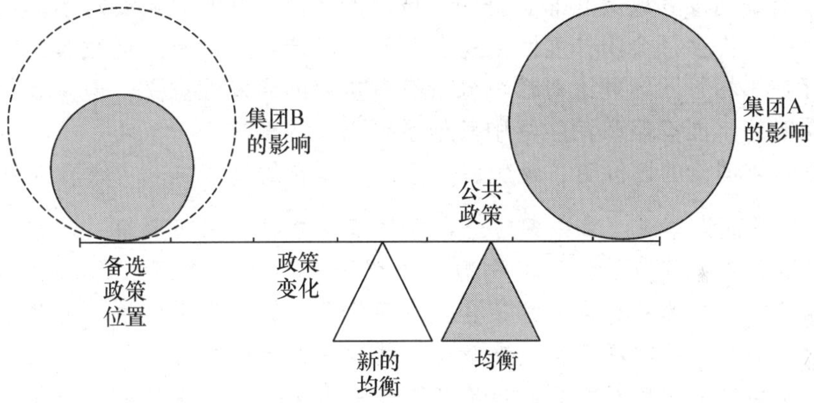

图 5—9 团体理论模型

团体对公共政策的影响力由其成员的数量、财力的状况、团体的实力、领导者的能力、团体的凝聚力以及与政府决策层的关系等因素来决定。

团体理论试图以团体斗争的分析框架解释所有重要的政治活动。公共政策只是利益团体斗争结果的合法化表现形式，政策制定者的任务就是对团体的压力不断地作出反应，即通过讨价还价、相互妥协、折中调解等形式寻求利益群体间冲突性要求的平衡。政治家的作用实际上主要体现在团体联盟的建立方面，他们总是在试图联系更多的团体以形成多数的力量。

团体理论认为，政治体系本身实质上是所有社会团体的互动体系，这种体系的平衡依赖于几种重要社会力量的支撑。

首先，社会上存在着非常庞大的、极为普遍的、潜在的社会团体，它拥护和支持国家的宪法体系和维护社会稳定的运行机制。这种团体并不总是显现的，可一旦有任何团体破坏“游戏规则”，威胁团体间的平衡，这种潜在的力量就会被激活。它会奋起反击，从而对破坏势力形成巨大的压力。

其次，团体间成员资格的相互重叠会使任何孤立的团体难以偏离社会的基础价值观，从而对平衡的维系发挥了至关重要的作用。正因为社会中有许多人既是这个团体的成员又是那个团体的成员，所以一个团体在提出自己的利益要求时就必须考虑避免对这些人的利益造成伤害。这样一来，团体间的矛盾与冲突就会在一定程度上得到缓解。

最后，团体之间的竞争能够使任何单个团体的势力得到有效的控制，并使所有团体能够在相对基础上做到势均力敌，相互制约，以维护社会的稳定和体系的平衡。团体理论认为，在一个社会中应避免任何单个团体在人数上形成压倒性的优势，这主要是出于利益平衡的考虑。每个团体的力量都会受到其他竞争团体的制约，其结果不仅有利于保护团体的利益而且有利于保护个人的权利。

当然，团体理论也不是没有其缺陷。它在把注意力集中于政策制定过程中那些重要的能动因素的同时，似乎过分夸大了团体在社会政治生活中所发挥的作用，而低估了政策制定者（政府官员）在政策制定过程中所具有的独立的且富有创造性的作用。事实上，政府部门及其成员并非总是处于被动的地位，并非只需要对不同团体的利益需求作出反应。许多社会团体实际上是公共政策的产物，没有公共政策的出台，它们就不可能存在。尽管团体理论对政策分析有着重要的启发性意义，但是我们在解释公共政策问题时绝不能忽略政治生活中其他重要因素的影响。

在结束团体理论的评价时，还想讲一个发人深省的寓言——《羚羊与狮子》。

> 在非洲的大草原上有一条河流，它将草原分成了东西两块。河东住着一群狮子，河西住着一群羚羊。河东的狮子很强壮，不久就将河东的猎物吃得所剩无几，这使得河东的草长得非常茂盛。河西的羚羊繁殖得也很快，群体一天天壮大起来，它们把河西的草几乎吃得精光。共同的饥饿感常常使得双方来到河边相互对望，东面的狮子望着西面的羚羊禁不住流出了口水，希望有机会能够冲过去饱餐一顿；西面的羚羊望着东面的水草羡慕得不得了，希望有一天也能冲过河去满足愿望。然而，那湍湍的河水使它们都感到无可奈何。于是，双方不约而同地产生了共同的期盼：盼望河水早日干涸。难以抑制的饥饿感使它们常常走到河边共同进行祈祷，祈求天神施恩将河水抽干。同样的行动和期盼使它们渐渐变得亲近起来，在不断的隔河交往中，通过友好的对话，它们成为了“同一战壕里的战友”，为“共同的目标”竭尽全力地祷告。他们不懈的努力终于感动了上苍，有一天这条河真的干了。羚羊和狮子都很高兴，他们终于实现了“共同的愿望”。然而，正当羚羊准备和狮子一起庆祝这件特大喜事时，饥饿的狮子早已迫不及待地踏着泥泞冲了过来，瞬间已将羚羊大量捕杀。

不要以为有着共同的愿望就一定是志同道合的朋友，不要以为有着同样的举动就证明在致力于共同的事业。形式目标（或称初级目标或手段性目标）与实质目标有着本质性的差异。同样的形式目标不一定代表共同的利益或需要，可能导致多种不同的实质目标，这里存在一个价值判断和事实判断的问题。正因为如此，我们在现实生活中不难发现政治联盟中常会有羚羊与狮子的悲剧发生。

5.2.9　系统理论：政策是政治系统的输出

政策分析的系统理论源于分析政治系统的方法研究，它把公共政策视为政治系统对外界环境压力所作出的反应（见图 5—10）。所谓环境是指政治系统的外部条件与状况；所谓压力是指环境作用于政治系统的要求与支持；所谓政治系统是指对社会价值分配具有权威作用的相关机构和运行过程。政治学家戴维·伊斯顿对外部环境、政治系统和公共政策三者的关系作了较为详尽的描述。①

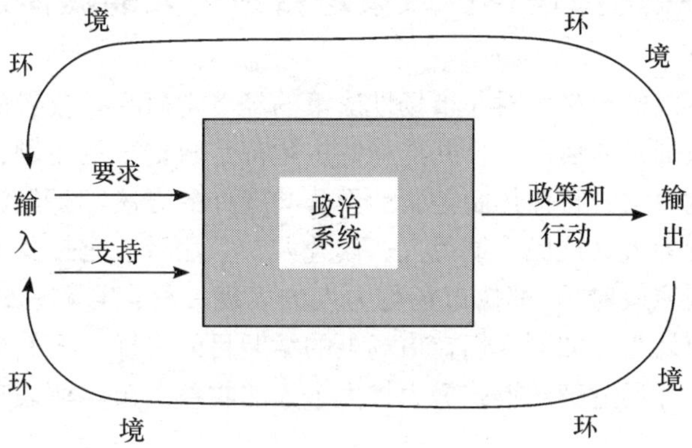

图 5—10　系统理论模型

系统理论认为，公共政策的输出是政治系统与其外部环境互动的结果。要求与支持的输入是社会团体与个人试图影响公共政策的表现。当公众发现社会环境中存在的问题并感到需要对此做点什么的时候，要求就会出现。当公众接受选举结果、遵守国家法律、依法缴纳税收，服从政府决定时，支持就会形成。政治系统为了自身的生存与发展必然会对环境的压力作出反应，而源于公众的要求常常是复杂多变和相互冲突的，为了把这些要求转变为公共政策，政治系统就需要作出制度上的安排并通过有关机构和活动强化这种安排。政策输出可能会起到缓解环境影响、弱化公众要求和影响政治系统内在特征的作用。政治系统与其外部环境之间的互动是一个反复循环的过程，政策输出会引起公众要求的变化，而新要求的不断提出会使新的政策不断出台。政治系统可以通过下列途径保护自身利益、维持系统生存：

（1）政策输出满足环境需求、符合公众利益。

（2）加强系统自身建设，完善内部机制。

（3）以武力为威慑或直接使用武力。

系统理论对政策分析的启发性作用表现为下列六个问题的提出：

（1）什么样的环境条件促成其对政治系统的压力？

（2）什么样的系统特征能使政治系统得以将要求转化为政策并维持系统的长久生存？

（3）环境的压力怎样影响政治系统的特征？

① 参见［美］戴维·伊斯顿：《政治系统的分析方法》，载《世界政治》，1957（4）。

（4）政治系统的特征怎样影响公共政策的内容？

（5）环境的压力怎样影响公共政策的内容？

（6）公共政策怎样通过反馈作用于环境并影响政治系统的特征？

系统理论对现实的政治生活进行了高度的概括，从宏观角度对政策过程进行了分析，它在政策分析领域无疑具有十分重要的理论指导意义。但是，系统理论对政治系统这一“黑箱”缺少针对性的分析，没有能够很好地解释政策决定的具体形成过程，因而使它在政策实践中的应用受到很大的限制。

5.2.10 公共选择理论：政策是自利个人的集体选择

公共选择理论可以被定义为对非市场性决策的经济学研究，或者简单解释为经济学分析方法在政治学领域的具体运用。公共选择的主题都是政治学的主题：国家理论、选举规则、选民行为、政党政治、官僚体制等。然而公共选择的方法却是经济学的分析方法。该理论假定所有政治行为人（选民、纳税人、候选人、立法者、官僚集团、利益团体、政治党派、官僚体制与国家政府），都像市场行为人的表现一样：自利、理性、并追求政治利益的最大化。布坎南认为，如同人们在市场上的结盟目的一样，人们出于共同的利益需要在政治上走到一起，并通过契约形式努力扩大个人的收益。市场所表现的贸易形式，通常都是这样进行的。

显然，政府本身就来自个人间的社会契约。人们出于共同的利益（保障个人安全、财产及自由的权利）而形成契约，服从法律法规，受制于国家政府。公共选择理论承认政府具有某些市场难以发挥的重要作用，即政府应该且能够克服或矫正因市场失灵引发的问题。首先，政府必须提供公共物品（public goods）——如果提供给任何一个人，那么也必须提供给所有人的物品或服务。由于对单一购买者而言，该物品或服务的成本要远远高于其价值，且单一购买者无法禁止他人（非购买者）利用，因此造成市场无法提供公共物品。国防是最典型的例子。捍卫国家主权，抵御外国侵略，对任何单一的个人而言，代价过于高昂，且一旦提供这种服务，就无法排除其他人从中获得益处。所以人们必须通过政府的集团行动，以提供国家防卫。其次，外部性（externalities）也被视为市场失灵的另一种表现，从而提供了政府介入的合理性。当个人或企业加诸他人不受补偿的成本时，就随之产生了这种外部性。空气和水的污染是最典型的例子。空气和水的污染不需付费而加诸他人无谓的成本是仅凭市场解决不了的问题，政府应作出必要的反应，对制造外部性的行为施以管制，即制定相应政策并对违规行为课以惩处（罚款是最常用的手段），用以补偿其对社会造成的成本代价。

公共选择理论有助于解释政党及其候选人为何在竞选活动中，一般都未能提出非常明确的政策替代方案。该理论认为，政党及其候选人对原则性问题的讨论并无实质兴趣，而是只对在竞选中获胜情有独钟。他们表述自己的政策立场有时完全是一场政治表演，不是为了形成某项政策，而是为了赢得这场选举。因此，任何政党及其候选人总是力图寻找那些最能吸引多数选民的政策立场。在围绕任何一个政策问题所形成的单峰态度倾向性图形中，政党及其候选人都将努力向中间部分靠拢，以最大限度地获取选民的支持。当然，对那些“意识形态倡导者”而言，理性并非决定性因素，他们可能会对选票极大化的中间路线策略不屑一顾。

但是，公共选择理论对过于简单的中间选民模型也有批评。它认为，政治家和政府官僚的利益需要与选民的利益需要有很大不同，前者是要赢得选举胜利、获得尽可能多的竞选资金、扩大机关预算、获取更多职权与社会声望，扩大政府部门的权力。国家宪法对于政府决策的制约，并不一定能够保证政治家与政府官僚的利益会与中间选民的利益保持一致。即使真有毫不利己、专门利人的政府官员想尝试执行中间选民（多数选民）所偏好的事项，那他也会感到要实现自己的愿望非常困难，因为会面临许许多多的障碍。政府官员不可能得到源源不断的信息，来评价不断变动的消费者——纳税人的偏好。政治领域不同于消费市场，选民不会从事不间断的投票。当政治家发现选民真正的利益需要时，可能为时已晚，而此时选举胜负已判。即使选举过后，当选官员也只能是臆测自己所为到底正确与否。投票的结果往往并不能够提供与政策相关的有效信息。

在欠缺有关公民偏好的有效信息的情况下，如果社会监督机制不完善，那么就将使政治家和政府官僚扩大其权力的“天性”暴露无遗。他们将会极力扩大政府支出计划的重要性，而尽量低估其成本。各种“财政假象”（隐瞒的税收、减薪与赤字融资）将进一步助长公民低估政府的成本。这些“政治失灵”也将助长政府过度供给公共物品和服务，并对公民征收过多税赋。

公共选择理论还有助于人们理解利益团体及其对公共政策的影响。大部分的政府计划都与提供公共物品有关，而纯粹的公共物品毕竟是少数，更多的则是“准公共物品”，即那些有利于社会中某些团体的物品或服务。一个理性的人若设法寻求特定利益，如补贴、特权或某种保障，就会联合那些有共同需要的人，自行组织起来，通过各种活动向政府部门施压。这些特定利益的成本可分散至所有纳税人的身上，而这些人中并没有谁愿意承担时间、金钱或精力的损耗且通过组织形式来反对上述花费。这种利益集中于少数人而成本分散于多数人的现象，导致社会上少数一些具有同质性利益的、高度组织化的利益团体的形成。他们寻求政府活动的进一步扩大，但却以牺牲多数非组织化的民众纳税人的利益为代价。若干时间以后，那些寻求利益集中于自身、成本分散给他人的特殊利益团体，其频繁的活动将导致政府干预范围的进一步扩大，从而形成过度的控制、计划与活动。实际上，利益团体对社会所产生的累积效应是“组织硬化症”，即社会充满着为组织化利益团体而设的补助、津贴、保护与其他特权，却不鼓励工作、生产、投资、回报的市场经济模式。

为了吸引成员的参与和社会的赞助，利益团体经常编造并宣扬他们的目标，其领导者可能会危言耸听，强调如若忽略其团体的需求将会给社会带来很大的危害。即使政府满足了他们的原始需求，利益团体仍要持续运作，那么自然会制造出新的需求，或提出新的警示。总之，利益团体像他的政治行为人一样，在政治市场中无时不在设法追逐自我利益。

5.3　政策分析的相关理论

5.3.1　小组意识模型：源自凝聚力的群体狂想症

美国学者詹尼斯（Janis）1992年出版了《小组意识》一书，提出了一种关于群体不良决策的理论模型。詹尼斯在分析了大量美国政府决策层所作的政治和军事决策后发现，由于参与决策的群体成员自觉不自觉地把保持群体一致和创造和谐气氛作为目的，所以往往不能理智地分析各种备选方案，遂造成决策的失误。詹尼斯认为，在决策小组中存在着一种寻求一致的行为模式，这种现象在面对面进行问题讨论的时候表现得更为明显。小组成员趋向于怎样更好地达成一致，注意力完全集中在这方面了，从而忽略了如何去寻求更好的解决问题的办法。詹尼斯称这种行为趋向为心理传染病，或叫“群体狂想症”。

从个人角度看，一个人不可能不犯错误。犯错误是正常的，不犯错误才是不正常的。一个人不仅观察问题的角度和信息处理能力是极为有限的，而且从心理因素来看，自满、失望、恐惧、愤怒等情绪波动都会导致决策的盲目性。这是因为人在情绪不稳定的时候最容易做些不可思议的蠢事。所以，现代决策往往都依赖于小组的决定，发挥集体的智慧和力量。在小组中大家可以沟通情况、交换看法、分享知识、互补经验。然而，小组的决定有时却比个人的决定还差劲许多。尼采曾说：“疯狂对个人而言只是一种例外，但对有些小组来讲，却成为一种规律。”当危机到来的时候，恐慌的情绪会相互感染，使人失去冷静，难以理智；在俱乐部式的轻松场合，闲散的气氛有着很大的感染力，往往使一些重大的问题被一笑置之，难以引起足够的重视。

有这样一个例子，在美国的一个矿山小镇，出现了一些塌方的细微迹象。矿山工程师认为情况很危险，希望市民能尽快撤离。但市民委员会在俱乐部里举行的讨论中，大家谈笑风生，认为没有必要大惊小怪，过去也有过一些迹象，但多少年相安无事，工程师的警告不过是小题大做。没想到后来果然发生了大范围塌方，造成了惨重的人员伤亡和财产损失。

许多人认为，群体的决策之所以有时不能优于个人的决策，主要的原因还是在于群体首脑总想使其他成员成为自己的橡皮图章。如果他指鹿为马，大家也会点头称是，趋炎附势。安徒生的童话《皇帝的新衣》是一个最好的例证。但更多的时候，情况却并非如此，主要领导并不想这样去做，群体成员也没有必要去虚伪奉承。他们都觉得自己可以直言，但在潜意识里又总会存在着一种微妙的压力，因此大家都在努力去寻求一致。按照社会心理学的观点，寻求一致是一种人所共有的、极为普遍的行为心态。在凝聚力很强的群体里表现得更为突出。我们习惯上认为，一致总是好的、正确的，没想到它有些时候会是不好的、错误的。生活中不难发现“空前团结”的会议、“一致通过”的事项、“全体举手”的表决曾导致过许许多多的失误。群体凝聚力强是好事还是坏事，应该作辩证的分析。凡事总有个度，往往是“过犹不及”。从社会心理的大量观察实验中可以发现，在一个凝聚力很强的群体里，批评性意见难有存在的土壤。群体中的一个成员如持异议，就会受到其他成员的规劝，当规劝无效时就会遭到孤立、嘲笑或排斥，甚至敌视。

小组意识表现出这样一些特征：

(1) 一致性思维。表现为从众风气甚浓，大家总是心往一处想，这在平时可能是好事，但在决策的时候可能就是坏事了。

(2) 有倾向性地选择信息。表现为思考角度的单一和观点看法的片面。

(3) 极端化的盲目情绪。表现为盲目乐观或悲观失望，要么对成功作出过高的估计，要么在困难面前丧失自信。容易走极端。

(4) 对群体的过分自信。盲目相信群体的力量，忽视外界因素的影响，加强了群体的封闭性。

(5) 很强的群体凝聚力。表现为良好的人际关系和强大的向心力。

(6) 群体成员的共同性。表现为信息掌握、思考方法、价值观念、利益范围的一致。同样的家庭背景，同样的成长经历，毕业于同样的学校，学习了同样的专业，从事过同样的工作等。

詹尼斯认为，小组意识所表现出的这些特征对决策会构成极大的障碍，并可能导致重大的执行灾难。但这种“群体狂想症”并不是没有办法克服的，在对众多案例进行分析和研究的基础上，詹尼斯提出了一些预防措施。

(1) 决策小组的领导应鼓励成员尽可能多地提出怀疑和反对意见，在小组讨论中为意见的交锋创造良好的气氛。

(2) 领导不要一开始就说明自己倾向于哪个方案，避免由于自己的主观好恶对成员造成心理影响。

(3) 按照行政管理的要求，建立一些独立的政策计划和政策评估小组，为同一项政策服务，增强小组的开放性。

(4) 可以把决策小组再分成若干小组，由不同的人主持小组的讨论，然后再把意见汇总，可能结果会有很大变化。

(5) 决策小组的成员可以和信得过的组外人士交换意见，然后把他们的意见带到组内，避免“当局者迷”的弊端，发挥“旁观者清”的优势。

(6) 一些专家和有关方面人士可以被邀请到会，并鼓励他们向核心成员的意见提出挑战，加强决策小组的开放性。专家往往没有官场里普遍存在的权威意识。

(7) 领导者在每次会议上应暗中委派一个“魔鬼”角色。这个人的任务就是故意与大家的意见相左，成心进行挑刺，有时甚至是“鸡蛋里挑骨头”，这样做的目的就是为了破除追求一致所带来的消极结果，克服群体压力所引起的从众效应。

(8) 如果政策涉及一个敌对国家或组织，就要警惕情绪化的过激行为，用足够的时间调查和分析敌对势力的迹象和意图。可采用“角色扮演”的方法，从对方的立场和观点去分析和思考问题，做到“知己知彼”，当处于敌对状态时，人是最容易情绪化的。

(9) 不要轻易满足简单的“一致”，在成员形成完全一致后，应该再开一次会，专门提出疑问，并加以认真的研究。

小组意识模型图参见图 5—11。

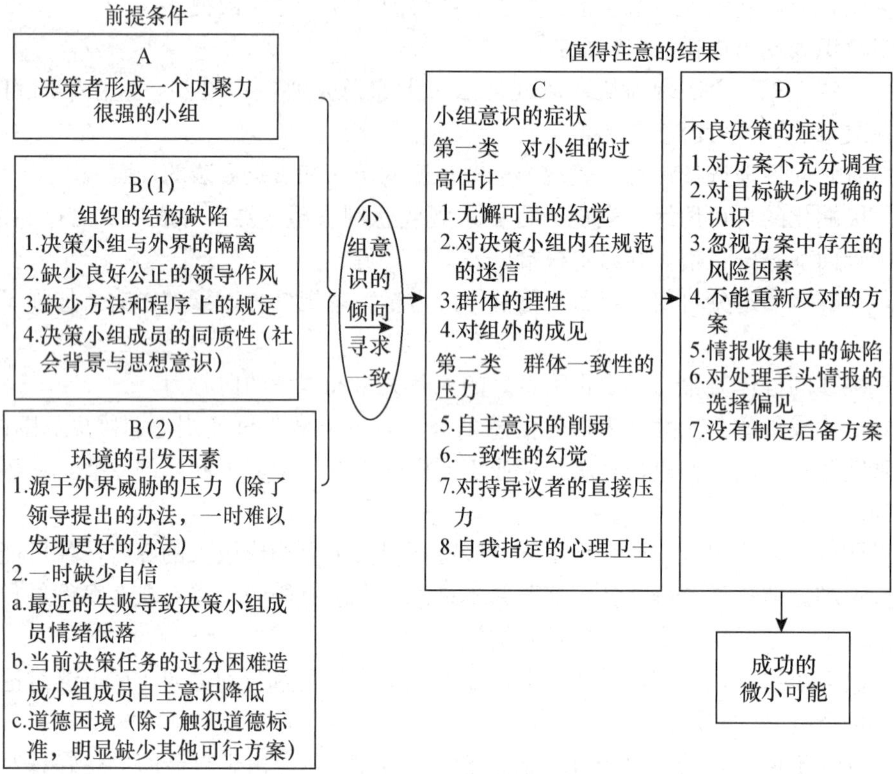

图 5—11　小组意识模型

5.3.2　过程模型

过程模型试图通过对政策过程阶段性的描述，对公共政策进行程式化的分析。过程模型一直被视为理解和研究公共政策的基础框架，阶段性分析方法在政策过程分析中居于主导地位。

当然，对此也有一些质疑。一些持批判态度的人认为，这种阶段模型或教科书式的分析方法只是人为地创造了一种政策制定观。他们强调，在真实的世界里，事物复杂多样，不可能由这种整齐有序的步骤、相互衔接的阶段和不断循环的周期组成。现实中的政策过程并不像传输机上的皮带，把政策问题、政策议程放在皮带的一端，政策执行和政策评估就会出现在皮带的另一端。

的确，把公共政策分解为如此简化的阶段在方法论上确实存在一定的漏洞。政策的实际过程，不一定会与假设过程吻合，或繁或简会依具体政策内容和环境变化而有所不同，甚至逻辑程序也会发生很大的改变。尽管如此，根据过程模型分析政策仍是目前需要坚持的方法。公共政策的过程模型实际上是把政策过程视为一种政治行为的生命过程来加以描述。它有助于对政策生命过程中各种政治行为的把握，为政策分析提供一个科学的分析框架（见图 5—12）。

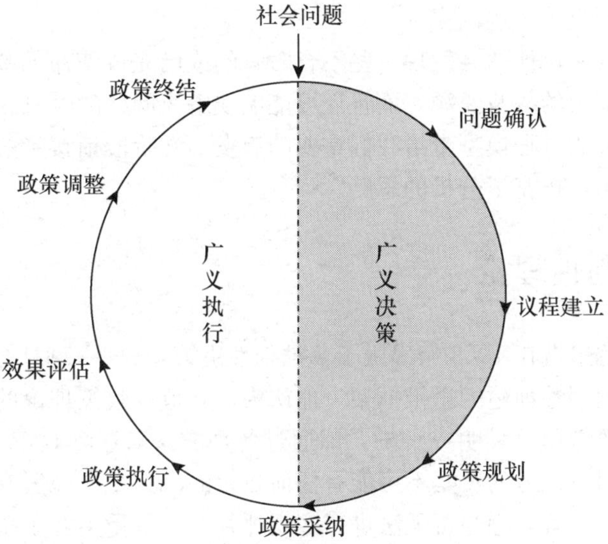

图 5—12 政策过程模型

公共政策过程大致包括如下几个环节：

（1）社会问题。社会问题（social problem）是指社会关系失调，影响大部分人的生活，破坏社会正常秩序，妨碍社会协调发展的一些社会现象。它不仅是一种客观存在，而且是一种主观认定，是被人感知和察觉到的状况，是社会实际状态与社会期望之间的差距。

（2）问题确认。问题确认是指发现问题内涵和界限，确定问题特征和性质、把握问题深度和广度、分析问题严重性和关联性，寻找进入政府政策议程的途径，寻求问题解决方法的过程。

（3）议程建立。政策没有能力解决所有的社会问题。社会问题只有在进入政策视野和政府议程的情况下，才会转化成为政策问题。建立政策议程是政府部门一项经常性的工作，是解决社会问题非常关键的环节。

（4）政策规划。政策规划是指策划、设计、评估和选择政策方案的过程。其主要类型有单一和多元两种形式，前者主要指体制内运作，后者主要指体制外运作。

（5）政策采纳。政策采纳是指在政策制定系统中，决策者根据一定标准、方法、程序和规则决定采取何种政策方案的抉择行动。决策不仅是政策采纳最为关键的环节，同时也是政策采纳最为典型的特征。政策采纳实际上是一种政治行为，通过采纳过程，政策就具有了合法性特征，带有公共权威的影响力。

（6）政策执行。政策执行是指政策方案的实施过程，特点是从纸上谈兵到实际用兵。有很多事往往说起来容易，做起来难，执行不是一件容易的事。执行涉及目标分解、资源配置、机构建立、人员组合、制度安排、技术利用等多项工作。

（7）效果评估。预期和现实总会有差距。由于主观的认知局限和客观的复杂多变，不会总是事遂人愿，经常会事与愿违，通过政策评估，可以分析政策的价值，把握政策的方向。

（8）政策调整。通过信息反馈和效果评估，会发现一些政策制定的漏洞和执行中新出现的问题，需要对政策内容作出必要的调整。应该说，政策不可一锤定音，更不能一劳永逸，政策只有不断调整才可逐渐完善。

（9）政策终结。通过评估会发现一些不合时宜的或已完成使命的政策，如果不能及时终结，不仅会浪费宝贵的政策资源，而且还可能贻误解决问题的时机。

总之，公共政策的过程模型带给我们重要的启发，在阶段衔接和过程循环当中，政策分析产生了多个视角，拓宽了分析的思路。

5.3.3 批判性理论

政策学家科林德里奇在1982年出版了《批判性决策 —— 一种社会选择的新理论》一书，提出并解释了批判性理论的思维框架。他认为，规范性政策理论的研究焦点历来集中于讨论如何对一项政策作出辨明或辩护，即通过各种方法对这项政策的正确性加以证实。而实际上这样的辨明是徒劳的，是不可能有任何效果的。其主要原因有以下两点：一是价值选择难以确定标准，其正确与否无法进行客观评判；二是受主客观条件的制约，不可能全面且准确地掌握有关的决策信息，因而人们既无法穷尽所有的备选方案，也不可能预测每种方案全部的可能性结果。

因此，辨明性理论有着极其有限的适用场合，即价值标准是既定的且得到公认，备选方案极为有限且执行结果不难预料。但对于绝大多数的决策活动而言，这种理论是没有用武之地的。科林德里奇在否定规范性政策理论的同时提出了他的证伪主义框架。他在借鉴卡尔·波普哲学观点的基础上提出了这一理论模型。

波普的哲学观点既反对辨明主义或证实主义，也反对非理性主义或怀疑论。辨明主义亦称绝对无误论，它认为科学知识所提供的内容是确实可靠的，是经得起证明的。而波普不这样看，他视无误论者的认识为天真的幻想，他认为任何科学的主张都不是无可挑剔的，都不是容易证实的。而怀疑论者对一切都持怀疑态度，从绝对意义上否定科学知识的可靠性，认为没有任何理由和证据可以证明某种科学主张比其他的主张更好。波普对怀疑论更是不屑一顾，他认为人们已经发现了把合理的科学主张同各种形式的迷信加以区别的有效途径，这就是可证伪性。他指出，科学的发展表现为知识的增长，而知识增长的过程就是理论不断扬弃的过程，旧的理论不断受到责难和批判，人们找出它的不足，发现它的错误，在此基础上才会有更好的理论产生。因此，波普的观点被称为证伪主义和批判主义，或称可误论。

科林德里奇受波普哲学观点的启发，认为政策制定的过程也像科学探索一样，虽然无法证实某项政策方案绝对正确，但这并不等于说我们就无法证实它比另一项政策方案更好，一般而言，越经得起批判的政策就越好，越经不起批判的政策就越差。因此，在政策制定的过程中，正确的途径不是去寻找那些可以被完全证实且正确无误的政策方案，而是去寻找那些错误和缺陷尽可能少且可以很快克服与改进并无须花费过多代价的政策方案。

科林德里奇的批判性理论对政策分析的主导性理论提出了挑战，其反向思维的认识方法具有鲜明的特征。尽管这种批判性观点也同样受到来自各方面的批判，但是它对政策分析的启发性作用是不容忽视的。

科学的原则

- 与现有科学理论体系的相容性：批判与发展，修正与补充，不是全盘否定。
- 理论自身的相洽性：和谐一致，互为支持，不能自相矛盾，形成悖论。
- 理论体现可证伪性：科学理论必须能够被证伪。
- 实验的可重复性：实验结果必须能够在相同条件下重复进行。
- 理论是可以被修正的：没有“放之四海而皆准”的永恒正确的学说，除非迷信和宗教。

5.3.4　实验性理论

1975年，美国著名的思想库——布鲁金斯学会组织了一次有关政策实验方面的研讨会。与会的专家、学者在其后发表了一系列论文，内容涉及教育、税收、工资等方面的政策实验。他们普遍认为，由于政府决策笼罩着高度的不确定性，所以在政策正式出台之前应进行慎重的社会实验或搞小范围的试点，以减少决策中的无知和避免执行中的缺陷，并预防一些意想不到的结果。

政策实验主义论者认为，政府的政策制定实际上往往是在对预期结果没有充分把握下进行的。考察一下那些曾被政府采纳并颁布实施的政策，人们就不难发现，如果能在事前对结果作出正确估计的话，这些政策无疑会在出台之前就已经被否决；再考察一下那些曾在事前就已经被否决了的备选方案，如果能在事前对后果有更好的了解的话，这些方案倒是很可能被采纳。公共政策的制定不是一场游戏，政府不可拿全民做实验，拿公众开玩笑，这样做的社会代价实在太大，谁都难以承受。因此，进行可控制的实验或小范围的试点不仅是合理的也是必要的。

一些学者对政策实验主义论提出了批判，他们的观点主要表现在这样几个方面：

（1）不可能对所有重大的决策都进行实验或试点，比如外交领域的决策就不具备实验和试点的条件；再如危机状态下的决策，决策者面临着巨大的时间压力。

（2）对谁进行实验？目标群体怎样选择？他们是否具有代表性？回答这些问题是困难的。被实验者将体验强制性条件和操作性说明，特别是在控制因素的人为调整过程中，这种体验将表现得更为明显，这无疑有悖于民主政治的价值原则。

（3）尽管有时在理论上讲得通，但从实际情况来看，难以对政策问题进行可控制的社会实验。模拟的现实替代不了真正的现实，局部的现象常常是整体的假象。

（4）进行盲试（在被试不知情的条件下进行试点）的困难极大，很难避免人为因素的干扰，如霍桑效应（当一个人意识到自己正在被别人研究时，很可能会改变自己的行为，即该那样做而没那样做）。

5.3.5　取舍理论

取舍理论源于经济学对资源有限性的解释。曼昆（N. Gregory Mankiw）在《经济学原理（第五版）》中写道：

> 考虑一下一个学生必须决定如何配置他最宝贵的资源——时间。他可以把所有的时间用于学习经济学；也可以把所有的时间用于学习心理学；还可以把时间分配在这两个学科上。如果他把一个小时用于学习一门课，他就必须放弃本来可以学习另一门课的一小时。而且，对于他用于学习一门课的每一个小时，他都要放弃本来可以用于睡眠、骑车、看电视或打工赚零花钱的相应时间。
>
> 再考虑一下家长决定如何使用家庭收入的问题。他们可以购买食物、衣物、或全家度假。当然，他们也可以为退休或孩子的大学教育储蓄一部分收入。当他们选择把额外的1块钱用于上述用途中的一种时，他们在某种其他用途上就要少花1块钱。①

当人们组成社会时，他们面临各种不同的权衡取舍。典型的是在“大炮与黄油”之间的选择。他们如果把更多的钱用于国防，以保卫自己的国家免受外敌入侵时，他们能用于提高国内生活水平的消费品相应就少了。在现代社会里，同样重要的是清洁的环境和高收入水平之间的权衡取舍。要求企业减少污染的法律增加了生产物品与劳务的成本。由于成本高，结果这些企业赚的利润少了，支付的工资低了，收取的价格高了，或者是这三种结果的某种结合。因此，尽管污染管制给予大家的好处是更清洁的环境，以及由此带来的人们健康水平的提高，但其代价是企业所有者、工厂的工人和大多数的消费者收入减少了。

社会面临的另一种权衡取舍是在效率与平等之间。效率（efficiency）是指社会能从其稀缺资源中得到最多的东西。平等（equity）是指将这些资源的成果公平地分配给社会成员。换句话说，效率是指经济蛋糕的大小，而平等是指如何分割这块蛋糕。在政府设计政策的时候，这两个目标往往是不一致的。例如，可以考虑一下以实现更平等的分配为目的的经济福利的政策，某些此类政策，如福利制度或失业保障，是要帮助那些最需要帮助的社会成员。另一类政策，如个人所得税政策，是要求经济上成功的人士对政府给予比其他人更多的支持。虽然这类政策对实现更大的平等有好处，但它是以降低效率为代价的。当政府把富人的收入再分配给穷人时，就减少了对辛勤工作的奖励，结果，人们工作少了，生产的物品与劳务也少了。换句话说，当政府想要把经济蛋糕切为更均等的小块时，这块蛋糕本身也就变小了。

认识到人们所面临的权衡取舍，实际上并没有告诉我们，人们将会或应该作出什么决策。一个学生不应该仅仅由于要增加用于学习经济学的时间而放弃心理学的学习。社会不应该仅仅由于污染控制降低了我们的物质生活水平而不再保护环境，也不应该仅仅由于帮助穷人扭曲了工作激励而忽视他们。然而，认识到生活中的权衡取舍是重要的，因为人们只有了解了他们面临的选择，才能作出更好的决策。

本章小结

本章主要讲述模型的概念和类型、模型评价的基本标准，举例说明模型的作用与风

① ［美］曼昆：《经济学原理（第五版）》，北京，北京大学出版社，2009。

险，重点讨论理性、渐进等政策分析模型及实验、取舍等相关分析理论。通过本章的学习，应掌握政策分析模型的基本观点，了解政策分析模型的实际应用。

关键术语

具体模型　抽象模型　传统理性　有限理性　渐进主义　群体狂想症　精英理论　制度理论　博弈理论　团体理论　过程模型　混合扫描理论　取舍理论

复习思考题

1. 具体模型和抽象模型有何不同？
2. 模型有哪些作用？
3. 模型的应用存在哪些风险？
4. 传统理性需要具备哪些条件？
5. 传统理性有哪些实际障碍？
6. 有限理性有哪些行为表现？
7. 渐进模型具有哪些特征？
8. 如何预防“群体狂想症”的出现？
9. “精英主义”有哪些基本观点？
10. 政府制度赋予公共政策哪些特征？
11. 试运用博弈理论分析一个现实问题。
12. 结合团体理论阐述政府的作用。
13. 过程理论是如何描述公共政策过程的？

第6章

政策形成

从本章开始我们将把政策过程作为一系列功能性活动进行分析。本章内容将主要阐述政策形成过程中三个相互联系的方面，即政策问题的界定、政策议程的建立和政策方案的设计。

在讨论这些问题之前，我们先要阐明几个相关的术语。政策形成指的是政策规划、政策采纳、政策执行和政策评估这个完整的过程；政策规划指的是为解决问题设计政策备选方案；政策采纳指的是事关政策方案选择的一系列活动。我们应该谨记，问题界定、议程建立、政策规划与政策采纳都属于功能性分类，虽然在分析时可以拆开，但实际上，它们常常相互关联，互为整体。

6.1 社会问题

6.1.1 社会问题的产生

任何社会在其运行过程中都会产生社会关系失调问题，并由此带来不同类型的社会问题。乔恩·谢泼德（Jon Shepard）和哈文·沃斯（Harwin Voss）是美国当代在社会问题研究领域很有影响的两位社会学家。他们在其代表作《美国社会问题》一书中把社会问题定义为：一个社会的大部分成员和一部分有影响的人物认为某种社会状况不理想或不可取，应该引起全社会关注并设法加以改变的问题。①

① 参见［美］乔恩·谢泼德、哈文·沃斯：《美国社会问题》，1～2页，太原，山西人民出版社，1987。

人们不禁会问，社会问题是怎样产生的呢？哪些因素起重要的作用？为什么有的社会情况在一个时期里能够被人们所接受，而后来又不能被接受，并被视为社会问题呢？比如在公众场合吸烟、在节日里燃放烟花爆竹、在大街上随地吐痰等。反过来，为什么一度曾被人们普遍视为严重社会问题的情况后来又被认为没那么严重或根本不是什么社会问题呢？

一个社会必然存在种种不合理的社会现象，比如贫困、犯罪等客观情况，虽然这些社会情况对社会的良性运行构成了威胁，但还不能由此就认定它们是社会问题。那么谁来决定某一社会情况是社会问题呢？回答是：只有当社会的大部分成员和一部分有影响的人物认为某种社会状况是社会问题时，它才是社会问题，其中权力因素起着非常关键的作用。社会上一些有影响的人物对某一社会情况的关注程度及其看法和态度，有时候能够把某一社会情况直接推上社会问题的舞台。

在社会问题的主观认定方面经常存在很大的分歧。我们可以拿贫困这个社会问题来进行一下说明。一些人认为，如果没有穷人，谁去买那些便宜的食品？谁去雇用那些廉价的医生和律师？社会救济和福利工作人员到哪去找工作？一些以穷人为主体的政治团体和党派何以在社会中存在？在他们看来，社会是一个有等级的社会，必然存在贫富之间的差别，贫困是有利于社会均衡发展的一种自然安排，它起到的是一种积极的作用。破坏这样一种均衡可能会带来更多、更严重的社会问题。而另一些人则认为，贫困只是有利于有权有势的富有阶层的一种社会安排，如果对这种社会状况不加以改变，就会出现严重的社会对立，由此引发激烈的矛盾和斗争，阻碍和破坏社会的良性运行。当然，还可能存在一些比较折中的看法。总之，认识上的统一有时是很难的，但是，社会上那些真正有影响的人物往往能在社会问题的认定过程中发挥非常重要的作用。

另外，人们的主观认识、思想信仰、生活态度等价值因素在社会问题的形成过程中具有决定性的影响。这些意识形态的东西左右着人们对一些问题的根本看法。随着社会的发展和各方面条件的不断变化，人们的价值观、信仰和态度也会有所改变。所以定义社会问题的概念自然会发生一定的变化。比如，从社会经济发展的进程来看，人们对待环境污染与环境保护的问题，开始时是“要钱不要命”，后来是“要钱也要命”，再后来才是“要命不要钱”。

6.1.2 社会问题的类型

饥饿、贫困、吸毒、贩毒、卖淫、嫖娼、酗酒滋事、种族歧视、性别歧视、精神疾病、家庭暴力、就业问题、人口问题、资源问题、环境问题等，许多人都能亲眼看到或亲身体验到这些社会问题的存在。如果我们从最一般意义上进行划分，可以把上述问题简单划分为两类：一是过失性社会问题；二是结构性社会问题。

1. 过失性社会问题

这类社会问题产生于偏离社会正常生活和规范的一些过失行为，如青少年失足和社会犯罪等。一般来说，因为它们与大多数人的正常生活格格不入，所以这类社会问题很容易被人们所识别。然而，有两点需要注意：一是一些社会规范允许一定程度的行为偏差，即一些社会规范的边界有一定的伸缩余地，在这个空间里，有的行为并不至于被认定是超越规范极限的过失行为。二是“偏差”这一概念具有相对性，在某种情形下被认定是偏离社会规范的过失行为，而在另一种情形下则可能被认为是可以接受的行为。

社会行为的可接受性是有一定余地的，并没有什么一视同仁的绝对标准。汽车司机遇红灯应该把车停在停车线后面，可有时也会因刹车不及越过停车线，但对交叉路上其他通行车辆远构不成威胁，警察往往会睁一只眼闭一只眼。这里还有更为典型的例子可以用来说明这个问题，某种社会行为被社会所接受的限度是因人而异的。比如，一个失业工人偷了一辆汽车被警察逮住了，他可能会被判处几年徒刑。一个政府雇员利用权力吃拿卡要，搞权钱交易，为自己弄到一笔数目可观的款子，而他可能并不会因此坐牢，充其量是被降职或解职。一个十几岁的孩子犯了和一个成人差不多一样的罪，所受的处罚当然也不会相同。

过失和偏差往往是相对而言的，并没有绝对的标准，需要放在特定的社会环境中去考察。比如婚姻形式的多样性问题，重婚在一些国家和地区是非法的，而在阿拉伯社会，一夫多妻和一妻多夫则是被社会所接受的。又如，父母打骂子女在一些国家被认为是一种典型的家庭暴力现象，是需要社会制裁的，而在另一些国家则被视为一种理所当然的教育手段，觉得孩子不打不成才。再如，同性恋者、嬉皮士、吸烟者在一些人眼中被看成是有偏差行为的人，而在另一些人眼里，他们的行为并没有超出社会规范的界限，他们有自我放纵的权利，这并不关其他人的事。当然，并非所有的过失和偏差都是相对的，比如谋杀就普遍被视为一种犯罪行为。没有人会认为随意或蓄意杀人是正当的或可以被接受的社会行为。对有些社会现象的认识，人们还是有共识的。至于在战争中杀人、判重犯极刑和对痛苦不堪的病人实施安乐死，那当然就是另一回事。

2. 结构性社会问题

所谓结构性社会问题是指由社会自身结构不合理所导致的一些社会问题。如果说连过失性社会问题有时都难以确定的话，那么那些符合社会规范的结构性社会问题又该如何确定呢？就拿人口爆炸这个问题来说，它是不是个社会问题呢？我们不能把它归咎于任何形式的行为偏差或行为过失。相反，它是人们按照传宗接代、生儿育女的传统习惯行事所产生的结果。人类不生儿育女，社会怎样延续？生育是再正常不过的行为，可正是因为这种正常的行为，才导致了现在这种严重的后果。世界人口急剧增长，这么多人能有吃有穿吗？能接受良好的教育吗？能过上高质量的生活吗？现在最根本的问题是世界能否容得下这么多人和怎样避免世界范围的饥荒。看来，人类在组织自己的社会生活时，结构方面的偏差同样会产生严重的社会问题。

结构性社会问题涉及社会生活的许多方面，其中最为突出的就是各种各样的不平等现象。如由经济不平等所带来的贫富两极分化。贫富两极分化的直接结果就是贫困，而贫困问题有时并不为人们所注意。基督教新教理论就认为，贫穷并非社会制度和社会结构之过，贫穷往往是个人的无能和懒惰造成的。只有虔诚、节俭、勤劳和奋斗才是克服贫穷之道。不这样做，受穷是很自然的，根本不值得同情。而社会达尔文主义的观点就更为直白，其核心就是“物竞天择，适者生存”，认为社会的发展来源于竞争，有竞争才有优劣的筛选，富人是自然筛选后的佼佼者，他们为社会作出贡献。穷人是社会竞争的落败者，是那些处于社会底层的无能之人，他们竞争不过别人，所以只好受穷。虽然人们早已摒弃了社会达尔文主义的观点，但其仍潜移默化地左右着公众的价值观。美国的一次民意测验表明，公众中绝大多数人都把穷人受穷的原因归于个人的原因，只有很少数人认为穷人受穷是由于他们根本奈何不得的现存社会制度和社会结构造成的。实际上，大量的统计调查结果表明，说穷人好逸恶劳就愿吃救济根本站不住脚。穷人并非能工作而不愿意工作，他们在社会竞争中的不利条件是社会强加给他们的。把贫困的责任推给穷人毫无道理，贫困是由于社会政治和经济结构不合理造成的。除了贫困问题，还有由民族歧视和种族偏见所引发的民族矛盾；由政治不平等所产生的政府权力滥用；由教育不平等所导致的社会不满等都属于结构性社会问题。

此外，由价值观变化引发的结构性社会问题也不在少数。如家庭问题、劳动问题、人口问题和环境问题等。家庭问题的重点是“核心家庭”的出现，及随之而来的种种麻烦，如家庭亲情的淡化、老人晚年的凄凉、社会资源的浪费、儿童家庭教育的淡化等。劳动问题反映了人们对机械式劳动的普遍厌恶，及其对独立、自由和民主化管理的渴求。看看卓别林的“摩登时代”，想想流水线上工作的工人，一旦人成了机器的部件，他怎么会不产生厌恶之情？人口问题在不发达国家和地区表现得尤为突出，使人类面临严重的生存危机，如食品的短缺、医疗条件恶劣、教育水平低下、人口素质下降等。环境问题是人类大量、无节制地利用地球自然资源的直接后果，对可持续发展构成严重的障碍，人们与天斗、与地斗，没有学会和大自然和谐相处，导致大自然的一系列报复。许多环境问题的产生并非天灾而是人祸。而且非常糟糕的是，大自然的报复并非像司法机关对付犯罪分子那样，谁犯罪惩罚谁，而是针对整个人类。一些个人和组织乃至政府的愚昧和贪婪行为，却导致了大自然对全人类的报复。

6.1.3　社会问题的比喻

比喻更多地用于修辞，所以往往被认为是语言学的一种方法和手段，而实际上它的作用并非仅限于此。运用比喻，我们可以更好地认识和了解大千世界中复杂的事物，无论是在日常生活中，还是在科学研究领域里，我们都不难发现比喻对人类思维的启示，当我们用已知的事物理解和说明其他事物的时候，往往需要借助比喻，这种具体形象的思维是人类认识世界的一种有效方法。比喻最简单的表现形式就是 A 像 B，比如当我们说某个人像只老虎的时候，我们就是在借助老虎的形象来表现这个人的个性特征。尽管比喻的方法不可避免地会受到光环效应（极端化、夸大化的心理效应）的影响，但在把握事物整体和认识重要特征方面，比喻具有不可替代的作用。因此，我们在认识和理解社会问题这样一种复杂现象的时候，同样可以借助比喻的方法。

（1）急性病。有一类疾病会对人体发动短期的、急剧的进攻，如果不予及时的治疗就可能产生严重的后果，所以医院的急诊室都是 24 小时上班。社会中出现的突发事件或危机事件都可视为“急性”的社会问题，这类问题在军事和外交领域常常发生。

（2）慢性病。慢性病是一类持续性的疾病，只能对其加以控制，很难最终治愈。从社会角度看，一些问题持续了很久，也“治疗”了很久，但收效甚微。比如贫困问题，一项项政策出台，一个个措施颁布，但都解决不了什么问题。

（3）自愈性疾病。人类遇到的绝大多数疾病都是自愈性的。这类疾病不会致人死亡，但会使病人经历痛苦，如果病人的身体基本健康，那么通过辅助性治疗且主要依赖自身的抗力就会逐渐摆脱病痛的折磨。同样，一些社会问题也带有自愈性疾病的特征，最佳的“治疗”就是依赖社会自身的抗体。

（4）晚期疾病。在疾病早期可能还有一些治疗的办法，可一旦进入晚期有时就很难治愈，特别是一些严重的疾病。社会问题也是如此，这时除非做出一些实质性的变革，否则一切都会于事无补。

（5）先天性疾病。有些疾病不是后天患上的，而是与生俱来的。相对而言，后天得的病通过自身肌体的抗力或对症下药的治疗多能得到痊愈，但先天的疾病往往难以发现有效的治疗办法。生物工程学的发展为今后人类的优生提供了条件，但就目前情况而言，对那些患有先天性疾病的人来说，医生也只能诊疗其症状或减轻其病痛。社会问题会不会也有这样的一些先天特征呢？很可能有！一些组织机构从它诞生的那天起，就已经被深深打上了问题的烙印。

（6）传染性疾病。一些疾病涉及细菌的传染，其蔓延速度之快，影响范围之广，有时令人难以想象。不说艾滋、肝炎、流感和鼠疫等疾病，单说发生在 2003 年的非典型性肺炎，曾引起世界范围的恐慌。传染病的治疗首先需要进行隔离，其次要搞清楚传染的渠道，再次要发现病菌的抗体。这种治疗步骤对解决社会问题给予了重要的启示。

（7）不治之症。由于受到人的认知和科技发展水平的限制，有些疾病我们还没有发现有效的治疗途径，如癌症、艾滋病、白血病、非典型性肺炎等。这些目前的不治之症带给现代医学严峻的挑战。由此不难联想到一些类似的社会问题，即那些被称为“社会之癌”的问题，我们所能做的只是尽量防止“癌细胞”的扩散，而不要去幻想什么彻底消灭或根除。如果明知不能为而为之，那么这种盲目的资源投入就实在是不值得。

（8）医源性疾病。人们在求医治病的过程中，由于某种因素又得了新的疾病。从诊疗角度看，可能有多种因素导致医源性疾病，如医生缺少医德，以赚钱为主要目的，胡乱开药；医护人员专业水平参差不齐，有时好心办错事；医院管理出现问题，涉及处方、药房、病历、隔离措施和具体操作等多个环节。社会问题有时也会带有医源性疾病的特征，治疗某种社会疾病的“良药”，可能正是导致其他社会疾病的原因。

（9）食源性疾病。1984 年 WHO（世界卫生组织）将“食源性疾病”一词作为正式的专业术语，以代替历史上使用的“食物中毒”一词，并将食源性疾病定义为“通过摄食方式进入人体内的各种致病因子引起的通常具有感染或中毒性质的一类疾病”。这类疾患有一个共同的特征，就是通过进食行为而发病，这就为预防这类疾病提供了一个有效的途径，即加强食品卫生监督管理，倡导合理营养，控制食品污染，提高食品卫生质量，这样可有效地预防食源性疾患的发生。这种控制源头、预防优先的防控策略对解决某些社会问题不无启发。

综上所述，社会问题可以有多种不同的疾病比喻，尽管这类比喻看上去颇为简单，但却蕴涵着深刻的道理。比喻的方法无疑为确认和分析社会问题提供了一个创新的思路。有效的分析不仅是为了确定何种社会问题类似何种病症，也是为了借鉴医生诊疗疾病的方法，正确区分不同类型的社会问题并提供有效的解决办法。

《公共政策的病理》①

英国学者霍格伍德和彼得斯（Brian W. Hogwood and B. Guy Peters）在 1985 年出版《公共政策的病理》一书。在书中他们运用了疾病的比喻，对社会问题进行了系统的“病理”（疾病发生、发展的过程和原理，疾病的征象、特点、症状和影响）分析，提出要通过多种方式，从不同角度认识和分析社会问题这一复杂现象，从而确定有效的“诊疗”方案。霍格伍德和彼得斯两人对社会问题的研究思路，不仅在社会学领域，而且在公共政策领域都引起了极大的反响，给予政策分析以重要的启示。他们在书中强调以下四个方面：

1. 区分健康与疾病

一个医生最基本也是最重要的使命，就是要决定什么是健康，什么是疾病。如果这一点都搞不清楚，鲁莽地给健康人下药，那么药劲越猛，对健康肌体的危害越大。处理社会问题同样如此，下力气去解决那些虚幻的或本不是问题的问题，不仅浪费资源，而且有害无益。正像人们习惯说的那样：先要选择做正确的事，然后再考虑怎样正确地做事。

2. 区分症状与疾病

内科医生在给病人看病的时候会根据当时发现的症状作出诊断，以便采取恰当的治疗方法。有时，医生难以发现明显的症状，就只能留待进一步的观察或采取比较保守的治疗方法，如阿斯匹林加卧床休息，这种疗法可能会产生令人惊异的治疗效果，因为它几乎适用于所有的病症。一般来说，症状不等于疾病，且不同的疾病可能具有同样的症状，所以医生的诊断十分重要。政策分析人员作为诊疗社会问题的“医生”，也需要具备区分“症状”与“疾病”的本领。

3. 诊断中的难点

多因素影响：可能是由于懒惰本性或先天因素的影响，人们总是在试图发现一种现象背后的单个原因。但现实生活中往往难以找到那种独立且清晰的原因。

同症异病：两个人体温和血压都不正常，但完全可能是生了不同的疾病，如果不能正确作出诊断，就不能对症下药。小病的可能治大，大病的可能治死。

流行性疾病的诊断：一些疾病是周期性发作的，某种治疗方法在这个时期有效，但在另一个时期可能就无效。社会问题的诊断同样如此，这个阶段的原因并不一定是那个阶段的原因。

4. 预防比治疗更有效

预防为主的道理人人知晓，但在政策实践中不难发现，太多的资源被用来处理已经出现的问题，而预防工作的投入却少得可怜。人们似乎已经对这种本末倒置的做法习以为常。当然，知识的缺乏限制了我们的预防工作。有时我们不得不等一些迹象的出现，然后才能采取相应的措施。

---

① Brian W. Hogwood and B. Guy Peters, *The Pathology of Public Policy*, Oxford, Clarendon Press; New York, Oxford University Press, 1985.

6.1.4 定义问题的基本步骤

定义政策问题需要经过问题察觉、问题界定和问题描述三个步骤。这是一个从感性认识到理性认识的过渡。一般来说，定义问题是政策分析最为重要的环节，它比方案设计更为重要。对政策制定者而言，用一个精心设计的方案去解决一个错误的问题，即那些本不需解决或不该解决的根本不能称之为问题的问题，会产生严重的不良影响。相比较而言，采用具有重大缺陷的方案去解决一个正确的问题，前者的危害要大得多。这不仅是一个浪费政策资源的问题，而且是一个可能引发更大社会问题的问题。

定义问题要求对问题进行明确和系统的阐释，这是探求问题解决方案的有效途径。政策分析的创造力就存在于察觉和解释问题当中，由此可以知道应该和能够做什么。解决问题的方法很多时候来源于正确的定义问题。通过质疑和分析，那些先前看似无法解决的问题可能会被重新构建，以至那些未被发现的解决方案也会凸显出来。发生这种情况时，这句“没有解决办法就等于不存在问题”的格言恰好可以反过来表述为“有效地阐释问题就等于解决了一半或一半以上的问题”。

1. 问题察觉

问题察觉是指人们开始意识到某一社会现象的影响并逐渐把意见和观点加以扩散，从而引起社会公众或政府部门的关注。在问题察觉的过程中，人们普遍会感到需要有所行动，需要一起来做点什么，目的是改变目前的这种状态。但究竟具体做什么和到底怎么去做，人们还没有认真地进行考虑。

“元宵劫”的反思

中央电视台配楼火灾于2009年2月9日20时25分左右发生，火势沿着两部观光电梯迅速蔓延，像两条导火索一样，撞到一起时，开始了整个大楼的燃烧。北京市119指挥中心于9日20时27分接到报警，朝阳区消防支队红庙中队的三辆救火车最先到达现场，该中队指导员张建勇带领四名消防员进入火场。他们坐电梯升至楼顶侦查火情，这时，楼顶烧掉的装修材料纷纷落下，很快引燃了建筑的外立面，楼内所有通道顿时陷入火海。因火情极为复杂，消防队员只能往下撤。此时烟气弥漫，视线受到影响，行动已经非常困难。下到第14层时，张建勇等人发现了被困人员。最终，有三名消防员成功到达第一层，但随即与外界失去联系。后续赶到的消防官兵立刻展开救援，截至23时30分将被困于第一层和第八层的七名受伤人员抢救出来，送到朝阳医院进行急救。但张建勇因吸入大量有毒气体，抢救无效，于次日凌晨3时许不幸牺牲。这次火灾燃烧近六个小时。市消防局共调派了27个中队的85辆消防车，共595名消防官兵前往扑救，可谓倾巢出动。市环卫局也派出40多辆洒水车前往支援。火灾的过火面积达10余万平方米，楼内十几层的中庭已经坍塌，位于楼内南侧演播大厅的数字机房被完全烧毁，造成巨大损失。

这座号称“电视台里的变形金刚”的央视电视文化中心，还未来得及全面展示其“享受建筑”的理念，就“报废”在 2009 年元宵节的大火中。如同坚不可摧的“泰坦尼克号”因为撞上冰山而沉没一样，此类摩天大楼也会因为小火星而坍塌。火灾，已经成为摩天大楼致命的“杀手”。

高层建筑——尤其是外观怪异的高层建筑，一般都是钢结构建筑或部分采用钢结构。过高的大楼必须采用钢结构，主要是因为混凝土结构太重了，而钢结构可以做到很高很大。随着我国经济的快速发展，一批高于 100 米的超高建筑（公众习惯将其称为“摩天大楼”）开始涌现。对于这些摩天大楼，尽管钢结构具备主体结构比较轻、建造快、现场施工量小的优点，但其致命弱点是怕火——一旦大火烧过，钢结构往往严重受损。如果救火时浇水，对其破坏将更加严重。钢结构的高层建筑即使发生不大的火灾，技术上也必须拆除才能保证安全。此外，高层建筑还被称为“火灾放大器”。这是因为高层建筑内各专业竖井林立，火灾时这些竖井就像高耸的烟囱，是构成火势蔓延的主要途径，火势将比低层建筑猛烈百倍。实验证明，烟气纵向扩散速度为 3～4 米/秒，在 100 米的超高层建筑中，只需要 25～35 秒左右，烟气即可顺竖井从底层扩散到顶层，火势也将随之蔓延。

在国际社会，摩天大楼防火方面的安全性能一直备受质疑，但在寸土寸金的中国城市，因为能有效解决城市空间问题，超高建筑取得快速发展。按照每座城市超过 90 米的摩天大楼的数量进行排名，中国是世界上摩天大楼最多的国家。上海超过 100 米的摩天大楼有 400 多栋，成为全球高楼建筑数量第一的城市。央视配楼火灾为我们敲响了警钟，超高建筑的消防安全问题应该引起我们的高度重视。

2. 问题界定

问题界定是指对问题进行特定分析和解释的过程。首先，需要通过一定的方法对问题进行必要的归类，如根据政策问题的性质可以把其界定为政治的、经济的、文化的等；根据政策问题的作用范围可以把其界定为全局的、局部的、国际的、国内的、全国性的、地区性的等；根据政策问题的作用方式可以把其界定为指导性的（涉及指导方向方面的问题）、分配性的（涉及资源配置或利益分配方面的问题）、限制性的（涉及行为或利益限制方面的问题）等。

其次，需要对问题进行必要的诊断，这就像医生给病人看病一样，诊断了病情，知道病人得了什么病，才好决定治疗方案。症状不等于疾病，现象也不等于问题。医生要根据症状诊断病情，如果症状不明显，就只能采取比较保守的治疗方法。当暂时找不到有效解决办法的时候，这种折中的方法可能是最好的方法。如果贸然出手，可能会有严重后果。无论是诊断疾病还是诊断问题主要是为了解决两个问题：一是差距何在？一个问题的存在，实际隐含着现实状态与理想状态之间的距离，任何解决办法无非都是为了缩短或消除这种距离。因而，能否准确表达这种差距，就成为能否发现解决办法的必要前提。二是原因何在？光找到差距还不够，还要弄清产生这些差距的原因。正像医生给病人量血压、测体温一样，光知道血压和体温不正常不行，他还要想办法知道是什么原因引起的高血压和发烧，否则就无法对症下药，无法标本兼治。

再次，需要把问题情境转变为实质问题。问题情境实际上包含了问题牵涉到的众多因素及其相互间错综复杂的关系。问题界定的主要目标就是要把复杂、混沌的问题情境总结概括为清楚明了的实质性问题。分析主要矛盾，关注重要因素，是情境转化过程中必须注意的问题。实质问题的提炼是从具体到抽象，从个别到一般的过程，不仅看到外，而且看到内；不仅看到相，而且看到理；不仅知道点，而且知道面。

流动儿童义务教育问题

在中央电视台2007年春节联欢晚会上，来自北京市海淀区行知实验学校的29位农民工子弟表演的诗朗诵《心里话》让亿万观众动容，那句“别人和我比父母，我和别人比明天”让无数人为之落泪。当11岁的王莉萍站在舞台上，告诉观众“我们的校园很小，放不下一个鞍马；我们的教室简陋，还经常搬家；我们的教室很暗，灯光只有几瓦”的时候，她可能还不知道，她和同学们上学难的问题已经牵动了全国人民的心。

从问题界定角度而言，在城市流动儿童义务教育问题上，具有标志性特征的就是北京行知实验学校。毫无疑问，这是迄今为止国内最著名的流动儿童学校，在一定程度上成为这个社会问题的一个象征。国内多家媒体都曾做过专题采访，若干海外媒体如《纽约时报》等也有长篇报道。可以说，对于这个学校的最初报道，启动了大众传媒以及公众对于城市流动儿童义务教育问题的关注，进而引起相关各方广泛的重视，也吸引了国内政策分析人员的眼光。

农村劳动力流动持续到现在，流动儿童即第二代移民问题已经浮出水面。对政策分析人员来说，城市流动儿童义务教育问题是现实生活本身提出来的新的政策课题。进入21世纪以来，城市流动人口中的儿童数量急剧增加。这些儿童或者在家乡出生被父母带到城市，或者在城市出生而继续留在城市。儿童义务教育问题的突出使得人口流动从根本上超越了“劳动力流动”的原始含义，流动儿童群体有着一种独特的成长性，在他们身上，体现着更深远的社会变迁意义。

中国的城市化进程正在提速，我们的城市如何来“消化”大批涌进城市的人群？如何给流入城市的孩子们提供有效的教育？在以往泾渭分明的城市教育和农村教育之间，有没有一个折中的办法？在这方面打工子弟学校发挥着什么样的作用？那些置身于几乎是原始教育条件下的孩子，拿什么与人家比明天？仅仅靠永不服输、永不放弃的精神么？如何逐渐缩小打工子弟学校与公立学校的悬殊差别？公共财政应该发挥什么样的作用？教育政策的制定者应该做些什么？这些问题可能都是进行问题界定时需要认真考虑的问题。

3. 问题描述

问题描述是指运用可操作性语言（如运用数量的、文字的、符号的、图表的等表达方式）对问题进行明确表述的过程。问题描述要尽可能量化，使问题分析具有一种定量特征。对“不足”或“过剩”都应有一个强度的描述。“太大”是多大？“太小”是多小？“太慢”是慢到什么程度？“太快”是快到什么程度？例如，对于人口问题的描述，就需要准确记载一些相关的指标，并作出量化分析，如人口现有数量、人口的增长率、人口发展趋势等。再拿城市中打工子弟学校来说，到底有多少进城务工人员子弟进入了学校？还有多少没有进入？又比如农业用水的问题，目前有多少水资源可以利用，实体设施的发展能力如何？随着时间的推移，这种能力会提升还是会退步？如果有必要，就要设法收集一些信息以便对这一具体的“大小”或具体的“程度”进行核准。在多数情况下，你必须估计（或更为可能的是“猜测”）问题的有关强度。有时需要设定一个范围并估计出一个强度。这种对问题所作的描述将作为政策制定的直接“原料”输入决策系统。

下雨了打伞，雨停了还打伞？

中国人口形势已发生历史性转变，这个判断在2000年前后在人口学界就达成了高度共识。从那以后，一批国内人口学家开始呼吁官方正视已发生了逆转的中国人口形势，重视低生育率的现实及其风险，并试图通过扎实的调研推动政策的调整。

1980年，人口总数已达10亿的中国开始实施“一对夫妇只生一个孩子”的计划生育政策，试图用“一代人”的时间非常规地控制这个世界第一人口大国的人口增长。然而，1992年以来，中国人口问题开始出现历史性转变，即我国的生育率已经逐渐低于实现人类世代交替所需的更替水平（平均每对夫妇生育2.1个孩子）。

这意味着如果中国生育率继续保持在这一水平，在并不很遥远的未来，中国人口会以平均每30年减少1/4的速度下降，并将以人类历史上从未有过的速度加速老龄化。这将给中国未来的经济、社会乃至文化等方面的发展带来深远影响。坦白地讲，对几十年来一心扑在降低生育率政策的中国政府来说，对过低生育率及其影响似乎还没有做好心理准备。按照惯例，通常把低于1.5的生育率称为“很低的生育率”，把低于1.3的生育率称为“极低生育率”。而中国整体的生育率，根据不同的计算口径，在1.3～1.8之间，都显著低于更替水平。

在绝大多数人口专家看来，“特别紧张的人口增长问题”早已是过去时。这似乎是一边倒的意见，反对者寥寥。1980年中国采取计划生育政策的时候，是在一个短缺经济时代，当时希望通过控制人口过快增长，达到减少消费，提高储蓄率和投资以拉动经济。同时，减少粮食、能源等的消耗，减少环境污染。然而，实践的结论表明：在一个社会里，特别是在工业化、信息化、知识化的现代社会中，某一地域的人口数量多寡，并不是决定国家发展成败和强弱兴衰的决定性因素，而只是国家在选择不同发展道路和模式时需要仔细考虑的关键性因素之一。专家们质疑，为什么世界上唯有中国没有对低生育率过低的担心？低生育率，在专家们看来，是在不久的将来中国遭遇严峻人口难题的根源。

总而言之，我们现在面对的不仅仅是一个生育政策是否调整的问题，更重要的是对当前的人口形势及其未来走向的判断问题。

6.2 政策议程

6.2.1 公众议程与政府议程

政策议程的建立是社会问题转化为政策问题的关键一步。在任何政治系统中都存在若干政策议程，其中公众议程（也称系统化议程）和政府议程（也称制度性议程）是两种最基本的形式，同时也是政策议程的两个不同的阶段。一般来讲，如果一个社会问题不能够在公众议程上占据一席之地，那么它就很难进入政府议程。

公众议程是指某个社会问题已引起社会公众和社会团体的普遍关注，它们向政府部门提出政策诉求，要求采取措施加以解决的这样一种政策议程。从本质上讲，公众议程是一个众人参与的讨论过程，是一个问题从与其具有特殊联系的群体逐渐扩展到社会普通公众的变化过程，即一个问题引起相关群体的注意，进而引起更多人的兴趣，最后受到普通公众的关注。在这一问题扩展的过程中，非正式群体的意见领袖和大众传播媒介起着十分重要的作用。问题扩展的活力，取决于问题自身的特性。科布和艾尔德（Roger W. Cobb and Charles D. Elder）指出：

> （1）一个问题的定义越模糊，这个问题到达更广泛的公众的可能性就越大（特殊性的程度）。
>
> （2）一个问题被认为社会意义越大，这个问题到达更广泛的公众的可能性就越大（社会重要性程度）。
>
> （3）一个问题被认为长期的关联性越大，这个问题到达更广泛的公众的可能性就越大（关联期的长短）。
>
> （4）一个问题被认为越不具有技术性，这个问题到达更广泛的公众的可能性就越大（问题复杂程度）。
>
> （5）一个问题被认为越缺少明确的先例，这个问题到达更广泛的公众的可能性就越大（先例的明确程度）。①

下面再来看看政府议程。政府议程是指某些社会问题已经引起决策者的深切关注，他们感到有必要对之采取一定的行动，并把这些社会问题列入政策范围的这样一种政策议程。从本质上讲，政府议程是政府部门按特定程序行动的过程，政府的制度性因素在其中有着十分重要的影响。

政府议程的项目具有新旧之分，旧项目是指以常规形式出现的项目，如增加工资、财政拨款、社会保障等方面的事项。一般而言，政府官员对这些问题都较为熟悉，而且，处理这些问题的方案在一定程度上也已经成形。新项目是指因特定情况或事件引起的项目，

① Roger W. Cobb and Charles D. Elder，*Participation in American Politics*：*The Dynamics of Agenda-building*，Baltimore，Jones Hopkins University Press，1972，p. 86.

如工人大规模罢工、外交方面出现危机等。有时候新项目还可能由不断加大的社会压力（社会上越来越多的人要求政府对某些问题作出反应）所引起。政府议程的旧项目往往能够从决策者那里获取处理的优先权，这是因为决策者总是发现自己的时间有限且议程很满，他们自觉不自觉地会把自己的目光更多地投向旧的项目。

一般而言，公众议程和政府议程作为政策议程的两个阶段，它们之间既有联系也有区别。公众议程往往出现在政府议程之前，是由一些片段的、零散的、不系统的或不完全成形的议论所组成，人们对于问题的实质及其社会影响认识还不够具体。其主要目标是使公众诉求能够在政府议程中获取一席之地。尽管如此，公众议程所形成的强大推动力对政府议程的建立具有决定性的影响。政府议程往往是由一些意义非常明确的项目所组成，具有制度化的操作程序和运行方法，其主要目标就是对与问题有关的客观事实作出主观认定。一般而言，社会问题转变为政策问题先要经过公众议程，然后才能进入政府议程。但有些时候社会问题也有可能越过公众议程直接进入政府议程，这是因为决策者有时能够主动发现问题，并把它们列入自己的议事日程。

6.2.2 政策议程的基本类型

1. 外在创始型议程、政治动员型议程、内在创始型议程

美国学者罗杰·W·科布以政策诉求的主体为标准，提出了建立政策议程的三种类型：

> （1）外在创始型议程。政策诉求由政府系统以外的个人或社会团体提出，经阐释（对政策诉求进行解释和说明）和扩散（通过一定方式把政策诉求传递给相关群体）进入公众议程，然后通过对政府施压的手段使之进入政府议程。
>
> （2）政治动员型议程。具有权威作用的政治领袖主动提出其政策意向，并使其进入政府议程。因为在一般情况下，政治领袖的政策意向往往能够成为政府的最终决策，所以看似没有必要建立相应的政府议程，之所以仍要这样去做，主要是为了寻求社会公众的理解和支持，以便更好地贯彻和实施这项政策。政治动员型议程以政府议程为基点，以公众议程为对象，其目标在于政策方案的执行。
>
> （3）内在创始型议程。政策诉求源于政府机构内部的人员或部门，其扩散的对象仅限于“体制内”的相关团体和个人，客观上不涉及社会一般公众，扩散的目的是为了形成足够的压力以使决策者将问题列入政府议程。“体制内运作”是内在创始型议程的主要特征，政策诉求的主体并不希望建立相应的公众议程。①

需要指出的是，任何政策议程的建立都是公众议程与政府议程交互作用和影响的结果，其过程表现为不同政治力量的不断组合与分化，既涉及“体制内”又涉及“体制外”，现实的情况绝不会像上述模型所归纳的那样抽象和简单，对具体问题还要进行具体分析。

2. 实质性议程与象征性议程

（1）实质性议程。实质性议程往往涉及一些社会影响非常广泛、最具潜在爆炸性的公

① ［美］罗杰·W·科布：《比较政治过程的议程制定》，载《美国政治学评论》，1976（3）。

共政策问题。这些议题的重要性和复杂性使其不可避免地带有分裂的特征。它们通常会在公众中、决策者中、公众与决策者间引起争议，从而存在导致重大冲突的可能性。

一个政策问题进入实质性议程必须具备三个条件：一是公共资源的分配涉及重大的利害关系；二是议题引起公民和决策者的密切关注；三是议题包含了发生重大变化的可能性。

实质性议程所讨论的实质性问题不仅涉及范围广，而且表现出很高的强度。公众可能对此已进行了长时间的争论，触角已深入到一些细节，有时会达到白热化程度，迫切需要决策者作出行动上的回应。一般来说，经济领域存在的问题往往会成为实质性议程关注的焦点（尽管不总是如此）。乔治·爱德华兹和艾拉·夏康斯基（George C. Edwards and Ira Sharkansky）指出："在一项政策中，谁出钱、谁受益，由此产生的大量政治冲突，远远超出了这项政策的具体实施及其影响范围。"① 比如税收问题，政府要利用权威对一些人高征税，对一些人低征税，决策者要确定收入的钱将如何分配，需要投入哪些公共项目和计划。毫无疑问，税收政策的变动将涉及广泛的利益，直接关系到那些从收入的钱中得利的无数计划和团体。实际上，由此引发的一些问题本质上将突破税收问题的界限，演变成为其他问题出现的背景。

近些年来，随着经济的发展，越来越多的非经济问题引起了公众的广泛关注，进入到公共政策的实质性议程，如民族问题、宗教问题、环境问题、人口问题、治安问题等，显然，所谓非经济问题与经济问题难有清晰的界限，决策者是否会以解决经济问题的形式回应非经济问题，或反其道而行之，这是实质性议程中经常会遇到的问题。

（2）象征性议程。在政策议程中，不仅存在占主导地位的实质性问题，而且存在大量需要解决的象征性问题，它们同样分享了政治的聚光灯。象征性议程注重的是价值而不是资源。比如，树立良好的公民观念就是一个典型的象征性问题，它所关注的不是权利的多少，而是社会行为的"对"与"错"。尽管大量费用或权力对这类政策资源的倾斜都不以象征性问题为重，但象征性问题解决不好同样会带来许多的麻烦。

美国政府之所以会对焚烧美国国旗的举动作出迅速的反应，多半不是考虑到公众的不安情绪及其社会的治安需要，而是考虑到价值观的损害和爱国主义的需要。同样，婚姻、家庭中存在的问题，如家庭暴力、虐待儿童等，之所以引起公众和决策者的密切关注，并非因为存在尖锐的利益冲突，而是因为社会观念方面的问题。这类具有象征性意义的议程也会牵动人们的共同意识。

6.2.3 政策议程建立的条件

现代社会存在着大量需要加以解决的问题，而政府所掌握的公共资源和输出政策的能力却是很有限的，这无疑就注定了社会的公共需求与政府的供给能力之间存在尖锐的矛盾。因此，总有一些社会问题能够顺利进入政策议程，而另一些则不能。那么，社会问题需要具备哪些条件才有进入政策议程的更大可能呢？

---

① George C. Edwards and Ira Sharkansky: *The Policy Predicament*, San Francisco, W. H. Freeman, 1978, p. 226.

1. 私人诉求

从某种意义上讲，很多具有公共性质的问题都是由私人问题引发的。比如，一个人对现行的车辆管理法规给自己带来的过重负担感到强烈不满，他有可能忍气吞声、自认倒霉，或偶尔在亲朋好友间发发牢骚。这时，无论是对他还是对其他人而言，这只是一个私人性质的问题。但是，他还可以采取另一种方法，比如将自己的问题告知公众和媒体，或将与之有类似看法的人组织起来，掀起一场群众运动，向政府有关部门提出抗议，或以正当形式展开对话并提交政策议案。上述的行动很可能会导致反对意见的出现，从而形成讨论的局面，许多人就这样直接或间接地卷入这一事务中。另外还需要强调的一点是，非正式关系在政策议程建立过程中所起的作用。所谓非正式关系，是指超出法定组织制度和工作程序的人际关系。如老乡、亲属、同学、朋友等关系。通过这类关系，个人所提出的问题很有可能被决策者列入政策议程。这是因为非正式关系的突出特点就是相互的亲近与信任，它具有很强的互动作用。尽管利用非正式关系建立政策议程并非正常现象，但这种现象在现实生活中并不鲜见。

沈阳市民要求政府公开招待费等账目

2008年11月中旬，辽宁沈阳市民温洪祥向市财政局、市审计局和市政务公开办等部门递交了一份《沈阳市政府信息公开申请表》，要求沈阳市政府各个部门和各区县（市）政府公开办公费、招待费、差旅费、单位事业性经营收入等财务账目，以及政府各部门年度财务审计结果。在这份《沈阳市政府信息公开申请表》中，温洪祥共列举了沈阳市60个政府部门和各区县（市）政府应公开的21个项目的财务账目。如果这个申请被准许，就意味着，这60个政府部门的花销，将全部向社会公开。温洪祥的职业是律师。他说，政府的财政收入来源于纳税人，“作为一名公民和纳税人，有权利知道每一笔钱是如何花掉的”。这是《政府信息公开条例》赋予公民的权利。这既是行使公民对政府信息的知情权，也是对政府工作的一种社会监督。沈阳市政务公开办相关负责人说，政务公开办已接受了温洪祥的申请。从目前审定的情况看，该申请符合《条例》规定，政务公开部门将按程序把申请表发送至涉及的60个政府部门，目前已在做这个工作；同时协调财政局、审计局，积极做好财务公开工作。按照《条例》规定，“行政机关不能当场答复的，应当自收到申请之日起15个工作日内予以答复；如需延长答复期限的，应当经政府信息公开工作机构负责人同意，并告知申请人，延长答复的期限最长不得超过15个工作日。”也就是说，一个月内，三个部门将给予温洪祥答复。温洪祥认为，《条例》规定，只要不涉及国家机密、个人隐私和商业秘密的信息，就应该公开，财务状况公开是政府信息公开的一项。《审计法》也明确规定，审计结果可以向社会公布。据了解，在政务公开上，沈阳已将政府部门需要公开的内容标准化；在平台建设上，利用便捷且知名度高的“114”，将全市各部门、各企业窗口4 500多部服务电话联网，市民只需拨打“114”，就可以查询各种政府信息。同时，还利用“政务公开网”这个平台，对政府部门政务公开工作公开评议打分，并公开最终的得分情况。但是，“由于历史等很多原因，有些部门并没有履行公开的义务。财务信息的不透明使得暗箱操作有机可乘。而公开这类信息对提高公民政治参与能力、促进廉政建设、提高资金使用效率、密切政府各部门和群众关系等都有着重要作用。”很多市民反映，在政务公开上，目前仍存在不少问题。比如，需要公开的内容仍然不明确，不具体；在人、财、物等问题上，公开程度还很不够；一些部门为维护个人、部门或地方利益，以“保密”为借口，对群众真正关注的政务活动隐而不报，导致政务公开避重就轻；监督的力度不大，对不公开、假公开，缺少相应的处罚等。

沈阳市政务公开办相关负责人说：“由于国内还没有先例，政府部门财务信息又极其敏感，完全公开难度极大，这个公开可能不会一蹴而就，结果可能不会太乐观。”问题之所以“敏感”、“有难度”，关键是公布政府部门花销，既能自证清廉，也能自证腐败。尽管温洪祥的申请有根有据，但其所期望的结果十有八九达不到。个中原因说简单也简单，说复杂也复杂。温洪祥并不“天真”，作为律师，实际上他很清楚这次申请的结局，但之所以敢于叫板，主要是因为自己的诉求代表了民意。老百姓一分一厘地交了税，怎么就不该知道政府怎么花的这些钱？随着公款吃喝、公款旅游等腐败信息的大量披露，随着公众权利意识的日渐觉醒，他们的追问理所当然！政府向公众报账，接受公众监督，是“阳光行政”最为重要的措施之一。相比自我监督、部门监督、舆论监督，公众监督从广泛、客观、敏锐、公正的角度而言，具有无可比拟的优势。

2. 团体推动

任何利益团体都有自己的利益所求，在社会中它们寻求着某种合理的平衡状态。如果出现的某种情况威胁到这种平衡状态的存在，那么它们就肯定会作出必要的反应。比如，当个体零售商的利益受到大批发商的威胁时，它们就会通过其同业组织要求政府采取必要的行动以保护它们的利益；再如当国内化工企业发现进口的化工产品威胁它们的价格和利润时，它们就会设法要求政府对化工产品的进口量加以限制。此外，某个利益团体从政府那里得到一定的特惠政策时，其他利益团体也有可能作出相应的反应。在体制改革和机构重组当中，利益团体的作用能够得到更为直观的表现，争权夺利的斗争完全表面化。

消费者运动

消费者运动是指在市场经济条件下，消费者为了维护自身利益，自发的或者有组织的以争取社会公正、保护自己合法利益、改善其生活地位等为目的同损害消费者利益的行为进行斗争的一种社会运动。消费者运动始于19世纪的英国，然后迅速波及西欧和北美。20世纪则已成为消费者运动的世纪。

1844年，英格兰北部以制造毛毯、法兰绒而知名的罗奇代尔市，首创消费者合作社，当时叫消费协作组合，它是世界上消费者运动的最早的源流。1891年，纽约消费者协会成立。这是世界上第一个以保护消费者权益为宗旨的组织。1899年，美国消费者联盟诞生，成为世界上第一个全国性的消费者组织，1914年，美国设立了第一个保护消费者权益的政府机构——美国联邦贸易委员会。到了20世纪60年代，美国消费者运动的规模进一步扩大。1962年3月15日，美国总统肯尼迪在《关于保护消费者利益的总统特别国情咨文》中，率先提出消费者享有的四项基本权利，即安全的权利、了解的权利、选择的权利和意见被听取的权利。1969年，美国总统尼克松进而提出消费者的第五项权利：索赔的权利。消费者权利的提出，使消费者运动进入了新的阶段，同时，美国联邦政府和州政府，都设立了消费者保护机构。

除美、英外，消费者运动在其他国家也如雨后春笋般蓬勃兴起。从我国的情况来看，虽然消费者运动兴起与发展的历史很短，从第一个消费者组织的建立至今也不过二十多年的历史，然而发展速度却很快。随着社会主义市场经济的确立，消费者权益保护工作已越来越受到社会各界的关注。消费者状况的改善已成为衡量社会文明发展进程的标志。

3. 领袖因素

迄今为止，在任何国家和地区，政治领袖都是决定政策议程的一个极为重要的因素，而且经常是起关键性和决定性作用的因素。政治领袖在政策议程的建立过程中所发挥的特殊政治作用是无可替代的。他们无论是出于公众价值观和政治使命感，还是出于个人需要和团体利益的考虑，都会密切关注社会中出现的这样或那样的问题，提出对这些问题的一些解决方案，并在可能的条件下将其告知公众以引起必要的回应。在政治舞台上，政治领袖作为决策系统的核心，其对政策议程的影响力往往来自制度的授权，他们常常扮演政策议程主要决定者的角色，其政策建议几乎可以自动地提上政府议程。这里需要指出的一点是，政治领袖对社会问题的关注往往带有明显的个性色彩，他们对问题的认定受多种个人因素的制约，如个性特征、成长经历、受教育情况等。在建立政策议程的过程中，这些个人因素往往会与公共问题交织在一起，并以国家和公众的名义加以表现。

邓小平南方谈话

1992年1月18日至2月23日，88岁高龄的邓小平视察武昌、深圳、珠海、上海等地，发表了重要讲话。邓小平的南方谈话事关中国经济改革与社会进步的方向，对政策议程的建立起到了关键的推动作用。

邓小平强调，改革开放的胆子要大一些，要敢于试验，看准了的，就大胆地试，大胆地闯。他说，没有一点闯的精神，没有一点“冒”的精神，没有一股气呀、劲呀，就走不出一条好路，一条新路，就干不出新事业。恐怕再有30年的时间，我们才会形成一整套更加成熟、更加定型的制度，在这个制度下的方针、政策，也将更加定型化。他说，改革开放迈不开步子，不敢闯，说到底就是怕资本主义的东西多了，走了资本主义道路。要害是姓“资”还是姓“社”的问题。判断的标准，应该主要看是否有利于发展社会主义社会的生产力，是否有利于增强社会主义国家的综合国力，是否有利于提高人民的生活水平。

邓小平又说，有的人认为，多一分外资，就多一分资本主义，“三资”企业多了，就是资本主义的东西多了，就是发展了资本主义，这些人连基本常识都没有。邓小平明确提出，计划多一点还是市场多一点，不是社会主义与资本主义的本质区别。计划经济不等于社会主义，资本主义也有计划；市场经济不等于资本主义，社会主义也有市场，计划和市场都是经济手段。

邓小平还说，我国的经济发展，总要力争隔几年上一个台阶，当然不是鼓励不切实际的高速度，还是要扎扎实实，讲求效益，稳步协调地发展。比如广东，要上几个台阶，力争用20年的时间赶上亚洲“四小龙”。江苏、上海等地也可以发展得更快一点。邓小平进而指出，经济发展得快一点，必须依靠科技和教育。科学技术是第一生产力。要提倡科学，靠科学才有希望。

4. 体制功能

一定的政府体制从制度上规定了信息的沟通渠道和利益的表达方式，从而形成了协调各种利益关系的组织机制。政府体制涉及组织结构、工作程序、代表制度、选举制度等多种因素，这些因素对政策议程的建立都有很大的影响。政策议程能否建立，很多时候取决于政府体制的开放程度。社会问题能否被政府所关注不仅依赖于社会大众的发动，而且还需要政府系统自身的努力。

“我当时想的和做的就和你现在一样”

据说，斯大林刚刚去世的时候，赫鲁晓夫就在党的代表大会上狠批斯大林的观点，历数斯大林的多项“罪状”。当他正说得起劲的时候，接到一张代表席中传上来的字条，他看了以后气得满面通红，停顿了片刻，然后说：“我刚收到一张字条，现在读给大家听听，字条是这样写的，‘你现在大骂斯大林，可当初你干什么来着？’”赫鲁晓夫放下手中的字条，冲着代表席上喊：“我现在想请那位写这个字条的同志站出来发表一下意见。”会场这时一片肃静，时间一分钟一分钟地过去，代表们面面相觑，无人站起。赫鲁晓夫这时候才说：“你问我当时干什么去了，我当时想的和做的就和你现在一样。”

5. 传媒作用

大众传媒在推动政策议程建立的过程中起着非常关键的作用。首先，它能把少数人发现的问题广泛传播，以争取多数人的理解与支持，从而为建立公众议程创造了条件；其次，它能制造强大的舆论压力，促使政府决策系统接受来自公众的愿望和要求；再次，它是连接公众与政府决策系统的桥梁，使公众参与决策成为可能，从而扩大了政策问题的来源；最后，它能发挥政府决策系统“外脑”的作用，是政府决策系统了解和掌握社会信息的重要工具。

网络监督

《人民日报》2008年1月4日第5版发表了文章《2007，倾听中国网民》，文章认为“这一年发出声音的一亿多网民，终将被载入史册”。文章得出一个结论：“网民已成为推动社会主义民主政治建设的有生力量。”这个论断，在2008年的中国互联网得到了应验。以网络为载体的舆论监督成效非凡。从一系列事件中，人们看到一种新兴的监督力量——网民的崛起。他们最无所顾忌，他们最没有利益纠葛。最重要的是，他们的行动最为快捷、有效和低成本。

4月10日，凯迪等论坛开始流传一篇帖子《广西师范大学六位校级领导接见一位美女秘书》，其中转载了广西师大官网上一则新闻及其配图，图中学校校长、副校长等六位校领导迎接教育部评估专家组秘书，并与她合影。事件引发了网友及舆论对大学本科教育评估的广泛质疑。

2008年媒体最为广泛关注的网络监督事件，莫过于孙春龙的博客上书一事。《瞭望东方周刊》记者孙春龙在其博客上发表了举报信——《致山西省代省长王君一封信》，在信中他揭露了娄烦事故中真实的死亡人数，结果引起国家领导人的重视，总理温家宝批示要求对事故进行核查。10月6日，国务院组成了山西娄烦尖山铁矿“8·1”特别重大排土场垮塌事故调查组，对这起当初被披露为仅“造成11人死亡的山体滑坡事故”进行调查。

公费旅游文件的意外曝光使年底的网络监督大戏愈发精彩。11月26日，网友“魑魅魍魉2009”在天涯社区“贴图专区”发布了一个题为“晒晒咱们公务员的福利”的帖子。发帖者称在乘坐地铁时意外捡获一些省市公务员出国考察的行程及费用清单。事件涉及江西新余市及浙江温州等多个地方，披露的文件显示，考察团挂羊头卖狗肉的纸上行程只为应付审批和上级检查，真正的行程让网友瞠目。后来事件涉及各方都受到不同程度的惩处。

11月间，网上还掀起一股曝光官员副职数量的热潮。网友发帖揭发铁岭市竟有9个副市长，20个政府副秘书长，亦有网友发现，河南省新乡市有11个副市长、16个副秘书长、6个调研员。后来有网友提议寻找“最多副市长城市”。

2008年最后一个月发生的“天价香烟”，为年度监督大戏拉下帷幕。南京市江宁区房产局局长周久耕在开会时的照片经网友分析显示，周久耕手边的烟是南京卷烟厂生产的“南京”牌系列“九五之尊”香烟，每条售价为1 500～1 800元。同时，网友还发现，周久耕所戴的手表也是名表“江诗丹顿”，售价约在10万元；周久耕的公务员身份与其消费能力，引起网友的广泛质疑。网友甚至发起了一场“看看当官的戴的都是什么表”的“网络搜索”。

6. 问题本身

社会问题的明朗化程度对政策议程的建立具有非常重要的影响。明朗化的社会问题最容易引起社会公众的普遍关注和政府决策系统的政策反应。一般来讲，问题明朗化的程度是问题严重与否的一个重要标志，从而是促成政策议程建立的基础条件。当然，如果只有明朗化事件才能导致政策议程建立的话，政府决策系统就只能做到“头痛医头，脚痛医脚”。就像一个庸医，始终处于被动状态。政府不是救火队，“有事则忙，无事则闲”绝非好的运行模式。所以需要政治领袖以积极的姿态，立足现实，预测未来，及时洞察潜在的问题。例如，我国在发展旅游业的背景下，一些大中城市的高级宾馆、饭店如雨后春笋，纷纷拔地而起，如果政府决策系统能从这种盲目发展的背后看到过剩的危机，就能及时采取对策。再如，我国家电行业的发展也出现过“一窝蜂”的局面，从国外引进的成百上千条流水线，短期内相继投入大规模生产。如果生产过剩的问题能够在潜在状态引起政府的警觉，就能避免由此带来的一些经济损失。

讲社会问题的明朗化程度，不能不提社会问题的临界点①，超越临界点其性质就会发生变化，因此必须重视社会问题临界点的研究。以我国就业问题为例，种种信息显示，目前我国已进入一个非常时期，“饭碗”正成为一种紧缺的物品。改革开放以来，我国共创造了两亿多个就业岗位，然而就业形势却仍然严峻。从“城镇登记失业人数”和“下岗职工人数”看（分析失业压力的两种口径指标），近年来这两个指标几乎一直处于上升趋势，有关研究表明，中国劳动力总供给近10年内将会达到峰值，劳动力供求矛盾仍然十分突出，一旦失业率超过12%这个国际警戒线，就可能引发很严重的问题。

全球气候变暖逼近危险临界点

“生态环境的定时炸弹正在进行倒计时!”这并不是危言耸听。

2005年3月英国公共政策研究所、美国进步中心和澳大利亚研究所合作完成了一份题为“应对气候挑战”的研究报告。报告称，在10年或更短时间内，持续升高的全球气温就会到达临界点，这将引起大范围的旱灾、农作物歉收和水资源短缺等问题。报告指出，当全球平均气温比工业革命前（1750年前）升高2℃后，引发灾难的临界点就会出现。全球平均气温至今已升高0.8℃，并仍在持续上升，距关键临界点仅差1℃多。研究人员通过计算发现，大气中二氧化碳浓度达到400ppm后，就不可避免地会导致气温升高2℃。而当前的水平是379ppm，并且以每年2ppm的速度增长。报告指出，10年内二氧化碳浓度就会跨过400ppm这一门槛。报告敦促“八国集团”所有成员国作出承诺，到2025年各国可再生资源发电量达到总发电量的25%，到2010年各国把用于低二氧化碳排放能源技术的研究资金增加一倍。

6.2.4 政策议程的触发机制

1. 触发机制的影响因素

在公共政策制定的早期阶段，触发机制表现出极其重要的作用，它有助于识别和澄清面临的问题。但遗憾的是，难以预测那些涉及触发机制的活动，因为它们常常隐蔽在一些日常生活中发生的事件后面，具有一定的隐蔽性，很难直接被察觉。

---

① 临界点的概念由物理学而来，物理学中因为能量的不同而会有相的改变（例如：冰→水→水蒸气），相的改变代表界的不同，故当一事物到达相变前一刻时我们称它临界了，而临界时的值则称为临界点，例如临界温度便是气体能液化的最高温度。后亦用以形容事态发展的待变状况。

触发机制作为公共政策的催化剂，其作用的发挥源于三个影响因素的互动：范围、强度和时间。

(1) 范围。范围指的是受触发机制影响的人员数量和地区规模。如果一个事件对社会中多数人或多数地区构成影响，那么它必然具有普遍的社会意义，从而使采取相关行动的要求具有了广泛的社会基础。反之，如果触发机制只是改变了少数人的生活或少数地区的常态，那么要“有所例外”则是非常困难的，同时也很难从决策者那里获得处理的优先权。

(2) 强度。强度是指公众的态度反映。如果发生了某种意外，但得到了公众的宽容与接受，那么随后出现的平和态度就不会引发相关的政策议程。反之，如果这个事件引起担心与愤怒，导致舆论哗然，那就必然会被政策制定者高度重视。比如，为保护濒临灭绝的鱼种，美国环保组织和动物保护机构发起强大的舆论攻势，要求政府停建已投资几亿美元的大坝，政府迫于压力最终做出了妥协。

(3) 时间。时间是指触发机制产生的时间。据此，可以把触发机制划分为瞬间机制和持续机制。前者是指很快就能够广为人知的事件，如苏联切尔诺贝利电站核泄漏事件，1976年发生在中国的唐山大地震等；后者是指需要经历一段酝酿过程的持续性事件，如艾滋病问题，20世纪80年代刚发现这种疾病时，因为它多与同性恋者和吸毒者有关，人们指其为“上帝的惩罚”，不关心它的致命性及对社会的潜在威胁，但到了90年代，随着越来越多的人感染艾滋病和相关医学研究的开展，社会公众开始急于了解艾滋病预防和治疗的方法，并希望政府部门对此有所作为。

2. 触发机制的类型

触发机制作为公共政策的潜在先导，产生于内部（国内）和外部（国外）两种不同的环境，因此可以区分为内在触发机制和外在触发机制两种类型。

(1) 政策议程的内在触发机制。

1) 自然灾害。自然灾害的发生不受个人或政府从事的活动的影响。虽然在自然界里不存在政治，但自然事件及其结果却可以极大地影响政治，如政治价值观的改变，政治优先顺序的改变等。一般来说，自然灾害难以在现代社会起触发机制的作用，环境的一般性破坏并不需要政府迅速作出公共政策方面的反应。虽然有些自然灾害发生的频率很高，但就其影响范围和持续时间而言，都不足以设立政策议程。然而，1994年发生在美国洛杉矶的大地震，却促使联邦政府迅速作出了反应。地震发生在人口密集区，强度为里氏6.4级，很快就使整个地区的社会经济遭到空前的破坏。美国国会迅速通过了一项80亿美元的一揽子救济计划，用以帮助灾区摆脱困境。

2) 经济灾难。经济事件并非只会对经济领域构成影响，它的发生同样会给社会生活和政治生活带来变化。1982年美国俄克拉荷马州的一家银行倒闭，之后不久，美国第八大银行伊利诺伊大陆银行也关了张，从而导致投资者的恐慌，挤兑成风，造成各银行相继倒闭的连锁反应、经济的萧条触发了政策变革的社会要求。

3) 技术突破。技术创新为社会带来了源源不断的发展动力，它可以实实在在地改变人们的日常生活和社会关系。汽车的发明及其批量的生产带来能源的巨大需求，引起公路的大规模建设，造成环境污染和交通事故等问题，对社会政治领域发起进攻；电视电话技术的应用使信息能够得到迅速的传播，一打开电视开关，就能够了解国会辩论、总统讲话的情况；电脑的激增和互联网技术的出现开创了历史的新纪元，不仅改变了普通人的生活方式，而且也改变了政府的管理方式，“全时政府”的概念得到越来越清晰的表现。

4）生态变迁。人类生存最为必要的一些资源，多是不可再生资源。一些国家和地区的乱垦滥伐导致土地濒临低产的边缘，造成水土流失和自然灾害的频频发生。生态的改变并不完全由生态自身的推动力所产生，其中涉及许多人为因素的影响。当然，对人类活动作出反应的生态转移是缓慢发生的，然而，生态问题一旦形成就可能造成极大的破坏，导致公众迅速作出反应，产生过去从未考虑过的政策问题，如水污染问题、温室气体排放问题等。

5）社会变迁。随着社会中的大多数人对社会价值、行为规范、政治理念和政府责任等方面态度的转变，社会的方方面面都会随之产生很大的变化。我国从计划经济向市场经济转轨，促使公共政策发生很大的转变；发生在美国的女权运动促使社会重新思考妇女社会地位与经济和政治制度有关的因素；黑人解放运动吹响了向种族歧视进攻的号角，提高了黑人的社会政治地位，推动了社会的进步和发展。

（2）政策议程的外在触发机制。

1）战争行动。受到他国的武力侵犯是外在触发机制最为典型的例子。即使本国并没有直接卷入冲突，但也会受到间接的影响，可能会成为与冲突有关的活动的参与者。第二次世界大战导致美国直接参战的“珍珠港事件”就是战争直接触发政策议程的典型例证。然而，类似珍珠港事件这种既清晰又完全地影响公共政策过程的触发事件很少。更普遍的情况是，当战争只是一种可能性时，一个国家需不需要对威胁作出反应还得权衡考虑。1990—1991年间的波斯湾冲突，美国及其北约盟国眼睁睁地看着伊拉克对其邻国科威特发动了军事入侵，后经联合国安理会授权，以美国为首的多国部队才发动了“沙漠风暴”行动。

2）地区与国际冲突。除了战争这种国家间的大规模冲突之外，在全世界多个地方都有小规模冲突出现，比如印度和巴基斯坦两个国家的摩擦，以色列和巴勒斯坦持续不断的流血冲突，爆发在波黑地区的局部战争，朝韩半岛的潜在危机，令俄罗斯政府倍感头疼的车臣问题，基地组织（极端宗教主义分子建立的恐怖组织）的恐怖活动等。这类冲突同样会对政策议程的建立产生重要的影响。

3）经济对抗。各国间在经济领域存在的博弈是一个不争的事实。世界的“经济馅饼”可能有人多吃一口，别人就会少吃一口，即一国的收益可能造成他国的损失。比如许多石油进口国对石油输出国就有发不尽的牢骚；一些第三世界的发展中国家不断批评工业发达国家低价购入原料，高价返销产品，赚取过高的利润。当一个国家以损害他国的方式制定其公共政策时，就不可避免地会导致经济对抗，从而引发经济报复行动，带来双边关系的恶化，如欧美经济冲突、美日贸易摩擦等。

4）新式武器与力量失衡。五十多年前美国是唯一一个掌握核技术的国家，但现在已经有十多个国家掌握了这项技术。此外，还有许多国家已经掌握了生产大规模杀伤性武器（如生物和化学武器）的方法。新式武器的出现不仅对国家间的关系具有显著影响，而且对整个国际政治体系也会带来冲击。美国作为新式武器拥有量的“超级大国”，企图在21世纪继续其霸主地位，推行单边政治，充任世界警察，美国国防部为此还拟订了一个“防止新对手再度出现”的战略，采取一切办法限制他国拥有或扩充大规模杀伤性武器。

6.2.5 政策议程与突发事件

美国政策学家詹姆斯·E·安德森（James E. Anderson）在其《公共政策制定》一书中对科布和艾尔德的观点作了更为具体的阐述。① 他认为下列因素促成了政策议程的建立。

（1）某种危机或惊人事件。很多时候，人们可能已经对某些问题有所察觉，并提出了政策诉求，希望能够对之采取必要的行动。但它没能引起普遍性的重视，政府也处于左右为难之中。在这种情况下，的确需要有某种突发性事件的发生，将问题推上政策议程。突发性的重大事件往往会使形势发生戏剧性的变化，从而使问题成为社会各界关注的焦点，引起政府的高度重视。如在 1957 年，苏联发射了第一颗人造地球卫星，尽管当时艾森豪威尔政府的有关官员表面上并没有显出过分的在意，但这一突发的事件的确将探索太空的问题提上了美国政府的政策议程。

苏联成为第一个发射卫星的国家

1957 年 10 月 4 日，莫斯科时间晚 22 时 28 分，在苏联的拜科努尔基地，运载火箭将重达 83 公斤的人造地球卫星送入太空。人类的太空时代开始了。

苏联发射的这枚卫星代号为 PS—1，形状为球形，铝合金外壳，外置 4 根天线，长度分别为 2.4 米和 2.9 米。卫星直径 58 厘米，重量 83.6 公斤。卫星设计成球形，据说这样可以更多更好地安装科学仪器。

苏联发射第一颗人造地球卫星之后，全世界的主要报刊连续数日对这一事件作了大幅报道，全世界为苏联所取得的成就感到震惊。因为美国在这方面落后于苏联，美国总统艾森豪威尔受到了来自民主党的激烈批评。民主党候选人约翰·肯尼迪在 1960 年的总统大选期间，在竞选大纲中把发展美国的航天工业作为未来主政期间的一项重要工作。1958 年，美国的第一颗人造地球卫星发射升空，重量为 8.2 公斤。人类的太空对抗时代开始了。

一个让人迷惑的问题是：如果美国发射了第一颗人造地球卫星，那么历史将会怎样？乔治·华盛顿大学太空政策研究所所长约翰·诺斯顿说：“如果没有苏联的人造地球卫星，就可能没有阿波罗计划。”

（2）抗议活动（包括使用暴力手段）。这是使问题引起决策系统关注并进入政策议程的另一种途径。抗议活动是一种激烈的利益表达形式，往往带有某些反常规的行动特征。

① 参见［美］J. E. 安德森：《公共政策制定》，72～74 页，北京，华夏出版社，1990。

其表现形式有示威游行、静坐斗争、绝食抗议、暴力冲突、武装对抗等。社会中出现大规模的抗议活动通常说明社会问题已经发展到非常严重的地步，政府的现行政策已经难以调和这种矛盾，只有作出新的政策选择才能平息由抗议所引发的混乱局面。抗议活动是建立政策议程的有效方法，但不是最佳的途径。它多以极端方式向政府施压，表达某些利益群体的政策诉求，往往形式过激、发生突然，给政府带来“超负荷压力”。在政府能够有效控制和疏导这种压力时，政府可能会做出一定程度的妥协，建立相应的政策议程。然而，这种激烈的表达方式毕竟有可能造成社会失序，形成与政府的严重对立，对既成的社会秩序构成威胁，导致一些悲剧性的后果。

重庆出租车罢运事件

据新华社记者报道，2008 年 11 月 3 日，重庆市主城区出租汽车全城罢运。在重庆市各个街道上，8 000 多辆明黄色车身、黑白格腰线的出租车，在这一天同时“蒸发”。许多欲乘出租车的市民连声抱怨。

3 日早晨 7 时左右，记者驱车行驶在重庆市新溉路上，平日出租车很多的街道上，不见一辆出租车。8 时左右，记者在重庆市渝北区新南路一带看到，许多乘客正在等出租车。他们一边等车一边抱怨：今天怎么一辆出租车都没有？有的说上班快迟到了，有的说快赶不上火车了。后来他们听说出租车罢运后，连忙去挤公共汽车。

从高处拍摄的照片看，出租车司机们多将车停在空地上，组成了庞大的黄色海洋，蔚为壮观，而城区的主路上则显得车辆寥寥，空空荡荡。这就是震惊全国的重庆出租车罢运事件，这次罢运持续了整整两天。值得一提的是，媒体以往对类似事件很少提及，而此次罢运事件却意外地被包括中央媒体在内的各方披露。

记者调查发现，重庆市出租车司机多次向主管部门反映加气难、运价低、罚款多等问题，但其诉求长期得不到解决，矛盾越积越多。

重庆出租车基本上都使用天然气，加气难这个令出租车司机最头痛的问题已经持续了好几年。一般来讲，重庆出租车加气最少等 1 个小时，最多等 3 个小时，这使出租车的营运收入受到严重影响，同时也加剧了“打的难”问题。出租车司机对此怨声载道。

管理费过高也是一项主要诉求。一些出租车司机反映，他们所挂靠的出租汽车公司收取的管理费一般每月为 7 000～8 000 元。

出租车司机对黑车多、罚款多、收费多也有颇多意见。据反映，重庆市主城区共有几千辆违法运营的“黑车”，这些“黑车”长期与出租车抢生意，严重扰乱了客运市场秩序。还有不少人反映交警和交通执法人员罚款多，有的平均每月会接到 10 张交警罚款单。

事发当日上午，重庆市政府召开紧急会议，研究处置出租车罢运事件。市政府作出紧急部署：坚决防止出租车罢运事件引发的连锁反应，并采取有力措施，确保营运恢复正常水平。16 时 30 分，重庆市交委举行新闻发布会。据有关领导介绍，为妥善处置问题，重庆市政府已启动票价调整调研工作；市经委已采取措施，增加 CNG 天然气供应量，增加加气站；同时，保持打击“黑车”的高压态势。关于出租汽车公司与出租车司机的利益分配问题，市出租汽车协会已进行了专题研究，提出出租汽车公司与出租车司机利益调整的意见，正在征求出租汽车公司和出租车司机的意见。

11月5日晨，罢运48小时后，山城的的士又开始满街跑了，罢运风波得以平息。

（3）新闻媒体。一些问题可能会引起新闻媒体的特别注意。通过新闻媒体的报道，这些问题很可能会成为政策议程里的内容。如果没有新闻媒体的介入，那么这些问题就很可能长久地存在而无法引起社会公众的注意，政府自然也就不会去考虑这些问题。而对于那些已经被提上议程的问题，新闻媒体的渲染也能够使其获得更多的关注。新闻媒体作为重要的社会舆论机器对政策议程的整个过程及其结构都有重要的影响。如河南张金柱一案，就使执法队伍的素质建设问题提上了政府的政策议程。当然，新闻媒体报道问题往往出于各种不同的动机，或为了“制造”新闻，或为了增加发行量，或为了公众的利益，或出于其他不可告人的目的，所以不可避免地会出现不真实的报道，对政策议程的建立会产生一些负面的影响。

阳光是最好的消毒剂

2007年12月12日，《舟山日报》以一个整版的篇幅刊登了《舟山市市级机关（单位）车辆油耗及维修费用情况公示》，将全市480辆公车的单位名称、车牌号码、耗油量、里程、修理费用等，按季度汇总的方式向全社会“张榜”公布。每个市民都可以通过阅读报纸，了解在7—9月的三个月时间里，每辆公车花掉了多少钱。舟山市此举，在当地引起了巨大反响，许多机关工作人员已经感觉到了“压力”。看来，舟山市用“公开”这一办法来治理公车花费乱象，是有效的。“公开”为何有如此巨大的威力？在“公开”的背后，其实包含着另一味更为重要的药——实干。

有报道说，全国每年花在公车上的公款，数额比较大。如何解决这个问题，是高层和各地有关方面一个急迫的任务，各地也出台了很多措施。然而，效果并不理想。其实，如果说各地出台的措施都是行不通的措施，那也不尽然。比如说严格的派车登记制度，如果能够每丝每毫都得到执行，局面绝不会是现在这个样子。问题就在于，对于相当多的制度，执行者根本不执行，而监督者，也根本不能监督到位。

此次舟山市的做法和其他地方的不同之处，就在于找到了保证执行者去执行的办法——“用公开促实干”。试想，假如同种车辆、同等工作、同一时段，你的车的花费硬是比别的车高几倍，众目睽睽、众议声声之下，你还能无动于衷吗？可以想见，假如全国各地都像舟山这样，公车花费的大“窟窿”还能堵不住吗？

6.2.6 政策议程建立的障碍

公共问题能不能引起决策者的关注？个体和局部性要求能不能形成广泛共识？政策诉求能不能进入政策议程？要回答这些问题就不能不考虑建立政策议程的障碍因素。总体说来，议程障碍主要表现在以下几个方面：

1. 政治原则的偏离

任何国家都有其视为立国之本的基本政治原则。坚持这些原则，是政府义不容辞的职责。因此，政策诉求一旦偏离了这些原则，政府就会通过各种方法将其排斥在政策制定系统或制度化程序之外，有时是在其提出之前或接近相关的政策领域之前就会被窒息、改变或扼杀。

2. 价值体系的排斥

价值体系涉及社会的基本观念及其信仰倾向，是人们思考的依据和行为的准则。任何社会都有其占主导地位的价值体系，它排斥特定的社会问题和政策选择方案进入政策议程。换句话讲，如果提出的政策诉求与社会价值体系不融，那么就难以形成公众议程，更不可能转化为正式议程（即政府议程）。

3. 政府体系的封闭

如果政府体系保守，决策过程封闭，民选代表不能代表选举人的利益，那么公众与政府联系的渠道就会出现障碍，公众的呼声和愿望就很难为决策者所知，人们不仅无法与决策者进行必要的沟通，而且不能通过问题讨论等形式参与政策的制定过程。在这种情况下，公众认定的社会问题很难进入政策议程。当然，我们并不否认政府的“黑箱操作”有时是切实可行的甚至是唯一可行的办法，但这种“自由”并不是没有限度的。公共政策事关公众的利益，必须接受公众的检验，一个保守的政府、一种封闭的体制难以产生有效的政策。

4. 承受能力的超负荷

任何一种政策问题的提出，如果超出了决策者的承受能力，就会受到他们的排斥或回避。尽管这种问题的提出有时对社会有利，符合时代潮流，往往也难以进入政策议程。

5. 表达方式的失当

有些问题本可以通过法定的正常渠道提出，却偏偏要选择非正常渠道；明明可以在正式场合上讲，却偏偏要进行地下活动；明明可以采用平和形式提出政策诉求，却偏偏要采取过激的形式。这种表达方式的失当，很多时候使本该列入政策议程的问题没有被列入，本该受到重视的问题不被重视。

美国禁枪为何难？

在美国，个人有权拥有枪械。对这种代价昂贵、只有潜在意义的自由和权利，美国人在支付了有目共睹的惨重代价之后，为什么至今没有放弃呢？要回答这个问题，说难也难，说易也易。看看下面这段小故事，我们可能就会有了答案。

一名生活在美国的犹太人后裔在得知以色列正在建立所有第二次世界大战中被迫害致死的犹太人的详细档案时感到奇怪：那么多的牺牲者怎么会无力反抗？后来他发现，二战之前德国人民也是可以合法拥有武器的，但在希特勒上台之后，首先搞枪支登记，然后设法逐步没收枪支，以致犹太人最后只能束手就擒。他由此坚信失去自卫武器是犹太民族的悲剧原因之一。他拥有好几种枪，他说："我也希望永远不去用这些枪。但是你应该知道，枪不仅是一种工具，更是一种权利。"

的确，在美国，人们捍卫自己与生俱来的权利能够得到宪法的保障和司法制度的支持。简单地说，凡是发生"抄家"这类的情况，法律是支持开枪一方的，但是为了避免误伤，必须事前发出警告，如果在受到警告之后继续侵犯，主人有权开枪，事后不必承担后果。

6.3 政策方案

政策方案是指一个或一组为解决问题、实现目标所设计的行动准则和内容，它具体规定实现政策目标的步骤、途径和方法。

6.3.1 政策方案的特性

1. 政策方案的目标取向

政策方案是对"未来事务现状"的设想，因此它具有一定的目标取向，其主要表现就是任何一项政策方案都必须有前瞻性与指导性。要实现政策方案所设计的"未来事务现状"，就必须有相关的人力、物力、财力的支持和大家的共同努力。

2. 政策方案的变革取向

要实现未来状态，就必须逐步改变现状，才可能最终达到未来状态，因此，政策方案必须要有变动性与创新性。也就是说，政策方案要注重实际行动，要在时间、观念、行为、事务关系、人际关系等方面有所改变，以此适应未来状态的要求。

3. 政策方案的选择取向

政策方案重在"选择与设计"，它包含一系列大大小小的选择活动，其表现在选择上要有广度、深度、连续性、相关性。也就是在进行设计时，要设法扩大选择的机会，在有限的资源约束下，作出有效的选择。只有这样，才能激发创新，发掘智慧。但需要指出的是，在选择时，要对选择的项目、程序、时间等进行适当和谨慎的考虑。

4. 政策方案的理性取向

政策方案设计的精髓就在于对理性的把握。其真正的意义在于：通过环境、目标、手段之间的有效搭配，发现政策方案的可行性条件。如果政策方案超越了环境的限制，便缺乏成功的可能性。从目标与手段的配合角度而言，政策方案与理性的联系越紧密政策方案就越有效。

5．政策方案的集群取向

现代政策问题的复杂性，使得政策方案难以发挥一锤定音的功效。因此，政策方案的设计不仅需要考虑相关问题，而且要考虑后续问题。药到病除是好，但很难做到，所以总要有预备方案。

6.3.2 政策方案的理性基础

理性一般指概念、判断、推理等思维形式，要求按照事物发展规律和自然进化原则来考虑和处理问题、把握态度。理性是多元的，依据不同理性的把握，人们能够识别、判断、评估实际的理由并使自己的行为更符合特定的目的。政策方案开发需要具备如下理性基础：

1．技术理性

亦即“工具理性”，技术理性是目的理性的工具系统。工具的活动按照技术规则来进行，而技术规则又以经验知识为基础；技术规则在任何情况下都包含着对可以观察到的事件（无论是自然界的还是社会上的事件）的有条件的预测。这些预测本身能够被证明是有根据的或者是不真实的。

2．经济理性

经济理性的突出特征就在于其强调经济行为的个人性和自利性。经济理性所设定的目标符合“经济人”的个人偏好，在通常情况下，“经济人”行为总是服务于自己的个人目的。现代经济学把经济理性等同于现实理性，认为除了自利最大化以外的其他任何行为都是非理性的，拒绝伦理考虑在实际决策中的作用。

3．法律理性

法律理性是西方法律文明从古希腊以来一以贯之的传统。当代法治国家正当程序原则的普遍化反映了更高层次的理性回归，从另一个侧面深化了法律理性的影响。法律理性的实质是通过确立基本的法律原则，实现正当程序的理性化。

4．社会理性

社会理性涉及我们与社会以及社会问题之间是何关系的问题。对于这一问题的解释主要包括三种语言范式：第一种是“自我范式”①，其思维基础是个人理性；第二种是“我们范式”，其思维基础是社会理性；第三种是“它们范式”②，其思维基础是中立的科学理性。“社会理性”从“我们”出发，将“我们”作为社会问题研究的终极目标，进而作为借助一种群体主义的价值内涵来进行思考，而个人则被置于从属的地位，其判断标准往往是群体主义的。

5．实质理性

实质理性与形式理性相对，二者的根本区别在于形式性（或自洽性）有所不同，通俗

---

① “自我范式”是一个典型的以“自我”为观察视角的思维方法，它将“自我”排除于所研究的目标问题之外，作为一个局外人来思考，其判断标准是纯粹的个人主义。

② “它们范式”强调一种价值中立的观察角度，“它”作为一种完全外部于个人和群体所处的社会的视角，对人类社会乃至自然界的诸多现象给予阐释，“它”作为观察者，在价值立场上完全中立于无数个“自我”和“我们”，在逻辑描述上往往采用实证主义方法对事实和现象给予诠释。

点说，形式理性认为，不同的存在应按照相同的决策标准来作为决策的依据；而实质理性则要求根据不同的事件做出不同的分析考量，虽然过程是理性的，但缺乏统一的决策标准。实质理性包括多种理性形式的综合与比较——技术的、经济的、社会的、法律的等，目的是在特定情况下做出最合适的分析考量。

6.3.3　目标分析

目标分析是方案开发的首要任务。一般而言，无目标的行为抉择是不可思议的。这就像打高尔夫球一样。如果让一个人夜间去打，他会感到非常好笑，连标杆都看不见，让他往哪里打？看足球比赛更是如此，如果在足球场上把双方的球门锯掉，则根本无法计分，谁还会有兴趣看两个球队的队员在足球场上无聊地奔跑？政策目标就是决策者对未来一段时期内所能取得的结果的预判。没有这种基础性的判断，决策就无从谈起。

一般来说，政策目标应具有如下特征：

（1）层次性。政策目标是由总目标、子目标、次级子目标等从大到小，自上而下组成的一个多层次的目标体系。总目标、子目标之间既相互联系，又相互制约，构成了一个层层节制的目标系统。

（2）多样性。公共政策内容的广泛性和复杂性决定了政策目标的多样性。从内容上看，有政治目标、经济目标、社会目标等各领域的目标；从范围和数量看，有宏观目标、中观目标和微观目标，单目标和多目标；从期限上看，有长期目标、中期目标、近期目标；从程度上看，又有主要目标和次要目标等。

（3）系统性。多层次、多样化的目标并不是相互独立的，更不是相互并列的。各种具体目标之间要建立有机的联系，形成合理的结构，发挥系统的功能。局部的、低层的、近期的目标要从属于整体的、高层的、长期的目标。具体目标受制于总体目标，并根据总体目标的要求进行调整。

为了防止“制定了正确的方案，解决了错误的问题”，保证政策目标的正确性，政策目标的确定必须要遵循以下原则：第一，针对性，即目标必须针对现实问题，有的放矢，切中要害，并选择好突破口。第二，可行性，即目标必须是在现有条件下通过一定努力可以实现的。第三，系统性，即从整体着眼，对目标进行层层分解，并将其系统地归并和综合为一个有机的目标体系。第四，规范性，即目标必须要符合一定社会的法律、政治和道德规范，符合人们的价值观和信仰。第五，具体性，即目标的表达要准确清楚，含义单一，有明确的时限、范围和约束条件及具体指标。

管理学中有一个目标置换效应。它是指对于工作如何完成的关切，致使渐渐地让方法、技巧、程序的问题占据了一个人的心思，反而忘记了对整个目标的追求。换言之，“工作如何完成”逐渐代替了“工作完成了没有”。美国管理学家约翰·卡那首先指出了这种现象并提示我们：手段再高明也代替不了目的。做正确的事，然后再去选择如何正确地做事。

第二次世界大战期间有这样一个例子，在诺曼底登陆后，盟军开辟了欧洲战场。美国为盟军生产的军火需要大量运往欧洲。由于运输任务很重，政府动员了许多商船。开始时由于德国飞机攻击频繁，商船的损失极为惨重。美国海军部因此决定在商船上安装高射炮和高射机枪。但过了一段时间后发现，这些高射武器的战绩实在糟糕，几乎没有击落或击伤一架敌人的飞机。所以有许多人产生了这样的疑问：有没有必要继续在其他商船上安装高射武器？这样做是不是多此一举？盟军海军的运筹小组经讨论研究后认为，在商船上安装高射武器并不是为了击落多少架敌机，而是为了减少被击沉击伤的运输船数量。虽然高射炮没有击毁一架敌机，但通过对统计数据的分析发现，它在保护商船、防止敌机轰炸方面起到了很显著的作用，商船受损失的数量明显下降。看来，安装高射炮并不是徒劳之举，关键是要看为了达到什么样的目的。目标与手段的混淆其实是政策执行中很容易犯的错误，在政策评估中对此要引起特别的重视，不要只忙于统计“打下来多少架敌机”，而要搞清楚“保护了多少条商船”。

6.3.4 价值分析

目标选择实际就是根据前提引申出结论，这类前提主要涉及两个方面的内容，即价值因素和事实因素。所谓事实因素是指决策活动中所依据的客观事实，比如一个人在决定上班带不带伞时要考虑天气情况，在这里天气情况就是事实因素。但决策的依据不仅仅是事实因素，还包括价值因素。所谓价值因素是指决策者的个人好恶，比如仍以上述的简单决策为例，如果天下雨，带伞可以遮雨；但如果天不下雨，雨伞就成为累赘。在进行决策时有的人更看重身体健康的保护，有的人更看重减少不必要的麻烦，他们依据同样的天气情况（阴天）会作出完全不同的选择，这就是他们在进行价值判断。作任何一项决策首先需要考虑的就是价值问题，因此，价值判断被认为是决策的首要前提。也许有人会说，一些非常具体的且技术性很强的决策活动并不含有价值因素的作用，比如决定一条市区道路如何修建的问题，看似与价值因素毫不沾边。其实不然，只要了解了“决策层次系统”或“目标手段系统”的概念就不难理解这一点了。人的行动都是有目的性的，支配低层次行动的目标总含有实现更高层次行动的内容。如一个人迈步前行，是为了到邮局去；到邮局是为了寄信；寄信是为了向某人传递信息；传递信息是为了使某人有所行动。如此推导下去，直至达到一个相对的终点目标。这就形成了一个决策层次系统，在这个系统中，较低层次的决策行为往往成为实现较高层次决策目标的方法和手段，因此又称为目标手段系统。由此看来，较低层次的决策判断总会受到较高层次决策目标的制约。既然任何决策都离不开目标的选择，而小目标又要服从于大目标，所以，决策行为无论其重要性大小、技术性强弱都应包括价值因素，都需要回答“值不值得去做”这样的问题。就拿上述修建市区道路的问题来说，在进行决策时固然要考虑地形、地质、资金、技术等事实因素，但也必须考虑“值不值得修建这条道路”的问题。这就自然会涉及更高层次的目标，如城市交通安全、经济发展布局、纳税人的负担等。怎样排列这几方面的重要性？这又是一个价值判断的问题。一般来说，决策中价值因素与事实因素的区分大致相当于目标与手段的区分。越是低层次的、技术性较强的决策，事实因素所占的比重越大；反之，越是高层次的、战略性的决策，价值因素所占的比重越大。

决策的价值前提是由多重价值因素构成的，它是一个系统，在其内部价值因素既有一致的方面，又有不一致（甚至相互冲突）的方面。在决策环节，出于多种原因，实际上很难兼顾价值体系的多重因素，只能在价值冲突中求得某种平衡或为突出某些价值因素而放弃其他的价值因素。价值体系的这种矛盾和冲突特征往往会使决策者举棋不定，难下决断。

价值判断贯穿决策过程的始终。确立某一价值前提并不意味着它不会发生改变。决策活动往往遭遇多重目标和多种方案，其分析判断过程所表现出的复杂性使决策者不可能对价值前提的不变性保持信心。价值前提的重新确立是经常发生的事情。不仅如此，在权衡方案的过程中，对价值前提的论证是其中一项极为重要的内容。而价值论证实际上就是重新评价那些带有指导性的价值前提。

价值判断会涉及价值目标的选择。价值目标与决策目标其实不是一回事，不能把二者混淆。决策目标包含价值目标，但又不等同于价值目标。它是对实践结果的一种预先设定；而价值目标则是对实践结果的意义所作的评价。不同的决策在目标上的一致并不等于它们在价值上也一致。举例来说，双方同样作出研制核武器的决策，一方是为了扩张侵略，另一方是为了反击侵略。决策目标一致，价值目标相反。尽管这个例子有些极端，但解释了价值目标与决策目标的区别。毫无疑问，成功、高效的决策需要二者更多的一致，如果将决策目标称为“事”，将价值目标称为“愿”，决策将会力求“事遂人愿”，避免“事与愿违”。

总而言之，价值分析需要回答“为什么?”的问题，包括为谁，出于什么样的目的，值得不值得去做，有无冒险的必要等。价值分析的目的是要确认某个目标是否值得争取，采取的手段能否被接受，对现状所作的改变结果是否良好。价值分析可以帮助决策者弄清楚：我们是在干什么？我们希望得到什么？需要付出怎样的代价？最终结果要解决一个问题：决策偏好是什么？

6.3.5 方案设计

方案设计就是在明确政策目标的基础上，经过调查研究，运用适当的技术与方法，设计或者规划诸种实现政策目标的行动方案。

1. 战略与战术

方案设计既要考虑战略问题也要考虑战术问题。所谓战略问题是指那些具有宏观性、全局性、方向性和原则性等特征的一类问题，其意义重大，影响深远；相对而言，战术问题是指那些具有微观性、局部性、区域性和阶段性特征的一类问题，其目标具体，内容单一。一般来说，战术是战略的延续和细化，二者近似手段与目标的关系，战术目标应力求服务于战略目标，以战术胜利为战略成功奠定基础。

诸葛亮名垂青史的《隆中对》就是战略思考的典范。东汉末年，群雄并起，刘备势单力薄，无处立身，他三顾茅庐，诚心求教于诸葛亮。诸葛亮为他分析了天下的局势，指出自董卓专断朝政以来，豪强蜂起，争雄天下。曹操战胜袁绍，拥兵百万，挟天子以令诸侯，暂不可与之争锋；孙权占据江东，历经三世，人心归附，贤能之人尽心效力，可以联合为援，不可以为敌。剩下可以图谋的地方只有荆州、益州两地，刘备可在此建立根据地，安抚夷戎，修明政治。一旦天下有变，可命一上将率荆州之军向宛、洛进军，刘备可亲率益州之众出于秦川，如此则霸业可成，汉室可兴。从《隆中对》可以看出诸葛亮为刘备策划的战略目标是恢复汉室，统一天下。具体步骤分两步走，第一步是占据荆州、益州，建立根据地；第二步是兵分两路，进取中原。可以毫不夸张地讲，没有诸葛亮这项伟大的战略设计，就不会有中国历史上“三国鼎立”的局面。

田忌赛马的故事很好地诠释了战术思考的重要意义。战国时期，齐王为炫耀其马，让大臣田忌牵马来比，双方各出上、中、下三匹来赛。由于田忌的马都比齐王同等级的马略逊一筹，所以每战皆北。孙膑到后，给田忌出了个主意：以下等马对齐王的上等马，以中等马对齐王的下等马，以上等马对齐王的中等马，这样就可转劣为优，战必胜之。田忌依计而行，果然以 2∶1 获胜。孙膑的方案之所以成功，主要是知己知彼，在敌强我弱的情况下，运用了合理的战术，以牺牲个别换取了整体的主动。这个故事已成为我国历史上战术设计的光辉典范。

2. 方案设计的步骤

设计政策方案多是为了解决现实问题，这就像医生给病人开方治病一样，不仅是为了缓解症状，更是为了解决病因。药方的好坏是能不能治好病的关键。同理，决策者对于政策问题的分析和判断，其根本目的，也正是在于寻求一种解决这一问题的途径和方法。政策方案的内容一般涉及原则和操作两个层面，原则层面是指政策目标的确立，操作层面是指政策方案的具体内容。在政策方案的设计中，需要注意两个方面的问题：一是对方案后果及其效应的准确估计。没有这种估计，方案的好坏优劣就无从辨别，从而失去进行选择的价值标准。二是对方案实施细节的详尽规定。没有这种规定，再好的方案也难以付诸行动，从而也无法进行优化的选择。

政策方案的设计一般可分为轮廓设想和细部设计这两个具体步骤：

(1) 轮廓设想，即从不同角度、多种途径出发，尽量大胆地提出多种多样的方案设想。其主要内容有二：一是为实现既定的政策目标，大致可提出多少个政策备选方案。二是将各种备选方案的轮廓，如行动原则、指导方针、发展阶段、阶段目标等大致勾画出来。轮廓设想阶段的主要要求是，备选方案要尽可能多样化并具备整体上的完备性，各个方案之间要有所差别。轮廓设想阶段也是运用创造性思维方法最多的一个阶段，要求方案设计者要敢于打破陈规，独辟蹊径，用创新的方法和技术来实现方案的突破。

(2) 细部设计，即对轮廓设想阶段所产生的备选方案进行初步筛选，淘汰那些明显不可行的方案，留下一些较为可行的方案，并对其进行精心的细节分析。淘汰阶段的主要工作是在重新进行决策目标分析的基础上，通过对备选方案与目标的比较来去掉那些偏离决策目标的方案。细节设计则要对每一可行方案进行方案扩大，将决策方案根据决策对象的性质分解为一些较为具体的规定。

3. 备选方案的来源

备选方案是如何形成、怎样出现的呢？一般说来，分析人员多以“与现状相符且尚未实施过的方案”为起点，然后参考他人的经验、案例的调查、类似问题的类推、学者专家的意见、权威人物的要求、参与者的想法、法律条文的规定、技术条件的提供等相关内容，逐渐形成自己的方案框架。一些学者认为，备选方案的设计思路大致有四个基本来源：现行的政策方案、通常的解决方案、调整的解决方案和创新的解决方案。

寻求备选方案的具体途径有三个：

（1）消极等待（passive approach）：像新闻热线等待新闻线索提供那样，等待一些人以毛遂自荐的方式提供问题的解决方案。

（2）主动寻求（search-generation approach）：不仅要让其他人了解所要寻求的方案，而且应主动提供方案的政策目标和分析的基本思路。

（3）触类旁通（neighborhood approach）：寻求在解决类似问题时前人的一些通常做法，在差异比较的基础上，类推新的解决方案。

4. 方案设计的内容

政策方案本身并不是行动，而是行动之前对行动的内容、程序、方式、方法等进行的初步设想。按照事前设定的方案行动，是人的行动区别于动物行动的一个显著特点。动物行动所表现出来的计划性，只是长期生存过程中形成的习惯性本能，是毫无意识地服从自然。人的计划则完全不同，人是唯一有意识活动的高级动物，其行为受思想的支配，行动之前总有思考和选择的过程。马克思对人类活动与其他动物活动的区别曾有过一个非常形象的解释，他说，蜂窝的精密构造曾使建筑大师们为之叹服，但建筑师在建造楼房之前就已在头脑中有了楼房的完整形象，而这正是蜜蜂所没有的，也是根本做不到的。搭建蜂窝完全是蜜蜂代代相传的本能行为。而人类参考蜂窝的结构建造楼房则是人类自觉地改造自然并使之为己服务。这是被动适应与主动改造之间的区别。这种以改变外部世界达到自己目的的计划，就是人们制定的行动方案。行动方案的内容是多方面的，通俗地说可以用 5W1H 法（具体内容参见本书第 3 章）进行概括。

有时候，人们面对一个问题而对答案全然不知，感到无从下手，他们会觉得获取的信息或已知的条件太少，从而无法找到解决问题的途径。但是，当这个问题被分解后情况又会怎样呢？面对那些次级问题，他们可能不用求教书本或专家就能够自己解答，通过解答这些次级问题，他们可能会逐渐接近整个问题的准确答案。这是费米[①]提出的一种处理难题的思维方式，被称为“费米思维”。

方案设计的要点主要包括如下内容：

（1）成本（cost）：方案需要考虑的成本和效率问题。

（2）稳定性（stability）：方案的抗干扰性及目标的可持续性。

（3）可靠性（reliability）：在既定时间段实施方案的可能性有多大。

（4）牢固性（invulnerability）：如果执行中方案部分失灵或受损，该方案能否持续。

（5）灵活性（flexibility）：方案的伸缩余地多大，目标和手段能否改变或调整。

（6）风险性（riskiness）：方案失败的可能性有多大。

（7）传播性（communicability）：方案是否容易被理解，沟通是否有困难。

（8）功效性（merit）：方案的价值表现及其伦理特征，解决问题的是非界限。

① 费米（Enrico Fermi），美籍意大利科学家，费米的天才闻名于整个科学界，他于 1938 年获得了诺贝尔物理学奖。

（9）简单性（simplicity）：方案是否易于操作和执行。

（10）相容性（compatibility）：方案是否与现行相关政策及其目标、手段衔接或相容。

（11）可逆性（reversibility）：方案执行中阶段性目标和程序的相互替代性。

（12）强韧性（robustness）：方案是否适应不同环境和条件。

5. 方案设计的方法

（1）检索政府事务清单。尤金·巴达奇在《政策分析实用指南：通向有效问题解决的八重路径（第三版）》中提出了：一种激发创造性的方法是参考政府事务清单（参见本书附录1），即参考“政府行为一览表”①。你在阅读每一个条目时都要问问自己：“能否将这个计划变通一下就能解决或缓解问题?”由于一览表是广泛的、综合的，所以具体到单个的策略条目时这类问题的答案经常是否定性的。然而，系统地检索一下总体的目录是很有用的。尽管它并不是很长，但概括性很强，所以凭借经验你可以只花费数分钟就能判断出哪些观点是以后值得借鉴的。

（2）头脑风暴法。头脑风暴法又称智力激励法、BS法等。它是由美国创造学家亚历克斯·奥斯本②于1939年首次提出、1953年正式发表的一种激发创造性思维的方法。它通过小型会议的组织形式，让所有与会者在自由思考、畅所欲言的气氛中，头脑掀起风暴，激发创意灵感，互相交换想法，形成智力共振。

“头脑风暴”一词出自精神病理学的用语，过去是指精神病患者的精神错乱状态，即毫无逻辑的胡言乱语，现在转而形容无限制的自由联想和讨论，其目的在于产生新的想法和主张。据说早在四五百年前，印度的一些传教士就在印度教的传教活动中使用过与头脑风暴法程序非常相似的方法。如此看来，奥斯本的头脑风暴法也是源于对前人经验的借鉴。

有人将“脑”的英文“brain”一词拆开来进行总结，概括了头脑风暴法的一些典型特征：

1）B—build on others ideas：让其他人的想法刺激你自己的想法。

2）R—reserve judgement：当其他人的想法不断出现时，不要花费时间和精力去检验或评价这些想法，让其他人的任何想法能够自然流露。

3）A—aim for quantity：其他人的想法数量越多越好，不要担心这些想法是否重复、是否交叉。

4）I—image wildly：其他人的想法都是有道理的，不要先入为主，不要限于一般规律，要鼓励跳跃性和看起来离题较远的想法，创新性往往来源于边缘的想法。

5）N—no killer phrases：不要说如下的话：“这不管用”、“这太荒谬”、“这种想法太

---

① Eugene Bardach, *A Practical Guide for Policy Analysis: The Eightfold Path to More Effective Problem Solving*, Third Edition, Washington, CQ Press, 2009, pp. 16-17.

② 亚历克斯·奥斯本（Alex Faickney Osborn）：创造学和创造工程之父，头脑风暴法的发明人，美国BBDO（Batten, Bcroton, Durstine and Osborn）广告公司创始人。是美国著名的创意思维大师，创设了美国创造教育基金会，开创了每年一度的创造性解决问题讲习会，并任第一任主席，他的许多创意思维模式已成为家喻户晓的常用方式。其所著《创造性想象》一书的销量曾一度超过《圣经》的销量。20世纪40年代，亚历克斯·奥斯本在其公司发起创新研讨。1953年和帕内斯教授在纽约州立大学布法罗学院创办了世界上第一个创造学系，开始招收创造学专业的本科生和硕士研究生。1954年，奥斯本作为布法罗州立大学的董事会成员，促成该校建立“创新教育基金会”。

傻”、“这样做违反规定”、“我们从来不这样做”、“这太可笑了”等等。

早期的头脑风暴法多用于广告设计，试图通过思维共振达到智力放大的效果，其目的主要还是为了产生更多、更新的广告创意。其后，这种方法逐渐流行起来，被广泛应用于社会各个领域。头脑风暴法随着实践经验的不断积累，日趋成熟，在20世纪五六十年代被视为思想创新的主要方法。

奥斯本为头脑风暴法提供了必须遵循的几点原则：

1）排除批评（criticism is ruled out）：必须阻止对新观点的不利评价，不能违背“无批评”原则。

2）畅所欲言（“free-wheeling” is welcomed）：不存在权威的意见，与会者人人平等，谁也无权作出结论，大家自由思考，任意遐想，即使是非常荒诞无稽的看法也应受到鼓励和尊重。经验告诉我们，有上下级关系的小组讨论常常会使下级的自由参与信心不足。

3）多种观点（quantity is wanted）：质量源于数量，观点看法的数量越多，产生创新思想的可能性就越大。

4）合并改进（combination and improvement are sought）：不同观点的组合与改进也是产生创新思想的必要途径。

头脑风暴法在应用过程中也有一些需要注意的事项。首先，团体不能太小，一般以6～12人为宜；其次，做好观点意见的笔录，即使是看似毫无意义和价值的观点；再次，特定时段集中关注一个特定的问题，以便产生更好的思维共振的效果；最后，遵循判断置后原则，对观点的评价要在产生理念阶段之后进行，因为观点提供者会将此视为批评，从而产生抵触情绪。因此，应该由另外一些人在随后的讨论会上对头脑风暴法产生的观点进行筛选。

在头脑风暴法的应用实践中人们发现，参与者不进行相互间观点的评价和批评是非常困难的事情。一些人认为，在直面沟通中，持不同意见的人不能即时表明自己的看法并非是一件好事，推迟的判断不一定会产生好的效果，头脑风暴法产生的不利因素可能会多于有利因素。正因为存在这些不同的看法，奥斯本本人也告诫人们，要避免对这项技术不切实际地加以吹嘘。

头脑风暴法应用举例

（1）一个研究野生动物的组织有一次邀请一些专家来座谈，想从中获得一些有益的启示。会议的议题包括了这样一个题目：用什么方法可以捉住老虎？与会者充分发挥了个人的想象。一位专家提出近似的替代，即老虎的近似是猫，抓住一只猫就可近似地认为抓到了老虎。另一位专家提出了同态像问题，认为拍到一些老虎的照片，就可以认为抓到了老虎。还有一位专家是研究拓扑学的，他的意见最为离奇，他说：“抓老虎就意味着把老虎关在一个铁笼子里，让人站在笼子外观赏。如果对笼子作一个拓扑变换，即笼子的外面变为里面，里面变为外面，就是说把人关在铁笼子里放入有老虎的野生环境。这样，只要人看到了笼子外面的老虎，也就等于人在笼子外面看笼子里面的老虎。于是老虎就等于被捉住了。”离奇不等于荒谬，人们从中得到启示，建立了天然野生动物园。游人可以坐在汽车里，尽情观赏在大自然中生活的各种动物，真是妙不可言。同时还保持了自然生态环境的原有状态。

（2）有一年冬天，美国天气异常，北方格外严寒，鹅毛大雪漫天飞舞，多日不停，输电线上积满冰雪，大跨度的电线时常被积雪压断，造成大范围停电，严重影响企业的生产和居民的生活。政府相关部门为此召开了一个座谈会，尝试运用头脑风暴法解决这一难题。参加这个座谈会的是来自不同行业的技术人员，大家七嘴八舌，争相建议。有人提出设计一种专用的电线清雪机；有人想到用电热来化解冰雪；也有人建议用振荡技术来清除积雪；还有人提出能否带上几把特制的大扫帚，乘坐直升机去清扫电线上的积雪。总之，主意五花八门，各有特色。然而，大家心里觉得最可笑的还是那个“坐飞机扫雪”的设想，只是碍于头脑风暴法的会议原则，没有人对此提出批评。可正是这个看似滑稽的想法，在其后的讨论中，触动了几位工程师的神经，一种简单可行且高效率的清雪方法由此产生。他们认为，每当大雪过后，出动直升机沿积雪严重的电线飞行，依靠高速旋转的螺旋桨即可将电线上的积雪迅速扇落。他们马上开始讨论“用直升机扇雪”的新设想，顿时引起其他与会者的兴趣，开始关注一些细节的问题。

这次会议之后，有关方面组织专家对相关设想进行分类论证。专家们普遍认为设计专用清雪机或采用电热、电磁振荡等方法清除电线上的积雪，在技术上虽然可行，但需要的研制费用过多，周期太长，难以及时见效。而那种由“坐飞机扫雪”所激发出来的设想，倒不失为一种大胆创新的方案。如果可行，将是一种既简单又高效的除雪方法。后经现场试验，果然发现用直升机扇雪十分有效，一个久悬未决的难题，终于在“头脑风暴”过后得到了巧妙的解决。

（3）综摄法。美国麻省理工学院的威廉·戈登（William J. Gordon）教授在长期研究和实验的基础上，于1952年提出了一种独特的创造性思维方法——综摄法，或称提喻法、分合法、集思法、举隅法、群辩法等。

综摄法（Synectics）这个词来自希腊文。原意是指把表面上互不相关（风马牛不相及）的各种不同事物结合在一起。综摄法以已知的东西为媒介，将毫无关联、不同的知识要素结合起来，以打开“未知世界的门扉”，激起人们的创造欲，使潜在的创造力发挥出来，产生众多的创造性设想。

综摄法的提出源自心理学“垃圾箱理论”的启发。垃圾箱理论认为，知识在人脑中有两种存在状态，一种是规则排列状态，一旦需要从头脑中寻找这些信息时，就可按其排列顺序去查找，这就是合乎逻辑的推理过程；另一种则是不规则排列，这些知识是偶然反映在人脑中的，无法按一定排列顺序或规律进行存放或整理，只能非常杂乱地堆放在大脑的某一区域，像个大垃圾箱。要想在垃圾箱里找东西，自然无规律可循，只能靠瞎翻乱找，至于找得到找不到，有时全凭运气，即心理活动中的非推理因素。但这种靠非推理因素组合或综合起来的知识，其中往往存有独特、新奇、具有创造性的知识产品。“废物”利用，有时会产生意想不到的效果。因此，应力求收集那些看似不合理、带有更多情感色彩的想法，并把它们与理性看法相结合，通过比较鉴别，实现创新突破。

戈登在谈到综摄法的原理与特点时认为，人类的创造过程是可知的，是能够进行描述和总结的，如果人们理解他们进行创造活动的心理过程，那么其创造效率无疑会大大提高。创造作为文化现象在艺术与科学中是相似的，而且经历同样的基本心理过程。在任何一种创造过程中，情绪因素比理智因素更重要，非理性因素比理性因素更重要。而且，这些情绪因素和非理性因素，是可以理解的。在创造活动中，人的创造性主要来自潜意识，而且创造性能力多处于潜在（封闭）状态，但它是可以被开发的。综摄法基于心理学中的“垃圾箱理论”，试图通过翻找“垃圾”，利用非理性因素激发人们潜在的创造力。

综摄法有两个基本原则，一是异质同化，即变陌生为熟悉，亦即把给定的陌生东西与早已熟悉的东西进行比较，将陌生之物纳入一个可接受的模式中，从而转换成熟悉的东西。“人造血”的发明就是一例：一只老鼠掉进了氟化碳溶液中，但却没被淹死。这一奇怪现象引起了科学家的关注。经过分析，发现氟化碳能溶解和释放氧气和二氧化碳，这与血液里的红血球能担负输送氧气和运载二氧化碳的原理很相似。于是便利用氟化碳制成了“人造血”。二是同质异化，即变熟悉为陌生。对已有的各种事物，通过类比，从新的或陌生的角度来观察、分析和处理，使看惯的东西成为看不惯，把熟知的东西变为新颖的东西，从而启迪新的创造性设想。它要求人们突破现有思维框框的约束，以挑剔的目光去寻找可以改进和创造的地方。电子计时笔的发明即是一例：电子表的功能主要是计时，而笔的长处在于书写。怎样才能让表书写，让笔记时，这就需要变熟悉为陌生了，创意者将两者长处综合在一起，将电子表装在笔杆中，电子计时笔就诞生了。

戈登把实施综摄法的全过程分为以下几个阶段：给定问题→变陌生为熟悉→理解问题（分析、抓住要点）→类比（操作机制）→变熟悉为陌生→心理状态（卷入、超脱、迟延、思索等）→心理状态与问题相结合（最贴切的类比与已理解的问题作比较）→观点（得到新观点、新见解）→答案或深化研究的任务。

戈登认为，联想与类比是实现从已知到未知的有效办法。为了摆脱旧框框的束缚，开阔视野，在探索新的设想时，必须要有一段时间暂时抛开原来想要解决的问题，通过类比探索得到启发。类比是综摄法的核心，无论是异质同化还是同质异化，其操作机制都离不开类比(类比方法的具体内容见本书附录2)。

本章小结

本章主要讲述社会问题的性质和类型、定义问题的基本步骤与内容、比喻方法的具体运用、政策议程建立的影响因素与触发机制、政策方案设计的步骤与方法等内容。通过本章的学习，应掌握问题界定的基本内容，区分政策议程的不同类型，熟悉政策议程的触发机制，了解政策议程建立的条件与障碍，明确政策方案设计的基本要点，掌握政策方案设计的基本方法。

关键术语

过失性问题　结构性问题　问题察觉　问题界定　问题描述　公众议程　政府议程　实质性议程　象征性议程　触发机制　头脑风暴法　综摄法

复习思考题

1. 什么是社会问题？
2. 如何运用比喻的方法分析社会问题？
3. 定义问题包括哪些步骤？
4. 利益团体在议程建立过程中能够发挥什么样的作用？
5. 公民个人如何推动政策议程的建立？
6. 政策议程的内在触发机制包括哪些内容？
7. 政策议程的外在触发机制包括哪些内容？
8. 政策议程的建立会遇到哪些障碍？
9. 政策方案具有哪些特点？
10. 政策方案的设计需要把握哪些要点？
11. 什么是头脑风暴法？它有哪些需要遵循的原则？

第 7 章

政策采纳

政策采纳主要是指事关政策方案选择的一系列活动。决策不仅是政策采纳最为关键的环节，同时也是政策采纳最为典型的特征。因此本章主要对决策这一政策采纳的关键环节进行了全面的介绍。

决策是一种面向未来的活动，而未来会出现多种可能性。当人们能够运用一些方法预知这些可能性时，就可以根据现有条件进行选择，并努力使这种选择成为现实。

对决策的研究可以分为个人取向和群体取向，即可以把决策当作个人行为过程来研究，也可以把它当作群体行为过程来研究。前者将重点放在个人的决策标准上，后者则更加关注获得多数人支持的方式。

政策学家撰写了大量有关决策理论与实践方面的文献，在这些文献中，可以发现他们的研究焦点主要集中于这样一些方面，如决策理论、决策标准、决策类型、预测与决策方法、个人决策与群体决策等，本章内容将着重讨论这些内容。

7.1 决策标准

7.1.1 价值观（values）

毫无疑问，政策制定者的价值观体系对公共政策的内容有着非常重要的影响。政策制定必然涉及价值判断，例如，在选择政策方案的过程中，决策者需要回答“应当怎样做”、“怎样做才有意义”等问题，这就是在作价值判断。制定任何一项政策，其首要前提就是价值判断。政策制定者在政策制定的过程中，不论其是否自觉地意识到，其行为都是在一定的价值观指导下进行的。当然，政策制定者的价值观绝非简单的概念，它受多种因素的影响，我们把所有这些主观和客观方面的影响因素统称为价值观体系。一些人极力推崇所谓价值中立的理性政策，从某种意义上讲，他们的这种想法是不现实的，同时也是难以实现的。

决策是意识支配的选择活动，其影响因素涉及很多方面，如政治压力、社会压力、资金压力、时间压力、社会经济环境、决策程序的限制等，然而，在关注这些要素时，我们不应忽视决策者个人价值观的作用。尽管在许多情况下这些价值观难以确定且无法辨别，只能通过对决策者行为的分析加以揣测。

影响决策者行为的价值观可以概括为以下六个方面：

（1）政治价值观。决策者评价政策方案的标准受其所在政党或政治团体及其服务对象的影响。政策常被其视为发展和实现政党或利益团体目标的手段，政治上有利是决策的基础原则，政策分析人员也往往是从这一方面研究和评价政策的制定过程。比如，工会组织的成员、农业联盟的成员或某一政党组织的成员常常会得益于某项特定的政策。

（2）组织价值观。各种组织机构（包括政府部门）都试图运用奖惩手段使成员接受其确定的价值观并照此行事。一般而言，决策者在决策过程中总会考虑这样一些问题：此种方案对组织的生存、发展和扩大是否有利？对组织的一般计划和日常行动是否会有影响？怎样更好地保持和维护组织的权力及其特权？在权力交叉且互相竞争的机构之间所发生的许多官僚式的争斗，便源于保护和扩展组织利益的一些考虑。

（3）专业价值观。在如何解决问题方面，不同的专业视角会有不同的答案。受过专业教育和培训的个人（或称专家）会把他们的偏好或价值观带到决策中来。

水在化学家眼里是氢氧化合物，而在物理学家眼里只是无色无味的液体。不同的专业视角都会带有一定程度的偏见。当我们更倾向于相信某事时（往往是自己熟悉和感兴趣的事，多与自己的专业背景有关），就会接近相关的证据并向自己提问："什么样的证据可以支持这种观点呢?"但是这样的问题明显带有个人偏见，它使我们将注意力集中到支持性的证据上，而远离了有可能与之相反的证据。因为我们总是有可能找到那些支持性的证据，所以这种提问的不对称性会使我们更有可能相信我们所倾向的内容是正确的东西。

（4）个人价值观。保护个人在金钱和物质方面的利益，维护个人的社会声望和历史地位，这些考虑也可能起到决策准则的作用。比如，在发放特殊许可证或批准政府合同时，接受了贿赂的政治家所作的决策明显有利于行贿者；再如，为了使自己能够连任，政治家不惜向某些利益集团妥协，作出违心的决定；又如，不愿意承认失败的政治家，硬着头皮也要把一些事做下去，可能更多地考虑到个人在历史中的名誉和地位。

（5）公共价值观。毫无疑问，决策者在很多时候会从公众利益出发进行决策。在有些情况下，政治家赞成或反对某项议案，可能在政治上会给他个人带来很大的风险，但他之所以有勇气如此这般行事是因为他相信自己这样做是正确的，即人们希望把公平与公正作为公共政策的基本目标。对法院工作所做的一项调查就证明了这一点。法官们在对各类案件进行判决时多受这种公共价值观的影响。总之，不要偏激地把政治家都视为维护集团利益和个人利益的典型，他们在一定程度上还是具备公众意识的，决策时并没有丢掉自己的良心。

（6）意识形态价值观。所谓意识形态是指一种观念的集合，即一整套逻辑上相互联系的价值观和信念。它提供了一幅抽象化和简单化的关于世界的图画，并对人们的行动具有指导和约束作用。在一些国家，意识形态如果不是全部那么至少也是大部分地起到了规定社会和经济发展的重要作用。决策者在进行重大决策时总要考虑这样一个问题：这样做是否符合意识形态的基本原则？意识形态是政府判定政策行动合理化和合法化的重要标准。

7.1.2　民意（public opinion）

民意在实际操作中往往被定义为：在决策的过程中，公共官员所考虑的或纳入考虑范围的在公共问题上的公众视角或者观点。民意可以有很多种表达渠道——给报刊编辑或者公共官员写信，举行公开集会，进行示威活动，发表集体声明，选举代表，立法者与选民的接触，听证活动（参见本书附录 5），公民投票、电台的谈话节目、网络调查等。然而，最为普遍的还是民意测验的方式，即针对政治问题对公众进行的抽样调查。

尽管调查方式不断增多，精确性也渐渐得到提高，但是民意测验的局限性还是不少。虽然大多数人相当乐意向调查者表达他们的看法，但关键的问题是，究竟有多少信息可以支撑他们的看法。

> 1995 年，马里兰大学的一个调查机构公布了一项民意测验结果，这个测验发现，在测验回复者中，有 75%的人认为联邦政府在对外援助项目上耗费了太多资金，但当被问及对外援助所耗费的资金在联邦预算中所占的比重时，大部分人的回答是 15%，平均值为 18%。而实际上，政府对外援助所耗费的资金只占了预算总额的不到 1%。对于多少外援支出才是合适的、多少才会显得太少这样的问题，回答分别是 5%和 3%。该项民意测验反映出公众对相关信息的缺乏。实际上，“不知道”才应该是最标准的答案。

有时民意还会为公共官员所操纵，因为公共官员控制着宣传渠道。他们对提供给主流媒体的信息进行着小心翼翼的筛选。并试图通过媒体向公众提供“今日主旋律”之类的宣传引导，从而影响公众的观点。

尽管有它的局限性，民意测验还是引起了普遍关注。要研究民意如何影响公共政策制定的一个有效方法，就是把形成公共政策大方向的决定模式与日常的、例行的、具体的公共政策的决定模式区分开来。对于后者，公众意见很可能并不是一个重要的衡量标尺。立法机关和行政部门所作的大量决定，只有极少量的普通公众对此有所知晓，而了解决定后果的公众则少之又少。在对一些日常项目进行投票表决时，拥有决定权的立法者很可能不会受任何直接意义上的民意的影响。当然，他们也会试图揣摩公众对于投票的反应，但正是因为公众对此太缺乏了解，所以往往使得立法者具有更大的自由裁量空间。

有时民意也表现出有些消极的特点，因为它只是表示一种态度而并非要求围绕某一主题采取行动。许多年来，民意测验一直表明，美国人口中的绝大多数（在 1993 年是 70%）支持对枪支控制进行更为强硬的立法，比如购买枪支时必须经过警察机关的许可。但事实上却一直没有严格的立法，这主要是因为遭到了有巨大财力支持的国家枪支协会的强烈反对。在这样的例子中，力量集中的少数人就可能会战胜规模更大却不怎么坚定的大多数人。

简而言之，决策者在作出选择时并不是不受民意的影响，但也不是总被民意所左右。民意与政策行为之间并不存在必然和直接的联系。决策者总是试图领导民意，而不愿拷贝民意。但是，参与选举的任何一个公共官员，如果将民意完全忽略，不把它作为决策的标准加以考虑，那也是很不明智的，很可能会在选举时被选民抛弃。

民意在中国

随着社会民主化的推进，公众当中会存在许多意见，夸张点讲，两个人就可能会有三种意见。不同的人利益不同，价值观不同。因此，公众本身就分化成不同的群体，存在不同的要求和需要，而不是整齐划一的。这些需要被表达、被收集、被辩论、被重视，进而出现在决策当中。

最近几年，媒体总量增加了，通信手段提高了，民意反映社会的能力增强了，民意测验兴起了。人民代表讨论问题的范围也比以前更广泛了。民意开始向政策领域扩张和渗透。民意慢慢被组织起来，以多种形式去争取诉求的途径。民意开始形成了听得见的声音，看得见的人群。用发展的观点来看，民意在中国将会具有越来越大的表现空间。

网络正日益成为中国公众表达民意、参与政治生活的重要平台，它必将对未来的社会、经济、文化、政治产生深远的影响。中国的网民人数已超过1亿。对于一个13亿人口的国家来说，1亿人的声音是更接近民意的声音。一个人的意见也许会受到个人利益左右，失之于偏颇、狭隘、偏激甚至荒谬，但当意见的基数按几何级数增大，不同阶层、不同学历、不同背景、不同经历的人同时就某项议题提出看法时，其总体思路应该是平和的、理性的、清晰的和确定的，民意也就由此显露出来。这一点是毋庸置疑的。如果网民能在一定程度上“左右”政府的政策走向，那真是社会的一件幸事，应对此感到高兴才是。

目前来看，把民意作为决策支柱的提法还显得有点夸张。民意在我国一些地方常常处于“花瓶”地位，只起装饰效果，存在失真现象，处境颇为尴尬。总结一下，其主要有如下一些症状①：

症状一：“只说好，不说差。”一些地方为了应付上级检查，给一些可能被检查到的部门或地方定“说话调子”，该说什么、不该说什么全部印成书面材料，发给每家每户，让老百姓都要背下来，并交代，当检查组问到时，要按标准答案说，不允许自己发挥，更不允许说不好的话。

症状二：“看不懂的公示。”一些地方在事项公示上走过场、瞎糊弄，许多公示让百姓云里雾里，根本看不懂，也就无法提不同意见，结果“公示”期一过，公示事项就成了所

① 参见郭奔胜、黄豁、代群：《“民意失真”的几大症状》，载《半月谈》，2009（16）。

谓群众支持的事项。

症状三："没有结果的征求意见。"最典型的表现是在一些干部的任用上，有关部门不惜花人力、物力去组织干部群众开会、投票，但结果却不公开。一项任用干部的动议，究竟获得了多少群众支持，有多少群众反对，这本来是群众最想知道的，也是对群众的起码尊重，但却迟迟等不来结果，甚至出现干部已上任多时，群众还不知道测评结果究竟是怎样的情况。

症状四："不对称的听证。"目前，一些听证会在选择参加的对象上，变得很"讲究"——尽量找一些外行的代表、听话的代表和利益相关的代表。这样导致的结果是，听证会变成了报告会，大家欢声笑语，一团和气，一听了之。还有一种情况是，虽然听证会的场面看上去很热烈，但说归说，做归做，听证会改变不了决策结果，这样的听证会像是牢骚会，开完就拉倒，什么问题也解决不了。

7.1.3 依从（deference）

负有决策任务的官员在决定如何行动时可能仅仅是依从别人的判断。这个"别人"可能是本系统里的上级，也可能是其他能够影响他们的人。行政官员经常会作出与所在部门领导意见相一致的决定，这一般也是人们所期望看到的状况，尤其当上级的观点非常清晰的时候。不过，上级的旨意有时候也很含糊，这种情况下迎合起来就比较困难。

决策者经常不得不对那些他们几乎一点都不感兴趣的政策议题进行投票表决，比如那些与个人毫无关联的问题，或者那些只掌握少量信息的问题，以及那些带有高度复杂性的问题。对待这类问题，他们可以通过参考其他决策者的建议来决定如何投票表决，但前提是他们得相信这些人的判断能力。对于某一个政策议题，当决策者无法通过他们自己的分析判断来决定如何进行投票表决时，依从于他们信服其判断能力的某个人的意见，也不失为一种符合理性的决策策略，特别是在掌握少量信息的情况下更是如此。由于这种决策策略的广泛应用，那些特别胜任决策的专家被赋予了过多的权力。

当依从从个人延伸至群体时，就会产生"乐队效应"。当一个乐队演奏乐曲时，乐队指挥手里的指挥棒指挥着一切。乐队效应在群体中的表现就是在一个群体中大家的意见被个别人（领导或专家）左右。从实际的研究调查中发现，许多决策群体看似存在众决的形式，实则依赖的多是个人的判断，群体成员习惯于依从领导和专家的意见，从而使群体决策流于形式。

7.1.4 遵循先例（stare decisis）

谈到遵循先例就不得不讲判例法。所谓判例法（Case Law）是指基于法院的判决而形成的具有法律效力的裁定，这种裁定对以后的判决具有法律规范效力，能够作为法院判案的法律依据。判例法是英美法系国家的主要法律渊源，是相对于大陆法系国家的成文法和制定法而言的，判例法不是出自专门的立法机构，而是源于法官对案件的审理结果，它不是立法者创造的，而是司法者创造的，因此，判例法又称为法官法或普通法。而支撑这一独特法律制度的理论支柱就是起源于中世纪英国的“遵循先例”原则。基于这个原则，法院在审理案件时，必须将先前法院的判例作为审理和裁决的法律依据；对于由本院和上级法院已经生效的判决所处理过的问题，如果再遇到与其相同或相似的案件，在没有新情况和提不出更充分的理由时，就不得作出与过去的判决相反或不一致的判决，直到将来某一天最高法院在另外一个同类案件中作出不同的判决为止。

判例法的基本思想是承认法律本身是不可能完备的，立法者只可能注重于一部法律的原则性条款，法官在遇到具体案情时，应根据具体情况和法律条款的实质，作出具体的解释。那么判例法的约束力何在呢？可以概括为如下两句话：在同一法律系统，下级服从上级；如果涉及另一系统的问题，则要互相尊重。

应用先例指导判决（决策）的方式绝不只限于司法领域。行政官员和立法者也经常在先例的基础上进行决策。按照这条决策原则，当前案例的决断方式应该与过去决断相似案例的方式基本相同。当然，决策者的行动往往会受到那些先例受益者的鼓动，因为遵循先例有助于维持那些人所期望的结果。相反，那些受到先例不利影响的人很可能会有一些抵触情绪。

7.1.5 公共利益（public Interest）

公共利益可谓决策标杆，被普遍视为政府行动的指南，在政策宣传的标语、口号中这个词频频出现。政府官员经常会声称，公共政策的目标就是设法增进公共利益。但到底什么是公共利益，却是一个不太容易回答的问题。

毫无疑问，当被问及公共政策是应该与公共利益相一致还是与私人利益相一致时，没有人会选择后者。正如安德森教授所言，“一个人不能以‘该项政策会让他自己以及朋友变得更加富有’为评判的标准”①。尽管这种表述很直白，也很坦率，但它的确无法也不该成为采取公共行动的合法且正当的理由。但话说回来，当被问及如何界定公共利益时，难度的确不小。它是指大多数人的利益吗？如果这样，我们又该如何断定什么样的政策才是大多数人真正需要的呢？它是指消费者的利益吗？可谁又属于这个巨大的消费群体呢？难道是那些“头脑清醒、行为理性”的人吗？公共利益是不是他们的真正欲求呢？

到底该如何界定公共利益呢？许多人，包括大部分政治学家在内，都认为对于公共利益这一概念，想提出一个能得到普遍接受的或客观的定义是不太可能的，尤其在实体术语中更是如此。有一个富有吸引力的概念解释，即如果所有的团体和个人都有机会参加为政策议题进行的政治斗争的话（事实上这是不可能做到的），这场斗争所得的任何结果都可以代表公共利益。但对于由大量偷税漏税行为和破坏自然资源行为导致的公共利益受损，个人出于自利的考虑，一般是不太会关心的。

有时候，公共利益会为公共政策做出精美的包装，以便更易于被公众所接受。但实际上它只是一个神话，然而，除了这种界定，这个概念还能够被赋予丰富的内涵而成为政策

---

① ［美］詹姆斯·E·安德森：《公共政策制定》，160页。

方案选择中的一个有效的普遍性标准。当评价一项政策时，我们不仅要阐释该政策是否完成了它宣称的目标，而且要弄清那些目标是否值得去完成。而后者似乎需要一个比“是否符合我的利益”更高尚的衡量标准。

那么对于公共利益的构成要素到底如何判断呢？埃米特·雷德福德教授提出了三条途径。一是看那些存在大量集团利益冲突的政策领域，如农业生产、劳动关系、能源和运输等领域。在这些领域，有时一个集团的直接利益会占上风并被认为是公共利益。这里还需要说明的一点是，个人利益和公共利益并不一定就是对立的，出于个人利益考虑的行动可能会导致公共利益的增加。

二是寻求那些广泛的、连续的和共享的利益，因为具有了这些特征，这种利益往往被视为公共利益。人们在诸如世界和平、良好教育、洁净空气、避免膨胀和交通安全等方面的利益就是例证。在这里，公共利益是作为公共需求而出现的。尤其在大城市中，拥有一个便利的交通控制系统，使行人和交通工具更安全、更有序、更便捷，便是一个明显的公共利益。在谈论公共利益时，把它看成是一种得到广泛共享的利益并不神秘。比如，粮农在更高粮食收购价格上具有共同利益，足球爱好者在提供运动场地上有共同利益……还有许多都可以归结为这种利益的共同诉求。公共利益只在它覆盖范围的广度上有所区别，只是没有办法精确地断定，到底在哪个点上才能算是公共利益。的确，很少有哪一种利益是被所有人共享的。比如，倡议建立世界政府的人会反对民族国家的存在，反之亦然。

三是要看组织和程序是否能满足、代表和平衡各种利益，解决争议和冲突，在政策的制定中达成妥协，并有效地执行公共政策。简言之，此时，公平、有序、简明、高效的政府就是公共利益的代名词。在这里更强调的是相关程序而非政策内容。著名的专栏作家沃尔特·李普曼（Walter Lippmann）写道：

> 公众对法律感兴趣，而不是对具体法条感兴趣；对法律途径感兴趣，而不是对其内容感兴趣；对合同的严肃性感兴趣，而不是对特定的合同感兴趣；对基于风俗习惯的理解感兴趣，而不是对这个或那个风俗习惯感兴趣。在这些事情中，人们最终关注的是在他们的活动事务中找到一种处理问题的方法。他们的兴趣在于那些能够对人们的行为作出界定并预测人们行为的可操作性规则，因为这样他们才能作出自己的判断。①

可以看出，公共利益既多种多样又有点变化无常。我们必须以多种不同的方式加以探求。虽然公共利益很可能无法得到精确的转化以指导决策者的行动，但它也绝不能仅仅被描述成一个神话。它使大家的注意力超出了比较直接的利益范围，引导大家注意更为广泛的、更具普遍性的一些利益。它似乎和公平公正、机会均等一样，是一个所有人都渴望达到的理想。

谈到公共利益，很容易让人联想到征地、拆迁一类的问题。中国近些年来有很多关于征地拆迁纠纷的报道。在众多强制拆迁工程中，“公共利益”这个词频繁出现，毫无疑问，公共利益具有优先地位，但关键的问题是如何界定公共利益？

---

① 转引自［美］詹姆斯·E·安德森：《公共政策制定》，163页。

强拆的事件不单中国有，美国也有。下面讲一个案例，看看美国大法官在处理这类事情时是如何作出解释的。

美国“9·11”事件的焦点——世贸大楼的所在地以前是纽约市著名的电子一条街，有着几百家店铺。1962 年，纽约市在这里开始了世贸大楼的征地行动，但遭到了几百家店铺业主的反对，政府与业主的官司一直打到了美国最高法院，最终业主们输了。因为大法官最终裁定在该地建设的世贸大楼符合公共利益，他们认为，该商业区毗邻华尔街和纽约港，该地段是美国乃至世界经济的象征，世贸大楼的修建将吸引全世界对美国的投资，会给纽约乃至美国带来更大的繁荣，而几百家店铺不能够做到这一点。可见，公共利益需要界限明晰化，需要一个理由充分的解释，如此方能合理推进城市建设和改造，取得公众最大限度的认同。

7.1.6 消费者剩余（consumer surplus）

消费者剩余的概念是纽约大学教授马歇尔在《经济学原理》① 一书中首先提出来的。它是指消费者心理预期支付与实际支付的价格之间的差额。消费者愿意出的最高价格并不一定等于供求双方决定的市场价格。消费者剩余可以用公式表示：消费者剩余＝买者的预期价格－买者的实际支付。消费者剩余可以作为一项决策标准，用来评价政策方案的得失。一般来说，一项公共产品的总的消费者剩余大于它的成本时，政府才应该考虑提供这项公共物品。

政府在节日期间为居民提供的焰火表演是非常典型的公共物品，这种物品不具有排他性，因为不能阻止任何人观看焰火表演；而且它也不具有消费中的竞争性，因为一个人欣赏焰火表演并不会降低其他人欣赏焰火表演的乐趣。那么政府应不应该提供这种公共物品呢？曼昆在《经济学原理》一书中举了这样一个例子：美国一个小镇的公民喜欢在每年的 7 月 4 日观看焰火。根据经验，全镇 500 个居民中的每个人对观看焰火都给予了 10 美元的估价。放焰火的成本为 1 000 美元。由于 5 000 美元的收益大于 1 000 美元的成本，小镇居民在 7 月 4 日看焰火是有政策效率的。换句话讲，这项公共物品的消费者剩余远远大于它的成本，所以政府应该考虑提供这项公共物品。②

市场能提供有效率的结果吗？可能不行。设想一下，这个小镇的企业家艾伦决定举行一场焰火表演。艾伦肯定会在销售这场晚会的门票时遇到麻烦，因为他的潜在顾客很快就会想到，他们即使不买票也能看到焰火。焰火没有排他性，因此，他们会受到成为搭便车者③（free rider）的激励。所以市场难以提供有效率的结果。可以用外部性④来解释这种

① ［英］马歇尔：《经济学原理》，北京，商务印书馆，1965。

② 参见［美］曼昆：《经济学原理》，234～235 页。

③ 搭便车是指不承担任何成本而消费或使用公共物品的行为，有这种行为的人或具有让别人付钱而自己享受公共物品收益动机的人即搭便车者。免费搭车现象缘于公共物品生产和消费的非排他性和非竞争性。只要有人提供公共物品，则其效应所及范围内，人们都是天然能够消费的而不管它是否为其消费提供了成本费用。

④ 外部性，又称溢出效应、外部影响或外差效应，指一个经济主体的经济活动对另一个经济主体所产生的有害或有益的影响。

市场失灵，如果艾伦举行焰火表演，他就给那些不交钱看表演的人提供了一种外部利益。

尽管从公共角度来看，焰火表演是有效率的，但从私人角度来看，则无利可图。艾伦在决定是否举行焰火表演时并不会将这种外部利益考虑在内。结果，艾伦的理性选择必然是不举行焰火表演。

尽管私人市场不能提供小镇居民需要的焰火表演，但解决这个问题的方法是显而易见的：当地政府可以赞助7月4日的庆典。镇委员会可以向每个人增加2美元的税收，用这一收入雇用企业家艾伦提供焰火表演。小镇居民的消费者剩余将达到4 000美元，换句话讲，每个人都会觉得自己的福利增加了8美元——焰火表演每人10美元的估价减去增加税收的2美元。尽管艾伦作为一个私人企业家不能做这件事，但作为受雇于政府的企业家则完全可以帮助小镇达到有效率的结果。

小镇的故事虽是老生常谈，但也很具有现实意义。实际上，在美国许多地方，政府都在7月4日提供焰火表演。而且，这个故事说明了公共物品提供的一个一般性结论：由于公共物品没有排他性，搭便车者的问题使私人市场无法有效率地提供公共物品。但是，政府可以潜在地解决这个问题。如果政府确信，总收益或消费者剩余大于公共物品的成本，政府就可以提供该公共物品，并用税收收入为其进行支付，这样做无疑可以使每个人的状况都变得更好。

北京限放政策如何执行

2011年2月9日《北京晚报》刊登读者蒋友三的建议：希望明年北京也举办大型焰火晚会，如果效果好，老百姓自己就不放那么多鞭炮了，再一次禁放也就成为可能了。看来他是非常赞成禁放的。但不要忘记，他主张的只是个人禁放，办焰火晚会的建议则是希望政府为老百姓过好年而大放特放。换句话讲，他是希望"州官"放花，不希望百姓点炮。北京也曾经大张旗鼓地搞过禁放，因为禁不住，后来退了一步，把禁放改成了限放，可结果是2009年放出了央视的大火，人称"元宵劫"，搞得挺别扭。2011年除夕到初五，北京因燃放烟花爆竹导致2人死亡、388人受伤（比2010年同期上升11%），出现194起火情（比2010年同期上升104%）。这还是全市286万人次防控之下的战绩。一位自称"万年青"的读者说："现在的爆竹越做越大，实在可怕。抓禁放、抓消防，不如狠抓爆竹的用药量!"

《北京晚报》评论员苏文洋先生针对北京2011年春节燃放烟花的情况写了一篇评论，他说：

> 我赞成限制燃放烟花爆竹。现在的城市与过去的城市相比，高楼林立且空间狭窄，在经济利益驱动下，鞭炮火力却越来越大。无论如何严防死守，每年从鞭炮生产、存贮到运输、燃放过程中，都会造成人员伤亡和财物损失。为了听个响声，年复一年地死人、伤人、着大火，到底值得不值得？央视大楼烧过了，沈阳第一高楼接着烧，福州千年古寺接着烧，只要烟花爆竹继续燃放下去，谁也不敢担保大火不烧到自己头上。火是不能随便玩的，这是连小孩子都懂得的常识。中国人喜欢和常识对着干，不受规律的惩罚才怪呢。水火无情，玩火者必自焚，话是这么说，相信的人似乎

不多。俗话说：刀伤药再好，不如不拉口子。我们不要对高楼消防心存幻想，大火一旦真的着了起来，基本上就是烧光为止。我丝毫没有贬低消防部门灭火能力的意思，只是说不能把防火建立在加强高空灭火设备上。大城市赛着建设第一高楼，而根本没有高楼灭火能力，这本身就是最大的安全隐患。我们也不要过于相信防火等级全面提高、对火灾隐患全面排查和加强监控等，无论你投入多少人力、物力，也会出现百密一疏的情况。我当然不是说不需要加大防火力度，只是说我们面对着数以万计的燃放者和数以百万吨计的烟花爆竹，根本就不可能实现百分之百的安全。在承认我们高楼灭火能力有限、安全防范措施有限的前提下，再来讨论如何改进城市烟花爆竹燃放，就比较容易达成共识。北京要成为世界城市，应当学习香港的经验，把私放变为公放。香港多年来搞新春烟花汇演，今年大年初二晚8时在维多利亚港举行，吸引了维港两岸逾50万人观赏。北京可以考虑，在五环路内禁止个人燃放烟花爆竹，除夕晚8时、24时，由政府投资组织在东西南北城区放两次节日礼花，初五晚8时放一次，基本上可以满足人们过年听鞭炮声、观烟花的需求。国庆、奥运，都是政府组织公放烟花，效果非常好，我们有公放成功的经验。①

苏先生的评论得到众多读者的喝彩。传统习俗我们可以尊重，烟花燃放也不是不可以搞，但这件事最好还是由政府来做比较妥当。烟花燃放带有观赏的外部性，如果从消费者剩余的角度来看，政府做这件事也不一定不划算。可能会有很好的政策效率，其附加值还包括安全性的大幅提高。

7.2 决策类型

在政策方案的选择过程中，我们经常会看到，尽管对备选方案进行了上述分析，最终的方案选择也并不一定就能水到渠成。决策者往往会有意见的不一致甚至严重的分歧。因此，在方案选择的最后一步，决策者还面临着对方案的最终抉择达成“共识”的工作。任何量级的政策决定，大多数都是依靠联合的力量作出的，这种联合经常采取的形式是用数字表示的多数。甚至当没有正式要求具有数字上的多数时，也需要其他人的支持或者赞同，以保证该决定能够得以贯彻执行，目标群体能够服从决定。在这部分内容中，重点要从个体决策转移到社会或者说群体决策。下面所述是三种类型的集体决策：讨价还价、说服和命令。每种类型都需要采取行动以达成一致并引导别人遵从。

7.2.1 讨价还价

社会的多元化趋势渐渐使讨价还价成为最常见的决策类型。讨价还价可以定义为两个

① 苏文洋：《烟花公放或是可行之路》，载《北京晚报》，2011-02-10。

或者两个以上拥有权力或权威的人调整他们至少是部分不一致的目标，以形成一个对所有参与者来说虽然不一定理想，但可以接受的政策方案。简而言之，讨价还价就是通过谈判、交换和妥协三个步骤，以达到一个相互都可以接受的立场（如果没有讨价还价经验的话，到跳蚤市场上走一圈就什么都清楚了）。为了使讨价还价得以进行，参与者不单需要有谈判的意愿，还需要有可谈判的东西，即一方得有另一方想要或者需要的东西（比如资源）。

讨价还价的过程既可能是明确的也可能是不明确的。当它明确的时候，谈判各方将他们所能同意的事项清楚地表达出来以使误解的可能性最小化。在国际政治中，由于国家利益是大家都可接受的共同理念，讨价还价便得到了广泛的应用，条约的产生就是明确的讨价还价的例证。在国内政治中出现的讨价还价现象，虽然必要而且也很盛行，但却被视为与“公共利益”诉求相冲突，甚至被指责为是一种对“公共利益”的出卖。

然而，很多讨价还价在性质上都是不明确的。在这一过程中，参与者所谓的“同意”往往是模糊的或模棱两可的，他们会说“将来会支持”、“这是值得赞许的安排”之类的话。一位议员可能会为了“将来可能的合作”而同意在一项议案上对另一位议员给予支持。在政策执行活动中行政机构的工作职责可能会发生重叠，为了减少甚至消除它们之间的对立和冲突，在谈判中它们会建立相互的“理解”或者达成“君子协定”。

讨价还价有三种常见形式，即互投赞成票、边际支付（选票交易）和妥协。互投赞成票是从那些与某个问题无关或者几乎没有相关利益的人那里获取支持的一种方式。这种方式通常适用于在两个不同的议题上可以直接相互给予支持的双方。它之所以是常见的决策形式，是因为议程上的每个条款不可能涉及所有决策者的利益。边际支付（side payment）是对可能成为支持者的人所提供的奖励，这些人与当前的决策，或者是其中的主要内容并没有直接关系，但由于某些原因，又使得他们对此给予重视，所以奖励可能会换来支持。妥协通常情况下集中于一个独立议题。在妥协中，参与者都会认为“有半块面包总比什么都没有强”，因此就会对存在的分歧进行协调，各自放弃某些东西以达成一致。这一策略与互投赞成票不同，后者并不要求参与者改变原有的立场。

谈判三部曲

谈判实际上就是进行利益沟通，其三部曲为我们掌握谈判进程提供了可以遵循的基本框架。毫无疑问，申明利益可以使我们了解谈判双方的各自需求；创造价值可以使我们达到双赢的目的；克服障碍可以使我们顺利达成协议。一个广为流传的小故事能够帮助我们真正理解三部曲的内在含义。

有一位阿姨把一个橙子给了邻居的两个孩子。这两个孩子便为如何分这个橙子开始了讨论。两个人经过争执最终达成一致，由一个孩子先来切橙子，而另一个孩子首先选橙子。结果，这两个孩子按照商定的办法各自取得了一半的橙子，然后高高兴兴地拿回家去了。一个孩子把半个橙子拿到家，把皮剥掉扔进了垃圾桶，把果肉放到果汁机上打果汁喝。另一个孩子回到家里，把果肉挖掉扔进了垃圾桶，把橙子皮留下来磨碎了，让妈妈混在面粉里烤蛋糕吃。从上面的情形可以看出，虽然两个孩子各自拿到了看似公平的一半橙子，然而，他们各自得到的东西却没有物尽其用。这说明，他们在事先并未做好沟通，也就是两个孩子并没有申明各自利益所在（申明价值），由此导致双方盲目追求形式上的公平，失去了实质上的效率。结果，双方各自的利益并未在谈判中实现最大化。试想，如果两个孩子能够充分交流各自所需，或许会有多种可选方案出现：一种可能的选择是，两个孩子想办法将皮和果肉分开，一个拿到果肉去喝汁，另一个拿到橙皮去做烤蛋糕。还有一种可能的选择是，恰恰有一个孩子既想要橙皮做蛋糕，又想喝橙子汁。这时，如何能创造价值就非常重要了。结果，想要整个橙子的孩子提议可以将其他的问题拿出来一块谈。他说："如果把这个橙子全给我，你上次欠我的棒棒糖就不用还了。"其实，他的牙齿被蛀得一塌糊涂，父母上星期就不让他吃糖了。另一个孩子想了想，很快就答应了，因为他刚刚从父母那儿要了五块钱，准备买糖还债。现在他可以用这五块钱去打游戏了，才不在乎什么酸溜溜的橙子汁呢。两个孩子的谈判思考过程实际上就是不断沟通，不断创造价值的过程。双方在寻求自己利益最大化的同时，也满足了对方利益最大化的需求。

7.2.2 说服

所谓说服就是摆事实、讲道理、用数据说话、以事实服人，对论点要能够自圆其说，以及运用形容和比喻、逻辑和推理使别人信服自己所坚持的立场和观点是合理的和正确的。与讨价还价者不同，说服者寻求的是一种不需要改变自身立场的支持。这就需要努力让别人相信自己所持立场的价值所在；或使别人相信，如果接受自己的立场，会使他们能够收获利益。简言之，说服者的任务就是尽力引导别人沿着他们希望的方式行事。说服的要素包括准确信息、逻辑推理，有力辩论等。至于操纵、欺骗以及恐吓和虚张声势等均不在此列。

如果想了解说服的实际作用，可以观察一下法院审理案件的过程。在陈述和辩论环节，律师设法说服陪审团成员，使他们相信自己观点的正确性。在这一过程中，陪审团并非一味被动地听取律师的意见，他们的提问和评论也会给律师提供反应的导向。在很多情况下，决策者或那些希望影响别人决定的人，要么因为没有命令的权力，要么因为知道不能用讨价还价的手段，就会把说服作为他们得以依赖的替代选择。

7.2.3 命令

讨价还价涉及地位相同的人之间的互动；而命令涉及的是上下级之间的等级关系。命令指的是那些处于高位者在他们的权限内作出决定，并让下级服从的能力。他们通常运用奖惩形式来巩固决定的权威。这样，忠实地接受并执行上级决定的下属可能就会获得正面的激励（表扬或升职），而拒绝服从的下属则可能会得到负面的激励（开除或降职）。

实际上，讨价还价、说服和命令在决策活动中经常是混合使用的。虽然领导者在许多问题上有权作出最终决定，但他有时仍然会跟下属进行商榷，稍微改变他的立场并接受下属的一些建议，以获得更充分的理解和更热情的支持。在行政机构内部，下属常常会试图将命令关系转化为讨价还价的关系。总之，讨价还价是最常见的决策形式。说服和命令则是补充性的，它们更适用于在价值观上具有普遍一致性的社会和整合性更高的权力体系。

7.3　决策理论

7.3.1　“冒险转移”理论

一个人得了心脏病，无疑做手术会改进他的身体状况，但这样的手术当然是有风险的，手术失败后可能会造成很严重的后果。研究人员请了一些测试者分别给这位患者提一个建议，请他们在如下的手术成功率中作出自己的选择：10%、30%、50%、70%、90%。测试者在选择时平均认为，成功率在50%时可以接受手术。现在，找7个人来一起讨论，要求他们给患者一个集体的建议，情况会怎样呢？经过小组讨论，最后被测试者给病人的建议是，有30%成功率就可以动手术，等于风险率增加到了70%，出现集体冒险现象。这在行为学或者管理学中被称为“冒险转移”现象。

“冒险转移”理论是由美国学者斯托尔于20世纪60年代提出的一种决策理论，随后科根等人在此基础上进行了一系列实证研究，发展了这种理论。出于传统和习惯，一般人都会觉得，群体决策较之个人决策而言，会更趋向于谨慎和保守。但斯托尔、科根等人却认为，群体决策往往比个人决策具有更大的冒险性，之所以会出现这样一种现象，主要有以下三个方面的原因。

第一，责任分散。毫无疑问，每一种带有风险的决策都与一定的责任相联系，风险越大，失败的概率就越高，且决策者所要承担的责任就越大。如果这种情形发生在个人决策中，由于决策者顾虑到所负责任的重大，一般不会贸然行事去追求高风险的决策，能够保持良好的自我警觉。但在群体决策中情况就不是这样了，由于有关决策后果的责任可以让全体成员集体承担，从而减轻了个人的顾虑程度和责任意识，于是群体更趋向于作出风险较大的决策。

第二，领导者的作用。在决策群体中，颇具影响力的领导者常常为了表现自己“过人的才能”而作出高风险的选择，并力图找出各种理由为这种选择的可行性进行辩护，且希望群体中的其他成员能够进行支持其决策的论证。这样，领导者个人的冒险意愿很可能就会被群体成员接受并通过，从而导致群体作出冒险性决策。

第三，社会比较的作用。因虚荣心的驱使，害怕别人视自己为胆小怯懦，所以群体成员往往会提出较个人单独决策时更具冒险性的方案。由于这种行为会造成无谓且有害的人际比较，从而能导致群体内部程度叠加的心理反应，形成群体决策的更大冒险性。

总之，斯托尔、科根等人通过对个人决策与群体决策的比较，提出了冒险转移模式，认为群体决策带有更大的冒险性。尽管他们的观点在决策实践的许多情形中得到了一定的验证，但是，冒险转移并不是绝对的规律，有些群体决策反而更具有保守转移的倾向。因此，认识群体的决策行为，更需要结合实际情况具体分析。

7.3.2 前景理论

2002年的诺贝尔经济学奖颁发给了心理学家丹尼尔·卡尼曼（Daniel Kahneman），他带给人们一个新的理论——“前景理论”。瑞典皇家科学院称，卡尼曼“将来自心理学研究领域的综合洞察力应用在了经济学当中，尤其是在不确定情况下的人为判断和决策方面作出了突出贡献”。曾有一位著名的财经编辑问过卡尼曼，为什么将他们的理论称为“前景理论”，卡尼曼说：“我们只是想起一个响亮的名字，让大家记住它。”也有学者将“前景理论”翻译为“预期理论”，即在不同的风险预期条件下，人们的行为倾向是可以预测的。

前景理论用人们生活中比比皆是的决策例子作为实验内容，直接挑战传统经济学的几个关键假设。它可以简单概括为五个方面的内容：(1)“二鸟在林，不如一鸟在手”，在确定的好处（收益）和“赌一把”之间，多数人会选择确定的好处。正所谓“见好就收，落袋为安”，可称之为“确定效应”。(2) 在确定的坏处（损失）和“赌一把”之间，作一个抉择，多数人会选择“赌一把”，可称之为“反射效应”。(3) 白捡的100元所带来的快乐，难以抵消丢失100元所带来的痛苦，可称之为“损失规避”。(4) 很多人都买过彩票，虽然获奖的可能性微乎其微，可人们总是心存侥幸，可称之为“关注小概率事件”。(5) 多数人对得失的判断往往根据参照点来决定，可称之为“参照依赖”。

1. 确定效应

让我们来看这样一个实验。现在有A和B两种选择：

A. 你一定能赚30 000元。

B. 你有80%可能赚40 000元，20%可能性什么也得不到。

你会选择哪一个呢？实验结果是，大部分人都会选择A。

按照传统经济学中“理性人”的基本假设，选择A肯定是错的，因为40 000×80%=32 000，期望值要大于30 000。这个实验结果说明：大多数人喜欢见好就收，害怕失去已有收益。卡尼曼和特韦斯基（Amos Tversky）将其称为“确定效应”（certainty effect），即处于收益状态时，大部分人都是风险厌恶者。①

① 卡尼曼的大多数研究是与特韦斯基教授合作的成果，卡尼曼和特韦斯基是老乡，都是美籍犹太人。卡尼曼和特韦斯基是老校友，两人都曾就读于希伯来大学，同时，卡尼曼和特韦斯基是老战友，两人都曾在以色列国防军服役。最后，两人都移民美国，特韦斯基在斯坦福大学的心理学系任教，卡尼曼在普林斯顿大学任教。1997年，特韦斯基因癌症去世，享年仅59岁。2002年，心理学家卡尼曼和经济学家弗农·史密斯（Vernon L. Smith）分享了诺贝尔经济学奖。这是经济学奖第一次颁给心理学家，也是第二次颁给完全没修过经济学学位的人（另一次给了数学家纳什，纳什的贡献在于博弈论）。从此，行为经济学（behavioral economics）正式进入了大众视野，这门多年来被正统经济学家们讽刺挖苦的学科，开始在顶尖大学开设，成为经济学博士的基础课程。

2. 反射效应

让我们来看这样一个实验。现在有A和B两种选择：

A. 你一定会赔30 000元。

B. 你有80%可能赔40 000元，20%可能不赔钱。

你会选择哪一个呢？投票结果是，只有少数人情愿“花钱消灾”选择A，大部分人愿意和命运抗争，选择B。

按照传统经济学中“理性人”的基本假设，两害相权取其轻，所以选B一定是错的，因为（−40 000）×80%=−32 000，风险要大于−30 000元。可现实的情况是，多数人在怎么都是亏的情况下，宁愿承受更大的风险来搏一把。卡尼曼和特韦斯基将其称为“反射效应”（reflection effect），即人在处于损失预期时，大多数人会变得更富有冒险精神。

3. 损失规避

大多数人对损失和收益的敏感程度呈不对称性，面对损失的痛苦感要远远大于面对收益的快乐感。对此，就连传统经济学的坚定捍卫者——保罗·萨缪尔森也不得不承认：“增加100元收入所带来的快乐难以抵消失去100元所带来的痛苦。”这其实就是前景理论的第三个重要原理，即“损失规避”（loss aversion）。

丹尼尔·卡尼曼教授曾经举了这样一个例子：

假设美国正在救治一种疾病，救治对象共有600人，为此人们提出了两种不同的救治方案，分别通过下面两种方式描述：

描述一：现在有两种方案，方案A，可以救活600人中的200人；方案B有1/3的可能救活全部600人，2/3的可能一个也救不活。实验结果是：人们不愿意冒风险，更愿意选择方案A。

描述二：现在有两种方案，方案C，会使400人死亡，方案D，有1/3的可能无人死亡，有2/3的可能性是600人全部死亡。实验结果是：死亡是一种失去，人们更愿意去冒险选择有概率的事情，因此选择方案D。

事实上，A和C，B和D本质是一样的，不同的描述方法，结果却大相径庭，人们在面对收益和损失时采用的是截然不同的心态。行为经济学认为，在可以计算的大多数情况下，人们对所损失的东西的价值估计要远远高出得到相同东西的价值估计。

我们来看一个萨勒曾提出的问题：

假设你得了一种病，有万分之一的可能性（低于美国年均车祸的死亡率）会突然死亡，现在有一种药吃了以后可以把死亡的可能性降到零，那么你愿意花多少钱来买这种药呢？现在请你再想一下，假定你身体很健康，如果说现在医药公司想找一些人测试他们新研制的一种药品，这种药服用后会使你有万分之一的可能性突然死亡，那么你要求医药公司花多少钱来补偿你呢？在实验中，很多人会说愿意出几百块钱来买药，但是即使医药公司花几万块钱，他们也不愿参加试药实验。这其实就是损失规避心理在作怪。得病后治好病是一种相对不敏感的收益，而本身健康的情况下增加死亡的概率对人们来说却是难以接受的损失，显然，人们对损失要求的补偿，要远远高于他们愿意为治病所支付的钱。

行为经济学家通过一个赌局也验证了这一论断：

假设有这样一个赌博游戏，投一枚硬币，正面为赢，反面为输，如果赢了可以获得50 000元，输了失去50 000元。请问你是否愿意赌一把？请作出你的选择。

A. 愿意　　　　　　B. 不愿意

从整体上来说，这个赌局输赢的可能性相同，就是说这个游戏的结果期望值为零，是一个绝对公平的赌局。你会选择参与这个赌局吗？

但大量类似实验的结果证明，多数人不愿意玩这个游戏。为什么人们会作出这样的选择呢？这个现象可以用损失规避效应作出解释，虽然出现正反面的概率是相同的，但是人们对“失”比对“得”敏感。想到可能会输掉50 000元，这种不舒服的程度超过了想到有同样可能赢来50 000元的快乐。

4. 关注小概率事件

根据前景理论的确定效应和反射效应，在风险和收益面前，人的心理是偏颇的。在涉及收益时，人们是风险的厌恶者，但在涉及损失时，人们却是风险喜好者。但这只是一般的情况，还有一种奇特的现象，一旦涉及小概率事件，人们的风险偏好又会发生离奇的逆转。面对小概率的赢利，多数人变成了风险喜好者。面对小概率的损失，多数人变成了风险厌恶者。所以，人们并不总是厌恶风险，他们在自己认为合适的时候也非常乐意赌上一把。实际上，人们真正憎恨的是损失，而不是风险。

买彩票是赌自己会走运，买保险是赌自己会倒霉。这是两种很少发生的事件，即小概率事件，但人们却十分热衷。事实上，买彩票的人都知道，赢钱的可能性微乎其微，但还是心存侥幸。同样，买保险的人也清楚，倒大霉的概率很小很小，但还是想规避这个风险。人们的这种倾向，是博彩业和保险业持续经营的社会心理基础。在小概率事件面前人类对风险的态度表现出矛盾的特征，传统经济学无法解释这个现象。

5. 参照依赖（同侪悖论）

在商品和服务价格相同的情况下，假设你有A和B两种选择：

A. 其他同事一年挣6万元的情况下，你的年收入7万元。

B. 其他同事年收入为9万元的情况下，你一年有8万元进账。

卡尼曼的这项调查结果出人意料：大部分人会选择前者。

事实上，我们拼命赚钱的动力，多是来自同侪间的嫉妒和攀比。我们对得与失的判断，是来自相互的比较。培根曾言：皇帝通常不会被人嫉妒，除非对方也是皇帝。嫉妒总是来自自我与别人的比较。对此，美国作家门肯（H. L. Mencken）早有妙论：“只要比你小姨子的丈夫（连襟）一年多赚1 000块，你就算是有钱人了。”传统经济学认为金钱的效用是绝对的，行为经济学则告诉我们，金钱的效用是相对的。这就是财富与幸福之间的悖论。到底什么是“得”，什么是“失”呢？你今年收入20万元，该高兴还是失落呢？假如你的奋斗目标是10万元，你也许会感到愉快；假如目标是100万元，你会不会有点失落呢？所谓的损失和获得，一定是相对于参照点而言的。卡尼曼称其为“参照依赖”（reference dependence）。

传统经济学的偏好理论（preference theory）假设，人的选择与参照点无关。前景理论则证实，得与失都是比较出来的结果。一般人对一个决策结果的评价，是通过计算该结果相对于某一参照点的变化而完成的。人们看的不是最终的结果，而是看最终结果与参照点之间的差额。一样东西可以说成是“得”，也可以说成是“失”，这取决于参照点的不同。

别做正常的傻瓜

1. 冰淇淋实验

奚恺元教授①于1998年进行了冰淇淋实验：有两杯哈根达斯冰淇淋，一杯冰淇淋有7盎司，装在5盎司的杯子里面，看上去快要溢出来了，另一杯冰淇淋是8盎司，但是装在了10盎司的杯子里，所以看上去还没装满。你愿意为哪一份冰淇淋付更多的钱呢？如果人们喜欢冰淇淋，那么8盎司的冰淇淋比7盎司多，如果人们喜欢杯子，那么10盎司的杯子也要比5盎司的大。可是实验结果表明，在分别判断的情况下，人们反而愿意为分量少的冰淇淋付更多的钱。实验表明：平均来讲，人们愿意花2.26美元买7盎司的冰淇淋，却只愿意用1.66美元买8盎司的冰淇淋。这契合了卡尼曼等心理学家所描述的：人的理性是有限的。人们在作决策时，所依据的参考信息往往是不充分的，比如，无法把两杯不同重量的冰淇淋放在一起比较，所以往往就会通过一些相对直观的信息或某种比较容易评价的线索作出判断。并不是去认真计算一个物品的真正价值，比如在冰淇淋实验中，人们其实是根据冰淇淋到底满不满来决定给不同的冰淇淋支付多少钱的。

2. 餐具实验

再来看一个奚恺元教授所做的餐具实验。比方说现在有一家家具店正在清仓大甩卖，你看到一套餐具，有8个菜碟、8个汤碗和8个点心碟，共24件，每件都是完好无损的，那么你愿意支付多少钱买这套餐具呢？如果你看到另外一套餐具有40件，其中24件和刚刚提到的完全相同，而且完好无损，这套餐具中另外还有8个杯子和8个茶托，其中2个杯子和7个茶托都已经破损了。你又愿意为这套餐具付多少钱呢？结果表明，在只知道其中一套餐具的情况下，人们愿意为第一套餐具支付33美元，却只愿意为第二套餐具支付24美元。

---

① 奚恺元（Christopher K. Hsee）出生于中国上海，后旅美求学。1993年获耶鲁大学博士学位，而后在芝加哥大学商学院任教。2000年被评为芝加哥大学商学院终身教授。卡尼曼在诺贝尔奖获奖演说中，用将近三分钟的时间着重提到了奚恺元的研究成果。2003年，奚教授在复旦大学和中欧工商学院发表演讲，采用大量的实例阐释了前景理论与传统经济学的区别，以及心理学对传统经济学的修正。《财富周刊》截取了演讲中的一些精彩片段刊登。读后会发现，小到个人购物消费、企业的风险决策，大到国家公共政策的制定，社会上林林总总的财富现象，都与心理学有着千丝万缕的联系。

虽然第二套餐具比第一套多出了6个好的杯子和1个好的茶托，人们愿意支付的钱反而少了。因为到底24件和31件算是多，还是少，如果不互相比较是很难引起注意的，但是整套餐具是完好无缺还是已经破损，却是很容易判断的。瞧，人们还是依据比较容易判断的线索作出判断，尽管这并不划算。

3. 联合国决策

其实，大到联合国的公共决策都可能发生这种偏差。来看这样一个实验。比如说太平洋上有小岛遭受台风袭击，联合国决定到底给这个小岛支援多少钱。假设这个小岛上有1 000户居民，90%居民的房屋都被台风摧毁了。如果你是联合国的官员，你认为联合国应该支援多少钱呢？但假如这个岛上有18 000户居民，其中有10%居民的房子被摧毁了（你不知道前面一种情况），你又认为联合国应该支援多少钱呢？从客观的角度来讲，后面一种情况下的损失显然更大。可实验的结果显示，人们觉得在前面一种情况下，联合国需要支援1 500万美元，但在后面一种情况下，人们觉得联合国只需要支援1 000万美元。据说，这个实验从一般的市民到政府官员，屡试不爽。

7.3.3 心理账户

钱就是钱。同样是100元，是辛苦挣来的工资，还是彩票赢来的奖金，或者路上捡来的，只要是在自己名下的钱，似乎并不因它的来源产生性质上的区别。可是事实却不然。一般来说，你会把打工挣来的钱存起来舍不得花，而如果是一笔意外之财，可能就很快花掉了。一个正常人不会拿自己辛苦赚取的10万元去赌场赌博，不过如果是赌马赢来的10万元，那就会另当别论了。所以赌徒的口袋总是空空的。

从人们的感觉来看，挣来的钱和意外之财是不一样的，钱并不具备完全的替代性，这主要是因为人们分别为不同来路的钱建立了不同的账户。这就是芝加哥大学行为科学教授理查德·萨勒（Richard Thaler）所提出的“心理账户”的概念。心理账户（mental accounting）是行为经济学中的一个重要概念。由于心理账户的存在，个体在作决策时往往会违背一些简单的经济学运算法则，从而作出许多非理性的行为选择。这些行为集中表现为以下三个心理效应：非替代性效应、沉没成本效应、交易效用效应。这些效应在一定程度上揭示了心理账户对个体决策行为的影响机制。

我们每个人都有两个账户，一个是经济学账户，一个是心理账户，心理账户的存在影响着我们的行为决策。在经济学账户里，每一块钱都是可以替代的，只要绝对量相同；而在心理账户里，对每一块钱并不是一视同仁，而是视不同来源、不同阶段、不同方式、不同数量、不同去处而采取不同的态度。

比如说今天晚上你打算去听一场音乐会。票价是200元，在你马上要出发的时候，你发现你把最近买的价值200元的电话卡弄丢了。你是否还会去听这场音乐会？实验表明，大部分的回答者仍旧会去听。可是如果情况变一下，假设你昨天花了200元钱买了一张今天晚上的音乐会票。在你马上要出发的时候，突然发现你把票弄丢了。如果你想要听音乐会，就必须再花200元钱买张票，你是否还会去听？结果却是，大部分人回答说不去了。可仔细想一想，上面这两个回答其实是自相矛盾的。不管丢掉的是电话卡还是音乐会票，总之是丢失了价值200元的东西，从损失的金钱上看，并没有区别，没有道理丢了电话卡后仍旧去听音乐会，而丢失了音乐会票之后就不去听音乐会了。原因就在于，在人们的脑海中，把电话卡和音乐会票归到了不同的账户中，所以丢失了电话卡不会影响音乐会所在账户的预算和支出，大部分人仍旧选择去听音乐会。但是丢了的音乐会票和后来需要再买的票都被归入同一个账户，所以看上去就好像要花400元听一场音乐会了。人们当然觉得这样不划算了。

萨勒还曾讲过一个他自己的故事：

有一次他去瑞士讲课，瑞士给他的报酬还不错，他很高兴，讲课之余就在瑞士作了一次旅行，整个旅行非常愉快，而实际上瑞士是全世界物价最贵的国家。第二次在英国讲课，也有不错的报酬，就又去瑞士旅行了一次，但这一次到哪里都觉得贵，弄得特别不舒服。为什么同是去瑞士旅行，花同样的钱，前后两次的感受完全不一样呢？原因就在于第一次他把在瑞士挣的钱跟花的钱放在了一个账户上；第二次不是，他把在别的地方赚的钱花在了瑞士的账户上。

跟团旅游同样如此。先付掉旅行所有的费用和先付一部分钱，然后每次门票费再另付可能路线、费用都一样，但舒服度是完全不同的。前一种是怎么玩乐怎么高兴，因为钱已付了；后一种情绪变化会比较大，因为总在掏钱。因此，我们千万不要让痛苦分阶段，既然痛苦不可避免，就应让痛苦一次到位，剩下的全都是好的。

一个10元等于两个5元吗？由于心理账户的存在，我们无法给出肯定的答复。如果痛苦需要一次到位，那么快乐最好分一下阶段。作为子女，每年一次性给一大笔钱，不如分若干次以小额的形式孝敬父母，这样做不单会使父母不断体会到亲情和快乐，而且也促使他们能够真正使用这笔费用。因为一次性交付的话，他们会倾向于把钱存入银行。比如，一个正常人如果月末得了500元的奖金，可能拿出400元去买心仪已久的领带，然后把剩下的100元作为零用钱。但是如果获得了5 000元，反而没有动力去买400元的领带，也许会将5 000元钱马上存入银行。

类似的概念还可以帮助政府制定公共政策。比方说，一个政府现在想通过减少税收的方法刺激消费。它可以有两种做法，一个是减税，直接降低税收水平，另外一种是退税，就是在一段时间后返还纳税人一部分税金。从金钱数额来看，减收5%的税和返还5%的税是一样的，但是在刺激消费的作用上却大不一样。人们觉得减收的那部分税金是自己本来该得的，是自己挣来的，所以增加消费的动力并不大；但是退还的税金对人们来说就可能如同一笔意外之财，刺激人们增加更多的消费。显然，在刺激消费方面。对政府来说，退税政策比减税政策，达到的效果要好得多。

有时候，一笔小额的意外之财，反而可能让人破费更多，这是一个耐人寻味的现象。很多人认为，一个人的边际消费倾向（花费率）不会超过100%，即一个人每获得一元钱，最多就只能花掉一元钱，其实不然。为救美国经济于水深火热，美联储主席伯南克曾有句名言："如有必要，可用直升机撒钱。"对这句话，各人理解不同，用心理账户的原理来看，“飞机撒钱”也许真的能刺激消费，提振经济。

心理账户与股票买卖

心理账户的存在影响着人们以不同的态度对待不同的支出和收益，从而做出不同的决策和行为。在股票买卖中，抛售掉的股票亏损和没有被抛掉的股票亏损就是被放在不同的心理账户中的，抛售之前是账面上的亏损，而抛售之后是一个实际的亏损，客观上讲，这两者实质上并没有差异，但是在心理上人们却把它们画上了严格的界线。从账面亏损到实际亏损，后者在心理账户中感觉更加“真实”，也就更加让人痛苦，所以这两个账户给人的感觉是不同的，人们并不能从心理上把二者完全等同起来。当原来的账面亏损不小心成了实际亏损之后，那个股票的账面亏损账户在心里就以最终亏损的状态关闭了，人们一般不能把账户再往回拨，也就是从实际亏损账户再回拨到账面亏损账户。心理账户的存在不仅影响着我们的投资决策，也会对日常生活中的种种消费决策产生意想不到的影响。

7.3.4 选择的简单模型

一般而言，选择是一个涉及三个相关步骤的推理过程：

（1）对需要采取行动的问题进行界定。

（2）比较两个或两个以上备选方案的相应结果。

（3）在比较的基础上，选择能够产生最佳结果的方案，即满足需要、价值、机会等要素的方案。

例如，第一个方案（A1）能够产生结果（O1），第二个方案（A2）能够产生结果（O2），（O1）的价值优于（O2），即（O1）＞（O2）。基于这样的信息，无疑应该选择第一个方案。

简单模型如下：

（A1）→（O1）

（A2）→（O2）

（O1）＞（O2）

∴（A1）

这个简单的推理过程包含两个重要的选择因素：事实前提和价值前提。在第一步推理中（A1）会导致（O1）；在第二步推理中（A2）会导致（O2）。这类推理依赖的是事实前提，即那些以经验和知识为依据，从原则出发标明真或假的假设。而第三种推理（O1）＞（O2）依赖的则是价值前提，即以某种价值观或道德体系为基础标明好或坏的假设。价值前提不同于事实前提，其好坏对错不能诉诸事实加以证明。一般来说，所有的选择都包括事实前提和价值前提。

事实前提与价值前提

大卫·休谟在《人性论》一书中指出，人们不能从“是”推导出“应该”，即纯事实的描述性说明凭其自身的力量只能引起或包含其他事实的描述性说明，而绝不是做什么事情的标准、伦理、见解或规范。这个观点后来被称为“休谟铡刀”。[①] 意思是他在事实领域和价值领域之间作了一刀切的逻辑区分。休谟的这一观点被后世作为一个判断的基本前提而接受下来。尽管把“休谟铡刀”作为预设前提，有忽视事实与价值的可通融性之嫌，但对于决策活动的研究具有重要的启发意义。

在决策活动中，事实因素主要是指决策所要依据的那些客观事实。事实前提最为重要的特点是客观性、可检验性和变动性。

事实前提虽然也依赖于决策者的认知，但这种认知与其对价值前提的认知有所不同，它并不是要对主体自身需求加以认知，而是要对客观对象进行具体认知，其内容表现出明显的客观性；事实前提具有客观标准，完全可以通过调查研究和科学实验加以认识，它具备量化分析的依据，能够被检查和验证。事实前提是决策的客观依据，它只是客观事实中对决策发生作用的部分，决策的选择性特点必然会导致事实前提的变动性。

事实前提与价值前提的区别主要表现在以下三个方面：

(1) 提出问题的角度不同。价值前提是从需不需要和值不值得作为决策的角度提出问题，主要侧重于决策主体的要求；事实前提则是从能不能和可不可以的角度提出问题，主要侧重于客观实际的条件。因此，常有具备了价值前提却缺少事实前提或与之相反的情况出现，使决策活动难以进行。

(2) 认识形式的表现不同。事实前提的判断依赖于明显的客观标准，所以往往容易达成共识。价值前提的判断则更多地依赖于人们的价值体系，所以经常引起冲突和矛盾。

(3) 影响决策的作用不同。价值前提对决策的影响主要表现在决策目标的确定上，事实前提对决策的作用主要体现在行动方案的选择上。

7.3.5 倾向性效应

人们会避开导致后悔的行为，同时追求引以为豪的行为。谢夫林（Shefrin）和斯塔特

---

① 参见周晓亮：《休谟及其人性哲学》，251页，北京，社会科学文献出版社，1996。此种事实与价值二分的明确提法是后世学者的归纳，休谟在《人性论》中的原话是：“在我所遇到的每一个道德体系中，我一向注意到，作者在一个时期中是照平常的推理方式进行的，确定了上帝的存在，或是对人事作一番议论；可是突然之间，我却大吃一惊地发现，我所遇到的不再是命题中通常的‘是’与‘不是’等联系词，而是没有一个命题不是由一个‘应该’或一个‘不应该’联系起来的。这个变化虽是不知不觉的，却是有极其重大的关系的。因为这个应该与不应该既然表示一种新的关系或肯定，所以就必须加以论述和说明；同时对于这种似乎完全不可思议的事情，即这个新关系如何能由完全不同的另外一些关系推理出来，也应该指出理由加以说明。不过作者们通常不是这样谨慎从事，所以我倒想向读者们建议要留神提防；而且我相信，这样一点点的注意就会推翻一切通俗的道德学体系。”（[英]休谟：《人性论》，509页，北京，商务印书馆，1983。）

曼（Statman）的研究发现：害怕后悔和寻求自豪可能会导致非理性行为倾向。比如投资者倾向于过早卖出赢利股票，而长时间持有亏损股票，谢夫林和斯塔特曼称这种状况为倾向性效应。

卖出赢利股票可以确认收益，使投资者自我感觉良好；而持有亏损股票可以避免确认损失，从而避免后悔带来的心理上的痛苦。研究表明：平均来说，投资者卖出赚钱股票的可能性比卖出赔钱股票的可能性要高出50%。

一项研究分析了1990年11月到1991年1月间多名投资者买卖144家纽约交易所上市公司股票的交易数据（John R. Nofsinger，2001）。发现一个公司的消息主要影响这家公司的股票价格，而整个经济层面的消息会影响所有的股票。一个公司的好消息导致股价上升，从而促使更多的投资者卖出（卖出好股票），一个公司的坏消息并不会促使投资者卖出（持有差股票），这与回避后悔和追求自豪的心理特征是一致的。但整个经济层面的消息并不会引发投资者的交易，这种情况下没有倾向性效应。这显示了关于后悔的一个很有意思的特点。当一项投资亏损时，如果是投资者自己的决定造成的，他会感受到更强烈的后悔；如果投资者能把亏损归因于他们控制范围之外的其他原因，则后悔程度大大减轻。

另一项涉及近千名投资者的研究表明，投资者卖掉的股票在其后12个月的涨幅比他们留下来的股票高出了3.4%。换言之，投资者卖掉了本该留下的股票，留下了本该卖掉的股票。最不可思议的是，当投资者卖掉某支赔钱的股票时，政府税务部门会减掉投资者的部分税款，也就是说，你只要认赔，政府会为你埋一部分单。尽管如此，许多投资者还是拒绝认赔。他们认可"账面损失"，因为毕竟还没有让赔本成为现实。这正是"寻求自豪"和"规避后悔"的倾向性效应在起作用。

7.3.6 激励效应

激励（incentive）一词含有激发动机、鼓励行为的含义，是促使一个人作出某种行为选择的内心状态，比如奖励（正激励）或惩罚（负激励）的预期。由于人们会通过比较成本与收益作出决策，所以，当成本或收益变动时，人们的行为也会改变。也就是说，人们会对政策激励作出反应。例如，当苹果价格上涨时，人们就会决定少吃苹果，因为购买苹果的成本提高了。同时，苹果种植园主会决定雇用更多工人并多摘些苹果，因为出售苹果的收益提高了。换言之，市场上的高价格提供了买者少消费和卖者多生产的激励。这种激励对于市场有效配置资源具有非常重要的影响。

对公共政策制定者来说，应该充分认识到激励在政策执行中的核心作用。公共政策往往会改变私人行动的成本或收益，因而会产生明显的激励效果。例如，汽油税的提高可以使更多的人开小型的节能型汽车。欧洲开小型车的人之所以要比美国多很多，可能主要还是汽油税方面的原因。不仅如此，提高汽油税还会促使人们更多地拼车或乘坐公共交通工具出行，并尽可能选择离自己住所近的地方工作。

一项充满争议的政策

2010 年，武汉实行有奖鼓励市民举报车辆违法的举措，结果产生了多达百余人的“职业拍客”，一年领走 500 多万元奖金。市民提供的举报资料，只要拍摄画面清晰，对违法行为记录比较全面，经工作人员审核、认定后，就会及时进行兑奖。2010 年 9 月，一名拍客一周拍摄 200 多辆闯红灯的违章车辆，获得奖金 6 000 多元。武汉市交管部门表示，2011 年将继续实行有奖举报车辆违法的举措，这无疑将激励“职业拍客”，只要拍的人多了，司机开车、停车就会越来越谨慎，这对交通违法行为会起到很好的震慑作用。交管部门希望通过这样的举措，加大交通管理力度，达到规范行车秩序的目的。

武汉市所实行的有奖举报车辆违法的举措，激励作用巨大、威慑效果明显，但引起颇多争议。有人认为，拍客监督是有益尝试，有奖举报交通违法行为于法有据，《道路交通安全法》规定，对违章行为，任何人都有劝阻和控告的权利。公民拍摄交通违章，并将影像资料交给执法部门，这就是控告权的具体表现形式。根据《人民警察法》的规定，人民警察依法执行公务，公民和组织应当给予支持和协助。对协助人民警察执行公务有显著成绩的，应给予表彰和奖励。也有人认为，拍客监督的方式值得商榷。这是一把双刃剑，一方面，它似乎能带来很强的震慑力，但另一方面，却违背了程序正义。近几年，曾经率先实行这种举措的上海、广州等城市相继取消了这种“编外交通警察”的做法。武汉市继续坚持这种做法多有不妥。群众的确有权举报，但给予行政奖励，可能会引发很多的问题。

7.3.7　目的颤抖

在给小小的缝衣针穿线的时候，你越是全神贯注地努力，线越不容易穿入。一个人做事过度用力或意念过于集中，反而将平素可以轻松完成的事情搞砸了。心理学的解释是“目的颤抖”。睿智的庄子给我们留下一段精彩的论述：“以瓦注者巧，以钩注者惮，以黄金注者殙。其巧一也，而有所矜，则重外也。凡外重者内拙。”（《庄子・外篇・达生》）。

大凡，赌注小者其赌技巧，赌注大者其赌技拙，盖因其外之轻重，限其内之巧拙也。是故，修为当重其内，内巧则外轻。若操舟者之忘其水，善赌者之忘其注，无往而不利。

太想打好球的手在颤抖，太想走好钢丝的脚在颤抖，太想成功的人心在颤抖。澳大利亚运动员克拉克有着超人的长跑实力，可是一到奥运会就会失利，这位“伟大的失败者”为心理学贡献了一个术语——“克拉克现象”。华伦达原本有着一双在钢索上如履平地的脚，但过分求胜之心使他在钢索上失去了平衡。著名的“华伦达心态”以华伦达的失足殒命为代价而被赋予了一种沉重的内涵。

人生岂能无目标？做事岂能无目的？但目标本应引导你前行，目的本应激励你奋进，如果将目标和目的做成沙袋捆缚在身上，每前进一步巨大的牵连与莫名的恐惧就赶来羁绊你的手脚，如此，你将如何去实现那个梦想成功的自我！

“目的颤抖”是因为有过重的心理负担。当然，心台太低，远处的胜景便可能为荒草杂树所遮蔽，平庸的双眼，注定无福饱览那绝世的秀色。但心台太高，做事过于在乎，则会使恐惧蛀蚀勇敢，失败吞噬成功，其结果往往是事与愿违。正应了那句成语：“过犹不及”。

“大体则有，具体则无”，人的目光应该放得远一点，再远一点，“水穷之处待云起，危崖旁侧觅坦途。每临大事有静气，不信今时无古贤”①。

“目的颤抖”举例

1. “克拉克现象”

罗·克拉克是20世纪60年代世界著名的长跑选手，他曾19次打破5 000米和10 000米的世界纪录。然而，正是这位出类拔萃的优秀运动员，在他参加的两届奥运会上（1964年、1968年）均未登上冠军的宝座，仅在1964年（第18届奥运会上）获得过10 000米赛的1枚铜牌。并且，在两届奥运会当年他的最高成绩都大大超过了奥运会冠军的成绩。因此，克拉克被人们称为“伟大的失败者”，他的这种经历被称为“克拉克现象”，主要是指优秀运动员在重大比赛中不能正常表现出所具有的竞技能力，比赛失常的现象。研究者也借用“克拉克现象”来研究最优秀选手的大赛失利问题。研究表明：历届奥运会比赛中有1/3以上的世界最强实力者与克拉克一样未登上奥运会最高领奖台。由此我们得出这样的共识：在奥运会这样的重大比赛中，最有希望获取冠军的选手约有70%左右能够实现梦想，另有30%左右的选手必然要被淘汰。

2. “华伦达心态”

华伦达是美国一位非常著名的高空走钢丝的表演者，在一次表演中不幸失足身亡。他的妻子事后说：“我预感这次演出可能要出事，因为他上场前总是不停地说，这次演出太重要了，不能失败，绝不能失败。而以前的每次表演，他不太去想这件事可能带来的一切。”“华伦达心态”由此得名。

美国斯坦福大学的一项研究也表明，人的大脑里的某一图像会像实际情况那样刺激人的神经系统。比如当一个高尔夫球手击球前一再告诉自己“不要把球打进水里”时，他的大脑里往往就会出现“球掉进水里”的情景，而结果往往事与愿违，这时球大多都会掉进水里。这项研究从一个侧面证实了“华伦达心态”的缘由。

3. 最后1枪丢金牌

2008年8月17日13时51分，北京奥运会射击比赛还剩一个人的最后一枪。此时其他参加男子50米步枪三姿的运动员都完成了比赛，那个还没有完成比赛的是美国人马修·埃蒙斯，他最后一枪前的成绩是1 265.9环，第9枪打完还领先第二名3.3环，第10枪只要

① 清朝两代帝师翁同龢的名联。

6.7环，一个步枪射击手的业余水平，金牌就属于他了。国外的很多通讯社，此时已经写好了埃蒙斯夺冠的快讯，只等他最后一发击出。埃蒙斯举枪、瞄准、击发。

4.4环！全场爆发出一片惊讶之声，埃蒙斯不知所措地摆弄着手中的枪，一脸无辜与无奈，流露出近乎绝望的眼神。埃蒙斯的离奇失误把美国媒体也急坏了，他们不得不把事先写好的通讯推倒重来。

在子弹飞出去的一瞬间，埃蒙斯已经预感到自己遭到“魔咒”了，但是他还是抱着一丝希望，希望自己能拿下这块就要到手的金牌，弥补四年前的遗憾。

历史惊人地相似，或许连埃蒙斯自己都无法相信，四年前的噩梦这一次在北京重现了。打完最后一枪之后，埃蒙斯流下了泪水，这位美国名将显得非常痛苦。时光一下子倒转四年，回到了2004年8月22日的雅典奥运会马可波罗射击场。

当时的三姿比赛也进行到了最后一枪，2号靶位的埃蒙斯同样最后一个击发。他只要得到不低于7.1环的成绩就能夺冠，但最后一声枪响后，正当他举起双手准备欢呼的时候，坏消息传来，他居然打错了靶，2号靶位的他却把子弹射向了3号靶位。在美国人出现脱靶这种超级失误后，金牌属于中国队的贾占波。

四年一个轮回，再次站在奥运会决赛场上的埃蒙斯万万没想到，噩梦就像幽灵一样，从雅典追到了北京。两届奥运会，埃蒙斯都用同样的近乎离奇的方式，把金牌送给他人。这次捡到便宜的还是中国人。他是来自江苏的邱健，一如四年前的贾占波。

4. 雅典奥运会的希腊神话

北京时间2004年8月17日凌晨，雅典奥运会男子双人三米板跳水决赛上演了戏剧性的一幕，用“天下大乱”一词来形容都不为过。世界杯冠军彭勃和王克楠第一，世锦赛金牌获得者萨乌丁和多布罗斯克第二，美国大奖赛冠军杜马斯兄弟第三，只不过全都是倒数的。名不见经传的希腊人希拉尼蒂斯和毕米斯成了笑到最后的人，令希腊观众狂喜了一把。

一路领先到最后一轮，彭勃和王克楠最后一跳竟完全失败，一个大大的0.00分出现在记分牌上。观众席上一片哗然，所有中国观众目瞪口呆。

经过电脑抽签之后，彭勃和王克楠被排在第一位出场，两个人似乎并没有受到太大影响，稳稳地一路领先到第四轮。此时，这对中国选手的分数为283.89分，比第二位的杜马斯兄弟高了12分多，只要不出大的意外，最后一跳之后，冠军就将是他们的囊中之物。然而，意外出现了。两个人的最后一个动作是向前翻腾两周半转体两周，难度系数为3.4。当两人起跳后，王克楠在空中对自己的动作显然失去了控制，摇摇晃晃地手、脚一起扎入水中，所有的裁判一致给了他们0分！彭勃首先钻出水池，愣怔怔地盯着记分牌。王克楠脸上一片茫然，“我太想要那块金牌了。但是一起跳，我就知道自己没跳好，脑袋里一片空白。”王克楠后来无比懊悔地说。

中国选手的严重失误好像富有传染性。杜马斯兄弟的反身翻腾两周半转体一周半以斜拍入水结束，得分仅为55.65分，而令中国跳水界闻之生畏的萨乌丁则带给了人们英雄迟暮的悲哀。这位30岁的俄罗斯老将也栽在反身翻腾两周半转体一周半这个动作上，弯着身体钻进了水。

悉尼奥运会男子双人三米板冠军肖海亮在看完男子双人三米板的比赛后表示，男子双人跳板上演的希腊神话让人匪夷所思。他说，这真是太奇怪了，正像熊倪、黄健翔在讲解时说的那样，又创造了一个希腊神话。因为这两位希腊选手不管在什么比赛中，从来都没有进入过前三名，应该说他们是不具备夺冠或者争奖牌的实力的。因为在这个项目中，新崛起的澳大利亚、美国，还有传统强国俄罗斯、中国在这场比赛中同时出现严重失误，而且都是在最后一跳，实在让人匪夷所思。

7.3.8 心理冲突

心理冲突是指心理的矛盾状态，即决策者在两个或两个以上动机需要同时存在的情况下，左右为难、莫衷一是的心理状态。其表现形式主要有下列三种：

（1）趋避冲突（approach-avoidance conflict），指既想达到某个目标又不想付出某种代价，而两者又不能同时实现，因而内心产生矛盾的情况。如决策者既希望政策行动轰轰烈烈，又顾虑成本开支的巨额投入；决策者既希望出台的政策严厉有加，又顾虑其副作用的消极影响，等等。

（2）双趋冲突（approach-approach conflict），是指两个好处都想要，因不可同时兼得而产生的矛盾心理。理性的决策者往往希望决策方案能够一举两得或一举多得，但客观条件又常常使之难以实现，正所谓“鱼和熊掌不可兼得”的情况。决策活动所面对的资源条件往往是有限的，决策者在决定如何利用资源时就常常遭遇这样的问题。如想做的事情很多，可资金条件只允许择一而行，双趋冲突就会产生。

（3）双避冲突（avoidance-avoidance conflict），指因对两种同样不利的结果必须进行选择时所产生的心理矛盾。如面对滔滔洪水，必须丢卒保车，炸子堤以保主堤，炸哪都会带来损失，这种选择的困惑就是双避冲突的表现。

当然，决策中所面临的心理冲突远比上述内容复杂，我们之所以要研究心理冲突是因为它会给决策者带来压力并影响决策的效果。人是感情动物，其行为常常由情感驱动，而情绪的不稳定往往导致非理智行为，因此，研究决策活动中人的情感变化是很有意义的。

“布里丹毛驴效应”

人们习惯于把决策过程中犹豫不决、迟疑不定的现象称之为“布里丹毛驴效应”。法国哲学家布里丹曾养过一头小毛驴，每天向附近的农民买一堆草料来喂。这天，送草的农民出于对哲学家的景仰，额外多送了一堆草料，放在旁边。这下子，毛驴站在两堆数量、质量和与它的距离完全相等的干草之间，可是为难坏了。它虽然享有充分的选择自由，但由于两堆干草价值相等，客观上无法分辨优劣，于是它左看看，右瞅瞅，始终也无法分清究竟选择哪一堆好。于是，这头可怜的毛驴就这样站在原地，犹犹豫豫，来回考虑，无所适从，难以取舍，最终活活地饿死了。两垛干草的绝对平衡使这头驴子进退两难。从决策思维的角度来说，当几种选择方案具有同等的吸引力时，它本应当是最容易作出决定的。因为无论选中哪一个都会带来愉快的结果。但是为什么这样的决定又是如此艰难呢？问题就在于决策者不得不放弃一个很有吸引力的选择。换句话说，驴子的问题出在无论哪一捆诱人的干草垛它都不肯放弃。一般来说，一旦决策者知道自己将获得某种利益或某样东西时，方案的吸引力就会发生递减；而一旦要放弃某种利益或某样东西时，方案的吸引力就会发生递增，选择的烦恼会带来很大的心理压力。“布里丹毛驴效应”直接表现了这个问题的本质。

7.3.9 机会成本

关于作出决策的第一课可以归纳为一句谚语：“天下没有免费的午餐。”为了得到我们喜爱的一件东西，通常就不得不放弃另一件我们喜爱的东西。作出决策要求我们在一个目标与另一个目标之间权衡取舍。那么如何进行这种取舍呢？最重要的就是比较可供选择的行动方案的成本与收益。在许多情况下，某种行动的成本并不像乍看时那么明显。例如，考虑是否上大学的决策。收益是使知识丰富和一生拥有更好的工作机会。但成本是什么呢？要回答这个问题，你会想到把你用于学费、书籍、住房和伙食的钱加总起来。但这种加总并不真正代表你上一年大学所放弃的东西。上述计算方法存在两个问题。第一个问题是，它包括的某种东西并不是上大学的真正成本。即使你离开了学校，你也需要有睡觉的地方，要吃东西。只有在大学的住宿费和伙食比其他地方贵时，贵的这一部分才是上大学的成本。实际上，大学的住宿费与伙食费可能还低于你自己生活时所支付的房租与食物费用。在这种情况下，住宿费与伙食费的节省是上大学的收益。这种成本计算的第二个问题是，它忽略了上大学最大的成本——你的时间。当你把一年的时间用于听课、读书和写文章时，你就不能把这段时间用于工作。对大多数学生而言，为上学而不得不放弃的工资收入是他们受教育的最大单项成本。这种成本叫机会成本（opportunity cost）或择一成本，是指在决策过程中，因选取某一方案而放弃另一方案所付出的代价或所丧失的潜在利益。换句话讲，就是为了得到某种东西所放弃的东西。某种资源常常有多种用途，即有多种使用的“机会”，但用在某一方面，就不能同时用在另一方面，因此在决策分析中，必须把已放弃方案可能获得的潜在收益，作为被选取方案的机会成本，这样才能对中选方案的收益作出正确的评价。举例来说，某人在作出是否上大学的决策时，他应该对伴随每一种可能的行动而产生的机会成本有一个清楚的认识。实际上，人们在作出这类决策时，通常是了解这一点的。对那些到了上大学年龄的运动员来说，如果他们不上大学，或上了大学以后退学，转而从事职业运动就能赚到几百乃至上千万美元，比如 NBA 明星勒布朗·詹姆斯等，他们深刻认识到，自己上大学的机会成本实在太高，所以聪明的决策应该是放弃。

总而言之，机会成本是决策分析中不容忽视的要素。一般来说，优选方案的预计收益必须大于机会成本。实际上，如果某项资源只有一种用途，则其机会成本为零。

7.4 思维方法

7.4.1 经验思维

在决策活动中，经验思维是最易碰到和最常使用的一种思维方式。在处理问题时，像条件反射一样，人们自觉不自觉地总是要首选经验思维。这似乎体现了一种心理上的惯性。只有当经验思维解决不了问题时，人们才会去考虑其他的思维方式。

经验思维的特点在于经验的联想和经验的迁移。经验的联想适用于处理重复性的工作。就是说，当前所要处理的问题是过去曾经处理过的。因而，通过联想，运用经验，就可以做到胸有成竹了。然而，这里所说的重复并不是百分之百的重复，根据辩证观点，事情不可能有完全的翻板。但是，事情在主要环节上出现重复或基本一致是完全可能的，这就为经验联想的运用创造了前提。

经验迁移与经验联想有所不同。它是通过类比，发现两类事物之间的共同性或机械性，从而将解决这一类问题的方法迁移到解决另一类问题上去。比如美国人莫尔斯在发明电报时面临向远距离发报信号减弱的问题，后来看到驿车到驿站换驿马的情况，从而受到启发。他把这种方法迁移到了发报信号上，形成了沿电报线设放大站的想法。经验迁移超出了重复性界限，挖掘两类不同事物之间实质的相似，从某种意义上讲，带有创造性思维的特点。然而，这种思维的迁移，所依据的仍是经验的类比，因而仍然属于经验思维的范畴。

经验思维方式简单实用，但适用范围有限，局限于重复的和可类比的事物。无论是经验联想还是经验迁移，都容易忽略一些新的变动因素。而这些因素有可能会对事物产生重大影响，而在经验范围内却难以察知这种影响。一旦出现这种情况，运用经验思维方式就难免带来一定的失误。

7.4.2 逻辑思维

逻辑思维实际上就是通过逻辑（把意识按照顺序进行排列）进行思考。

逻辑思维又称理论思维或抽象思维。它以抽象为特征，通过对感性材料的分析思考，撇开事物的具体形象和个别属性，揭示出事物的本质特征，形成概念并运用概念进行判断和推理，从而概括地、间接地反映事物的本质特征。

与经验思维相比，逻辑思维方式更偏重于理性的思考。强调有理有据，重视逻辑推理。它已摆脱了对感性材料的依赖，带有抽象的特征。当然，这种抽象绝非形式的抽象，而是科学的抽象，包含着最丰富的具体，超越了特殊的形式。它扩展了思维的空间，跨越了时间的界限，而随着时空跨度的增大，思维中也就能容纳更多的对象。这些对象不仅是现实中存在的，而且包括历史状况和未来发展。在思维对象越来越丰富的基础上，我们也就能对其作越来越高的抽象概括。

逻辑思维是一种概念思维，多运用概念进行推理。概念思维是相对于形象思维而言的。思维中，形象表现的只是个别的对象，概念却可以概括某一类对象。当我们说高度的抽象包含着丰富的具体时，在抽象中出现的并不是大量的具体形象，而是对其进行分类，揭示各类对象的共同本质，再将本质凝结在概念中。由此，我们就可以将各类对象之间的关系用概念与概念之间的关系表述出来。也就是说，概念之间的关系反映了对象之间的本质联系。

逻辑思维实质上也是一种辩证的思维，或者叫辩证的理性，这是相对于形式的理性而言的。形式的理性要求在思维中避免矛盾，使思维过程按照形式化的格式进行。但是，思维形式上避免逻辑矛盾，绝不等于在思维的内容中否定矛盾。辩证的理性就是要求在思维的内容中认清各种矛盾关系，以便做到在思维形式上不陷入逻辑矛盾。辩证思维的本质是承认矛盾、揭露矛盾和分析矛盾，并在此基础上寻求解决矛盾的办法。

总之，逻辑思维是人脑对客观事物间接概括的反映，它凭借科学的抽象揭示事物的本质，具有自觉性、过程性、间接性和必然性的特点。逻辑思维的基本形式是概念、判断、推理；基本过程是分析、综合、比较、抽象、概括和具体化；基本方法主要有归纳和演绎、分析和综合以及抽象和具体等。

辩证思维

辩证思维是科学研究中最常用的思维方法，其主要方法可分为归纳和演绎、分析和综合、抽象和具体等。

第一，归纳和演绎。这是用得最为广泛、思维方向正好相反的辩证思维方法。归纳和演绎的客观基础是事物本身固有的个性与共性、特殊与一般的关系。事物的共性和个性不是各不相干的，而是不可分割的，个性包含着共性，特殊中包含着一般。因此，才能从个别中归纳一般。同时，又由于共性存在于个性之中，一般存在于特殊之中，因此，才能从一般中演绎出个别来。认识的顺序是由特殊到一般，再由一般到特殊的辩证过程。认识通常从归纳开始，归纳是演绎的基础，归纳的结论常常是演绎的前提；演绎得出的结论又成为归纳的指导，演绎转化为归纳，再用事实的归纳来验证和丰富演绎的结论。例如：当达尔文接受了他人的生物进化论观点后，收集了大量事实，从中归纳、研究，得出了生物进化的系统理论和结论。

第二，分析和综合。这是辩证思维的基本方法之一。分析与综合相结合的科学思维方法的运用，是由事物的客观属性决定的，即作为整体的事物都是由它的各个部分、关系和属性有机组成的；作为过程的事物都是由它的若干变化、发展阶段内在联结而成的。分析是用矛盾的观点分析一切问题，把客观事物分解为各个部分、各个侧面和各个属性，分别加以研究。综合是把事物的各个部分、各个侧面和各个属性放到矛盾的诸方面的相互联系中去，运用矛盾分析法把握事物的本质规律和具体特征。例如：高明的医生总是把病人视作有机整体，先找出主要矛盾，具体分析各种症状、特征，再对症下药进行综合治疗。

第三，抽象和具体。这也是重要的辩证思维方法。在思维过程中，具体和抽象是不可分割的两个阶段。感性具体就是人们通过感官得到的事物的生动而具体的完整形象，这是认识过程的起点。抽象规定是通过思维分析活动，把事物的整体分析成各种属性、特点和关系，从中去掉那些偶然的、非本质的东西，抽象出那些必然的、本质的东西，分别加以规定。最后，再把事物的各种属性、特点和关系加以综合，形成概念，达到对事物完整、全面而深刻的本质认识，即理性认识。

7.4.3 直觉思维

从古希腊哲学家对直觉问题的关注发展至今，人们对于直觉的认识和讨论已经进行了两千多年。它一直是非理性问题研究中一个重要的焦点。一般而言，人们在使用直觉这个概念时，较多的还不是对事物本身“是什么”作出判断，即分析因为什么，会导致什么。而是对人应当“怎么做”进行直接选择。也就是说，直觉主要是指思维判断的一种方式。因此，决策行为研究对直觉问题予以高度的重视。在政策规划实践中，直觉思维也会发挥一定的作用。当然，从纯科学角度来看，似乎不该凭直觉思考。这里所讲的纯科学角度，是要求人们思考问题时收集详尽的信息，运用严格的逻辑推论去得出结论，人们无疑应该向着这个目标去努力。但从现实情况来看这却是很难做到的，如果能做到的话，也只是适用于那些范围较窄、关系简单、变动性小而时间又允许的情况。对于涉及范围较广、关系复杂、动态性强而又严格限定时间的情况，信息不可能完整，难以按程序推论，这时人们就只能更多地依靠直觉了。后一种情况是人们更经常遇到的现实情况，因而直觉思维的运用在现实中是极为普遍的。反过来说，如果否定直觉，那么在现实中人们也就难以进行决断了。

什么是直觉？有人说，直觉是知识积累的本能反应。也有人说，直觉只是一种灵感，是一种说不清道不明的东西，还有人说，直觉就是当你有了它的时候，它是确定无疑的，如果你还存在一定的犹豫，存在其他选择的可能性，那么就说明你还没有真正发现它。比如买东西时，一眼就看上了，毫不犹豫地掏出钱包，这可能就是你的直觉。

与逻辑思维相比较，直觉表现出非逻辑的跳跃性。结论得出来了，论证却尚未进行，甚至不知道怎样去论证。直觉的结论也是通过直接把握对象的整体而形成的，至于部分，则隐没于整体之中了。直觉的结论在头脑中产生的时间具有随机性。逻辑思维是按程序一步步进行的，因而结论产生的时间是可以预计的。直觉却不同，常常是突然产生的。

由于直觉具有整体性、直接性、跳跃性、随机性和突发性等特点，造成人们对直觉的评价出现很大分歧，否定直觉是相当简单的，只要说它没有充分根据就行了。然而，直觉的特性就是提不出充分的根据，如果能的话，它就是逻辑思维而非直觉思维了。可见，直觉的产生，通常不在于根据。对个人而言，靠的是自信；对他人来讲，靠的是权威。

7.4.4 创新思维

鲁迅先生曾经说：“什么是路？就是从没有路的地方践踏出来的，从只有荆棘的地方开辟出来的。”所谓创新就是披荆斩棘、开辟新路，想前人之不敢想，做前人之没有做，充分发挥人的想象力和创造力。从“山重水复疑无路”到“柳暗花明又一村”。

人类历史的发展需要不断地创新，一部人类社会的文明史，实际上就是一部创造史。创新是人类文明的源泉，也是人类生活的本质所在，没有创新就没有人类的进步与发展。我们在享受前人发明所带给我们的巨大益处时，也必须勇于用自己的智慧去创造，以满足国家管理和社会公共事务管理的需要。我们要敢于去做前人没有做过的事，要善于为后人造福，为他们开辟新路。

幻想是发明的良好开端，创造性思维是人类社会前进的主要动力。它基于现实而又超越现实，从揭示事物的本质出发，冲破了经验俗套的障碍，克服了思维定式的束缚，以新为本，以奇制胜，能提供新颖的具有社会价值的思维成果。与一般性思维相比较，创造性思维表现出思考的独立性（不依赖经验、不迷信书本和权威）、方法的独特性（统一的或通用的、适于解决各种问题的创造性思维是不存在的）、目标的前瞻性（强烈的超前意识）、思维的发散性（多线特征、正向反向）、结果的聚敛性（思想火花表现出无序和混乱的特征，聚敛是一个不可缺少的过程）、形式的超常性（求新求异、有所突破，不“人云亦云”）等特征。

7.4.5 逆向思维

逆向思维也叫求异思维，是创新思维重要的补充形式。

逆向思维作为人们一种重要的思维方式，是对司空见惯的似乎已成定论的事物或观点反过来思考的一种思维方式。敢于“反其道而思之”，让思维向对立面的方向发展，从问题的相反面深入地进行探索，树立新思想，创立新形象。人们习惯于沿着事物发展的正方向去思考问题并寻求解决办法。其实，对于某些问题，尤其是一些特殊问题，从结论往回推，倒过来思考，从求解回到已知条件，反过去想或许会使问题简单化，使解决问题变得轻而易举，甚至因此而有所发现，创造出惊天动地的奇迹来，这就是逆向思维和它的魅力。

用思路疏通道路

在美国某市，足球体育场为了满足大批球迷看足球的强烈要求，开始动工将看台上的8万个座位扩容到12万个。可是，政府的治安管理部门发现了问题，通往足协体育场的道路最多可容纳8万人的流量，对12万观众来说则远远不够。如果不解决这个问题，就很难避免在举办大型赛事期间因交通堵塞而导致伤亡事件的发生。于是，政府的治安管理部门同道路管理部门协商如何解决交通问题。道路管理部门提出，可以把道路加宽，扩大其容量，但政府至少得拿出4 000万美元的经费。治安管理部门清楚，这笔经费不算少，政府暂时很难办到。无奈之下，政府治安管理部门向市民征集建议，寻求一个稳妥的过渡办法，以解决燃眉之急。经过各方面的论证，最后采纳了一位音乐家的建议：在足球比赛结束时，增加一些精彩的能吸引人的娱乐演出。比如，用象征性的1 000美元请一些乐队来演出，这对乐队来说也是一次向数万观众展示自己实力的难得的机会。这样，有些人会在比赛结束后马上离开，有些人会因观看演出而多留一会儿，观众离开足协体育场的时间就不会那么集中，道路拥挤的问题也就会相应地得到缓解。要疏散观众先留住观众，逆向思维疏通了道路。

7.5 预测方法

7.5.1 预测的含义

1985年，在英国牛津的一所学院发生了一件大事。校方在例行的工程检查中发现，有350年历史的学校大会堂出现了安全问题。20根由巨大橡木制成的横梁，已经风干朽化，失去了支撑屋顶的力道，必须要进行抽换。校方请人估算了将梁木更新的价格。由于那么巨大的橡木已经很稀少，预估每根横梁要花25万美元左右，合计要500万美元才能完成修缮工程，但也没把握能找到那么大的橡树。预算一出来，校方感到非常为难，若不募款，恐怕没有办法进行修缮。这时，却有个天降的好消息化解了危机，园艺所负责人前来报告：在350年前，设计该大会堂的建筑师，已经想到后代会面临的困境，所以早早请园艺人员在学校所拥有的土地上种植了一片橡树林。现在，每一棵橡树的尺寸，早就超过了横梁所需。不知名的建筑师墓园虽已荒芜，但在350年后，他的用心让人们肃然起敬。这才是真正的远见，表现了他天才的预测力。

就决策而言，它是一项立足现实却又面向未来的活动，而未来对任何人来说都是一个未知的领域。然而，人们不会甘心在未知的领域面前无所事事，他们希望能够对未来作出一定的判断，以把握自己今后行动的方向。但这种判断只是一种事前的估计和设想，任何人对行动的结果都没有百分之百的把握，可他们会尽其努力去接近这种把握。当然，面向未来并不是脱离现实去凭空设想，而是立足现实又不停留于现实，以现实作为通向未来的起点，根据现有的知识和经验，进行科学的预测。

预测是人类固有的一种行为，充分体现了人类活动的主观能动性。自古以来，人们对于预测就有着非常浓厚的兴趣，但那时候限于知识和经验的缺乏，预测多为巫师占卜、抽签算命，很难摆脱宿命的怪影。随着社会的进步和科技的发展，人们逐渐发现客观事物的发展变化带有一定的规律性，如果能够认识它们的运动规律，就能把握其变化趋势和预知其发展前景，对其未来的走向作出正确的判断。现代科学预测就是在这样的认识基础上逐渐形成和发展起来的。科学预测绝非主观臆断和凭空猜测，而是要以科学理论为指导，以知识和经验为依据，运用各种预测方法和技术，分析和判断所掌握的多种信息，对事物未来发展的可能状态作出合理的估计和推断。

预测的发展首先来自决策的需要，其目标就是为决策提供合理的依据。决策所要解决的问题也正是预测所要解决的问题，预测的内容会随着决策的不同需要而有所变动。一般而言，预测的作用更多地体现在备选方案的内容评估方面。它要评价未来选择的多种可能性，以及每种选择所要承担的风险和所能得到的收益。

“焉在矣来?”

《墨子·卷十三·鲁问第四十九》有这样一段文字：

> 彭轻生子曰：“往者可知，来者不可知。”子墨子曰：“籍设而亲在百里之外，则遇难焉，期以一日也，及之则生，不及则死。今有固车良马于此，又有奴马四隅之轮于此，使子择焉，子将何乘?”对曰：“乘良马固车，可以速至。”子墨子曰：“焉在矣来?”

故事中彭轻生子提出未来“不可知”论。墨子便设定了一个情景，让彭轻生子选择。这一选择说明凭借已有的经验，人是可以预知未来事情的结果的，所以墨子反诘彭轻生子说“焉在矣（疑）来?”意思是：假如未来发生那种事情，你就会凭借你的已有经验作出正确判断（文中所说的选择“良马固车”），那么未来之事将会产生何种结果早就已经知道了（文中所说的“速至”），你为什么还要怀疑未来“不可知”呢?

7.5.2 预测的形式：推断、预言和猜测

人人都有对未来事物的预感性、预见性和预知性，只不过不同的人对不同的事物预感程度不同而已。英国科学家曾经做过一个实验，证明不同的人在预见性方面所表现出的差异主要与个人大脑果松体的开发程度有关。蚂蚁对雨天即将来临特别敏感，蚂蚁搬家就是例证；四脚蛇（俗称壁虎）对环境变化非常灵敏，肤色会随气候的变化而改变；有关节炎的人们对阴天特别敏感，因为他的腿会提前酸痛。预感是人类在与大自然斗争中逐渐积累起来的宝贵经验。这种直觉（俗称第六感）的主观能动性是人对于未来状况的一种本能反应，以不断增强人类抵抗未来各种各样风险与变数的能力。

蜥蜴的“第三只眼”

在俄罗斯克里米亚雅尔达生物地震试验场，科学家发现蜥蜴的“第三只眼”能“看到”预兆地震的低频地磁场。试验场是一片不大的山坡地，岩蜥蜴和蛇蜥等爬行动物栖息在这里。一般来说，人不会经常碰到这里的“居民”，因为蜥蜴出来晒太阳时，通常互相之间间隔20～25米远。可一旦有突发情况，这些爬行动物就会离开藏身之地，那时几乎到处都可以看到它们。克里米亚的地震工作者通过观察爬行动物的异常举动，曾成功地预

报过几次地震。那是在 1984 年 10 月 5 日，尽管是夜里，气温又低，蜥蜴还是纷纷从洞里爬了出来。约一个小时后，地震仪记录下雅尔达沿海一带发生了地震。地震工作者们决心要弄清动物的这种“灵敏感觉”到底是怎么回事？经过无数次研究，他们终于发现一个能让爬行动物感知地震的生物机理。作为最古老动物种群的代表，蜥蜴对地磁和电磁场的反应非常灵敏。这是因为蜥蜴的神经系统有别于其他动物。它有一种所谓的腔壁器官，称为“第三只眼”。1990 年的一天，克里米亚的苏达克市发生 6 级地震，之前科学家们在离震中 40 公里的地方就发现了蜥蜴的异常举动。据目击者说，当时地上爬满了蜥蜴，它们在山岩和石头上成垂直排列，因为这种竖向姿势能帮助它们适应地磁场的强度和方向。它们就靠这种姿势来缓解地震前夕先行到达的低频信号的影响。由于蜥蜴有从古代祖先那里继承的独特神经系统，所以这便成了比较敏感的生物指示器，它们能感知离震中半径为 100 公里范围内将要发生的地震。地震工作者发现，生物指示器不仅在地震前几个小时，而且在震前几天就会有所表现。爬行动物有别于仪器的最重要方面是，它们的预报从未出过差错。

动物的习性，人的直觉都能作为预测的信息基础，而预测则是在这些信息的基础上，依照一定的方法与规律对未来的事情进行测算，以预先了解事情发展的结果。预测的主要形式包括以下三种：

（1）推断是基于目前条件和历史趋势推导未来状态的一种预测形式。推断更多依赖于一些相似情况的论证，这些论证假设某些分析方法（如时间序列分析）有效或某些情况之间（如过去与未来的环境条件）有相似之处，并以此确立其预测的可信度与说服力。推断可以利用权威意见（如领导和专家的观点）和理论分析（如经济和政治理论）来对推断方法和预测条件进行补充。

（2）预言是以明确的理论假设为基础的一种预测形式。这些假设可以采用理论法则（如边际效用递减规律）、理论主张（如出生率与社会经济发展水平、文化教育普及程度有关）、实验结论（如社会心理学的旁观者现象）或者是类比（如在政府机构扩张和有机体成长之间进行类比）等形式。预言的关键特征在于它的理性，即明确原因与结果、相似过程或关系。预言同样可以用权威意见、经验判断和技术手段（如经济计量模型等）来对预测方法加以补充。

（3）猜测是根据个人判断猜想未来状态的一种预测形式。这类判断多依赖于直觉论证。在这种论证中，个人的洞察力、创造性和灵感（直觉能力）起着关键性的作用。

7.5.3 预测的方法

1. 专家会议法

专家会议法，是指以专家为索取信息的对象，通过会议讨论的形式，对决策对象未来的发展趋势和状况进行分析和判断的预测方法。专家会议法有助于专家们交换意见，通过互相启发，可以弥补个人意见的不足；通过内外信息的交流与反馈，产生“思维共振”，进而将产生的创造性思维活动集中于预测对象，在较短时间内得到富有成效的创造性成果，为决策提供预测依据。专家会议法具有如下优点：集思广益、信息放大；智力共振、有利创新；优势互补、智能叠加；知识共享、互相启发。其最明显的优势在于当缺少足够的统计数据和没有类似经验可以借鉴的情况下，它能够取得非常有效的预测效果。专家会议法往往被用于项目规模宏大且环境条件复杂的预测情境。专家会议法也存在一些局限：如参加会议的人数有限，代表性不充分；意见表达受到一定限制，看问题不全面；权威人物影响较大，容易出现“乐队效应”，即某些人的意见严重影响集体的看法；忽视少数人的意见，表现出从众倾向；专家之间的意见交流会受到心理因素的干扰，如固执己见、感情用事、以人画线、听不得不同意见等；专家的语言表达能力和信息接受能力对会议中的意见交流也会产生很大影响。

2. 德尔菲（Delphi）法

德尔菲法是在 20 世纪 40 年代由赫尔默（Helmer）和戈登首创，1946 年，美国兰德公司为避免集体讨论存在的屈从于权威压力或盲目服从多数的缺陷，首次采用这种方法进行定性预测，后来该方法被迅速推广。德尔菲法最初多用于科技领域，后来逐渐被应用于其他许多领域，如军事预测、人口预测、医疗预测、教育预测、交通预测等。

德尔菲是古希腊的一个地名，阿波罗神殿的所在地。后人用德尔菲比喻神的高超预见力，德尔菲法由此得名。德尔菲法依据系统的程序，采用匿名通信和反复征求意见的形式，使专家们在互不知晓，彼此隔离的情况下交换意见，即专家之间不发生横向联系，不得互相讨论，他们只能与调查人员发生关系。通过多轮次的意见征询和对专家看法的归纳整理、统计计算（平均值法、加权平均法、中位数法），最后汇总成专家基本一致的看法，以此作为预测的结果。德尔菲法具有很好的代表性，预测结果较为可靠(参见本书附录 3)。

3. 时间序列法

时间序列法基于“预测对象的变化仅与时间有关”的基本假定，把环境因素的复杂作用加以简化，根据预测对象的变化特征，以惯性推理的方式进行预测研究。其最大的特点就是直接和简便。它包括简单平均和加权平均两种形式。简单平均是指将按时间顺序发生的若干结果加以简单平均，并以这个平均值作为下一阶段的预测值；加权平均是指根据各期实际值对预测值的影响大小，分别进行加权，并以加权平均值作为下一阶段的预测值。

4. 回归分析法

在现实生活中，人们发现某些变量之间存在着一定的因果关系。一个变量的变化总会引起另一变量的变化。当人们能够准确地测定其数量关系时，就表现为函数关系；当人们难以准确测定其数量关系时，就表现为相关关系。人们为了定量地把握事物的因果规律，就需要把变量间的相关关系转变为函数关系。这种转化的中介就是回归分析。所谓回归分析就是根据相关因素的大量实测数据来近似地确定变量间函数关系的分析方法。经回归分析所建立的函数轨迹应尽可能接近于已测数据。由此就可以从一个或多个变量的数值去估计另一个变量的数值。这种回归函数反映了事物内部各个因素的变化关系及其发展趋势。依据自变量和因变量之间关系的复杂程度，回归分析可分为线性和非线性两类。其中线性方程又可依自变量数目的多少分为一元线性回归和多元线性回归。一元线性回归的一般表达公式为：

$$y=a+bx$$

如果有了 n 对实测数据（x_1，y_1），（x_2，y_2），…，（x_n，y_n），那么求回归函数的问题实际上就成为求函数系数 a 和 b 的问题了。

5. 趋势外推法

趋势外推法是指根据事物历史和现实的资料，探索事物发展和变化的规律，从而推测出事物未来发展状况的一种预测方法。尽管在现实生活中，预测对象在各种随机的外界条件下运动，表现出大量的偶然性，但其固有的本质不会改变，其发展和变化往往存在着一定的规律性。人们一旦能够发现和掌握这种规律，就可以参照历史经验和现有数据进行外导性推断，从而预测事物未来发展的状况。

6. 马尔可夫链

在实际生活中，人们发现一些事物的变化过程只与事物的近期状态有关，而与事物的过去状态无关，即事物第 n 次的实验结果仅取决于第 $n-1$ 次的实验结果；第 $n-1$ 次的实验结果又只取决于第 $n-2$ 次的实验结果。这种转移过程的整体称为马尔可夫链。马尔可夫链因 A. A. 马尔可夫（A. A. Markov）得名，是以随机状态事件各状态的转移概率矩阵为基础对事物未来的发展趋向进行推算。在给定当前知识或信息的情况下，过去（即当前之前的历史状态）对于预测将来（即当前以后的未来状态）是无关的。这种预测方法既可用于短期预测，也可用于长期预测。

7.5.4 可行性分析与不可行性分析

1. 可行性分析

可行性分析主要涉及的是，方案实施在主客观条件和政策预期效果方面的可行性问题。分析应围绕政策目标进行，运用定性和定量的分析方法，系统研究政策方案的实施条件，以确保政策方案的顺利实施。可行性分析一般包括以下几个方面的内容：

（1）政治可行性，即政策方案获取政治资源支持的程度（获得合法地位和被政策执行机构接受的可能性）和对政治价值观的影响。

（2）经济可行性，即政策执行中获取政策资源的可能性。其中包括一般性资源（人力、财力和物力）和特殊性资源（信息资源等）。政策资源是一个宽泛的概念，包括自然资源和人文资源、国内资源和国外资源等多种内容。

（3）行政可行性，政府行政部门在执行能力和工作效率方面的支持程度。

（4）法律可行性，政策方案是否符合国家宪法和法律的有关原则和条款。

（5）技术可行性，即在现有技术条件下实现政策目标的可能性。

（6）社会可行性，社会对政策方案的认同和支持的可能性。其中传统文化、道德观念、社会环境和意识形态都是重要的影响因素。

可行四要素

台湾学者林水波和张世贤在其《公共政策》一书中提出政策方案的可行性评估应考虑

四个层次的内容，即适当、可能、可行和实验。所谓适当，就是要考虑政策方案是否合乎政策相关人员的心理感受，是否合乎社会的基本价值理念，是否合乎社会的政治文化要求，是否合乎历史传统，出台的时机是否合适等问题；所谓可能，就是要考虑政策制定和实施的政策资源、政府能力、社会共识和国际环境等因素；所谓可行，就是要从政治、法律、经济和技术等方面考虑政策实施的可行性；所谓实验，就是要对政策方案进行小范围的验证。[①] 他们提出的"可行四要素说"对指导可行性分析具有重要的启发性意义。

2. 不可行性分析

全国政协委员钟起煌在向全国政协十届五次会议提交的大会发言中，用有关三峡工程的实例进行说明，建议对重大决策建立"不可行性论证"制度。温家宝总理在视察三峡工程时曾问工程负责人："在三峡工程建设中贡献最大的是谁?"负责人回答："贡献最大的是对三峡工程提出'不可行'意见的几位中科院院士，他们提出的'不可行性'分析和论证意见，使我们在工程建设中避免了多项重大失误，最终保证了工程的顺利实施。"

所谓"不可行性论证"，顾名思义，是指针对重大的政策项目，专门从项目的"不可行性"方面进行分析，对可行性报告提出反驳的意见，运用逆向思维的方法，从相反角度为项目审批提供参考意见，为决策创造一个兼听的平台，以利于政府决策的民主化、科学化。

美国通用汽车公司的传奇CEO小艾尔弗雷德·斯隆有这样一则管理旧事。有一次他主持公司高管会议，讨论公司的一项重要管理决策。参加的高管人员都发表了自己的看法，斯隆在认真听取了发言后说："在我看来，大家似乎看法一致，没有什么不同的意见。"会议出席人员都频频点头表示同意，有的人已经开始收拾自己的公文包，因为他们认为，既然意见一致，就没有必要再浪费时间把会开下去了。但是，斯隆突然话锋一转："女士们，先生们，如果大家现在想走的话，我只能宣布休会，而不能宣布散会，因为我们还没有听到不同的意见。这个问题只能延期到我们能听到不同意见时再开会决策。"与会者先是一愣，接着都会心地笑了。据说，斯隆领导通用汽车公司长达40年。他刚接手通用汽车公司时，通用汽车公司在美国汽车市场的占有率只有12%，后来却上升到56%。他总认为，没有交锋就没有正确，决策要考虑正反两方面的意见，看来他的成功绝非偶然。"意见完全一致不作决策"，这是一条非常重要的管理思想，体现了事物在矛盾中运动的规律。"一边倒的意见"往往会有误区，因为这种"一致"掩盖了事物的本质。见解的冲突是一种有利的工具，它可以使人们注意到问题的各个方面。可以说，只有在激烈争辩和冲突斗争基础上的一致才是真正意义上的一致。"正反论证，意见交锋"，应该成为决策的一个信条。

在现实生活中不难发现，一些地方在进行重大决策时，往往总是从"需要"出发，

① 参见林水波、张世贤：《公共政策》，台北，五南图书出版公司，1982。

仅去论证决策的“可行性”，不去考虑决策的“不可行性”。这种先入为主的“先有结论、后求论据、正方充分、反方缺失”的论证方式，对决策的科学化、民主化构成极大障碍。

研究“可行性”和研究“不可行性”，二者的目的其实是一致的。毋庸置疑，任何事情都具有两面性，有利就有弊，有好就有坏，不能仅凭“主观愿望”和“感情因素”加以定夺。

经济发展中最大的失误其实就是决策的失误。要想遏制这类失误，就需要把决策的“可行性”建立在“不可行性论证”的基础上，如此，决策就会少走弯路，少栽跟头，经济发展才会少些麻烦，少结“苦果”！

7.6 决策方法

7.6.1 决策树法

决策树法是利用了概率论的原理，并且利用一种树形图作为分析工具。其基本原理是用决策点代表决策问题，用方案分枝代表可供选择的方案，用概率分枝代表方案可能出现的各种结果，经过对各种方案在各种结果条件下损益值的计算比较，为决策者提供决策依据。

决策树法适用于风险型决策。所谓风险型决策，不是说决策者在选择行动方案时，对未来所出现的情况一无所知，完全凭借运气进行赌博式选择。风险型决策要面临两种以上的自然状态，而每种自然状态均有出现的可能，其概率值可以在事先作出一定的计算或大致的估计，因为这些概率值都不可能等于1，即每种自然状态并不会导致必然的结果，所以决策者总是要承担一定的风险。假设某种结果出现的概率为60%，那么就意味着只有60%的成功把握，但同时也有40%的失败可能，也就是说决策者要承担40%的风险。不仅如此，人们通过概率计算出的期望收益与未来的实际收益不可避免地会存在一定的差异，这种差异同样也是决策风险的表现。

决策树法就是把决策过程用树状图来表示。树状图一般是由决策点（常用方块来表示）、方案分枝（常用线段来表示）、自然状态点（常用圆圈来表示）、概率分枝（常用线段来表示）和结果点（常用三角来表示）这几个关键部分构成。树状图表现了两种不同的决策环节，一种是主观决策环节，即决策者主观意志起作用的环节；另一种是客观决策环节，即客观环境的随机性起作用的环节。

下面试举一例进行说明。

有一个市政工程项目，管理者需要对两种不同的方案作出选择，假设方案甲成功的概率是80%，失败的可能是20%，成功就能节约预算200万元，失败则会损失500万元；方案乙成功的概率是50%，失败的可能也是50%，成功能节约预算400万元，失败则会损失300万元(见图7—1)。

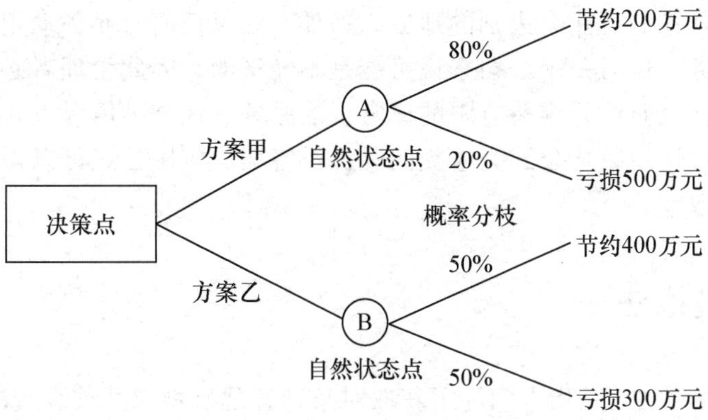

图 7—1　决策树状图

决策树中自然状态点 A 的期望值是：

$$200\times80\%+(-500)\times20\%=160-100=60$$

决策树中自然状态点 B 的期望值是：

$$400\times50\%+(-300)\times50\%=200-150=50$$

把两种方案的损益期望值进行比较，可以看出，甲种方案的期望值更高，相对更为合算。

由于风险型决策是建立在概率论基础上的一种决策，因而在这类决策中对概率的估算显得尤为重要，概率主要有两种表现形式：客观概率和主观概率。所谓客观概率是指根据历史性数据或重复性的实验求出的概率。所谓主观概率是指在无法取得客观概率的情况下人们对未来发生可能性的主观判断。实践表明，应用主观概率是十分有效、且被普遍接受的。主观概率的确定往往依赖于决策者的经验、知识、观察力和判断力及其对所处环境条件的了解程度。

7.6.2　排队分析法

日常生活中存在大量有形和无形的排队或拥挤现象，如旅客购票排队，等待就餐排队，看病就医排队，市内电话占线等现象。排队论[①]（queuing theory）的基本思想是 1910 年丹麦电话工程师 A. K. 埃尔朗在解决自动电话设计问题时形成的，当时称为话务理论。此后，L. 塔卡奇等人又将组合方法引进排队论，使它更能适应各种类型的排队问题。在诸如社团服务、机场管理、零售店售货和医院看病等场合，排队论大有用场。它运用数学方法使等待的队列与提供的服务之间保持平衡。只要存在非稳定的需求，就会产生排队现象，这时管理者必须决定如何处理这种情况。如果排队等候的人得

① 排队论是研究系统随机聚散现象和随机服务系统工作过程的数学理论和方法，又称随机服务系统理论，是运筹学的一个分支。

不到快速的服务，他们可能会去别的地方。另外，如果任何时候都动用所有的设施来保证提供快速的服务，这对一个公司来说可能是不经济的。因此管理者必须确定什么时候提供这种服务，什么时候只维持有限的或常规的服务。在这种情况下，排队论被用来帮助解决问题，通过运用数学公式为这类问题提供答案。应用公式可以得出适宜的排队长度及与此相关的成本。

7.6.3 模拟法

模拟法又称模型法，是指人们为了获取对某种客观事物或某种客观环境的准确认识，通过建立一个与所研究对象的结构、功能相似的同态模型（通过建模技术对真实的或已经存在的系统进行模拟），然后逐渐运行该同态模型，并对各种不同条件下的模拟运行结果进行分析、评价、比较和优选，从而为决策提供依据。建筑物的设计蓝图、住宅小区的沙盘模型、实验飞机的同态模型都是模拟技术应用的一些具体形式。近年来，计算机技术已被广泛地运用到模拟当中，从而使模拟模型在评价备选方案和选择最优方案时发挥了越来越重要的作用。

模拟法的优点主要体现在以下四个方面：

（1）对某些复杂庞大的实际系统而言，含有许多变量和限制条件，往往找不到有效的分析方法。在这种情况下，运用模拟法辅助决策可以说是最佳的选择。

（2）实地测试一旦出错将会造成重大的损失。而模拟法带有实验性质，容许出现错漏或失误，因而能够打消人们的顾虑，使他们敢于在模拟当中大胆地对事物发展的各种可能趋势进行实验和探索。

（3）模拟法可以避免对实际系统进行破坏性或危险性的实验。

（4）实地研究需要花费大量费用和时间，而运用模拟法会克服这些困难，减少时间和费用的消耗，加快决策的进程，提高决策效率。

7.6.4 方面排除法

方面排除法是一种适用于对决策方案进行同时性选择的有效方法。一般来讲，决策方案的选择都是多属性的。比如，对选购汽车的决定来讲，可以根据价格、座位数、速度、颜色等属性来进行选择。根据方面排除法的要求，在选择过程的每一阶段，要根据重要程度的差别从多种属性中挑选出某一属性并以此为标准对方案作出评价。对不符合这一属性要求的就要予以排除，即不再在以后阶段的比较选择中继续考虑这些方案。

假如你正计划买一辆新车，你认为对自己来讲最主要的方面是汽车的售价，你的最大承受力是15万元人民币，根据方面排除法的要求，所有售价超过15万元人民币的汽车，均应从你的选择方案中排除（尽管许多车型你都非常中意，但你没有实力购买）。接下来，你认为座位数对你来讲是最重要的属性，如果你希望挑选有5个座位的汽车，那么仅有2～4个座位的汽车也将被排除在继续考虑的范围之外，然后再根据剩下的属性如排气量、最高时速、自动挡、颜色等进行选择，直到作出最后的决策。显然，这种方法比多属性同时比较更直观、更具体、更简单、更快捷，因为它不涉及复杂的逻辑推理和数学运算，所以对决策者的认知能力要求不高，并且相对易于掌握。尽管从规范决策方法的角度来看，方面排除法并不能保证被选中的方案事实上能真正优于那些被排除掉的方案，但起码可以说这是能让决策者感到满意的方案。

7.6.5 边际量权衡法

理性的人通常通过比较边际收益与边际成本来作决策。曼昆指出：边际量①是决策时的重要参考。生活中的许多决策很少是黑与白的选择，而往往涉及灰色阴影。当到了吃午饭的时间时，你面临的决策不是在快餐或猪排之间的选择，而是是否再多吃一勺土豆泥。当考试临近时，你的决策不是在放弃考试或一天学习24个小时之间的选择，而是是否多花一小时复习功课而不看电视。经济学家用边际变动（marginal change）这个术语来描述对现有行动计划的微小增量调整（或称边缘调整）。在许多情况下，人们会通过考虑边际量来作出决策。

> 假设你向一位朋友请教，应该在学校上多少年学。如果他给你用一个拥有博士学位的人的生活方式与一个没有上完小学的人进行比较，你会抱怨这种比较无助于你的决策。你很可能已经受过某种程度的教育，并要决定是否再多上一两年学。为了作出这种决策，你需要知道，多上一年学所带来的额外收益（一生的更高工资和学习的全面享受）和所花费的额外成本（学费及你上学时放弃的工资）。通过比较这种边际利益与边际成本，你就可以评价多上一年学是否值得。
>
> 考虑一个航空公司决定对等退票的乘客收取多高的费用。假设一架有200个座位的飞机横跨国内飞行一次，航空公司的成本是10万美元。在这种情况下，每个座位的平均成本是10万美元/200，即500美元。马上就会有人得出结论：航空公司的票价绝不应该低于500美元。但实际上，航空公司可以通过考虑边际量而增加利润。设想一架飞机即将起飞时仍有10个空位，而在登机口等退票的乘客愿意支付300美元买一张票。航空公司应该卖给他票吗？当然应该。如果飞机有空位，多增加一位乘客的成本是微乎其微的。虽然一位乘客飞行的平均成本是500美元，但边际成本仅仅是这位额外的乘客将免费消费的一包花生米和一罐软饮料的成本而已。只要等退票的乘客所支付的钱大于边际成本，卖给他机票就是有利可图的。

正如这些例子所说明的，个人和团体通过考虑边际量，将会作出更好的决策。而且，只有一项行动的边际利益大于边际成本，一个理性决策者才会采取这项行动。

7.6.6 非确定型决策的原则性方法

对于风险型决策当然可以依据直接后果期望值准则进行概率估算和统计分析，但对于

---

① 按照经济学教科书的说法，边际量是指某个经济变量在一定的影响因素下发生的变动量。

非确定型决策来说，则因无概率可依，不可能运用概率统计方法。只能从“大中取大”（maximax）、“小中取大”（maximin）、“乐观系数”（coefficient of optimism）、“等可能性”（equal probability）和“后悔最小”（minimax regret）等原则中视情况择其一作为决策依据。

1. 乐观原则（大中取大原则）

决策者对未来持乐观态度，认为未来会出现最佳的自然状态，无论采用何种方案均可能取得该方案的最好结果，决策时要首先确定各个方案在最佳自然状态下的收益值，然后对其进行比较，选择在最佳自然状态下能够带来最佳收益的方案。这种原则也被人们称为“最佳收益值原则”。

假设你面对两个赌局。第一个赌局，你可能输 10 元，也可能赢 100 元，机会各是二分之一。第二个赌局，你可能输 1 000 元，也可能赢 10 000 元，同样机会各半。现在你必须二者取一，你选哪个赌局？按照乐观原则，你会假设两个赌局都会取得最好的结果，所以会用第二个赌局可能赢的 10 000 元和第一个赌局的可能赢的 100 元进行比较，当然会选择第二个赌局。

2. 悲观原则（小中取大原则）

与乐观原则相反，决策者对未来持悲观态度，认为未来会出现最差的自然状态，无论采用何种方案均可能取得该方案的最小收益值（底线），决策时要首先确定各个方案在最差自然状态下的相应收益值，然后对其进行比较，选择在最差自然状态下能够带来最多收益的方案。这种原则也被人们称为“小中取大原则”。悲观原则虽是一种保守策略，但不一定就不好。有时出于降低风险的考虑，决策中不得不采取这样的策略，以在最不利的情况下取得最有利的决策结果。差中择优有时也不失为上策。

这里继续引用一下上面所举的关于赌局的例子。实际上，单纯从这两个赌局的期望值[①]来看，第一个赌局为（－10×0.5）＋(100×0.5)＝45 元，第二个赌局为（－1 000×0.5)＋(10 000×0.5)＝4 500 元，后者明显优于前者。但是，假如你担不起输钱的风险，那么对你来说最好的选择，便是输钱较少的那个。在决策理论中，担不起风险条件下的最佳决策准则，叫作“小中取大法则”。用在这里，便是将每个赌局的最坏情况列出来，即第一个赌局输 10 元，第二个赌局输 1 000 元，然后进行比较，坏中择优，于是，第一个赌局便成为符合“小中取大法则”的最佳决策。

3. 乐观系数原则（赫威茨法则）

该法则由数学家赫威茨（Hurwicz）提出，故又称赫威茨法则。他主张，在一般性决

---

① 期望值（expected value），在概率论和统计学中，一个随机变量的期望值，是变量的输出值乘以其几率的积，换句话说，期望值是该变量输出值的平均数。期望值并不一定包含于变量的输出值集合里。例如，美国赌场中经常用的轮盘上有 38 个数字，每一个数字被选中的几率都是相等的。赌注一般压在其中某一个数字上，如果轮盘的输出值和这个数字相等，那么下注者可以将相当于赌注 35 倍的奖金和原赌注拿回（总共是原赌注的 36 倍），若输出值和所压数字不同，则赌注就输掉了。因此，如果赌注是 1 美元的话，这场赌博的期望值是：（－1×37/38)＋(36×1/38)，结果是－0.026 3 美元。也就是说，平均每赌一次就会输掉 2.6 美分。

策中，最好和最差的自然状态都有可能出现，决策者对未来事物应有一种折中的考虑，不可盲目乐观，也不能盲目悲观。因此，可以根据决策者的估计和判断赋予最好的自然状态一个乐观权值系数α（$\alpha\in[0, 1]$），相应赋予最差自然状态一个悲观权值系数1－α，用α和1－α表示最佳状态和最差状态下的权重，以此求出各个方案的损益加权值。即：

$$方案(损益加权值)=\alpha(最佳状态下的收益值)+(1-\alpha)(最差状态下的收益值)$$

然后，比较各个方案的损益加权平均值并据此作出选择。当$\alpha>0.5$时，趋于乐观原则，当$\alpha<0.5$时趋于悲观原则。

4. 等可能性原则（拉普拉斯法则）

该法则由数学家拉普拉斯（Laplace）提出，故又称拉普拉斯法则。当决策者不能确定哪一种自然状态的发生概率更大时，他可以先假定每种自然状态的发生概率都相等，并据此计算各种方案的期望收益值，然后在比较的基础上进行决策。

5. 后悔值原则（萨维奇法则）

后悔值原则也称萨维奇（Savage）法则，它是减少决策者后悔程度的有效策略。由于自然状态存在不确定性，在决策实施后决策者很可能会感到，如果采用了其他的方案将会取得更好的收益。人们常会吃这种后悔药，为了减少这类机会损失，决策时就可采用后悔值原则。根据这个原则，每种自然状态下各个方案的最高收益值被视作理想值。找到理想值后，再将每种方案的其他收益值与其理想值之差作为理想目标的后悔值。决策者采取的是追求最小后悔值的观念，首先选取各项策略方案中的最大后悔值，然后再对每种方案的最大后悔值进行比较，取其最小者作为最终决策方案。

7.7　群体决策及其择案规则

7.7.1　群体决策的优缺点

由多人参与的决策一般被称为群体决策。相对于个体决策来说，群体决策具有以下优点：群体决策能够集思广益，群策群力，集中更多、更全面的知识、技能和信息。因此，它可以为解决问题提供较多的处理意见和可供选择的决策方案。同时，群体成员在决策过程中，伴随着满意度的增加，会表现出对决策的支持。从而使之易于执行。此外，群体决策是组织中很重要的沟通形式，通过群体决策可以加强组织中不同水平的沟通，促进人际关系的发展，增强组织的凝聚力。

但是，群体决策也有缺陷。第一，群体决策的工作程序进度较慢，需要比个体决策更长的时间。第二，在群体沟通遇到障碍时，个人意见往往会受到某种因素的压抑，使个人的创新思想和建设性意见不能够很好地表达出来。特别是在一些不善于进行群体决策的组织里更是如此。第三，因为决策的结果是由集体负责，所以决策群体易出现极化现象。这种极化现象表现为冒险或保守两个方向的极化。第四，群体决策时会出现利益的不同、观点的冲突、个人的成见和情绪化行为等情况，造成不必要的内耗和人力的浪费。从而导致人为的决策障碍。第五，有时决策群体被某个领导或小集团控制，从而使群体决策流于形式，对参与决策的其他成员构成情感伤害。第六，一旦决策失误，责任需由集体承担，从而掩盖了个人的过失。这是一种极不应该出现的情况。但是，日常工作中，以此逃避责任的现象可以说屡见不鲜。第七，当组织不具备群体决策的条件时，如组织成员素质较低，缺少必要的决策技能，缺乏健全的决策程序等，一旦采取群体决策形式，往往会带来非常不利的结果。第八，把群体决策作为激励的一种手段，这样做并不明智。在多数情况下，激励只是群体决策的附加价值，并不是群体决策的目标所在。第九，在决策目标和问题情境不清楚时，如盲目采取群体决策形式，往往会把本来就不确定的事情搞得更加复杂。

综上所述，群体决策既有有利的一面，又有不利的一面，而且在执行过程中，其复杂程度会远远超出我们的想象。比较群体决策和个体决策，二者利弊互补。属于群体决策的有利因素，可能正是个体决策的不足；而群体决策的不利情况，正是个体决策的优势所在。很多人认为，群体决策汇集了多方面的看法，代表了集体的智慧，可以在意见交锋中进行比较，其决策效率明显优于个体决策。但是，由于群体决策还有许多不利因素（这往往会与常识的判断相矛盾），所以其作用要低于我们对它的期望。

7.7.2 群体决策的择案规则

群体决策或其他方面的公共选择，通常都是为了得到一个有效的结果，即能够作出最终的选择。俗话说“没有规矩不成方圆”，群体决策是多人的选择，没有规则就难有结果。家庭议事如此，组织决策也是这样。所谓择案规则就是决策群体选定最终政策方案的程序和方法，它的确定对最终选择有着非常大的影响，就同一个组织而言，运用不同的择案规则很可能会导致完全不同的选择结果。以下是一些可供选择的择案规则：

1. 一票否决

一票否决即全体一致原则（unanimity rule），指决策群体的所有成员必须意见完全一致才可最终选定某个备择方案，如果有任何人持不同意见，方案就不能通过。现实中有很多这样的实例，如联合国安理会在形成决议时，必须以常任理事国的一致同意为前提条件。

全体一致原则表现出以下两个特征：(1) 决策者平等分享决策权；(2) 决策者中没有人因最终的方案选择而利益受损，即决策者都能由此获得一定的收益。尽管全体一致原则从公平角度而言具有很多诱人之处，但它绝非应用广泛的择案形式。这主要还是因为其中存在的“讨价还价”的难题。

从理论上讲，大家共同受益，双赢或都赢并非是不可实现的。但从现实角度看，由于人们的价值取向、兴趣爱好、利益预期是多种多样的，所以要达到一个使大家都满意、利益互不损害的“最优”方案是非常难的，甚至是不可能的。实际上大家不得不进行一而再、再而三的“讨价还价”，一次性协商就能解决问题的情况是极少出现的。因而，人们往往为了最终的选择赔上时间、精力、物质和金钱，这种损失有可能超出他们从该方案中所能获得的收益，由此导致了许多“无奈的选择”和决策活动中的“策略行为”。美国学者丹尼斯·缪勒举了一个例子：

> 假定甲乙两人在一致同意的前提下选择了A方案，各自的预期收益为M_1和M_2，此时，M_1应该等于M_2，且二者皆大于零，但从“理性经济人”的假设出发，甲可能并不满足于M_1等于M_2，而是希望M_1能够大于M_2，所以他很可能会实施一定的“策略行为”，如以否决方案A的做法（使甲乙皆无所获）来胁迫乙作出让步，使其同意对方案A作出有利于甲的修改。如此，参与决策的双方会把更多的精力放在试探对方的虚实上，为此不断地进行讨价还价，最终的选择往往取决于两人在讨价还价方面的能力强弱。①

显然，全体一致并不排斥这样一种可能：即决策者根据自己对选择结果的预期判断，认定其完全合乎自己的利益要求，但为了回避可能出现的风险，他可能就会采用诸如“弃权”之类不明显阻挠决策的行为，从而逃避应承担的政策成本和相关的责任风险，但却在政策实施活动中坐享其成。这显然是一种“免费搭车”的投机行为或“策略行为”。这种情况在群体决策中并不少见，它表明“一票否决”的做法并不能避免“搭便车”的现象。

此外，一票否决的择案方法只是在重大决策问题上使用，如果什么都搞一票否决，那一票否决的方法反倒没有什么意义了。

2. 多数原则

多数原则即“少数服从多数”，以多数票通过中选方案的择案规则。既然全体一致在很多情况下难以做到，那么就只能退而求其次，采用多数票制以最大限度地照顾多数人的利益。多数票制最普通的形式就是“简单多数方法”，简单多数是指在多项方案的表决中，哪一项方案得到的赞成票最多，哪一项方案就获得了通过。这是使用最广泛、程序最简单、最易被人接受的表决方法。有时候即使没有成文的规定，大家也会约定俗成地这样去做。就开关性选择（从两个备选方案中选定一个方案）而言，情况比较简单，决策组的成员数应为奇数，以多数人意见为准。若备选方案不止两个，而是三个甚至更多，那么情况就会复杂一些。比如决策组成员有11个人，其中5人选择方案A，4人选择方案B，2人选择方案C，按简单多数原则当然就该选择方案A，但实际上有6个人并未选择这个方案，如果得票最多的方案获得的赞成票数没有超过总票数的一半，我们称之为“相对多数”；如果超过总票数的一半，则是“绝对多数”的某种情形，要以“绝对多数”通过方案就必须对具体的比例作出明确的规定，如要求达到1/2、2/3、3/4的多数等。如果在第一轮投票中没有任何方案超过“绝对多数”的相关规定，则可以在两个得票最多的备选方案之间增加一次新的表决，票数领先者获胜。这是多数表决的修正方法。

3. 两两对比法

两两对比法是另外一种多数决定的方法，也被称为“成对表决法”。它是由法国数学家孔多塞（Condorcet）首先提出的，指对所有的备选方案都进行成对的比较，即先表决

---

① 参见［美］丹尼斯·缪勒：《公共选择》，26页，北京，商务印书馆，1992。

两个方案，获得群体成员过半数赞成票的方案再同余下的方案进行成对比较，依次表决直至得出最终结果。例如，有A、B、C三个备选方案，由甲、乙、丙三人组成的决策群体对之进行成对表决，如果甲和丙认为B优于A，那么A就会被放弃，留下B与C进行比较，如果甲和乙认为B优于C，那么B就获得了最终通过。

4. 偏好次序表决法

偏好次序表决法，即首先给每个备选方案按照偏好次序依次排列打分，然后计算各个方案的总分，得最高分数者胜出。先由各成员对备选方案标明其偏好，然后由群体运用加权计算法（考虑到决策群体成员在职权、责任、作用和影响等方面的差别，通常在对偏好函数进行综合的过程中要对各人的意见赋予不同的权数，这便是加权综合的要求。各成员的相对权数，一般可采用自我评定法、群体评定法或绩效评定法来确定）。排出各方案的优劣顺序，并作出最后的选择。表示群体成员偏好的形式有如下两种：

（1）偏好程度。各成员可以在一定度量区间内（如0～1，0～10，0～100等）选择某一尺度，来表示其对某个备选方案的偏好程度。为了消除因各人的度量区间不同对群体偏好函数的影响，必须在同一决策场合采用标准化的度量区间。

（2）偏好顺序。在实际工作中，并非总是能用量来表示群体成员的偏好，许多时候只能用群体成员对备选方案的偏好顺序来替代。假定某一决策场合有 n 个备选方案，群体成员在标明它们的优劣顺序时，可以给第一位的方案（$n-1$）分，给第二位的方案（$n-2$）分，以此类推，排在最后的方案得0分。然后把每个方案的得分分别汇总，得分最多的方案即被选定。这种决定方法源自法国数学家博尔达，所以也被称为博尔达程序或博尔达计数。

5. 赞成投票制

这是由布拉姆斯和菲什伯恩于1982年提出的一种表决方法，这种方法也被称为“同意表决法”，即先由群体成员对所有他认为可以接受的方案投赞成票，得票最多的备选方案即可中选。这种方法尽管简单，但它通过忽略各成员偏好次序的具体信息而获得了群体偏好次序的综合信息，因此能够对群体意见作出敏感反应，从而有效地避免了自相矛盾情况的出现。赞成投票制还可以反向应用，程序依旧，即先由群体成员对所有他认为可以接受的方案投赞成票，没有得票或得票最少的备选方案即遭淘汰，然后投票继续一轮轮进行，这样做比较慎重，开始领先的方案不一定最后胜出。

6. 淘汰投票制

淘汰投票制也是在择案实践中逐渐总结出来的一种行之有效的表决方法。这种方法也被称为“否定表决法”，即先由群体成员对所有他认为可以舍弃的方案投反对票，得票最多的备选方案即被淘汰。否定表决依次进行，直至剩下最后一个备选方案。这种方法使用极为普遍。

7. 正负表决法

正负表决法，即可以对某一备选方案投一赞成票或者投一反对票，但二者只可择其一，没有折中方式。每一个备选方案的正负之和就是净余票，净余正票最多者获得通过。这种表决方法将迫使决策者以积极态度参与表决，防止“事不关己，高高挂起”的不负责任的态度。避免“三手现象”（到会时握手，表决时举手，议案通过时拍手，次次如此）。同时，还可避免使那些不太受欢迎也不太被反对的备选方案得以通过。当然，采用正负表决时，最好能够设立一个净余票下限，要求超过这一下限的方案才能最后通过。

8. 等级决定原则

这种择案规则也可采用多种形式，最常见的办法是先由群体成员对备选方案进行分析讨论，大家充分交换信息，然后在此基础上由群体中的一个成员（通常是群体的领导者）负责最后拍板；此外，还可采取一种极端化的“独裁制”方法，即由某个成员（独裁者）代表群体作出最终决策。

7.7.3 择案规则分析

1. 孔多塞的困惑

值得注意的是，采用多数规则并不一定总能产生公平的结果。在有些情况下反而会出现自相矛盾的结果。例如，决策小组有甲、乙、丙三个成员，他们对A、B、C三种方案进行排序与选择，若甲的优先顺序为A→B→C，乙为B→C→A，丙为C→A→B（箭头表示前者优于后者），那么按多数规则进行成对表决，群体中有两人选择A→B（甲和丙）和B→C（甲和乙），据此可以推出A→C。但事实上群体中有两人（乙和丙）认为C→A。这种自相矛盾的情况说明多数规则并不具有可传递性。如果采用赋分的方法我们会发现不仅C和A是等值方案，而且B、C和A都是等值方案。英国学者南森早在1882年在他的一篇有关选举表决程序的论文中就提出过这个问题，后来道奇森经过研究，建议采用这样一种修正程序，即首先采用孔多塞的成对表决法，一旦未产生中选方案，就运用“最小变化原则”修正群体成员的优先顺序，以增强群体的一致性。具体来说就是，如果一个群体未能产生决策的结果，则要求群体成员以尽量小的幅度变动其偏好顺序，直至群体达成公平的决策。比如，对甲或乙而言，B方案或C方案哪个放在前面很大程度无所谓或很小程度有所谓。之前，只是为排序而排序，作出了简单且较为随机的选择，现在需要变动一下，以产生最终方案。另外，采用“同意表决法”或“否定表决法”也可避免这种自相矛盾的情况出现。

2. 相关方案的作用

有一点需要注意的就是相关方案的独立性问题。

假设甲、乙二人在喝茶还是喝咖啡这两种方案中作出共同选择，且只能选一种，如果甲认为咖啡优于茶，乙认为茶优于咖啡，那么，对他们两人来说，选择茶或选择咖啡并不存在群体的一致，而是有明显的差异。但若将可供选择的范围扩大，加入一些所谓的相关方案，则可能会出现如下两种情况。

甲认为：咖啡＞啤酒＞牛奶＞汽水＞可乐＞茶

乙认为：茶＞咖啡＞啤酒＞牛奶＞汽水＞可乐

在考虑了与咖啡和茶相关的方案之后，就会得到甲、乙二人对咖啡和茶偏好强度的有关信息。这时，选择咖啡无疑就成为相对合理的群体选择。

由此可见，相关方案能够体现个人偏好的程度，与群体选择具有关联性。在决策过程中，有时候会出现正反两种意见相持不下、矛盾激化的情况，如果这时能考虑一下偏好强度问题，可能就会发现调和矛盾的有效途径。因此，那些有利于获取决策者偏好信息的择案机制往往能够得到有效的择案结果，并且常常能在多数决定规则下表现出结果的相对稳定性和一致性。决策者偏好信息的缺失容易给决策结果带来一些负面的影响。

3. 个体理性与群体理性的冲突

个体理性（个人的优化选择）与群体理性（群体的优化选择）是择案中一个很有代表性的问题。在“囚徒困境”[①] 里，方案选择提供了个体理性与群体理性尖锐对立的典型例证。如果从个体理性出发，每个人都会选择坦白，而两个人商量后，谁都会选择不坦白。从个人角度来看，坦白是理性的选择，如果自己抗拒到底，而另一个人如实供认，那么自己就要被判重罪。如果自己坦白，境况就会好许多，尽管不是最优的结果，但却是竞争状态下合理的决策。为争取最佳效果而去冒重大的风险，违背博弈论的基本原则。争取次优即受到减轻的处罚，是个体理性的习惯表现。

4. 领先的悖论

奥运会举办地选举是最为秘密和难以预测的选举，这是因为其选举规则相对复杂。在2000年前，国际奥委会共有91位有投票权的委员：欧洲38名，非洲16名，亚洲14名，南美洲16名，北美洲3名，大洋洲4名。从理论上讲，奥运会举办地的选举完全可以用简单多数原则由一轮投票作出决定。但实际上由于申办地的政治、经济、文化、地缘等多项因素，以及选举委员会成员构成的复杂情况，奥运会举办地选举从未能够以一轮投票作出决定。第一轮投票通常只是作为一种礼节性的投票，渗入了政治、外交、礼节、情感等多种复杂的因素。在第一轮投票后将逐个淘汰排名最末的申办地。由于每一轮淘汰后都改变了可能的结盟对策格局（前几轮领先，不一定后面还能够领先，对淘汰城市投了赞成票的代表不一定会转而支持你）。并且近年来的新规则是只宣布淘汰的城市而不宣布具体票数。因此，在最后结果公布之前，无人知道哪个城市已经领先。这就进一步阻碍了结盟对策信息的获取，因而使得投票情况扑朔迷离、最终结果难以预料，容易造成在投票头几轮中一直领先的城市最终落马的悖论。国际奥委会在决定奥运会举办地时所采用的投票规则使最终结果带有很大的不确定性，由于这种投票规则的制约，使得对所有投票者偏好信息的准确把握极为困难，预测的结果往往与事实有很大的出入。可能正是这样一种戏剧化的演变过程，才是奥运会举办地投票的诱人之处。

本章小结

本章重点阐述政策制定中有关决策环节的一些内容。通过本章的学习，应该明确决策的基本标准，区分决策的主要类型，熟悉决策的有关理论，了解决策思维的不同类型，掌握预测与决策的技术方法、关注可行性分析与不可行性分析，认识群体决策的特征和作用，掌握群体决策的择案规则。

---

① 参见本书第5章博弈理论的相关内容。

关键术语

价值观　民意　依从　遵循先例　消费者剩余　冒险转移　前景理论
心理账户　领导规范模型　倾向性效应　激励效应　目的颤抖　心理冲突
机会成本　德尔菲法　决策树法　方面排除法　乐观原则　悲观原则

复习思考题

1. 政府决策可参照哪些标准?
2. 影响决策者行为的价值观包括哪些方面的内容?
3. 如何认识民意?
4. 政府决策有哪些类型?
5. 前景理论有哪些基本原理?
6. 心理账户是如何影响决策行为的?
7. 事实前提与价值前提有何区别?
8. 经验思维是如何影响决策的?
9. 什么是德尔菲法? 举例说明它的实际应用。
10. 政策方案的可行性评估包括哪些内容?
11. 为什么要对政策方案进行不可行性评估?
12. 群体决策有哪些择案规则?

第8章

政策执行

公共政策有时候之所以失败往往不是政策本身不好，而是人们没有足够的能力或者不能很好地执行。进一步的追问必然促使人们思考，什么是政策执行？政策执行有哪些特点和功能？政策执行过程包括哪些环节？哪些因素能够决定政策执行的效果？如何避免政策执行的无效或失败？本章内容将对这些问题进行阐述。

8.1　政策执行的含义

什么是政策执行？概括来说，政策执行就是指在一个议案成为一项政策之后所发生的事情。更加确切地讲，政策执行是政策实施的具体过程，包括使政策作用于目标群体，以及设法使政策目标得以实现。政策执行研究一般涉及政府机构及其官员所依赖的行政程序和技术（工具），所遇到的政治上的支持和反对，以及目标群体给予的服从与反抗。政策执行所关注的是日常的政府运行过程，即政府通过一定的组织形式，运用各种政策资源，经解释、推动、宣传、服务、协调、指挥、控制等方式将政策观念形态的内容转化为现实效果。

一项政策要实现什么目标，其目标是否有效或者政策将对社会产生什么样的影响，这些问题都具有不确定性，也正是这种不确定性赋予了政策执行真正的研究价值。实际上，政策执行并非是一个例行的、常规的或可预测的过程。决定政策成败的原因其实很多，但政策执行无疑对此有着重要的影响。

为了能够有效地执行政策，政策有时候只能设置一些基本的目标，构建一个指导性框架，涉及实现政策目标实现的基本途径和所具有的一些局限，除此之外，它其实能够做的并不多。政策颁布时通常不会尝试完整和明确地定义它所能产生的影响，也不可能预测政策在执行中可能遇到的问题和挑战。政策的目标甚至可能是不清晰的、不连贯的或没有被详细说明的。行政机构经常会被授权，并且有很大的自由度颁布有关某一项政策的详细规定和命令，从而使该项政策更加具体和更便于操作。

在政策执行过程中行政部门所要做的事，大部分是一些日常的、例行的、看似很乏味的事务性工作，如处理请求或申请，检查文件记录，收集相关信息，撰写请示报告等。普通大众很少能够清楚地了解行政机构都在做些什么，除非一些与他们直接有关的工作。然而，正是这些普通和琐碎的工作导致了政策执行的结果，对政策内容的贯彻、政策影响的大小、政策成功的程度都有着非常重要的影响。毫无疑问，如果执行失败了，那么先前所做的一切就没有任何意义了。

关于政策执行的理论界定，长期以来学术界形成了行动学派和组织理论学派两大流派，它们分别从两个不同角度和侧面对政策执行进行了描述。

行动学派的主要代表人物 C. O. 琼斯（C. O. Jones）认为：

> 政策执行是将一项政策付诸实施的各项活动，在诸多活动中，要以解释、组织和实施三者最为重要。所谓解释就是将政策的内容转化为民众所能接受和理解的指令；所谓组织就是指建立政策执行机构，拟定执行的办法，从而实现政策目标；所谓实施就是由执行机关提供例行的服务与设备，支付经费，从而完成议定的政策目标。①

由此可见，行动学派关注政策作为行动指南的指导性作用，强调政策执行的关键问题在于政策执行机关如何采取政策行动。强调只要政策行动坚强有力、行动方法切实可行就可以较为顺利地实现政策目标，合理的政策执行活动甚至在一定程度上可以弥补政策决定的局限。

而政策执行的组织理论学派则强调政策执行组织机构的作用，认为任何政策都是通过一定的组织得以实施的。没有一定的组织机构作依托，没有一定的组织原则作保证，任何政策目标都只能停留在纸上谈兵的政策构想阶段。因此该理论认为，尽管政策执行不力的原因是多方面的，但政策组织问题是其中恒定的关键原因之一。组织理论学派的代表人物 J. 佛瑞斯特（J. Forester）提出：

> 传统的政策执行规范理论强调政策执行机构及其人员对政策目标和政策规定的顺应行为，强调依法行政，而基本上不考虑政策执行机关及其人员的审视检定、自省以及前瞻分析的能力和需求。但政策规划者、政策执行机构和人员的预期分析能力，即在危机事件或事态发生之前预感并相应采取适当步骤和程序加以有效对付的能力，实际上是对政策执行成功与否起最关键作用的因素。②

---

① C. O. Jones：*An Introduction to the Study of Public Policy*，Second Edition，North Scituate，Mass.，Duxbury Press，1977，p. 139.

② J. Forester，"Anticipating Implementation：Normative Practice in Planning and Policy Analysis，" in F. Fisher and J. Forester（eds.），*Confronting Values in Policy Analysis：The Politics of Criteria*，Beverly Hills，Sage Publications，1987，pp. 153-173.

组织理论学派认为，政策能否有效执行，关键在于执行机构的主客观条件，主观上要看其能否理解和领会政策，能否具有执行的积极性，客观上要看其是否拥有足够的资源，是否拥有足够的执行能力。

事实上，两种关于政策执行的理论观点都各有其道理，它们只不过是从不同角度、不同侧面阐述了政策执行的重要意义。不管是行动学派还是组织理论学派的观点，对我们把握政策执行的基本概念都具有启发作用。

公共政策执行的研究焦点主要集中在探讨政策是否能够被成功执行（或有效行政）并最终努力构建一种系统理论，这种理论将准确地解释为什么一些政策会比其他一些政策更易取得成功。学者们在理论上进行了富有创新意义的探索，比如阐述了影响政策执行成功的一些关键因素等。相关文献有效地提高了人们对公共政策执行过程的认识。

大多数有关公共政策执行的研究，要么采取“自上而下”的路径，要么采取“自下而上”的路径。采取“自上而下”路径的研究者着眼于上层行政官员的行为，分析那些影响他们行为的因素。与之相反，采取“自下而上”路径的研究者认为，上述研究方式过分关注上层行政官员，忽视或过低估计了下层（基层）行政官员对政策执行工作的影响作用，而这些下层行政官员可能会试图减少政策的影响或对政策进行改变以期达到利己的目的。他们认为，行政执行的研究应该着眼于下层行政官员及其活动，看看他们是怎样与当事人互动的。影响政策执行的因素具体包括地方经济状况，地方官员的态度以及当事人的行为。尽管我们希望能够把这两种研究路径组合起来，然而，在政策执行研究中究竟哪种路径是最好的方法，长久以来一直存在分歧。

8.2 政策执行的特征

作为政策过程的一个重要阶段，政策执行不仅表现了政策过程各个阶段所具有的共性，而且还具有其自身的特殊性，具体而言，政策执行主要具有下述六个方面的特征。

8.2.1 对象的适用性

所谓对象的适用性，简单地说就是一定的政策只适用于一定的对象。所谓政策对象是指政策作用和影响的人和事。政策执行首先应该要弄清楚该项政策的适用对象及其范围，否则就会影响政策的权威性和严肃性，从而削弱政策执行的力度，妨碍政策目标的实现。对于政策对象的理解，有狭义和广义之分。狭义的政策对象是指政策直接作用和影响的对象；而广义的政策对象除了包括直接政策对象外，还包括与政策执行效果有关联的间接对象。在政策执行的过程中，执行者不仅要针对政策的直接对象落实政策，而且还应该做好政策的间接对象的工作，以利于提高政策执行效率。

应该指出的是，在政策中如何准确地表达其对象和范围，是影响政策对象适用性的关键。由于某些政策对其对象和范围仅仅作了模糊性、隐含性的规定，使政策执行主体拥有过大的自由裁量权或者理解出现偏差，从而导致执行失效与对象错位。严格地说，政策执行对象的适用性是指政策的时间效力、空间效力和政策对人的效力。因此，在政策制定中（政策执行之前）应当体现上述三方面内容。一般而言，其标准表达方式是由三个要素构成：即“在××范围内，××主体，从事××活动，适用本政策”。

同时，政策目标的不清晰、不确定也往往对政策执行对象的适用性构成障碍。政策在制定过程中，由于考虑到政策调整的成本、目标群体的顺应程度、机构的应变与生存能力等多种因素，政策制定者有时希望用较为模糊的政策语言来表述政策目标和政策内容，认为这样能有效延长政策本身的寿命。但这种含含糊糊、模棱两可的语言，往往会给政策对象的界定带来麻烦。如在制定保护消费者权益的政策中，对什么是“消费者”未有明确的界定而导致政策执行的困惑。而新出现的社会现象又导致政策执行者在执行政策时的随意性。知假买假的“王海式”人物①是否是消费者？被医院误诊导致身体损害的“病人”是否是消费者？由于政策执行者裁定的不一致，从而损害了政策的公平，破坏了政策的权威，最终导致了政策执行效果被弱化。

8.2.2　执行的灵活性

在政策实践中，多数政策（特别是中央政府发布的政策）都属于宏观政策，往往着眼于整体和全局，带有战略特征，一般不会涉及操作层面的具体细节。因此，在政策执行过程中，各地方或各部门可结合本地区、本部门的特点，制定切实可行的政策方案，切忌僵化教条、生搬硬套。

一般来讲，由于政策环境的复杂性和客观条件的多变性，实现政策目标的更多权力需要由政策执行部门去承担。因此，在实现政策既定目标的过程中，政策执行机构可以根据情况的变化对政策执行的方式、方法进行调整和修正。

政策贵在执行，而政策在执行中具有一定的弹性，因而并不排除执行的灵活性。比如遇到一些突发情况、特殊情况等，政策执行部门应具有一定的“自由裁量空间”。具体情况具体分析，这是政策执行的一个基本原则。在特殊情况下灵活处理一些人和事，是允许的，也是必要的。

强调执行的灵活性，是为了取得更好的执行效果，所以要设法避免其可能产生的负面影响。政策执行主体在政策执行中可能会避重就轻，选择熟悉和易行的途径，放弃困难但却有效的途径，甚至还可能完全背离政策本身的初衷，反向执行，“上有政策，下有对策”，“上有大政策，下有小政策”。比如关于不同级别领导干部配备公车的政策规定，其

① 1993年10月，我国颁布了《中华人民共和国消费者权益保护法》（简称《消法》），该法第四十九条规定：“经营者提供商品或者服务有欺诈行为的，应当按照消费者的要求增加赔偿其受到的损失，增加赔偿的金额为消费者购买商品的价款或者接受服务的费用的一倍。”这便是我国《消法》所确立的“1＋1”赔偿制度。正是因为这种“1＋1”赔偿制度的存在，才引发了以王海为代表的一些人，知假买假，通过诉讼索赔，获得收入，新闻媒介称之为“王海现象”。

政策制定的初衷是想通过清查超标准配备公车的腐败现象，以节约国家的财政支出。然而，由于该政策在制定中仅仅考虑超标准配车的问题，而未能考虑客观上也存在没有达标的公车配备现状。因此，在执行政策的过程中，虽然对超标准用车问题进行了一定清理，但同时，由于那些按级别没有达标或根本没有配备公车的人根据该政策规定提出了他们的要求，所以也进行了部分配备，最终导致国家财政支出不但没有减少，反而有所增加。

习近平同志在其署名文章《加强和改进新形势下党的建设的纲领性文献》中明确提出，要努力“减少制度执行的自由裁量空间”，不允许打着“自由裁量空间”的幌子，把个人或组织凌驾于制度之上，为所欲为。

8.2.3 执行的有序性

执行的有序性是指政策执行应保持一定的阶段性顺序和过程的连续性。这是政策执行程序的核心要求，也是保持执行工作稳定开展的基础要素。

政策执行的有序性要求政策执行程序的每个环节具有时间上的前后次序。政策执行一旦启动，就要一个阶段接一个阶段，一环扣一环，层层推进，依规定的次序进行下去。政策方案的实施和政策目标的实现是一个循序渐进的过程，政策执行既要着眼于最终目标，又要立足于阶段性目标，要把二者有机地、科学地结合起来。尤其要防止超阶段的执行行为。如果在政策执行条件不成熟的情况下强行实施某项政策，就可能导致政策执行的失败，最终阻碍政策目标的实现。

邓小平同志提出的中国现代化建设“三步走”的发展战略就是政策有序性的很好说明：第一步从1981年到1990年国民生产总值翻一番，解决人民的温饱问题；第二步从1991年到20世纪末，国民生产总值再翻一番，人民生活达到小康水平；第三步到21世纪中叶，人均国民生产总值达到中等发达国家水平，人民生活比较富裕，基本实现现代化。党的十五大又将第三步目标进一步具体化：到21世纪的第一个十年，实现国民生产总值比2000年翻一番，使人民的小康生活更加富裕，形成比较完善的社会主义市场经济体制；再经过十年的努力，到建党一百周年时，使国民经济更加发展，各项制度更加完善；到新中国成立一百周年时，基本上实现现代化，建成富强、民主、文明的社会主义国家。

8.2.4 过程的动态性

政策执行由一系列活动构成，它是一个思想和行为需要不断变化、不断调整的过程。一方面，政策方案无论制定得怎样好，它都不可能与复杂多变的客观现实完全一致；另一方面，随着时间的推移、执行活动的推进以及环境和条件的变化，政策执行还会遇到一些新情况、新问题，政策执行者只有根据这些新情况，适时地、灵活正确地应付和处理问题，才能使政策方案得以顺利实施，政策目标得以顺利实现。因此，根据具体情况和变化了的条件以及反馈的信息，不断地改变、修正和调整原定的执行策略、计划和程序，是政策执行过程中不可避免的现象，而且这种不断的调整和变动要贯穿于政策执行的全过程。

据媒体报道，2007年元旦过后，江西景德镇一名8岁男童在穿越铁路时被撞死，其父母获赔600元。有关部门称，这些钱是出于人道主义的救济费，铁路部门其实并无责任。其处理依据是1979年7月16日颁布的《火车与其他车辆碰撞和铁路路外人员伤亡事故处理暂行规定》。这种暂行了28年的“暂行规定”在现实生活中并不鲜见。1954年颁布的《公安派出所组织条例》、《城市街道办事处组织条例》，1955年出台的《华侨申请使用国有的荒山荒地条例》，1957年实施的《华侨捐资兴办学校办法》直到2009年才被废止；而1958年出台的《户口登记条例》、1960年出台的《防暑降温措施暂行办法》等到目前为止还现行有效。在社会各方面已发生巨大变化的情况下，公共管理仍沿用过时的规定，不仅脱离实际，也不通情理。对受伤害者貌似救济，实则伤害。毫无疑问，社会管理所依之法如滞后于社会发展，则会诱发新的矛盾，可能导致社会的不和谐。

8.2.5 执行的协调性

政策执行是各种政策要素在空间上的分配、重组、展开和运动的过程，其中任一要素的发展变化以及各要素的分配方式、比例、组合结构等变化都会直接影响到整个政策执行的进程。它反映了政策执行在空间上所具有的协调性。

影响政策执行协调性的因素很多，最为主要的因素是制度性因素。政策目标的实现，既包括政策执行主体依据其法定职权来履行政策执行的职责，同时也包括政策执行主体依据政策赋予的职权执行政策。不管是前者还是后者，由于政策执行主体之间的职能交叉或职能重合，客观造成多头管理，而多头管理的表象是推诿扯皮，其结果则是效能低下。它严重破坏了政策执行的协调性。以文化行政管理为例，管理机关有新闻出版部门、广播电影电视部门、文化部门，还包括工商行政管理部门和公安部门等。在这种体制下，我们可以推测某一关于音像制品的政策在执行中将遭到来自不同有权主体的制约。由于行政管理权限划分不清不是简单的学理问题，而更主要的是利益分配问题，故针对音像制品的政策及其执行结果，非常需要进行一定的协调。

8.2.6 执行的时限性

政策执行的时限性不仅指政策执行中每一个环节都有时间上的要求，还指政策执行进程的及时完成。绝大多数的政策对执行中的许多阶段和环节都有一定的时间规定，这就意味着对随意性的限制和对权力的制约。政策执行的时限性能够克服和防止政策执行主体行为的随意性和随机性，为这些行为提供了外在标准，使之不能任意妄为。同时，政策执行的时限性为政策参与者提供了统一化、标准化的时间标准，克服了行为的个别化和非规范化，从而使政策执行行为在时间上连贯和衔接，避免行为各环节的中断。

政策执行的时限性还要求政策执行不能急速地进行或过于缓慢地进行。如果政策执行过于快速，政策的目标群体就无法充分地适应，政策执行主体也不能进行充分的执行准备。这种突袭性的政策执行会使政策丧失一定的可预测性，造成人们的心理准备不足。但反过来，如果政策执行的推进过于缓慢，也同样会导致政策执行遇到障碍。

影响执行时限性的一个主要因素就是由利益冲突导致的某种妥协，当政策制定主体与政策执行主体或政策目标群体在政策价值判断（包括经济价值、政治价值和其他人文价值）和事实判断上发生冲突的时候，由于冲突双方的力量（力量的构成要素是复杂的）势均力敌，妥协就是一种必然的选择，而对政策执行的时限性不作明确的规定，似乎是解决冲突极为有效和易行的办法。

8.3 政策执行的功能

8.3.1 确保政策目标的实现

政策的主要目的不是研究问题而是要解决现实问题，政策制定主要是研究问题的过程，而政策执行才是直接地、实际地、具体地解决问题的过程。任何政策最终都必须通过政策执行过程才能实现政策目标，从而对社会政治、经济、文化等各方面产生作用和影响。所以，政策执行的首要功能就是通过将政策转换成可操作的具体活动，从纸上谈兵到实际用兵，按照政策所确定的目标而进行各种努力。

但是，实现政策目标的努力，是一个极为复杂而困难的过程。政策不是万能的，政策目标更多的是对未来的预期，政策目标实现的过程实际上就是政策执行修正和弥补政策缺陷的过程，如果政策执行不具有修正和弥补功能，那么，政策执行过程本身一定存在着某种缺陷。

近年来我国一些地区环境污染日益严重，给社会经济的可持续发展带来严重影响，之所以造成这种情况并不是因为我国没有环境保护方面的政策，相反，环境保护政策是我国的一项基本国策，而主要在于我们没有能够很好地贯彻执行政府的政策措施，不是无法可依，而是有法不依，政策执行的功能没有得到很好地发挥。

无锡市水危机

2007 年 5 月下旬，气候炎热而少雨。一个约 3 平方公里、夹带大量腐烂蓝藻的污水团悄然形成，幽灵般侵入了无锡贡湖水厂取水口附近。5 月 29 日，无锡自来水里突然散发出异常的气味，市面上有人开始哄抢纯净水。当天傍晚，无锡城区拥堵，一些旅游团队临时取消了在无锡的行程，一些市民打点起行装，打算到邻近城市暂避……

突如其来的供水危机，令全城进入紧急状态。这是生态危机，也是民生之忧。本次污染，来势凶猛，自来水公司已经束手无策，他们建议无锡市民先暂时使用纯净水。一座城市和一个湖泊的关系，从来也没有如此举国关注。痛定思痛，“水危机”根源不在水里而在岸上。

太湖，以它 2 250 平方公里的水域面积和 44 亿立方米的湖水，孕育、润泽了吴越大地。尽管我们不知道有着 35 亿年高龄的蓝藻，究竟在太湖生存了多少年，但无锡人已经认识到：“这次蓝藻引发的水危机既是偶然的，也是必然的。”水危机发生后，国家环保总局领导赶来太湖沿岸考察，他感叹道：“这里的企业就像插蜡烛一样密密麻麻地矗立着，就算每家企业都达到了排污标准，总量加在一起，太湖也受不了啊！”

太湖沿岸水网密布，有大小河流210条，组成太湖水系，流域面积达37 000平方公里，涉及长三角地区七座大中城市，人口逾3 000万，是中国乃至世界上人口密度、工业项目密度最大的地区之一。尽管迄今为止，环境科学家们依然无法计算出太湖环境承载能力极限的确切数据，但事实表明：作为平均水深只有1.89米的浅水性湖泊，太湖平均一个换水周期需要300天。有专家认为，即使从今天起不往太湖里排进一滴污水，太湖水质的全面恢复起码也需要10年！超越了环境承载力的没有节制的发展，必然难以持续。

近年来，尽管太湖治理一直没有停歇，相关政策不断出台，但治理的速度远远赶不上污染的速度，政策的落实也是障碍重重。水危机的源头不仅是不合理的产业结构和粗放的经济增长模式，而且是政策执行不到位和目标不清晰。反思这场水危机，时任江苏省委书记的李源潮说：“无论经济怎样繁荣发达，如果不能让老百姓喝上干净的水，人民群众就不可能认可我们的全面小康。”“我们深切地再次感受到全面落实科学发展观的必要性和紧迫性。”

8.3.2 检验政策成效

政策制定属于认识的范畴，政策执行属于实践的范畴，一项政策方案的对与错、好与坏，不能靠纸上谈兵，关键要通过实践来检验。从一定意义上说，政策执行的过程也就是政策结果产生的过程。只有通过政策执行，才能取得政策结果，才能对其进行分析和评价，一项在实践中能够促进社会进步和经济发展并得到人民拥护的政策自然就是好的政策，反之就是不好的政策。当然，政策结果的好坏不仅与政策本身有关，还与执行过程有关。由于实践的变化性（出现一些始料不及的情况），在政策执行过程中就必须根据实际发展的状况修正和完善政策实施方案，以提高政策的可操作性及有效性。政策执行是过程和结果的统一，没有好的过程，就难有好的结果。

广州取消公交免费令

一项惠及最广大民众的公共政策，何以草草收场？广州免费乘车政策的短命结局，为我们提供了一个检验政策效果的绝佳样本。

广州出台这项政令可谓用心良苦。广州从2010年11月1日起实施为期46天的机动车单双号限行政令，旨在防止亚运期间交通拥堵。这种限行措施，不可避免地对市民出行、特别是给上班族带来极大不便。考虑到这一点，广州同时允许市民免费乘坐公交、地铁，以便最大限度地抵消这种不便。这种以民众利益为出发点和落脚点的惠民政令，体现了政府的良心，对这样的政策考量，社会深表敬意。然而，从2010年11月8日起，广州取消了11月1日开始实行的免费乘坐公交、地铁的政令，改全民免费为发放现金交通补贴。作为“亚运惠民项目”的十大措施之一，这项政令原本想在未来30个工作日内为全民提供免费交通服务，为何在施行 7 天之后即告结束？有关方面给出的理由是："公共交通免费一周来，公交的日客流量高达 1 754 万人次，地铁日客流量更是近 800 万人次，大大超出地铁运输能力。地铁一直超负荷运行，一周来启动三级客流控制高达 144 次，严重影响正常安检和亚运安保工作的进行，同时给市民上下班正常出行造成极大不便。"用大众语言来说，其实就是这项政策在实际中行不通，不能实现预定的目标。应当肯定广州方面取消这项政令的勇气。虽然"朝令夕改"有损于政府部门的面子，但"有过不惮改"也是孔夫子的教诲。没有一项政策是完美的，错误也常常不可避免，关键就在于能否知错即改。7 天的实践，已经表明这项政令的不可行。及时纠正被实践证明是行不通的政策，总比酿成重大事故或出现更为严重的后果才去纠正要好得多。

8.3.3 为后续政策制定提供依据

为后续政策制定提供依据也被称为政策执行的反馈功能。一项政策的执行过程不论好坏，不论是否达到预期的政策目标，它都会在社会上造成深远的影响或不可逆转的结果。从某种意义上说，我们面临的社会现状就是过去无数项政策和现行政策实际发挥影响所形成的结果。制定一项新的政策往往要依据先前政策实施后由各种渠道反馈上来的信息，在分析先前政策效果的基础上，设计和制定新的政策，这是政策制定的一个基本原则。因此，政策执行活动及其效果可以为后续政策的制定提供重要的参考依据。

北京市发布新的"五日制限行"规定

北京市政府 2009 年 4 月 5 日下午举行发布会，宣布从 2009 年 4 月 11 日至 2010 年 4 月 10 日，社会车辆继续试行交通管理措施，按车牌尾号每周一日高峰时段停驶（法定节假日和公休日除外）。这次的措施较之前有三处变化：(1) 停驶时间由之前的 6 时至 21 时调整为 7 时至 20 时；(2) 停驶范围调整为五环路以内道路，但不含五环路；(3) 停驶的车牌尾号由之前的一个月轮换一次更改为每 13 周轮换一次。另外，从 2009 年 4 月 11 日起，北京市各级党政机关继续封存 30%公务用车。北京市行政区域内的中央国家机关、本市各级党政机关、中央和本市所属的社会团体、事业单位和国家企业的公务用车继续按车牌尾号每周停驶一天，停驶范围为该市行政区域内道路，停驶时间为 0 时至 24 时。这次新的限行措施不再照搬之前的规定，而是根据以往的限行效果进行了总结和修正，使得限行更加科学和人性化，有利于市民的出行。

8.4 政策执行的过程

政策执行的过程主要包括政策宣传、政策细化、物质与组织准备、组织协调、选择政策试点、政策推广、政策监督等环节。

8.4.1 政策宣传

毫无疑问，政策执行者只有在对政策的意图和政策实施的具体措施有一个明确的认识和充分了解的情况下，才有可能积极主动地参与执行。同样，政策对象只有知晓了政策，才能理解政策；只有理解了政策，才能自觉地接受和服从政策。从这个意义上讲，政策宣传对政策执行来说有着至关重要的意义。

一直以来，对于政府的决策，老百姓是事前什么也不清楚，只是事后被告知，所以容易导致服从成本的提高。杭州市政府自2008年以来在国内率先打破常规，实行“开放式决策”。为政策宣传开辟了新的思路。

杭州市政府把常务会议从小会议室搬到了大会议室，邀请市民代表旁听，甚至搬到网上，邀请网民参与。市政府工作报告等三大报告首次公开征求意见，网民点击浏览量超过7万人次，有1 147人次参与了网上调查投票，有295人次发帖或发邮件发表意见，对于这些意见和建议，政府表示既要用于三个报告的修改完善工作，又要用于改进政府及部门工作……当杭州市政府主动推进的这些“阳光举措”不断受市民欢迎时，“为确保市政府决策基础的广泛性、民意表达的直接性、决策民主的有序性”，杭州市政府2009年出台《杭州市人民政府开放式决策程序规定》，“以‘制度化’形式来提高行政决策的公开化、民主化、科学化水平，推动公民有序参与民主政治建设”。其目的在于“以民主促民生”。杭州市领导在解释这种做法时向媒体说了这样两句话：一句是“老百姓有权知道政府在做什么，更重要的是老百姓还有权参与决策”；另一句是“我们要直接面对面地倾听老百姓的心声，而我们现在听到的太多是层层传上来的过滤掉的声音”。毫无疑问，后一句话的分量似乎更重些。

8.4.2 政策细化

所谓政策细化就是要分解政策目标，做到行动有计划。一般说来，一项政策的推出，往往只是指出实现政策目标的基本方向和基本原则，比较笼统和抽象。要使政策执行顺利进行，就必须在基本原则的指导之下，对总体目标进行分解，编制出政策执行的“具体计划”，明确工作任务目标，商定和落实一些具体问题，使执行活动有条不紊地进行。比如国家西部开发、东北振兴、中部崛起等战略政策的出台，如果不经细化就难以具体落实。

根据国务院第136次常务会议关于在部分城市进行对个人住房征收房产税改革试点的决定，上海、重庆被确定为首批试点城市。由此，备受关注的房产税改革试点拉开了序幕。为调节收入分配，引导个人住房合理消费，根据国务院常务会议的有关精神，重庆市人民政府在2011年1月28日出台了《重庆市个人住房房产税征收管理实施细则》；紧接着，在2011年1月31日，上海市地方税务局也公布了《关于本市个人住房房产税征收管理有关事项的公告》，推出了个人住房房产税征收细则。尽管沪渝两地的房产税方案看上去截然不同，上海较“温柔”，重庆更“勇猛”，但两地房产税政策却有三个共同点：其一，放过大部分自住需求；其二，税费负担比预想中的要低；其三，两地试点政策都预留了明显的加收空间。

8.4.3 物质与组织准备

物质与组织准备对政策执行来说至关重要。物质准备主要是指政策执行必需的财力（经费）和物力（设备）的准备。首先，应根据政策执行活动中的各项开支编制预算。预算需经有关部门批准后方可执行。其次，应根据预算购置必要的设备，包括交通工具、通讯器材、机械设备、办公用品等。俗话说，“兵马未动，粮草先行”。凡做事都应有物质准备，否则，成功的机会将会大大减少。

组织准备不只是解决组织形式问题，而且包括组织职能的确立、组织结构的建立、领导职位的配备，下属人员的选拔，规章制度的制定等。一般来说，常规政策的执行会由常设执行机构承担，有时也会采取提高机构级别或改组机构设置的方式保证政策的有效实施。如遇非常规情况，如突发的、例外的、重大的、牵扯面广的一些问题，就需临时组建执行机构或采取多部门合作的形式应对这类紧急的情况。

8.4.4 组织协调

为使下属各执行机构之间、各执行人员之间能做到分工合作、步调一致，领导部门的组织协调是必不可少的。协调工作的重要作用在于，能够使不同的执行机构、分散的执行人员形成一个有机的整体，为实现政策目标共同努力，从而保证执行活动有条不紊地开展，实现“1＋1＞2”的系统优化功能。

政策执行中的组织冲突是经常发生的。举例来说，美国纽约的警察在1988年曾与当地的消防员发生过一次激烈的冲突。事情的起因是这样的，由于火灾的不断减少，消防员被大量裁减，为了保住饭碗，消防部门试图承担一些新的责任，开始介入一些突发事件、危机和事故的处理，并向社会承诺会比警察局作出更快的反应。由此，与警察部门有了过节，以至于有一次在河中搜寻直升机事故幸存者的救援行动中，警察竟设法阻止带有潜水工具的消防员参与营救。中国也有类似的情况出现。某市一家超市因一箱奶粉有质量问题嫌疑，上午被卫生防疫站的执法人员原地查封。下午，工商人员来此检查时也发现这箱奶粉可能有质量问题，再次将这箱奶粉查封。卫生防疫站的执法人员闻讯后迅速赶到超市。执法双方在相互表明身份后，均指责对方超越权限。

组织协调是解决组织冲突的重要手段，通过协调可以理顺关系，平衡职能，化解矛盾，解决纠纷。因此，组织协调是政策执行的一项基础工作，应贯穿于政策执行的各个环节。

8.4.5 选择政策试点

政策试点既可以验证政策（发现偏差，及时反馈，总结经验，完善政策），又可以从中取得带有普遍指导意义的东西（如实施的方法、步骤、相关事项等），为政策的全面实施做好准备。特别是那些涉及全局性的政策、非常规性的政策、带有风险性的政策、受多重因素影响的政策、难以进行定量分析的政策、结果不确定的政策等，都应该选择试点，进行小范围实施。比如，在 2010 年春运期间，广铁集团、成都铁路局部分车站试行了火车票实名制。2010 年全国“两会”期间，铁道部部长表示，火车票实名制是否在全国推广要看试点效果的评估结果。实名制试点一年来，尽管它本身并不能增加运能，也不能缓解运能与运量之间的矛盾，但可以有效遏制“黄牛党”的倒票行为，从而提高了旅客对购票公平性的心理认知。2011 年春运期间，全国铁路火车票实名制试点范围扩大至武广高铁、郑西高铁、武汉铁路局部分车站。

谈到试点问题不免使人想起美国沃尔弗林环球股份公司“安静的小狗”曾经所作的出色表演。“安静的小狗”实际上只是一种松软的猪皮便鞋的牌子，当其刚刚问世时，沃尔弗林公司为了了解消费者的心理，采用了一种试探性的营销策略：先把 100 双“安静的小狗”无偿送给 100 位消费者试穿 8 周，时间到了之后，公司便派人登门收鞋，并通知顾客，若想留下这双鞋子，每双需付 5 美元。其实公司并不是真想收回这些已经失去价值的鞋子，而只是想调查一下 5 美元一双的“安静的小狗”是不是有人愿意购买。结果绝大多数的试穿者都把鞋子留了下来。得到这个消息之后，沃尔弗林公司便开始大张旗鼓地生产和推销这种便鞋，他们以 7.5 美元的价格把“安静的小狗”推向市场，很快就销售了近 10 万双，取得了巨大的成功。

8.4.6 政策推广

政策推广是指在取得试点经验的基础上，政策在更大范围内实施。

为了贯彻落实国务院关于促进家电下乡的指示精神，财政部、商务部在反复调查研究的基础上，提出了财政补贴促进家电下乡的政策思路。为稳妥推进，自 2007 年 12 月起在山东、河南、四川、青岛三省一市进行了家电下乡试点，对彩电、冰箱（含冰柜）、手机三大类产品给予产品销售价格 13%的财政资金直补。试点取得了显著成效，农民得到实惠、企业得到市场、政府得到民心。在总结试点经验的基础上，财政部、商务部、工业和信息化部印发了《关于全国推广家电下乡工作的通知》（财建[2008] 862 号）。通知规定：山东、青岛、河南、四川、内蒙古、辽宁、大连、黑龙江、安徽、湖北、湖南、广西、重庆、陕西 14 个省（自治区、直辖市、计划单列市）从 2008 年 12 月 1 日起实施。吉林、新疆、甘肃、青海、宁夏、西藏、北京、天津、河北、山西、上海、江苏、浙江、宁波、福建、厦门、海南、江西、广东、深圳、云南、贵州 22 个省（自治区、直辖市、计划单列市）及新疆生产建设兵团从 2009 年 2 月 1 日起开展家电下乡工作。

在政策推广环节，要求严格遵循政策执行的基本原则，充分发挥政策执行的功能要素，以保证政策目标的圆满实现。

8.4.7 政策监督

制定政策并不能保证其实施会与目标一致，因为政策行为所带来的后果永远无法完全预知，因此，在政策行为开始之后进行跟踪监督至关重要。①

在实际的政策执行过程中，政策的有效性常常会由于这样或那样的原因受到影响，表现为政策失真现象，即出现政策执行及其结果与政策目标、政策内容不相符合的问题。具体而言，政策失真有四种表现形式：政策表面化、政策扩大化、政策缺损和政策曲解。所谓政策表面化是指在政策执行中做表面文章，政策内容难以真正落实，成了一个空架子；所谓政策扩大化是指突破政策界限，扩大执行范围，歪曲政策目标；所谓政策缺损是指一个完整的政策在执行时，只有部分落实，其余则被遗弃，使政策内容残缺不全；所谓政策曲解是指政策在执行过程中被换入表面上与原政策一致，而事实上背离原政策精神的内容。因此，在政策执行中需要建立政策监督机制，以抑制政策失真现象的蔓延。从我国目前的情况来看，政策监督主要包括执行机构的内部监督、党组织的监督、人大的监督和社会舆论的监督。多层次的政策监督对政策的有效执行具有至关重要的作用。

8.5 政策执行的条件

8.5.1 资源

政策目标无论多么明确，政策规划无论多么精细，政策方案无论多么具体，但如果缺乏足够的用于政策执行的资源，执行的结果就不可能达到政策规定的要求，就不可能实现政策的既定目标。俗话说，“巧妇难为无米之炊”。政策资源是成就政策成功所不可缺少的条件。

政策执行所需要的资源条件主要涉及以下四个方面：

（1）经费资源。经费是政策执行的基础性物质资源，钱不是万能的，但没有钱却是万万不能的。政策执行需要有经费方面的保证。但一定不要以为花了钱就能办成事，更不是多投入就会多产出，政策执行中还有许多管理方面的问题需要解决。

（2）人力资源。执行都是靠人来进行的，人员保证是政策执行的必要前提。但人力资源的利用是讲求效率的，俗话说，“一个和尚挑水喝，两个和尚抬水喝，三个和尚没水喝”，人多并不一定是好事，本该一两个人做的工作，却偏偏让一群人来干，如果能把事情做好，那才是怪事呢！政策实践中，我们有许多的事情没有办好，并不是因为管事的人太少，而恰恰是因为负责的人太多。

（3）信息资源。信息同样是影响政策执行的一个重要变量。政策执行人员不仅需要具备获取信息的能力，而且需要具备处理信息的能力。如果收集了一大堆信息，而不加以分

---

① 参见［美］威廉·N·邓恩：《公共政策分析导论（第二版）》，362～363页，北京，中国人民大学出版社，2002。

类整理，不进行分析判断，不去做去粗取精、去伪存真的工作，有再全面、再丰富的信息也是白搭。

（4）权威资源。权威乃是执行工作任务的权力来源，它作为政策执行的一种特殊资源，对政策的有效执行具有非常重要的作用。试想，如果警察没有权威，他怎样执法？对政策执行机构而言，其权威的获取多来自法律的授权。

8.5.2　主体

合格的执行者和胜任的执行队伍是政策执行得以成功的基础条件。那么，什么样的执行者可以称得上“合格”，什么样的执行队伍可以称得上“胜任”呢？

1. 执行人员的素质要求

执行人员的素质要求在不同国家和地区、不同社会制度、不同文化背景、不同历史阶段、不同组织机构中都有所区别，它是特定的社会文化的产物。就我国情况来看，现阶段根据政府职能的要求，对政策执行人员提出了如下基本素质要求：

（1）政治素质。政治素质是指一个人在政治社会化的过程中逐渐形成的、对他的政治心理和政治行为产生长期稳定影响的基本品质，是社会的政治理想、政治信念、政治态度和政治立场在人的心理中形成的并通过言行表现出来的内在要素。它是人们从事社会政治活动所必需的基本条件，是一个人的政治方向、政治立场、政治观念、政治态度、政治信仰、政治技能的综合表现。政治素质是人的综合素质的核心。它主要包括政治理论知识、政治心理、政治价值观、政治信仰、政治能力等。

（2）品德素质。品德素质包括三个方面的内容，即公共道德、职业道德和个人修养（私德）。政策执行者应该是遵守社会公德和职业道德的楷模，应该成为具有良好的个人修养、遵纪守法、廉洁奉公的楷模，应树立社会责任感，实事求是，忠于职守，服从上级，尊重下属，严于律己，秉公办事，维护党和政府的权威，维护国家和人民的利益。

（3）知识素质。知识包括基础知识、专业知识、相关知识等，主要来源于亲身实践的经验（直接知识）和前人或别人的经验（间接知识）。作为一名政策执行者既要具备一般文化知识（学历水平）又要掌握本专业及相关知识（内行专家），既要有社会实践的经验（资历），又要有勤奋努力的学习态度（上进心），建立合理的知识结构，适应新时期执行任务的要求。

（4）能力素质。能力是知识的具体运用，是各种素质的综合体现，具有多层次、多方面的特点，政策执行者应该具备多方面的能力。这些能力包括：随机应变能力，组织管理能力，人际交往能力，社会活动能力，开拓创新能力，独立思考能力，时间管理能力，语言表达能力，文字表达能力等。

（5）心理素质。人的行为都是其心理活动的产物，政策执行者的心理素质与其行为和政策执行效果有着直接的关系。因此，他们应该具有良好的心理修养，培养自己的意志力，保持稳定的情绪状态，遇事不惊、临危不乱、随机应变、有自制力，体现出较强的心理承受能力。在工作和生活上，要心胸开阔、宽以待人、豁达大度、有耐心，并要有上进心，实行自我激励。

（6）身体素质。健康的身体是工作的本钱，没有良好的体质就无法胜任工作的需要。只有具备了良好的身体条件，才能保证工作的充沛精力，才能具有适应环境的能力，才能在各种条件下正常作业。

2. 队伍建设的互补效应

一个人敷衍了事，两个人互相推诿，三个人则永无成事之日。这多少有点类似于“三个和尚”的故事。合作问题常常引导我们陷入误区。人与人的合作不是人力的简单相加，而是要复杂和微妙得多。在人与人的合作中，假定每个人的能力都为 1，那么 10 个人的合作结果有时可能比 10 大得多，有时甚至比 1 还要小。因为人不是静止的，能量方向会有不同，相互推动时自然事半功倍，相互抵触时则一事无成。在传统的管理理论中，关注效率有余，关注合作不足。实际上，管理的主要目的不是让每个人做到最好，而是要努力避免内耗过多。

曾经有人做过一个拉绳实验，在实验中，研究人员先把被试者分成 2 人组、3 人组和 8 人组，要求各组用尽全力拉绳；然后，要求这些被试者单独用尽全力拉绳。正像研究人员预测的那样，拉绳实验中果然出现了“1＋1＜2”的情况，这说明：实验中一定有人偷懒！而且越多人在一起干活，偷懒的现象越严重！看来，人与人的合作不是人力的简单相加，而是要比这复杂和微妙得多。

合作是一个问题，怎样合作同样是一个问题。一个组织效率不高，不在其他方面找原因，而是简单地归罪于“和尚”多了，于是精减人员，可是减员并不一定会增效，“和尚”少了，可能还是没水喝。看来，有没有水喝，与和尚的数量多少并没有必然的联系。那么，怎样才能破“三个和尚没水喝”的困局呢？第一种解决方法是，大家轮流去挑水，结果，喝水的问题迎刃而解；第二种解决方法是，大家协作挑水，分段接力，结果形成了有效的合作机制；第三种解决方法是，大家分工合作，你挑水，我砍柴，他做饭，每人明确责任，各取所长，这样，不仅解决了喝水问题，也表现出专业分工的优势；第四种解决方法是，引入竞争机制，谁主动承担挑水任务，在奖励方面就要优先考虑，如果都抢着挑，那么挑水挑得多的就重奖，挑得少的就少奖。这样，不单解决了喝水问题，还会促进寺庙的“精神文明”建设，新的激励机制将使寺庙管理提高到一个新的水平；第五种解决方法是，进行技术创新，让大家找来竹竿接成水管，引水至庙，提高功效，结果在解决合作困局中充分发挥了科技的主导作用。

8.5.3 客体

尽管公共政策涉及各种各样的议题，但都是试图通过某种方式影响社会上一部分人的行为，目的是使其与公共政策的预期保持一致。如果人们并没有遵从政策的要求，没有采取政府所期望的行动，即继续按照政府并不期望的方式行动，或停止做政府所期望的那些事情。如此，可能导致政策起不到真正的作用，或根本没有作用。政策学家一般很少关注服从问题，相比政策执行，他们对政策制定更感兴趣。然而，政策的服从性对政策的效率有着非常重要的影响。服从性越低，执行成本越高。

教育是提高政策服从性的重要手段，政策执行机构一般在从事教育和劝导活动时，不仅要使政策直接对象、间接对象和社会大众了解政策的存在及其意义，而且还要使他们相信所实施的政策是合理的、必要的、有益的和合法的。毫无疑问，公共政策的效力在很大程度上取决于执行机构的努力，包括推进公众的理解和赞同、减少对政策的违反，以及最低程度上使用惩处手段，最大限度上使人们自觉自愿地遵从政策。这些都有赖于政策教育活动的开展，如发放手册、张贴海报、邮寄通知、拨打电话、发送短信、召开新闻发布会和座谈会、借助新闻媒体等。

执行机构也可以利用宣传来推动对政策的服从。宣传是指通过政策对人们普遍具有的价值观和基本信念的认同而使人们接受和服从政策的努力。比如，通过爱国主义的呼吁，争取人们对征兵政策的支持与理解；通过安全的宣传，争取人们对禁放鞭炮政策的接受与服从。在宣传活动中，感情的成分往往多于理性的成分，标语、口号、传单是经常采用的形式。目的是赋予公共政策积极的价值观以减少公共政策的道德成本，从而提高人们的服从性。

执行机构还可以利用人们的自利动机作为工具。通过给予政策服从者实际利益的形式，推动政策的服从性，即所谓“花钱买赞成”的执行方法。利益的给予可以采用多种形式，如支付价格补贴、享受信贷优惠、提供医疗援助，保险费率递减等。不管个人或组织获取利益的动机是什么，政府确实可以用奖励换取人们对政策的遵从。在很多情况下，与采取禁令或对违规者实施处罚相比，奖励方法无疑在政治上更容易被接受，在执行中更容易被落实。可以设想一下，如果不是通过税收信贷政策对企业加以鼓励，而只是简单地要求它们节能减排，进行技术改造，否则就施以罚款或其他惩处，那么，企业将会作出何种反应呢？实际上，惩处是下策，在政策执行中能用奖励方法做到的事，尽量不要用惩罚的方法。

当有利于服从的社会环境和心理因素不起作用或其他一些促进服从的方法不再有效时，政策执行机构也可求助于惩处的方法。惩处主要是通过对违规者进行制裁，从而使那些不受欢迎的行为方式不再发生，惩处虽只直接作用于违规者，但间接影响更大，可以威慑那些看见违规不受惩罚也将效仿的人。严厉的制裁只有与直接相关的违规行为相联系才能发挥最佳的效果。如果制裁过分严厉、范围过宽，执行机构也许就不会愿意实施这些制裁；但如果过于轻微，范围过窄，制裁就会缺少足够的权威性和威慑力。

8.5.4 手段

政策的实施需要相应的手段。人们习惯性地把政策实施手段分为行政手段、经济手段和法律手段。

行政手段是指通过各级政府的行政部门，依靠政府权威，采用行政管理的惯用方式（行政命令、指示、规定、规章等形式），按照系统、层次、区划来实施政策的方法。其特点是强制性、垂直性、无偿性和稳定性。优点是部署统一、资源集中、协调一致、实施迅速、便捷高效。但也容易产生与“人治”相关的一些弊病，影响横向联系及下级的积极性、创造性。

经济手段是指根据客观经济规律和物质利益原则，利用各种经济杠杆，调节政策执行过程中的各种不同利益之间的关系，以促进政策顺利实施的方法。其特点是间接性、有偿性、平等性和关联性。优点是比较适合于对市场活动的管理，侧重于经济利益关系的调节，但它也有很大的局限，不能靠它去解决所有的问题。

法律手段是指通过各种法律形式（法律、法规、行政立法、司法仲裁等）来调整政策执行活动中各种关系的方法。其特点是严肃性、权威性、规范性和稳定性，优点是能够使政策执行有法可依，有章可循，行为更规范、程序更合理，减少了主观随意性，提高了政策执行的效率。但法律手段不是包治百病的灵丹妙药，社会生活中许许多多的问题，不能单纯指望通过法律手段去解决，还必须考虑其他手段所能发挥的作用。

克服法律迷信

相信法律能解决一切问题，这种迷信极易导致简单化的社会治理策略：一件事发生后，媒体的时评往往会以“亟待立法”收笔；同时，公共管理者也会以“相关立法即将启动”，来消释公众的质疑与情绪。法律，本来只是众多社会规范中的一种形式，一下子似乎成了一剂包治百病的万能汤药。但是，法治真有这般“包打天下”的本领吗？

当然不是。从根本上说，法治比起人治之所以更有效，其基本的出发点就在于法治的理性精神：当人治的“长臂”无所不及时，法治因其明确性和强制性，却能坚守自己特有的阵地，既绝不放弃自己的一针一线，也绝不僭越别人的一草一木。所谓“雷池”，正是法律的生命线所在，法治正是靠着这份克制与坚守，才获得了它的生命力。民众相信法治，首先因为它是理性的。也就是说，法制调整范围的有限，最终成就了法治社会功能的无限。所谓“法网恢恢，疏而不漏”，并非要“法网层层，密不透风”，说的正是这个道理。

古今之事，管理成败，最重要的教训之一是：法律本身不是万能的，社会生活中许许多多的问题，最终的解决不能单纯依靠法律，至少不能单纯指望法律。在许多情况下，社会矛盾的本身及其解决的关键来自于政治、经济、文化等多个层面。法律的天平如果没有这些砝码，纵使立法者能够舍身而上，穷其所有，天平也是难以平衡的。

不客气地说，“法律迷信”其实不是对法治的真正崇仰，而是对法治基本精神的背离。世界法治史证明，法律迷信的后遗症，就是法治被贴上“不可理喻”的标签。立法也好，执法或司法也罢，如果不去探求社会矛盾的更深层次原因，只把法律本身当作解决一切问题的“万能钥匙”，那么，法治必不能承受如此之重负，由此它还将接受随之而来的千万次诘难。

我们有必要保持这样的理性：法律绝对是非常重要的，因此我们应为此而不遗余力；但是也要认识到法律绝对不是万能的，因此我们要保持适度克制。无论如何，对于法治的信仰不能被曲解为“法律迷信”，否则，法律就可能从社会的公器变为公民的桎梏，法治的权威也会因此而蒙受重创。

8.5.5 沟通

执行中的沟通主要是指执行机构之间，执行机构与有关部门之间，上下级之间，执行人员之间，执行人员与目标群体之间为实现政策目标所进行的信息交换。

在沟通中有一个沟通媒介的选择问题。沟通媒介的类型十分丰富，在传递信息方面的能力也有所不同。

1. 直面沟通

直面沟通是一种自然、亲近的沟通方式，往往能加深彼此之间的感情、加速问题的解决。而且它还具有沟通快捷、信息量大、能够即时反馈的特征。如下的四种情境宜采用当面沟通的方式进行：

（1）彼此之间的办公距离较近时。

（2）彼此之间存有误会时。

（3）对对方工作不太满意，需要指出其不足时。

（4）彼此之间已经采用了 E-Mail 的沟通方式但问题尚未解决时。

需要提醒注意的是：沟通双方如果距离不是很远，应优先采用直面沟通方式。如果沟通双方的距离不过一二十米还采用电话沟通的方式，那显然是非常不可取的。

2. 电话沟通

电话沟通是一种比较快捷和经济的沟通方式。如下的三种情境宜采用电话沟通的方式进行：

（1）彼此之间的办公距离较远、但问题比较简单时，比如两人在不同的办公室需要讨论一个报表数据问题。

（2）彼此之间的距离很远，很难或无法直面沟通时。

（3）彼此之间已经采用了 E-Mail 的沟通方式但问题尚未解决时。

需要特别注意的是：在成本相差无几的情况下，应优先采用直面沟通的方式。

3. 会议沟通

会议沟通是一种成本较高的沟通方式，沟通的时间一般比较长，因此常用于解决较重大、较复杂的问题。如下的五种情境宜采用会议沟通的方式进行：

（1）需要统一思想或行动时。

（2）需要当事人清楚、认可和接受时。

（3）传达重要信息时。

（4）澄清一些谣传信息，而这些谣传信息将对团队产生较大影响时。

（5）讨论复杂问题的解决方案时。

4. E-Mail 或书面沟通

E-Mail 或书面沟通是一种比较经济的沟通方式，沟通的时间一般不长，沟通成本也比较低。这种沟通方式一般不受场地的限制，因此被广泛采用。这种方式一般在解决较简单的问题或发布信息时采用。在计算机信息系统普及应用的今天，已经很少采用纸质的方式进行沟通，因此以下只针对“E-Mail”的沟通方式进行总结。如下的五种情境宜采用 E-Mail 的沟通方式进行：

（1）简单问题小范围沟通时。

（2）复杂问题需要借助“书面”或“书面与口头结合”方式才能表达清楚时。

（3）需要大家先思考、斟酌，短时间不需要或很难有结果时。

（4）传达非重要信息时。

（5）为澄清事实，避免谣传对组织带来不利影响时。

需要注意的问题是：在E-Mail来回多次而问题尚未得到解决或甚至引起误解时，一定要及时终止E-Mail这种沟通方式，改用电话沟通或直面沟通的方式加以弥补。

个体之间的沟通，应尽量多采用直面沟通的方式进行。“能直面沟通的，就不要采用电话沟通；能电话沟通的，就不要采用E-Mail沟通”，这是个体沟通方式的基本选用原则，而团体之间的沟通则更强调正式、规范的原则。

8.6 政策执行的策略

8.6.1 政策整合

一项政策的执行或政策问题的解决，可能同时有别的政策会牵涉同一问题，若彼此相互不一致，就促成不同的执行行为。特别是在当今复杂的社会里，政策繁多，彼此常会具有密切的关联性。何况，社会之所以需要新的政策方案来解决问题，不一定是原来某一领域尚无政策，而很可能是现有政策间彼此互动而引发的问题，政策本身成为问题的根源。因此，政策的整合是一项很重要的工作。

以2003年10月1日正式实施的《婚姻登记条例》为例，作为国务院制定的行政法规，《婚姻登记条例》应该补充《婚姻法》的内容并从程序上加以规范，使《婚姻法》的贯彻实施更具有可操作性。然而《婚姻登记条例》却未规定婚姻登记时必须出具《婚前医学检查证明》，这就意味着“婚检”已经不是婚姻登记的必要条件。从法律角度来看，《婚姻登记条例》存在这样几点问题：(1) 取消强制婚检的做法违反了法律的规定。按照1994年全国人大常委会颁布的《中华人民共和国母婴保健法》第十二条的规定，男女双方在结婚登记时，应当持有婚前医学检查或医学鉴定证明。《母婴保健法》为全国人大常委会制定的法律，《婚姻登记条例》是国务院公布的行政法规，按照“上位法优于下位法”的规定，《母婴保健法》的法律效力高于《婚姻登记条例》。(2) 取消强制婚检使《婚姻法》的相关规定被架空。我国《婚姻法》第七条明确规定，患有医学上认为不应当结婚疾病的，禁止结婚。而有些疾病具有很大的隐蔽性，如果不经过医学上的检查，平时难以观察出来，如艾滋病等。取消强制婚检的做法使得患有这些疾病的人，可以顺利地到民政部门登记结婚，这是与《婚姻法》第七条的立法宗旨相违背的，从而也使该条规定发挥不了应有的作用，成为一纸空文。(3) 取消强制婚检的做法与《婚姻登记条例》自身的规定相互矛盾。新《婚姻登记条例》第六条规定：“患有医学上认为不应当结婚的疾病的，婚姻登记管理机关不予登记。”那么取消强制婚检，前来登记的男女双方如果没有出具《婚前医学检查证明》，婚姻登记管理机关又如何能够知道他们是否患有医学上认为不应当结婚的疾病呢？既然不知道结婚当事人是否患有医学上认为不应当结婚的疾病，那么婚姻登记管理机关到底该不该给他们进行登记呢？这就使婚姻登记管理机关陷入了一个两难境地。总之，政策之间的冲突会直接关系到政策执行的成败，因此，必须做好政策整合工作，发挥好政策体系的综合效能。

8.6.2 程序优先

2009年9月10日，在爱卡上海论坛上出现了网友“善良的被骗”写的一个帖子——《无辜私家车被课以黑车罪名扣押 扣押过程野蛮暴力》。据“善良的被骗”张军（化名）讲，他年收入20万，在世界500强企业工作，任市场部经理。9月8日中午1点多，自己好心让一名声称胃疼的路人（“钓钩”）搭便车，却被执法部门定性为“非法营运”。不仅如此，他还遭遇了“扭手臂卡脖子”的待遇。其后，不少媒体都相继报道了上海市闵行区城市交通行政执法大队查处的这起“非法营运”案件。由此，钓鱼式执法方式再次引发广泛争议。

“钓鱼执法”曾有过血淋淋的教训。2008年3月7日，上海奉贤区一名女子在协助交通执法部门卧底查处非法营运出租车时，在车内被司机用刀具刺伤，不治身亡。有观点认为，执法部门以派“卧底”或“放鱼饵”的方式查处黑车，是诱发此案的主要原因。类似的“钓鱼”事件，在全国其他地方也多有发生。在现代法治社会中，行政机关的执法行为应该在法治的框架中进行。法治的原则是程序优先，首先关注的不是结果而是过程，更强调程序的合理。打击黑车的“非法营运”固然重要，但如若采用“钓鱼执法”的形式，不仅有损人民群众的利益和政府的形象，而且妨碍社会的和谐与稳定。

“钓鱼执法”是“毒树之果”①，绝对吃不得。试想，如果一棵大树的主干和枝杈是有毒的，那么它的果实怎么会无毒，岂能拿来食用。在美国证据法中，非法证据不具证明力的原则（即“毒树之果原则”），对保护刑事被告人的基本权利有着进步作用。

“钓鱼执法”在英美叫作“执法圈套”（entrapment），这是英美法系的专门概念，它和正当防卫等一样，都是当事人无罪免责的理由。大陆法系国家对此也有严格限制，比如日本法律明确禁止执法者为了取证，诱惑当事人产生违法意图，认为这是国家公权侵犯了当事人的人格自律权。“执法圈套”产生于美国的20世纪初，当时美国的社会治安极差，违法犯罪猖獗，为了有效地进行侦查，打击犯罪，警察常常主动出击，制造陷阱，诱惑犯罪人上当，从而实施抓捕。这种执法方式虽然能够有效地打击犯罪，但如果当事人本没有犯罪意图，却因警察的诱骗而实施了犯罪，从而受到法律的制裁，这显然违背了执法的正义初衷。国家当然不应该惩罚这类犯罪。于是，1932年的索里尔斯案中最早确立了“执法圈套”无罪免责的事由。在此案中，被告人经不住警察线人的再三请求，向其出售白酒，并因此被控告违反禁酒令。此案一直上诉到最高法院，最后用判例的形式，肯定了“执法圈套法则”，即犯罪行为处于警察的构想、设计之下，如果不

---

① “毒树之果原则”是美国著名的霍姆斯大法官提出的，对警方办案和公众对判决的接受产生了挑战。20世纪60年代，随着民权运动的兴起，美国联邦最高法院以微弱优势正式确立了“毒树之果原则”，即“美国联邦政府机构违反美国宪法规定所取得的证据材料，在审判中不具有证明力”。

是因为该警察的诡计、劝说、欺骗，行为人就不会实施犯罪。法官们认为，警察的职责在于依法制止犯罪，侦查已经发生的犯罪，而不能去人为地制造犯罪，更不能设法引诱守法的公民去实施犯罪，然后予以逮捕。否则，人人都会感到不安，最终造成警察、政府，乃至国家信誉扫地。

世界各国执法机关都曾使用“诱惑取证”或类似手段，比如警察扮演瘾君子向毒贩购买毒品。但它也备受争议——“诱惑取证”的目的是取得那些有违法意图、违法行为者的违法证据，而不是引诱、教唆那些没有违法意图的人去违法；否则就违背了执法的正义初衷，沦为“钓鱼执法”，或者“执法圈套”。

8.6.3 权力制衡

谈到权力制衡，让人想到了18世纪法国启蒙思想家孟德斯鸠在《论法的精神》一书中的有关精辟论述：“一切有权力的人都容易滥用权力，这是万古不变的一条经验。”“从事物的性质来说，要防止滥用权力，就必须以权力制约权力。”孟德斯鸠的至理名言堪称人类政治生活中的“牛顿定理”，备受推崇。在西方，从古希腊城邦时期起，人们就在不断地探索什么是最好的政体这一重大问题。柏拉图在晚年时提出了兼顾君主制和民主制优点的中庸政体，并强调以法治国的重要性。此后，无论是亚里士多德还是西塞罗，都继承了柏拉图的这一思想。在近代，英国资产阶级政治思想家洛克进一步阐述了混合政体与以法治国的理论，并主张人民有最终的自卫权，以推翻暴虐的统治。然而，人们还没有找到一个在政府内部防止统治者滥用权力的有效方法。因为无论是哪种政体，都无法从根本上防止统治者滥用权力。诚然，如洛克所说，人民可以推翻暴政，但这是一贴“以暴制暴”的“烈药”。相比之下，以权力制约权力，不仅可以防患于未然，而且也是政府内部自我制约的良好机制。由此孟德斯鸠提出了他的分权学说，核心内容是三权分立，即立法权、行政权和司法权相互独立、互相制衡。分权学说是《论法的精神》中最精彩的部分，也是孟德斯鸠最伟大而持久的理论贡献。在当代，尽管西方国家的政治制度发生了很大变化，但三权分立仍然是它的一个根本特点，对于这种制度，西方的政治家和思想家推崇备至。

在政策执行环节，必须强调以权力制约权力，加强政策监督，否则，权力将会异化，腐败不可避免。英国19世纪以创编著名的《剑桥近代史》闻名的大史学家阿克顿勋爵（Lord Acton）看到了权力的腐蚀性，并写下了那句千古不朽的名言：“权力导致腐败，绝对的权力导致绝对的腐败。”（Power tends to corrupt and absolute power corrupts absolutely.）这句话几乎被政治学家奉为圭臬。虽然阿克顿勋爵对权力的认识看似较为悲观，但却充满理性，具有重要的警示作用。

8.6.4 阳光行政

2008年的5月19日第28次杭州市政府常务会议，在网络直播的基础上加入网民与市长视频互动的环节，第一次实现了普通百姓可以“看”到政府常务会议全过程。7 月 8 日第 30 次常务会议再有创新，六位通过网络报名最后被甄选出来的市民代表出现在政府常务会议上。他们以普通老百姓的身份第一次走进政府常务会议决策现场，不但作为一名旁观者，更是一名参与者，他们与参加会议的政府官员一起，面对面地展开交流讨论，充分、直接、真实地表达自己的意见和诉求。自此，杭州普通市民参与市政府的决策活动进入常态化。

杭州市政府此举无疑值得称道。这是杭州市政府为加快民主建设进程、建立透明政府采取的举措，它架起了公民与政府之间双向互动的桥梁和纽带，对于密切政府与百姓的联系，增强政府工作透明度、打造阳光政府和开放型政府，无疑具有十分重要的意义。“开放式会议”从权力运行上保证了政府行为的公开性，使更多的民众在事前、事中实现了参政议政。既保障了公民享有充分的行政知情权、参与权和监督权，同时，从另一角度看，也等于给市长增派了参谋，有利于提高政府决策及政策执行的正确性和科学性，使公共权力的使用更好地反映人民的意志。让市民代表直接坐在市政府常务会议现场，零距离参与政务活动，无形中构筑起一道监督防线，促使决策更符合民意。来自基层关注的眼睛越多，受监督的面越宽，监督的力度就越大、效果就越好，有助于避免权力寻租、政绩工程、面子工程、拍脑袋决策等问题的发生。俗话说，阳光是最好的防腐剂。开放政府的最高决策会议，实行“阳光作业”会使群众监督成为政府为民办事的“推进器”和权力正确行使的“防火墙”，促使政府做到问政于民，议政从民，治政为民，施政益民。杭州的老百姓说：“政府透明了，人民就理性了，人民理性了，政策就不难贯彻执行了。”

8.6.5 反馈控制

执行是一个动态过程，因而必须重视反馈控制，保持应变能力。在政策的执行过程中会出现许多新的问题和新的情况，预期的效果与执行效果之间的误差是一种客观存在。没有人能够料事如神，客观世界不是以主观世界为转移的。所以应根据反馈的情况，不断调整原来所选择的策略，逐步达到或接近既定的目标。万万不可金口玉言，一劳永逸，不管对错，执行到底。

在滑铁卢战役中，拿破仑把追击普鲁士军队的重任交给了忠实的将领格鲁希。格鲁希率部队出发才几个小时，主战场就响起了隆隆的炮声，但他不为所动。尽管没有发现普军的任何踪迹，他仍命令部队照原方向前进。副指挥官在这时候坚持要求改变进军的方向，挥师主战场，但格鲁希却固执己见，急得副指挥官两眼冒烟。格鲁希非常忠诚却过于平庸，他只知恪守旧令，机械执行，不懂反馈控制，灵活机动。由于他的失误，终于使不可一世的拿破仑成为了敌人的“阶下囚”。如果格鲁希聪明一些，及时根据“未见普军”的情况作出应变对策，战局的发展恐怕就完全是另一个样子，那么历史很可能就得重写了。

《吕氏春秋》里面也有个类似的故事，名为循表夜涉。原文是：“荆人欲袭宋，使人先表澭水。澭水暴益，荆人弗知，循表而夜涉，溺死者千有余人，军惊而坏都舍。

向其先表之时可导也，今水已变而益多矣，荆人尚犹循表而导之，此其所以败也。”大意是：楚国人想偷袭宋国。头几天就派人把澭水的深度逐段测量，选择好一处最浅的地段，并做好了标记。没想到，行动的那天傍晚，澭水突然猛涨。楚国人不知道，在深更半夜，仍旧按照原先设下的标志开始偷渡。结果，渡河的楚兵淹死的一千有余。楚军士兵惊恐的叫喊声犹如屋塌地陷一般。先前做的标记，只供先前渡河所用，现今河水已涨，而楚人仍旧沿标记渡河，这就是楚军为什么失败的原因。

8.6.6 成本核算

政策执行是有成本的，这个前提是不容忽视的。政策执行应该进行成本核算。成本—收益虽然不是决定是否实施某项政策的基础依据，但是如果在执行中发现某项政策效果平平而代价高昂，就需要考虑加以调整或改变。关于北京市停征非机动车税的事例就可以很好地说明这个问题。

过去每年的三月里，京城百姓都要忙着为家里的多辆自行车缴税，虽然每辆车4元的税费对于普通百姓来说负担并不重，但总让人觉得有些多此一举。个人麻烦不说，政府部门更麻烦。北京市的自行车保有量早已超过1 000万辆。非机动车特别是自行车已经不再是往年家中的一个“大件”，而是老百姓生活中必备的代步工具。因此，对非机动车征收车船使用税已经无法体现这个税种调节社会财富的功能。对于地税部门来说，每年的非机动车车船使用税征收工作也牵扯了大量的人力、物力和财力，但仍然无法抑制这一税种的税款逐年下滑的趋势。据2002年的统计数据，征收成本要占到实征税款的30%～40%。而征收税款额仅占全市税收总收入的5‰左右；2002年，自行车税一项的征收税款仅为500万元，比上年再次大幅下滑。它已失去了税收调节经济的作用和增加财政收入的意义。而且非机动车车船使用税的征税对象多为自然人，税源分散，数量庞大，征收管理难度很大，每年牵扯税务部门大量的精力，还会影响到地税部门其他方面的重要工作。此外，税务人员的出动，马路摆摊式的做法，有损国家税收的严肃性；极低的税收款额，不成比例的运行成本，使税收工作失去价值；执行中的困难，检查工作的缺位，导致政策权威的流失等。这些问题的存在使自行车税的征收工作效益功能趋零。所以取消征收非机动车车船使用税，是一件切合人民群众利益、愿望和要求的好事。

针对以上问题，在认真听取市人大代表、市政协委员建议和广大人民群众的意见反映后，北京市地税部门决定从2004年起对非机动车停止征收车船使用税，其中不仅包括自行车税，还包括人力小三轮、客货人力三轮、两轮手推车和排子车的使用税。

8.6.7 随机应变

有一则寓言，说的是驴子背了一包盐走在河边，突然滑了一跤，跌在水里，那包盐迅速溶化了。驴子站起来时，感到身体轻松了许多。驴子非常高兴，由此获得了经验。后来又一回，它背了一包棉花，以为再跌倒，可以同上次一样，于是走到河边的时候，便故意跌倒在水中。可是棉花吸收了水，驴子再也站不起来了。驴子为何有此悲剧？因为它不能正确地对待经验，无视形势的变化，机械地套用经验，结果铸成大错。以此为戒，政策执行不能僵化，应具有一定的弹性。

2010年的第一场大雪从1月2日晚开始，持续24小时以上，不但比以往来得更早一些，而且比以往来得更猛一些，积雪厚度没过了成人膝盖，降雪量历史罕见。伴随这场大雪，北京出现零下15度的低温和5—6级的大风。基于恶劣的大雪和强降温影响，市政府下发紧急通知，1月4日全市中小学停课一天。停课令的下达使学生家长们松了一口长气。这是北京市首次因为大雪作出全市统一停课一天的应急决策，政策基于现实条件的灵活性让人感到耳目一新。不难想象，全市中小学生上学途中，雪后交通会面临多大压力、安全隐患会使人徒增多少牵挂。这项决定无疑体现了政府决策的科学和人文。曾经呆板的种种制度规定，应该在人性本位的社会环境中有灵活的改变，这是看起来硬邦邦的政策应有的温度。

8.6.8 阶梯效应

“阶梯效应”是指一个人一旦接受了他人的一个微不足道的要求，为了避免认知上的不协调，或想给他人一个前后一致的印象，就有可能接受更大的要求。这种现象，犹如登台阶时要一级一级登，这样能更容易登上高点。这种心理效应是美国社会心理学家弗里德曼与弗雷瑟于1966年提出的。他们所做的实验被命名为“无压力的屈从——阶梯技术”。

1966年，美国心理学家曾做过一个实验：派人随机访问一组家庭主妇，要求她们将一个小招牌挂在她们家的窗户上，这些家庭主妇愉快地同意了。过了一段时间，再次访问这组家庭主妇，要求将一个不仅大而且不太美观的招牌放在庭院里，结果有超过半数的家庭主妇同意了。与此同时，派人又随机访问另一组家庭主妇，直接提出将不仅大而且不太美观的招牌放在庭院里，结果只有不足20%的家庭主妇同意。另一个同类实验：实验者让助手到两个居民区劝说居民在房前竖一块写有“小心驾驶”的大标语牌。在第一个居民区向人们直接提出这个要求，结果遭到很多居民的拒绝，接受的仅为被要求者的17%。在第二个居民区，先请求各居民在一份赞成安全行驶的请愿书上签字，这是很容易做到的小要求，几乎所有的被要求者都照办了。几周后再向他们提出竖牌的要求，结果接受者竟占被要求者的55%。

研究发现，人们拒绝难以做到的或违反意愿的请求是很自然的；但是他一旦对于某种小请求找不到拒绝的理由，就会增加同意这种要求的倾向；而当他卷入了这项活动的一小部分以后，便会产生自己是关心社会福利者的自我认知和处理态度。这时如果他拒绝后来的更大要求，就会出现认知上的不协调，于是恢复协调的内部压力就会促使他继续干下去或提供更多的帮助，并使暂时态度改变为持久态度。

8.6.9 破窗理论

美国斯坦福大学心理学家詹巴斗曾做过一项实验：找来两辆一模一样的汽车，一辆停在比较杂乱的街区，另一辆停在中产阶级社区。把停在杂乱街区的那一辆的车牌摘掉，顶棚打开，结果一天之内就被人偷走了。而摆在中产阶级社区的那一辆，过了一个星期还安然无恙。后来，詹巴斗用锤子把这辆车的玻璃敲了一个大洞，结果，仅仅过了几个小时，它就不见了。

后来，政治学家威尔逊和犯罪学家凯琳根据这项实验，提出了著名的“破窗理论”。这一理论认为：如果有人打坏了一个建筑物的窗户玻璃，而这扇窗户又未得到及时维修，别人就可能受到暗示性的纵容去打烂更多的窗户玻璃。久而久之，这些破窗户就会给人造成一种无序的感觉。那么，在这种无序的氛围中，公众会变得麻木不仁，社会不良现象就会滋生、蔓延。

“破窗理论”告诉我们：环境具有强烈的暗示性和诱导性；一面墙，如果出现一些涂鸦没有清洗掉，很快地，墙上就会布满乱七八糟、不堪入目的东西；城市街口转角处若有一包垃圾在地上，那么不出几个小时，那个地方就可能堆起一堆垃圾。一个很干净的地方，人会不好意思丢垃圾，但是一旦地上有垃圾出现之后，人就会毫不犹豫地抛垃圾而丝毫不觉羞愧。因此，必须修好“第一扇被打碎的窗户玻璃”，必须拿走“第一包被丢弃的垃圾”。

犯罪其实就是失序的结果。纽约市在20世纪80年代的时候，治安状况很差，刑事案件频发，大白天走在马路上也会害怕，更不用说在地铁里了。地铁车厢脏乱差，到处涂满了污言秽语，坐在地铁车厢里，人人没有安全感。1993年，鲁道夫·朱利亚尼（Rudolph Giuliani）当选新一届纽约市市长。他上任后开始实施基于“破窗理论”的治安政策。在与犯罪现象作斗争的时候，“破窗理论”被引申为逮捕更多有较轻违法行为的人，如地铁中翻越栏杆的逃票者、公共场所乱涂乱画者、故意破坏公共艺术品者、恶意乞讨者。抓获这些妄想进行犯罪活动的潜在嫌疑分子，不仅是为了搞好城市公共秩序，提高公共生活质量，更是为了预防破窗效应，创造一个安全的环境。

纽约市首先从维护地铁乘车秩序入手，将逃票者铐上手铐，让他们排成一列站在月台上，公开向民众宣示政府整顿治安的决心。后来发现，结果非常有效。警察还发现抓逃票者可能带来其他收获，因为统计数据告诉他们，每七名逃票的人中就会有一名是通缉犯，每二十名中就有一名非法携带武器者。因此警察很愿意，也很认真地去抓逃票者，这使得罪犯不敢逃票，出门不敢带武器，以免得不偿失、因小失大。如此，纽约市就从最小、最容易的地方着手创造安全环境，从而使犯罪的恶性循环无法继续。

警方的强硬措施也导致了许多争议。那些坚持公民自由和维护个人权利的人以及一些少数派集团的代表抱怨说，朱利亚尼的治安政策给予警察太大的权力，忽视了对个人权利的尊重，从而创造出一种氛围，使警察变得更为粗暴。

尽管颇多非议，但基于“破窗理论”的治安政策使得纽约这个一度以全国犯罪率最高闻名的城市改变了形象，成为美国相对安全的大都市。在朱利亚尼强硬措施实施五年后，纽约市的犯罪率整体下降了50%，谋杀案减少70%，这个成绩是前所未有的。

8.6.10 逆反心理

苏联心理学家普拉图诺夫在《趣味心理学》一书的前言中，特意提醒读者请勿先阅读第八章第五节的故事。大多数读者却采取了与其告诫完全相反的态度，首先翻看了第八章的内容。

我国心理学工作者做过这样一个实验：他们在组织学生观看一部反响不错的影片之前，实验人员进行了不同的指导，对第一班学生，实验人员就影片作了客观的评价；对第二班学生则对影片作了过高的评价。结果，观看影片后第二班学生中评价影片“差”的人数远远大于第一班。

在现实生活中我们也会发现一些类似现象：如一位病人对医生吩咐道：“我患的是肠易激惹综合征（又称肠神经官能症），请为我开些谷维素和复方苯乙哌啶，也叫氰苯哌酯。”尽管医生也持同样的看法，但找了些托词，最后仅开了一些较为平常的药物如黄连素、胃舒平等。再如，一位棋手本来拟定了下一步棋的走法，但由于旁观者的相同提示（特别是非权威者的权威口吻），则会使他故意走出不同的棋路。

一些心理学家在说服性信息的传递研究中发现了一种不同寻常的现象，即受信者的态度变化与说服方向完全相反，他们对说服性信息进行积极的心理反抗。这种现象后来被人们习惯地称为逆反心理。比如，一个人受到外界施加的压力，迫使或禁止其去做某件事，所得到的反应会有所不同，一种是心悦诚服，自觉接受；另一种是表面照办而内心反对；第三种是不考虑外界压力，我行我素；第四种则是反其道而行之，“越不让我这样做，我就偏偏这样做”或“越让我这样做，我偏偏不这样做”。这最后一种现象就是逆反心理的典型表现。对逆反心理的研究自20世纪60年代以来越来越受到学者们的关注，逐渐成为态度变化研究的焦点。随之出现的一些心理反抗理论，都是把受信者在接受说服性信息之前的心理准备作为前提，考虑不同的心理准备对一定的说服性信息传递所产生的不同心理反应及其态度变化。换句话讲，受信者在接受说服性信息之前，都有自己对问题的固有看法及其选择倾向，如果说服性宣传与受信者的观点相反，或者剥夺受信者信息选择的权利，就会激起他的不满情绪，使其产生抗拒性心理反应。在态度引导中，引导者的自以为是、一面之词、好为人师、咄咄逼人等均能触动对象的自主地位，导致逆反。阿伦森认为，说服性宣传如果劝诱性太显眼或过于强烈，则可能被认为是侵犯了一个人的选择自由，从而会激发这个人对此类信息的抗拒心理，甚至反其道而行之。

毫无疑问，分析逆反心理对政策执行意义重大。政策执行成本的高低与社会逆反心理有着直接的关系，尤其对管制性政策而言，如果都是“不禁不为、愈禁愈为”，那么还谈何执行？政府出台政策规定是要人们服从和遵守的，比如北京市节日期间限放鞭炮、机动车尾号限行、禁止酒后驾车等政策，服从和遵守的情况好，执行成本就低，政策效率就高。为了提高政策效率，减少执行成本，必须认真研究逆反心理，搞好政策宣传，提高政策的服从性。

逆反现象及其心理效益

1. 罗密欧与朱丽叶效应

莎士比亚的名剧《罗密欧与朱丽叶》描写了罗密欧与朱丽叶的爱情悲剧，他们相爱了，但由于两家是世仇，他们的感情得不到家里其他成员的认可，双方的家长百般阻挠。然而，他们的感情并没有因为家长的干涉而有丝毫的减弱，反而更加深爱对方，最终双双殉情而死。

在现实生活中，也常常见到这种现象，越是干涉，越是反抗，干涉越多，反抗越激烈，这种现象被心理学家称为"罗密欧与朱丽叶效应"。

为什么会出现这种现象呢？主要是因为每个人都有自主的需要，都希望自己能够独立，而不愿意自己被人控制，一旦有人越俎代庖，代替自己作出选择，并将这种选择强加于自己时，就会感到自己的自主权受到威胁，从而产生一种心理抗拒，排斥自己被迫选择的事物，同时更加喜欢自己被迫失去的事物，正是这种心理机制导致了罗密欧与朱丽叶的悲剧一代代重复上演。

2. 禁果效应

普希金在《叶甫盖尼·奥涅金》里写道：

> 呵，世俗的人！你们就像
> 你们原始的妈妈——夏娃
> 凡是到手的，你们就不喜欢
> 只有蛇的遥远的呼唤
> 和神秘的树，使你们向往
> 去吧，去吃那一颗禁果——
> 不然的话，天堂也不是天堂

与亚当和夏娃偷吃苹果的传说相似：古希腊神话中，宙斯的侍女潘多拉由于宙斯的禁止，反而产生了不可遏止的欲望，终于不顾一切地打开了魔盒。谁知盒子里装的都是人世间的邪恶——贪婪、虚伪、诽谤、嫉妒、痛苦等。心理学把这种"不禁不为、愈禁愈为"的现象，叫"禁果效应"或"潘多拉效应"。

潘多拉效应告诉我们：越是禁止的，往往越容易使人产生好奇并引起探究欲望，正所谓"禁果分外甜"。而且，要求人们做什么或不做什么，必须有相对充分的理由。倘若宙斯给潘多拉盒子时，告诉她盒子里装的是人类的罪恶，想必潘多拉是不会打开盒子的，反之，倘若不加令人信服的说明和解释，或说明和解释不能为人们所领会，只是简单地"禁止"，那么，禁止的结果必然引起人们各种各样的疑虑、揣度、假设、猜测，并为探究为什么不许做而跨越禁区。结果人们偏偏要犯禁。如果苹果树上挂着一块牌子："'苹果不能吃，因为喷有毒药！'有谁还会产生尝一尝的愿望呢？"

3. 超限效应

一般认为，反复是增强引导效果的有效手段。但机械地、无间隔地反复却容易导致相反的效果。米勒（F. Miller）的研究证实了这一点。他把广告画贴在大学生宿舍公共场所的墙上，每隔15英尺贴一张，共贴30张，贴两天，这是中等次数；在过量次数条件下，贴170张，贴三天以上，结果表明：中等次数增加了对广告画内容的喜欢，过量次数却相反。这一现象被称为“超限效应”。诱发超限效应的原因除了机械地反复外，也与引导内容的容量有关。

美国著名作家马克·吐温讲过一件事。有一次某个人在教堂听牧师演讲，最初，他觉得牧师讲得很好，使人感动，准备捐款。过了10分钟，牧师还没有讲完，他感到有些不耐烦，决定只捐一些零钱。又过了10分钟，牧师还没有讲完，这个人有些不满，于是他决定，1分钱也不捐。到牧师终于结束了冗长的演讲，开始募捐时，他由于气愤，不仅未捐钱，还从盘子里偷了两元钱。

超限逆反是一种生理—心理的自卫本能。同样的刺激物在强度过大，刺激时间过长时容易引起对象反应性质的变化。如个体对一首乐曲本来抱肯定的积极的态度，但因播放的音量过大或播放的时间过长，对象也会转而形成消极的否定态度。古希腊哲学家德谟克利特认为：“当过度的时候，人最适意的东西也会变成最不适意的东西。”换句话说，就是过犹不及，物极必反。

8.6.11 去“积”之弊

如今在一些地方、一些部门，时兴的是让问题堆积下去，等堆积成“大事”，时机“成熟”，便集中力量大张旗鼓办之。比如城市违章建筑，谁爱建就建，等到星罗棋布于大街小巷，七八个职能部门一齐上阵，推土机、挖掘机轰轰开来，集中拆除。销售假冒伪劣，谁敢卖就卖，直到民间怨声载道，再搜来假劣产品堆一堆，一把大火烧光。还有集中打击盗版光碟、集中清理卫生死角、集中整治注水肉、集中清理无证养狗，甚至还有集中“打拐”、集中侦破大案要案、集中清理超期羁押，无不贯穿“运动”式思维和“集中”式办理的方法。

企业拖欠民工工资是多年的老毛病了，有关部门平时对民工投诉是不会太认真的，企业不欠白不欠，但是欠薪规模达到上千亿元了，就是一件大事，正好运用“集中”的方法。当然还需要契机，三峡有位农妇把问题投诉到总理那里去了，出了地方领导的“洋相”，这成为一个政治信号，于是各地闻风而动，纷纷出台清欠“硬措施”，而且雷厉风行。据媒体报道，某地当天召开兑现民工工资大会，一次性兑付民工工资12亿元，当地建委负责人表示，春节前建筑业清欠要达到百分之百。既然现在说清欠就可以清欠，那以前干吗不动手？许多时候不是没有政策，而是有了政策不能及时执行。

问题开始时当然是不大的，故而是难被重视的，无论假冒伪劣还是企业欠薪，大家都有些视而不见，充耳不闻。待到问题积累成堆，小事变大，就像寿星头上那团赘肉使寿星觉得过于沉重，有关部门就着急起来，必欲除之而后快。除掉头上赘肉后，大家又开始心不在焉，岂知赘肉很可能重新生长，那也只能等到赘肉足够沉重之后，再次一刀割除。如此循环往复，成为一个周期性过程，形成对一刀割除的“路径依赖”。

在生活中，单身汉是喜欢积累问题的，未洗的衣服堆满一屋，连床底下都塞满了臭袜子。反正孤家寡人一个，既没有父母约束，也没有妻儿实施“群众监督”，不必对任何人负责，想怎么搞就怎么搞。这是一种拖延战术，单身汉借此逃避每天的责任，腾出时间东游西逛，图个清闲自在。到了万不得已之时，就来一次“大扫除”，这个周期，可能长达几周甚至一个多月。

有些职能部门跟单身汉半斤八两，民众想解决问题，就得等待问题堆积如山，就得等待时机“成熟”。在此之前，老百姓可以心急火燎，但能奈我何？政府目标管理里头根本没有这一项，管了也等于白管。即使选择听之任之，上面也不会认为你做事少。少惹事端不说，而且节约时间和精力。本来可用洗衣粉洗掉的污渍，本来有法可依、有章可循的事，拖得时过境迁，污渍成了洗衣粉洗不掉的污渍，问题演变成制度失效或缺失的问题。

富兰克林说过：“今天的事不要拖到明天。”但总有一些人，今天的事最好拖到明天，拖成媒体、学界、法院、政府各部门大家的事，责任摊入千百家。平时做事的，无人喝彩，甚至出了事还会招惹麻烦；平时不做事的，却很会“集中”精力忙“大事”，风风火火，场面壮观，口号震天，动静巨大。平时做事的可能会被淘汰出局，平时不做事的关键时刻来精神，锦绣前程似指日可待。这种行为惯性可能会带来很大的问题。①

本章小结

本章主要阐述政策执行的含义、特点、条件与作用，讨论了政策执行的基本过程与手段，解释了政策执行的基本策略。通过本章的学习，应理解政策执行的重要意义，熟悉政策执行的工作内容，思考政策执行中可能会出现的问题，并能够理论联系实际，结合我国具体政策实践解释政策执行策略的实际应用。

关键术语

政策资源　互补效应　政策整合　执法圈套　诱惑取证　阶梯效应　破窗理论　逆反心理

复习思考题

1. 什么是政策执行？行动学派和组织理论学派的观点有何不同？
2. 理论联系实际说明政策执行的基本特征。
3. 政策执行的作用表现在哪些方面？
4. 政策资源包括哪些内容？

---

① 参见杨于泽：《积之为弊》，载《南方周末》，2003-12-25。

5. 政策执行有哪些手段?
6. 对政策执行人员有哪些素质要求?
7. 举例说明逆反心理对政策执行的影响。
8. 举例说明沟通媒介的选择对政策执行的影响。

第 9 章

政策评估

政策评估被认为是政策分析的一个重要环节。一般而言，政策评估针对的是政策结果的评估，通过政策评估，人们得以判断政策目标的实现程度，政策措施的直接后果，没有这项政策可能出现的情况，政策的成本与收益，谁是真正的受益者，政策执行的实际障碍，谁是麻烦制造者，以及政策过程的经验教训等。因此，政策评估能够决定政策后期的基本走向。一项政策到底应该继续执行还是需要进行修正？到底应该大修大改还是需要进行局部微调？到底应该完全废止还是需要部分替代？这些问题都需要通过政策评估加以解决。

下列问题都可能涉及政策评估，我们不妨先从这些具体事例中了解一下：什么是政策评估？为什么要进行政策评估？

"新交法"修正案

近些年来，修改新《道路交通安全法》（简称"新交法"）第七十六条"机动车与非机动车驾驶人、行人之间发生交通事故的，由机动车一方承担责任"的立法建言一直未曾中断，尽管朝令夕改是立法之大忌，但立法机关在强大的舆论压力下，显然已无法漠视从不同渠道提交上来的批评和建议。在"新交法"施行仅三年之际，第一份修正案已不得不提交审议。在十届人大常委会第 30 次会议上，"新交法"修正案草案直指争议重重的第七十六条。对机动车撞人的责任额度，修正案草案规定，非机动车驾驶人、行人一方负全部责任的，机动车一方承担不超过 10%的赔偿责任。可以预料的是，这一修正案草案在审议过程中还将引发更激烈的争议。多元观点的充分表达，立法博弈的日益深入都将直接考量立法者的立法智慧。从法律层面看"新交法"修正案草案，无非涉及两个主要问题。一是"新交法”第七十六条该不该修改？二是该不该像修正案草案这样修改？就第一个问题而言，对贯穿“新交法”始终的“以人为本”的理念我们理应肯定。事实上，公众对“行人路权优先于车辆路权”这一立法理念并不缺少共识。但“以人为本”并不能简单地理解成“以行人为本”，如果“一边倒”地对行人和非机动车驾驶人实施绝对的法律保障，而无视机动车驾驶者和机动车乘车人的“人权”，就不能称之为完整的“以人为本”。“新交法”基于《民法通则》第一百零六条确立的“无过错责任”原则，明确机动车一方应对机动车撞人承担责任，本是立法题中应有之义。然而，机动车一方对撞人担责并不等于担全责。对于有过错的行人，也应承担与其过错相对应的责任，尤其是与其故意违法行为相对应的责任。否则，因行人的违章、违法而被破坏的法律秩序就无法维系，公平原则就无法彰显。

城市黑车治理

黑车问题是城市管理的一大顽疾，老百姓反映强烈，可往往屡禁不止，令管理部门头痛不已。黑车的存在不仅破坏了正常的市场秩序，损害到合法经营者的正当权益，而且脱离正常的管理体系，危及乘客的生命财产安全，更为严重的是，还可能成为滋生一些违法犯罪现象的温床，给社会治安带来隐患。为治理黑车，各地管理部门可谓绞尽了脑汁。从目前情况看，他们往往更多采用习惯性的“运动式执法”形式，一时之间“集中治理”、“专项打击”、“利剑行动”、“暴风战役”、“脉冲行动”等词汇常常见诸报端。从公共政策角度来看，该不该做是目标问题，能不能做是手段问题。对黑车治理而言，似乎不存在该不该的问题，但确实存在能不能的问题。“运动式执法”往往要求执法部门在短时间内集中优势人力、物力等资源，对社会一些不法现象形成一种“拳头”攻势。这种执法形式，往往要付出高昂的社会成本，但长期效果却非常有限。公共政策的目标是为公共利益服务，为了这一目标，管理部门可否考虑放弃点习惯，改变点观念，放下点架子，牺牲点面子。有些问题很值得大家进行思考：黑车司机多为进城的农民和下岗的工人，存在着个人和家庭的生计问题，不设法解决这方面的问题，而只是一味关注黑车的销毁，到底对公共利益有利还是不利?“和为贵”是公共政策的基本理念，罚款、拘留只是手段而不是目标，在一部分人的生计问题与城市秩序发生冲突的情况下，是否更需要考虑一些缓和的治理措施，以减少激烈的对抗？法治是一种常态，而不是一种冲锋，“运动式执法”往往把执法异化为临时政策，有悖于长久生效的法律原则，这种临时性、动态性和反复性的特点其实并不符合法治的精神。

效率与公平的博弈：“海归”优先购买限价房让穷人很受伤

2009 年 3 月 30 日在全国首个限价房保利西子湾全面竣工交付的新闻发布会上，广州市国土房管局市场处处长陈大旺表示，2009 年限价房销售对象标准会调整，将放宽原来限定销售对象的四大条件，并增加城市拆迁户和“海归”人士可优先购买限价房等条件。

如此提法，引发很大争议。我国“两限房”政策出台的目的“是为了稳定房价、满足中低收入群体的购房需求，带有一定住房保障色彩”。之所以拟定政策让“海归”优先购买限价房，恐怕并非出自于民生层面，而是基于吸引人才的考虑。出台“鸠占鹊巢”的优惠政策，只会让穷人很受伤，同时也让限价房的政策失去了应有的意义。

关于经适房政策的思考

经济适用房政策自实施以来饱受非议。然而，一项政策是否应该结束，何时结束，主要取决于该政策所要解决的问题是否还存在，以及替代措施是否能行得通。如果问题还存在，甚至还很严重，而且，替代措施比现有的解决办法更不可行，那么，毫无疑问，该政策就得继续执行下去，充其量，是对过去执行过程中的“走样”进行纠偏，而不是从根本上否定它。以此来看，我国的经济适用房政策，它远未到需要结束使命的时候，因为它所要解决的中等偏下收入家庭的住房困难问题并没有完全得到解决。

北京“五日制限行”规定

这项措施规定自2008年10月11日至2009年4月10日止，北京行政区域内私人用车按车牌尾号每周停驶一天（法定节假日和公休日除外）。限行范围为五环路以内道路（含五环路），限行时间为6时至21时。粗略计算，私家车每周少开一天，每月大概少开四天，六个月少开约26天，这是当初购车的消费者绝没有估计到的。“五日制限行”至2009年4月10日完成第一周期，有关部门评估了相关限行效果，包括道路通畅情况、空气改善情况、民意支持程度等，有关结论已正式向社会公布。自然，上路的车少了不少，道路拥堵状况会得到一些缓解；尾气排放量减少了，空气情况也会有所好转。这些都是明摆着的事，似乎用不着花那么大精力去收集这些数据。至于民意支持程度，特别是有车人士的态度，官方的说法与民间的认识存在很大悬殊，引起公众严重质疑，如此评估结果对政策的服从性会构成很大障碍。

9.1 政策评估的含义

9.1.1 什么是政策评估

由于人类认识活动的局限性和政策活动本身所具有的复杂性，那种无跟踪、无反馈、一劳永逸的政策已经不可能再为公众所接受。任何一项政策，在执行的过程中，都可能有违原先政策制定的初衷，出现这样或那样的问题，或者是由于政策的不完善，政策本身就成为了问题。因而，如果不对政策执行信息进行及时反馈和有效评估，就可能使预想中具有可行性的政策达不到预期效果。

通过政策评估，人们不仅能够对某一政策本身的价值作出判定，从而决定这项政策的持续、发展、调整或终结，而且能够对政策过程的不同阶段进行考察和分析，总结经验，吸取教训，为今后的政策实践提供参考和借鉴。因此，政策评估作为政策过程的一个重要环节，对提高政策制定水平和政策执行质量都有积极的影响。

所谓评估，就是估量和评价的意思。通常是指根据一定的标准对事物作出优劣判断。评估活动的历史由来已久，但现代意义上的政策评估历史却并不是很长，它从一开始就存在两个层面即价值判断层面和技术分析层面的分野。在相当长的一段时间里，政策评估在主流领域，一直是倾向于事实层面的技术分析。主张应用实证技术方法测定政策目标与政策效果之间的对应关系，在这一理念的指导下，政策评估主要侧重于效率、效能、效益这类问题，更多地依赖于量化分析的方法，从而忽视了对政策本身价值的评判和伦理的考量。从 20 世纪 70 年代开始，一些学者提出，如果在政策评估中不首先搞清楚合理性、公正性、正当性、社会性等关键问题，而只是从量化分析角度进行分析，无异于本末倒置。

怎样定义政策评估，学术界大致有四种观点：第一种观点认为，政策评估是针对政策方案进行的评估，评估的焦点集中在政策的预期结果，即人们通常说的前评估；第二种观点认为，政策评估是针对政策环节的评估，主要侧重于政策内容的阶段性分析，即人们通常说的阶段性评估；第三种观点认为，政策评估是对政策全过程的评估，是贯穿于整个政策过程（政策项目形成到实施的整个过程）的功能性活动，即人们通常说的过程评估；第四种观点认为，政策评估是针对政策实际效果进行的评估，是发生在政策执行中的活动，即人们通常说的后评估。

在以上四种观点中，后评估的概念更具有代表性。多数学者认为，政策评估需以政策效果为核心，其宗旨是确定某一既定政策是否已经做了或者在多大程度和范围内做了它本打算去做的事情。实际上这就是要求对政策的实施效果进行分析和判断。托马斯·戴伊认为，政策评估不同于政策分析，它不涉及政策内容的描述，也不涉及政策原因的解释，而只是对政策结果及其影响的探究。①

政策评估所要回答的基本问题包括：政策实施后，政策是否达到了预期目标？是基本达到还是完全达到？其程度和范围如何？对社会生活带来哪些影响？是观念方面的影响还是行为方面的影响？是正面的影响还是负面的影响？政策投入（包括直接成本与间接成本）与政策产出（包括直接效果和间接效果）如何？政策的风险和政策的收益怎样？政策的未来走向如何？是持续还是调整？如要调整，是微调还是大动？是废止还是替代？等等。

归纳一下，所谓政策评估，就是依据一定的价值标准和事实标准，通过一定的程序和步骤，对政策实施中的价值因素和事实因素进行分析，目的在于利用这些政策相关信息，对政策结果和政策未来走向作出基本的判断。政策评估是决定政策变化、政策终结的基础依据。说得再具体一些，政策评估就是把政策视为自变量，而政策对社会产生的政治、经

① Thomas R. Dye，*Understanding Public Policy*，Twelfth Edition，Upper Saddle River，N. J.，Prentice Hall，2008，p. 5.

济、文化影响就变成了因变量。①

政策输出与政策影响

政府真的了解自己在干什么吗？一般来说，答案并不十分肯定。托马斯·戴伊指出：

政府通常能够了解他们到底消耗了多少资金；为多少人提供了各式各样的服务；这类项目是如何组织、管理和运作的；政府也大概知道一些有影响力的利益集团是如何看待他们的项目和服务的。但是即使这些政策得到了充足的资金支持，良好的组织管理，高效的运作机制，广泛的实际应用，并且获得主要利益集团的普遍支持，人们仍然会问："那又怎么样呢？这些政策真正发挥作用了吗？这些项目给社会带来有利影响了吗？这些影响会即刻产生，还是需要经过一段时间才会出现？是正面的影响还是负面的影响？项目的成本和社会收益之间的关系是怎样的？我们可否利用花费在这些项目上的资金和人力、物力去做其他对社会有益的事情？"非常不幸的是，政府几乎很少回答这些非常重要的问题。②

政策评估并非政策方案预设目标的评估，预设的目标存在很多不确定性，不能将政策评估仅局限于政策目标的实现方面。政策评估关注的是公共政策的所有后果，即政策影响。政策影响与政策输出不同，评估政策影响时不能仅仅满足于衡量政府的行为，比如，只知道人均教育支出和人均医疗支出，并不能对一项政策对目标群体的影响作出客观的评估。托马斯·戴伊指出："许多政府机构用大量的统计来衡量产出，比如已支付的福利款项、逮捕罪犯的起诉数量、医疗保险的支出、学校的招生人数等。但这种方式说明不了贫穷、犯罪、健康或教育的状况。我们不能仅满足于计算一只乌鸦扇动了多少次翅膀，而要考虑这只乌鸦到底飞行了多远。"输出这一概念使人们集中关注物质层面的内容，比如税收总量、建设高速公路的长度、实行的限价协定、交通罚款额或承担的外国援助项目等。一般来说，输出比较容易进行计算、加总与统计分析。检查输出可以表明，或似乎表明，为执行某一政策，许多事情正在进行或已经完成。然而，评估不是数豆子的游戏，不可如此"斤斤计较"。可是在立法者、利益集团以及其他方面要求结果的压力下，政府部门往往会聚焦于政策输出而不是政策影响，以求能够制造出发展幻象的统计数据。如果某一州的大学毕业生人数占全州人数的百分比上升了，这是否能告诉我们这些大学生所受教育的质量如何呢？

当然，强调政策影响并不是要否定政策输出，只是为了区分两者的不同。在描述一个政策甚至解释一个政策的时候，衡量政策输出同样是非常重要的。然而，政策输出是政府部门追求政策决定与政策声明而实际做的事情，是工作总结需要关注的内容，而政策评估的焦点则主要在政策影响上。

---

① Thomas R. Dye, *Understanding Public Policy*, Twelfth Edition, Upper Saddle River, N. J., Prentice Hall, 2008, p. 5.

② *Ibid.*, p. 331.

9.1.2　政策评估的基本内容

一般来说，评估政策影响需要重点关注如下内容：

1. 对目标群体产生的影响

所谓目标群体是指政策试图影响的那部分人，比如无家可归者、精神病患者、低收入家庭、学龄儿童、退伍老兵等，政策评估需要考虑的问题是：政策对目标群体产生的预期影响，比如，如果是一个反贫困计划，其目标是为了增加他们的就业机会（提高就业率），还是为了改善他们的身体条件和生存状况；是为了增加他们的收入（提高工资水平），还是为了改变他们的态度和行为。如果预期产生多重效果，把上述内容都视为目标，那么就需要考虑优先次序。此外，政策可能产生预期的结果，也可能产生非预期的结果。有些是人们乐意看到的（正面影响），有些则是人们不乐意看到的（负面影响）。

旨在提高农民收入水平的农产品补贴计划同样能够导致被补贴产品的过量生产；某一福利计划确实改变了受益群体的收入状况，但却削弱了他们就业的主动性；廉租房计划可以有效改善穷人的居住状况，但可能会产生由穷富隔离引发的问题。

2. 对目标群体以外的群体产生的影响

一项政策不仅会对目标群体产生影响，而且还会对一些非目标群体产生影响。这种影响被称为第三方影响（third-party effects）或溢出效应。因为它通常会增加第三方的收益或成本。比如，廉租房等公共住宅项目不仅惠及低收入阶层，而且会给建筑企业带来收益；公共教育计划不仅培养了学生，而且还为公司培训了能干的员工，向社区输送了高素质的居民；污染控制计划会增加许多工厂的成本，但却为污染控制设备的生产厂商带来了实惠。当然，非目标性效果可以表现为收益，也可以表现为成本，可以是积极的效果，也可以是消极的效果。森林的砍伐对木材公司有利，而且符合那些把森林视为农场的人的观点，但会得罪环保主义者、热爱大自然的人和野外运动爱好者。因为森林的砍伐会导致野生动植物生存环境遭到破坏，使大自然失去美感。

3. 对近期以及未来产生的影响

有时候政策方案的设计只是为了应急（应对突发情况或紧急事件），并没有长期的考虑，比如，2008年8月北京奥运会期间的机动车单双号限行政策，2010年11月广州市为亚运会推出的免费乘坐地铁、公交和过江轮渡的优惠政策。还有时候，政策方案的设计不关注眼前而在乎长远，比如，中国核电发展计划和航天发展计划。

研究表明，一些新的或带有创新性的政策非常吸引人们的眼球，通常会产生短期的正面效果。但当方案的新颖性消失，人们的热情衰退后，正面效果就不见了。与之相反，有些政策起初举步维艰，遇到很大困难，但坚持下来就产生了意想不到的正面效果，比如医疗保险制度的建立、住房改革政策的推出等。

4. 直接成本

“天下没有免费的午餐”，这是经济学家常挂在嘴边的话。它提醒我们，做事一定要考虑成本。成本的表现形式多种多样，而直接成本则是政策评估首先需要考虑的问题。所谓直接成本是指方案实施过程中直接消耗的资源，包括人、财、物等方面。相对来说，直接成本比较容易计算，预算文件可以提供准确的数据。如果政府的某项开支服务于多个项目，那成本的核算就会复杂一些。

5. 间接成本

政策除了有直接成本还有间接成本。达到煤矿安全生产要求所需要的花费可能会导致煤矿产量的下降，环境保护提出的标准可能会导致工厂的产品价格提高。间接成本有的是有形的，有的是无形的。当一个人的家乡因修建水坝而被淹没时，精神上的损失（心理的痛苦）会由此产生。尽管经济补偿可以支付房屋的损失，但老屋被淹没在30多米的水下，再想回去是不可能了，这种精神损失怎样弥补呢？间接成本常常涉及社会和心理方面，这些无形的东西往往无法进行测算，要给它们挂上一个价格的标签实在不是件容易的事情。

6. 机会成本

评估不仅关注直接成本和间接成本，还要关注机会成本。所谓机会成本是指用于某一项目的资源（如修建防洪设施）不能用于另一项目（如建筑公共住房）。机会成本所关注的问题是资源被用于某一目的而非其他目的时，人们不得不放弃的东西。或者在作出选择时，放弃那些本能够得到的东西。比如有一大片空地，可卖可租，把它卖出去可以赚五万元，但也可以把它租给别人建停车场，每月收取租金。如果把它租出去的话，在租用期就不能再卖了，那卖地的五万元就是租地的机会成本。反之，真把它卖掉的话，所有权就换人了，就不能再做主租给别人了，每月收取的租金就是卖地的机会成本。政策评估必须考虑这样一些问题。

7. 物质性影响与符号性影响

政策影响可能是物质的（有形的），看得见、摸得着，实实在在；也可能是符号的，看不见、摸不着，朦朦胧胧。政策的符号性影响主要包括："领导人物对社会价值的肯定，国旗、军旗和军队的展示，各种军事仪式，高级官员的出访和来访，政治领导人的意图和重要的政策声明等。"① 其作用在于激发大众的信念、态度和激情。政策的符号性影响不会引起社会条件的实际变化。没有谁会为某位政府高官的一次关于国家荣誉的演讲或一次盛大的历史名人纪念活动而过得更好，但这类活动会使人们在意识形态或情感心理方面得到满足。有时候，一些看似满足物质需要的政策行动，在效果上却更多是符号性的。政策的符号性影响虽很重要却难以测量，有时候还真得需要一点政治的敏感和直觉。

政策评估把注意力更多集中在一些物质性影响方面，关注政府实际所采取的行动，采取行动的理由和产生的实际结果。尽管政策影响在象征性方面显得模糊和不可捉摸，但绝不可因此而忽视对它的评估。

9.1.3 政策评估的功能

政策评估多表现为政府行为，是一种政治性活动。从我国目前的政策制定和执行情况来看，"只讲耕耘，不问收获"的现象多有发生。许多事情并不是无法可依，关键的问题是政策交叉，规制泛滥。好像出台了一项政策，就完成了一项使命，至于政策实施效果如

① Gabriel A. Almond and G. Bingham Powell, *Comparative Politics: A Developmental Approach*, Boston, Little Brown, 1969, p. 199.

何，似乎并不是非常重要的问题。这样一种不负责任的态度固然与传统文化和体制因素有关，但缺乏对政策评估重要性的认识和对相关制度保障的思考也是重要的原因。

1. 政策评估的积极影响

政策评估的积极影响主要表现在以下几个方面：

（1）政策评估是检验政策效果的基本途径。一项政策在执行后究竟取得了怎样的效果，有时候并不是一目了然的，表面的观察与实际的状况可能存在很大误差，为了避免政策实施的盲目性，就有必要及时地对政策效果进行分析和判断。

（2）政策评估是决定政策未来走向的重要依据。政策走向一般分为三种：一是延续，二是调整，三是终结。无论采取哪种走向，都不能想当然，必须做到有理有据，而道理和依据的取得则依赖于对政策执行效果进行全面、系统的分析和科学、合理的评估。

（3）政策评估是合理配置政策资源的基础性工作。由于存在政策资源的有限性，所以必须明确各项政策要素的价值，确定资源投入的优先顺序和比例，以寻求有效的资源配置。政策评估的实施正是出于这样的目的。它一方面可以使决策者从整体和全局角度出发，使有限资源产生最大效益；另一方面可以防止因过多考虑局部利益所带来的资源过度投入。

（4）政策评估有利于促进政策的科学化进程。从某种角度看，公共政策担负着国家管理的重要职能。实践证明，随着社会条件的不断变化和政府活动的日益复杂，那种无跟踪、无反馈、金口玉言、一劳永逸的政策模式已经不可能再为公众所接受，要建立科学的政策模式就必须大力加强制度建设，完善政策程序，做好政策评估，提高政策质量。

（5）政策评估是缓解社会矛盾的有效途径。一项好的政策会得到人民群众的普遍拥护；一项不好的政策会引起人民群众的强烈不满；一项有缺陷的政策可能在解决一种问题的同时引发更多、更严重的问题；一项制定与执行有很大出入的政策（执行环节会出现一些意想不到的情况），不但不能解决问题反而可能越发激化矛盾。那么怎样确定政策的好与坏，利大于弊还是弊大于利，无疑需要通过政策评估加以区分。有效的政策评估能够决定政策的正确走向，对缓和社会矛盾具有十分重要的意义。

2. 政策评估的消极影响

评估不一定总会被用于那些值得赞赏的目的，有时候也会出现一些扭曲。正如卡罗尔·韦斯所说的那样："计划的决策者可能会利用评估来拖延决策；去证明已经作出的决策是正当的、合法的；通过推卸责任以摆脱今后可能引起的争论；维护这一计划在选民、资助者或公众眼中的形象；通过评估的形式满足政府的条件或基金会的认可。"① 评估主体的目的是多样的。有时会被自利动机所驱动，更多考虑个人、组织和党派的利益，置公共服务于脑后，从而对评估构成消极影响。总结一下，政策评估的消极影响主要表现在如下几个方面：

（1）以"实际情况复杂，政策不可能面面俱到，有待进行评估分析"为借口，推迟作出相关决定或采取任何行动。

（2）以评估为幌子，实际是想通过评估搜寻有利于自身的证据，以便推卸工作责任，为决策失误找到借口。

（3）利用评估炫耀政绩，把评估作为为自己树碑立传的一种手段，导致应评估的内容

① 转引自詹姆斯·E·安德森：《公共政策制定》，299页。

轻描淡写，不应评估的内容大书特书。

（4）"钱字当头"，评估的目的就是为了更多地要钱，试图通过评估达到追加预算、增拨经费的目的。

（5）以主观选择替代客观标准，择其表而舍其实，以枝节的成绩掩盖整体的失误，以局部的亮点掩盖全局的不足。

（6）抓住一点，攻击全盘，以个别环节和枝节层面的不足对政策内容作出整体的否定。

9.2 政策评估的类型与要素

9.2.1 政策评估的类型

随着社会发展的不断变化和政府活动的日益复杂，公共政策无论在形式还是在内容方面均表现得越来越复杂。因此，政策评估的类型也呈现出多样化的特征。人们可以从不同的角度，依据不同的标准，对政策类型作出多种划分，不同的分类体现了不同的研究侧重。

从评估组织的活动形式看，政策评估可以分为非正式评估与正式评估；从评估机构的权力、地位角度看，政策评估可以分为内部评估和外部评估；从政策评估在政策过程中所处的阶段来看，政策评估可以分为前评估与后评估。

1. 非正式评估与正式评估

所谓非正式评估，就是指对评估者、评估形式和评估内容不作严格规定，对评估的最终结论也没有必须的要求，团体和个人可以根据自己本身所掌握的情况和信息，对政策的各个方面加以分析和评价。其具体表现形式有：领导者的公开视察和微服私访、平民百姓的街谈巷议和公开呼吁、媒体的宣传报道和相关建议等。所谓正式评估，就是指法定的评估者依据事先制定的评估方案，严格按照规定的程序要求，对政策效果所作的评估。正式评估有人员、经费和设施方面的保证，能够掌握较为充分的评估材料，评估条件和程序要求较为严格，是政策评估中最主要的形式。

2. 内部评估与外部评估

内部评估主要是指由公共部门，特别是政府部门内部的评估者对政策进行评估。它又可分为由具体执行人员自己实施的评估和由专职评估人员进行的评估两种形式。外部评估主要是指由公共部门，特别是政府部门以外的评估者对政策进行评估。它最主要的形式就是委托评估，被委托的对象可以是营利性或非营利性研究机构、学术团体、咨询机构、高等院校、著名专家等。

3. 前评估与后评估

前评估又称预评估，是政策制定过程中进行的、带有预测性质的政策评估。前评估的重要作用是将评估从单纯的事后检测变为了事前控制。它主要对两种情况作出预测：一是实施这项政策会有什么结果？二是不实施这项政策会有什么结果？后评估是指执行过程中的评估，它是政策评估的主导形式。政策在执行后，必然会对社会的方方面面构成这样或那样的影响，出现一些事前没有想到的形形色色的社会现象。后评估就是针对这些影响和政策实施中遇到的新情况，作出有效的分析和判断。

9.2.2 政策评估的要素

1. 评估主体

评估主体即政策评估者的主体构成，包括决策者和执行者，专业学术团体和研究机构，以及政策的目标群体等。

很多政策评估都是由非政府部门作出的。媒体、大学与研究中心、私人性质的研究机构、压力集团、公益组织等都会参与公共政策的评估，这些评估或多或少都会对政府官员产生影响，并向一般公众提供信息，公开政策的成功与失败，有时还会为一些不太受欢迎的政策进行辩解，并且偶尔也会为那些没有代表的群体充当代表，比如那些被困在管理不善的养老院里的老人或受到剥削压迫的、按季节流动的农场工人。

有人将非政府部门参与的政策评估命名为“政策评估产业”。这个产业主要有三个组成部分：大学、研究机构和媒体。

通过与政府部门签订一些合同的形式，很多大学里的学者积极从事政策评估活动。很多大学都有研究公共政策的研究生院和研究中心，它们有更强的“应用”导向和实践意愿，并乐于承担一些政策评估项目。大学学者的某些研究成果会刊登在一些刊物上或以评估报告的形式交给政府相关部门。但总体上看，大学的学者更热衷于在自己的学术领域作出理论上的贡献，而没有兴趣卷入时下的政策争论。

许多私人性质的研究组织，如布鲁金斯学会、城市研究所和美国企业协会等，会将大多数甚至全部的时间和精力都投入政策评估项目。与政府部门的研究机构相比，这类的研究组织的活动更具有独立性，对于政府部门的活动及其政策更具批判性。“当然，合同研究者经常面对遵循政府部门路线的压力，特别是在他们高度依赖某一个部门的情况下。”① 一些研究机构往往受托于政府部门进行政策评估，因而在评估经费、信息获取等评估条件方面具有一定优势。但这种优势也可能会转变为劣势，正是由于存在来自政府部门的种种牵扯，所以这些研究机构容易接受某种暗示，存在一些心理障碍，从而影响政策评估的质量。但无论如何，研究机构具备专业的理论知识和专门的技术方法，它们完全能够胜任政策评估工作，其评估结论往往能够引起政府部门的高度重视。

在新闻报道中，当涉及公共政策时，媒体倾向于关注公共政策的失误与政府行为的偏差。一些有关政策丑闻和行为出轨的报道更具有“新闻价值”。在实际生活中似乎存在这样一种假设，即认为这种类型的报道与那些有关成功计划或常规性政府行为的信息相比，能吸引更多的听众与读者。美国电视网有一档节目叫作“美国的骗局”，以此作为晚间新闻报道的一部分。其关注焦点是政府所犯的错误和一些倒霉的境遇。这种铺天盖地的报道

① James Fallows, *Breaking the News: How the Media Undermine American Democracy*, New York, Pantheon, 1996.

催生了一种“错误”的观点，即“政府什么都做不好”。但是，其积极的一面是，可以促使大众关注某些需要重新审视与纠正的问题。广播、电视和互联网的影响看似是无形的，但实际上它们在一定程度上关系着公共政策的成败。

除“政策评估产业”外，还有体制内运作模式，即政府官员与政府组织以多种方式进行政策评估。有些时候这些评估是严格和系统的，还有些时候则是偶然和零散的。在某些情况下政策评估是政策过程中的一个正式、规范的组成部分；而在另外一些情况下它又是非正式与非结构性的。一般来说，政府官员担任着政策活动的关键角色，能够比较全面、直接地掌握政策活动的第一手资料，获取政策实施效果的有关信息，具有信息特权或优势。但作为局中人，也会受到各种因素的牵扯，如固有观念、思维方式、部门利益、上级压力、心理因素等，从而影响评估的质量。进一步讲，政策评估是一项专业性和技术性很强的工作，需要评估者掌握相关的理论和方法，但遗憾的是，政府官员往往缺乏这方面的专业训练。

此外，政策目标群体是政策评估重要的信息来源，往往被视为准政策评估主体。政策目标群体的成员往往能够通过自己的亲身感受和彼此间的信息沟通，对政策执行效果作出具有针对性的评价。政策目标群体既是政策的受体，又是政策过程的参与主体，其与政策成败具有直接的利害关系。因此，他们能够根据自己和他人的切身体会，积极参与政策评估的活动，对政策作出比较客观的评价。并且，他们具有非常高的参与热情。重视听取目标群体成员的意见，也是建设政策民主化的有效途径。但这里还需要强调的是，目标群体中既有政策受益者，也有政策受损者，他们难免从自身利益角度对政策进行价值判断，可能会设法掩盖政策效果的一些缺陷，也可能设法夸大政策执行中的阴暗面，甚至可能采取极端态度，全盘否定有关政策。所以，在听取他们的意见时，一定要注意区分不同的情况。

2. 评估客体

评估客体是指政策评估的对象，即所要评估的具体政策，虽然在一项实际的政策评估活动中，评估对象是既定的，但这并不是说所有政策在任何时候都可以且有必要进行评估。评估应以有效性（有没有实际价值）、时间性（时机合适不合适）、必要性（有没有现实需要）和可行性（具不具备评估条件）为前提，具体问题具体分析，不能不加区别，一概而论。实际上，如果政策评估对评估对象不会产生任何影响，评估工作就是一种徒劳之举。

政策评估主要侧重对政策效果的分析。所谓政策效果是指在一定成本投入基础上的执行结果。由于政策资源存在有限性，所以任何政策的实施都必须考虑成本问题，不能为了取得理想的结果就不计成本，不惜代价。因此，评估对象的成本因素是评估过程中需要重点考虑的内容。当然，成本不仅包括与政策密切相关的直接成本，还包括政策实施的机会成本和其他间接成本。此外，由于政策内容与环境因素具有很强的互动性，所以评估政策也不能不考虑环境条件的发展变化。

3. 评估目标

评估目标即评估工作的出发点，就是设法回答“为什么要进行评估?”这样一个问题，并作出必要的解释。一般来说，评估目标能够决定政策评估的发展方向、基本内容和选择标准。评估目标主要涉及以下四个方面的内容：

（1）政治方面，即评估政策的执行是否会影响现有的分配状态，是否有利于社会的团结与稳定，是否会破坏原有的政治格局，是否有利于政权的巩固与发展，政策是否取得了合法性地位，是否得到了舆论界和社会公众的认可与支持，等等。

（2）行政方面，即评估某个或某些政府机构能否在政策执行中发挥其作用，是否具备这方面的能力，能否通过政策执行获得这样或那样的利益，能否有效克服组织管理方面存在的问题，等等。

（3）法律方面，即从政策合法性角度进行评估，重点关注执行程序是否存在问题。法治的原则是程序优先，政策执行如果不符合程序规定，即使效果再好，也不可行。

（4）方案方面，即评估政策方案的应用价值，是否达到了预期目标，是完全达到还是部分达到，政策的产出与投入是否合乎预期的要求，政策的实施是否对政策环境构成预期的影响，等等。

9.3 评估标准

评估标准的含义是，构成评估标准基础的明确陈述的价值观，它有以下六个主要类型：

1. 效益（effectiveness）

效益针对目标，主要是指某一政策能否实现所期望的结果，即结果是否有价值。效益与技术理性密切相关，常常用提供公共产品和公共服务的数量或它们的货币价值进行说明。如果核电站比太阳能装置产生更多的电量，前者会被认为更有效益，因为它产生了更多有价值的结果。效益所涉及的并非政策是否按原计划执行，而是要考查政策是否产生了预期的结果或影响。

2. 效率（efficiency）

效率是指为产生一定的效益所要付出的努力的数量。效率与经济理性同义，涉及效益与努力之间的关系，同样需要用货币成本计量。效率的计量方法有单位产品和服务的成本，如提供每加仑灌溉水的成本或每次医疗检查的成本；单位成本能提供的产品和服务的数量，如花费1美元可以提供10加仑灌溉水或花费100美元可做10次医疗检查。用最低的成本实现最大的效益的政策被称为最有效率的政策。

3. 充足性（adequacy）

充足性是指特定效益水平能够在多大程度上满足解决问题的要求，它主要涉及对问题产生构成影响的需要、价值和机会因素，它明确了对政策与其特有结果之间关系强度的价值期望，即在多大程度上解决了目标问题。虽然有的时候政策目标的设定，是为了全面解决问题，但由于各种因素的限制，政策执行后并未能充分地解决问题或满足预期需要，而只是部分地或一定程度上解决了问题。故以充足性为标准，亦可衡量这个程度的高低。充足性指标指向下列四类问题：

（1）第一类问题：涉及固定成本和变动效益。当被允许的最大预算开支形成固定成本时，其目标是在现有的资源范围内使效益最大化。对第一类问题作出反应称为等同—成本分析。大多数的充足性政策都是在实现目标最大化的同时，保持在固定成本限制范围内的政策。

（2）第二类问题：涉及变动成本和固定效益。当期望的结果固定不变时，目标就是使成本最小化。比如，如果公共交通设施要求每年至少为 50 万人提供服务，问题就在于区分公共汽车、轻轨和地铁哪类交通形式能以最小成本实现固定水平的效益。对第二类问题作出反应称为等同—效益分析。大多数的充足性政策都是以最低成本实现固定效益的政策。

（3）第三类问题：涉及变动成本和变动效益。因成本和效益均自由变动，所以对第三类问题作出反应称为变动—成本、变动—效益分析。大多数的充足性政策都是使效益与成本之比（效率）最大的政策。

（4）第四类问题：涉及固定成本和固定效益。不仅要求成本不能超出某一范围，而且受到实现预定效益的限制，因而问题解决起来比较困难。

上述四类问题中包含的对充足性的不同界定表明了成本和效益之间关系的复杂性。

4. 公正性（equity）

公正性是指效果与努力在社会不同群体间的分配，它与法律和社会理性密切相关。公正性的评估多涉及收入分配、教育机会和公共服务方面的政策。某一项政策或许完全符合效能、效率、充足性的评估标准，但因它造成或引起不公正的成本或效益分配，可能会被认为是一个失败的政策。比如，那些最需要的人没有得到与他们的人数相应的、成比例的服务；再如，最没有支付能力的人却要超比例地分担成本；还有，政策的最多受惠者或得益者并没有按比例支付其应该支付的成本。

当一个行动会影响到社会中两个或两个以上的人时，“公平分配”就成为决策者必须面对的问题。从个人和群体角度来看，满足某个人和某些人（或某个群体）的价值未必就是满足另一个人和另一些人（另一个群体）的价值，换句话讲，个人和群体有不同的价值观。所以，从社会角度来看，公共政策的目标不是使个别人或个别群体利益最大化，而是要使社会福利（或称社会成员总体满意度）最大化。那么如何才能做到这一点呢？答案可能需要通过以下方法去寻找。

（1）个人福利最大化。如果要想使每个人的福利都达到最大化，就需要在每个人的价值基础上进行单一的偏好排序，并使之具有传递性。而阿罗不可能性定理告诉我们，即使是在只有两个人和三种选择的情况下这也是不可能做到的。

阿罗不可能性定理（阿罗悖论）

在分析个体的选择时，经济学家假设每一个个体都是理性的且他们都能将可能选择的方案排列出偏好次序。特别是理性的选择需要个体对于可供选择的方案的偏好具有一致性和传递性。所谓一致性就是一个人选择了 A>B，那么他就不能同时选择 B>A。所谓传递性是指一个人偏好 A 超过偏好 B，同时他的偏好 B 超过偏好 C，那么他一定偏好 A 超过偏好 C。阿罗证明了社会选择[①]或者社会决策是非理性的，尤其是他证明了群体作出的决策不一定遵循传递性原理。

1951 年肯尼斯·J·阿罗[②]（Kenneth J. Arrow）在他的现在已经成为经济学经典著作的《社会选择与个人价值》一书中，采用数学的公理化方法对通行的投票选举方式能否保证产生合乎大多数人意愿的领导者或者说“将每个个体表达的先后次序综合成整个群体的偏好次序”进行了研究。结果，他得出了一个惊人的结论：绝大多数情况下是——不可能的！更准确的表达则是：当至少有三名候选人和两位选民时，不存在满足阿罗不可能性定理的选举规则。或者也可以说：随着候选人和选民的增加，“程序民主”必将越来越远离“实质民主”。

阿罗不可能性定理表明：假如有一个非常民主的群体，或者说是一个希望在民主基础上作出自己的所有决策的社会，对它来说，群体中每一个成员的要求都是同等重要的。一般地，对于最应该做的事情，群体的每一个成员都有自己的偏好。为了决策，就要建立一个公正而一致的程序，能把个体的偏好结合起来，达成某种共识。这就要进一步假设群体中的每一个成员都能够按自己的偏好对所需要的各种选择进行排序，对所有这些排序的汇聚就是群体的排序了。结论是根本不存在能够满足集体选择最低限度合理要求的加总程序。也就是说，除非在非常简化和非现实的情形中，否则不可能以任何符合逻辑的或有序的方式加总偏好。

阿罗不可能性定理源自孔多塞的“投票悖论”，早在 18 世纪法国思想家孔多塞就提出了著名的“投票悖论”：假设甲乙丙三人，面对 a、b、c 三个备选方案，偏好排序如下：

甲（a>b>c）

乙（b>c>a）

丙（c>a>b）

注：甲（a>b>c）代表——甲偏好 a 胜于 b，又偏好 b 胜于 c。

1. 若取方案“a”、“b”投票，那么按照偏好次序排列如下：

甲（a>b）

乙（b>a）

丙（a>b）

社会偏好次序为（a>b）

2. 若取方案“b”、“c”投票，那么按照偏好次序排列如下：

甲（b>c）

乙（b>c）

丙（c>b）

社会偏好次序为（b>c）

3. 若取方案“a”、“c”投票，那么按照偏好次序排列如下：

甲（a>c）

① 社会选择是与个人选择相对的概念，个人选择的中心是确定个人偏好，而社会选择理论的中心是确定社会偏好。在社会选择理论中，最著名的也是最受推崇的结论是“阿罗不可能性定理”，被认为是近数十年来数学应用于社会科学所取得的一项突出成果。

② 肯尼斯·J·阿罗：1972 年诺贝尔经济学奖获得者，美国经济学家。阿罗不可能性定理是指，如果众多的社会成员具有不同的偏好，而社会又有多种备选方案，那么在民主的制度下不可能得到令所有的人都满意的结果。

乙（c＞a）

丙（c＞a）

社会偏好次序为（c＞a）

于是我们得到三个社会偏好次序——（a＞b）、（b＞c）、（c＞a），其投票结果显示“社会偏好”有如下事实：社会偏好a胜于b、偏好b胜于c、偏好c胜于a。显而易见，这种所谓的“社会偏好次序”包含有内在的矛盾，即社会偏好a胜于c，而又认为a不如c，所以按照投票的大多数规则，不能得出合理的社会偏好次序。

这便是“循环投票之谜”。在循环投票的情况下，哪一个方案最终获得了通过，不是依据是否符合多数人的意愿，而是依据投票的程序。这样，如果操纵了投票的程序就操纵了投票结果。

阿罗以此为启迪，经过严格的数学证明，得出了一个惊人的结论：任何一种多数同意规则，都不可能万无一失地保证投票的结果符合大多数人的意愿。这就是著名的阿罗不可能性定理，又称“阿罗悖论”。即不可能存在一种社会选择机制，使个人偏好通过多数票规则转换为社会偏好。

（2）保障最低福利。在增加某些人福利的同时，应该设法保障境况变糟的那些人。这个方法的依据是帕累托标准。这个标准很少具有实用性，因为多数政策都需要通过使一些人受损（征税或限制）而使另一些人受益（提供服务与产品），但帕累托标准带有很大的启发性。政策在带给一部分人利益的同时虽然避免不了使另一些人受损，但使他们尽可能少受损却是可以做到的。

帕累托最优

1897年，意大利经济学家帕累托（Vilfredo Paredo）在研究资源配置时，提出了一个最优状态标准，人们简称为“帕累托最优（效率）”。其主要内容包括：在某种既定的资源配置状态中，任何改变都不可能使至少一个人的状况变好，而又不使任何人的状况变坏。否则，就不是帕累托最优，而是帕累托改进。所谓帕累托改进是指一种制度的改变中没有输家，且至少有一部分人能赢。帕累托改进是基于人们的既得利益而言，而不是人们正在试图取得的东西，因为后者是没有止境的。如果一种改进剥夺了一部分人的既得利益，不管是否能带来更大的整体利益或者是否有助于实现崇高的目标，都不是帕累托改进。帕累托改进是通过持续改善，不断提高效率，对各方都有利、使各方都同意的事情或制度安排。

例如，一条溪流终年不断，外来至此的人从溪流中取点水饮用，从正常供水的角度看对附近居民并无任何影响，那么，这种外来人员的取水饮用就是帕累托改进。再如，一辆有30个座位的客车，有序地一次性安排满载运行，即是帕累托安排。在没有满载之前，每增加一个乘客，即是一个帕累托改进。车辆达到30位乘客满载运行，即达到了帕累托最优。

帕累托最优是公平与效率的“理想王国”，帕累托改进则是达到“理想王国”的路径和方法。帕累托安排、帕累托改进、帕累托最优是人类进步和社会发展的不竭动力之一，存在和作用于社会的一切领域。

(3) 净福利最大化。试图用最终的收益补偿受损者，从而使社会净福利（总收益减去总成本）得到增加。这种方法的理论依据源于卡尔多（Nikolas Cardol）—希克斯（John R. Hicks）标准，即如果在效益上有净收益，并且获益者能够补偿受损者，那么这种社会状态就优于另一种状态。卡尔多—希克斯标准是传统成本—效益分析的基石。

卡尔多—希克斯标准

如果一种变革使受益者的所得足以补偿受损者的损失，这种变革就叫卡尔多—希克斯改进。如果一种状态下，已经没有卡尔多—希克斯改进的余地，那么这种状态就达到了卡尔多—希克斯效率。

与帕累托标准相比，卡尔多—希克斯标准的条件更宽。按照前者的标准，只要有任何一个人受损，整个社会变革就无法进行；但是按照后者的标准，如果能使整个社会的收益增大，变革也可以进行，无非是如何确定补偿方案的问题。所以，卡尔多—希克斯标准实际上是总财富最大化标准。换句话说，在一项变革中，我们主要考虑的是社会价值最大化和社会财富最大化，当然这里可能包含着一定的收入分配不公。比如，改变经济政策以后，可能使一方得利，另一方受损，但如果通过税收政策或价格政策，使那些得利者补偿受损者有余，那就不失为正当的经济政策，也就是说增加了福利。在长期的一系列政策改变之中，政策改变对于收入分配的影响是或然性的，这次是这些人受益，使另一些人受损，下次可能是这些人受损而使另一些人受益，结果相互抵消，而不是全社会所有人都受益。这种补偿标准在现代社会很有市场。

(4) 再分配福利最大化。试图使社会中特定群体实现再分配收益最大化。所谓特定群体是指残疾人群体、贫困群体、受种族歧视群体等社会底层群体。这种方法的理论依据是罗尔斯提出的差别原则，即如果一个社会能够使处于最不利地位的人得到最大可能的利益。那么这种社会状态就优于另一种状态。罗尔斯的观点为公正概念作了道德诠释。

罗尔斯的差别原则

一个家庭不把教育几个子女的资金平均地使用，而是主要用来培养其中天分最低、能力最差的一个，这是因为这个孩子将来成功的机会先天地少于其他孩子。这个家庭的做法是明智的还是不明智的？推而广之，一个社会的制度安排和公共政策主要向出身和天赋较低的成员倾斜，以缩小和拉平他们与出身和天赋较高的成员在出发点上就已经存在的差距，即所谓拉前推后，起点公平。这个社会的选择是恰当的还是不恰当的？美国著名伦理学家约翰·罗尔斯1971年出版的《正义论》回答了这些问题。罗尔斯采纳了功利主义对待福利的利益观，并在此基础上提出了一个涉及公平分配的差别原则，即“最少受惠者最多得益”。

罗尔斯认为，一个社会的公平状况主要取决于这个社会中生活处境最差的那一部分人。社会和经济的不平等可以存在，但必须基于这样一个前提，即最大限度地使先天有利条件最少的那部分人受益。只有如此，他们才可能服从和接受这种社会差别的存在。罗尔斯为社会设计了一个非常理想的状态，希望社会制度在理性的支配下，使利益的分配能够尽量倾向于社会的弱势群体，以期让所有的社会成员达到和谐的初始状态，从而保证社会正义的实现。许多学者在谈及罗尔斯时，通常将他和诺齐克比较。争议的焦点就是罗尔斯提出的差别原则。诺齐克承认社会不平等是一种不幸，但认为罗尔斯对不平等的纠正无法得到合理的辩护。诺齐克的观点是，正义与平等无关，正义在于权利，而不在于平等，不平等是不幸，但不平等不是不正义。至于不平等的社会文化条件和自然天赋如何再生了不平等，这与权利无涉。诺齐克强调“权利”的首要性，全力捍卫不受侵犯的个人权利（特别是财产权）。他精心划定了一个以“权利”为硬核的堡垒，包括平等在内的任何东西都不得越“权利”这个雷池一步。诺齐克强调的是程序正义，他认为罗尔斯所谓“社会不公应当有利于最不利的社会成员”的观点，从程序角度而言是不正义的。

5. 回应性（responsiveness）

回应性是指政策满足特定群体的需要、偏好或价值观的程度。回应性标准十分重要，因为，某一项政策也许符合其他所有的标准，但因未能回应受此政策影响的目标群体的需求，故仍可被评估为失败的政策。

6. 适宜性（appropriateness）

适宜性与实质理性密切相关，不与单一评估标准相关，而是与多项标准的组合分析相关。当其他的标准均被“目标”视为理所当然且恰如其分时，唯独适宜性标准会问：目标的价值何在？价值前提是否适当？目标对社会是否适宜？适宜性标准是开放的，不存在也不可能存在适宜性标准的准确定义，但它优先于其他标准，有一个综合的视角。比如，向贫困人口重新分配收入的计划遭遇低效，以致只有一小部分再分配收益能够实际到达贫困人口手中，罗尔斯的福利再分配平等观（使处于最不利社会地位的人最多受益）是否就是一项更具适宜性的标准呢？再如，当一些人通过欺诈、歧视、行贿而不当得益时，即便没有任何人会因此而利益受损，我们是否可以质疑帕累托标准的适宜性呢？

9.4 评估方法

政策评估无疑需要进行比较，比较的目的是评估政策带来了怎样的社会变化，并要设法排除非政策的影响因素所导致的一些变化。实际上，这种比较意味着，把“实际上发生了什么”与“如果没有实行该政策会发生什么”进行比较。要衡量已经发生的事情并不困难，不幸的是许多评估就到此止步了。真正的难题在于，要评估如果没有实施方案会发生什么情况，以及将这两种情况进行比较。这两者之间的差别一定要归因于政策方案本身，而不是社会同期内发生的其他变化所导致的结果。

1.“前—后”对比分析

这种评估方法是指政策实施前后的比较，即比较两个时间点上同一情况的不同结果：一种结果是实施方案前的，一种结果是实施方案后的。通常只是针对目标群体进行检验。这种前后比较是为了证明方案的影响和效果，然而，很难得知可观察到的社会变化。如果有，也很难判断是实施该方案直接带来的结果，还是源于同一时间内社会上发生的其他变化。

这种方法的优点是简单、方便、明了；缺陷是不够精确和全面，无法将公共政策执行所产生的效果和其他因素，如公共政策对象自身的因素、外在因素、偶发事件、社会变动等所造成的效果加以明确区分。

比如，一个人可以比较某一污染控制计划实施前后某条河的水质变化。“前—后”对比分析通常可以降低成本，并且节省实际操作的时间。然而，它也存在一个主要缺陷，即所发生的变化可能存在其他的解释。我们可以想象，河水水质的改善可能源于水流量的增加，污染制造者的自我抑制，或是导致工业生产减少的经济衰退等。另一方面，如果“前—后”对比分析在预期的方向上没发现有多少变化，那么也不一定就可以断言这个计划没多大效用。即使如此，对照式研究仍然有可能提供别的方式所无法获得的有关某一计划的信息（见图9—1）。

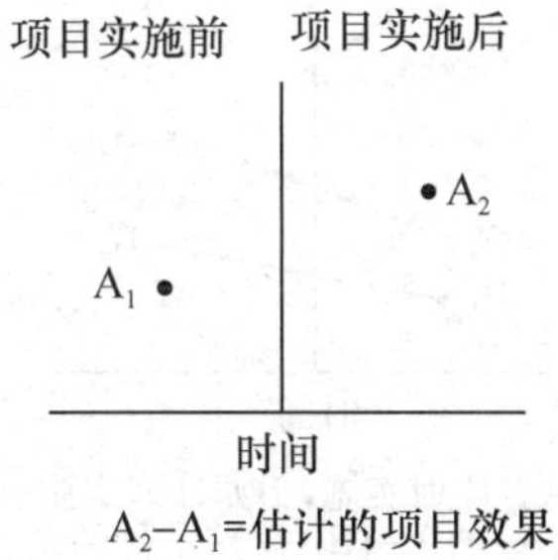

图9—1 “前—后”对比分析

2.“投射—实施”对比分析

将政策执行前的趋势线投射到政策执行后的某一时间点上，代表若无该政策的实施此点会发生的情况，然后与政策执行后的实际情况进行对比，以确定政策的实际效果。这种方式考虑到了非公共政策因素的影响，因此会使评估的结果更加精确。这种评估方式的困难在于如何详尽地收集政策执行前的相关资料和数据，准确预测如果没有实施政策将会发生什么情况，以建立起政策执行前的趋势发展线。这种方法明显优于“前—后”对比分析，但它需要评估人员付出更大的努力。

政策实施前预测的趋势与实施后的实际数据之间的差异，可以被视为政策本身作用的结果。应当注意的问题是，必须在政策启动前的几个时间段里，多次搜集关于目标群体或社会状况的资料和数据，以便绘制出一条趋势发展线（见图 9—2）。

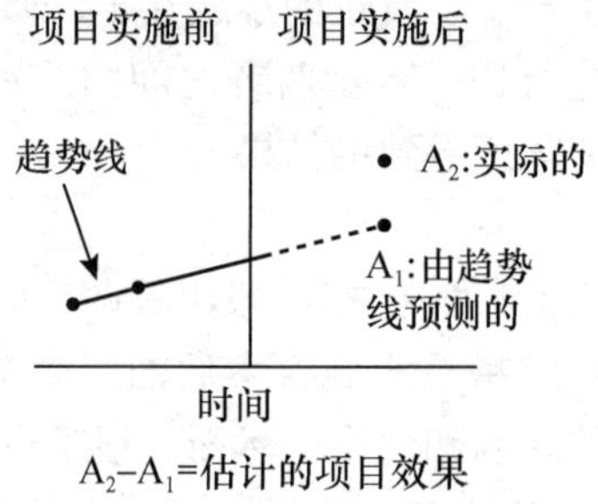

图 9—2 “投射—实施”对比分析

3. “有—无”对比分析

这种评估方法是指对有参与方案的客体与没有参与方案的客体进行比较，比如，将有实施方案与没有实施方案的个体进行比较，或将实施方案的城市或乡村与没有实施方案的城市或乡村进行比较。有时候只是在实施方案后的时间段里进行这种比较，比如，将那些参加人力资源培训计划的人与没有参加人力资源培训计划的人的工作记录进行比较；将实行禁放烟花规定的城市的火灾发生率与没有实行这项规定的城市的火灾发生率进行比较。但是由于个体或考察客体之间存在着很多的差异，以至于很难将这些差别全部归因于政府的政策方案。例如，与那些非自愿参加人力资源培训计划的人相比，那些自愿参加人力资源培训计划的人，可能更有动力找到一份工作，也有可能具有不同的个性特征（见图 9—3）。

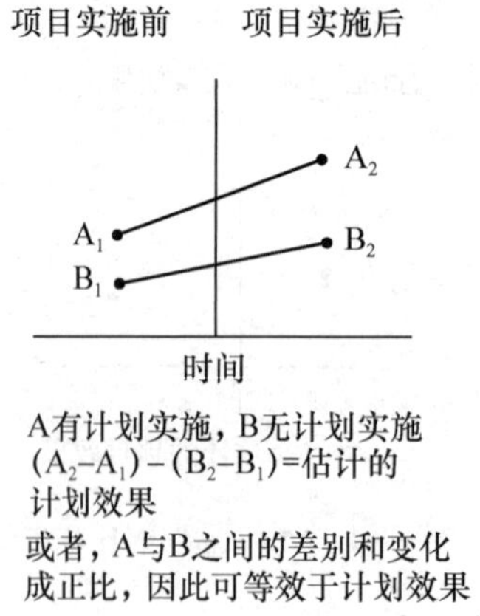

图 9—3 “有—无”对比分析

4. 实验性对比分析

实验性对比分析是一种评估政策或计划的传统方式。从目标人群中随机抽取两个可比较的群体，一个实验群体（或叫可处理群体）与一个控制群体。实验群体通过政策或计划得到一定处理，而控制群体则不然。通过对两个群体预先与后置的测评以确定两个群体是否发生变化（见图 9—4）。如果实验群体的绩效明显优于控制群体，那么就说明政策或计划是有效的。下面通过适当的案例来加以说明。

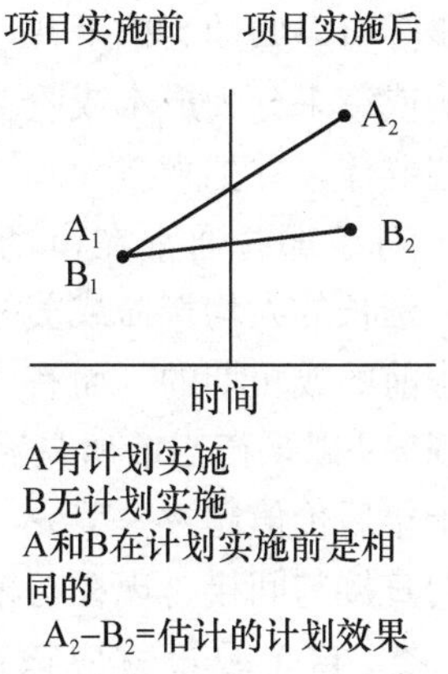

图 9—4 实验性对比分析

20 世纪 80 年代美国特拉华州劳动部门进行了一项现场实验，旨在评估援助“失业工人”计划实施中不同行为的有效性。所谓“失业工人”是指那些因为日益激烈的国际竞争与技术变革而失去长期稳定工作的人。为失业工人设计的这一援助计划得到了工作合作培训法案的资金支持，其目标在于帮助提高工人收入与降低工人对失业补助金的需求。进行此项实验，首先确定 175 个可比较的工人；随机抽取 65 个人组成实验群体，另外 110 人组成控制群体。实验群体中的成员能够得到就业活动的相关咨询，得到工作之初的定向指导、再培训和其他服务。两个群体经历了为期一年的实验。通过对二者绩效的比较，在实现计划目标中控制群体反而优于实验群体。实验的结论是：“这一计划看起来不能改善参与者的工作前景。”

另一个著名的实验设计是美国康涅狄格州高速公路速度控制计划。依据高速公路交通事故的数据，州政府开始对速度进行限制。初始数据表明，这一计划的执行明显减少了交通事故。然而，这一结果也可能源自于其他一些因素，例如天气情况的不同或使用了更高安全性能的汽车。为了控制这种可能性，就要将康涅狄格州高速公路每 10 万人的事故发生率与那些未执行这项计划的邻州进行对比。对比表明，康涅狄格州的事故发生率远低于其他州，因此就证明了康涅狄格州控制速度计划对减少交通事故有效这一推论。

这种政策评估方法受到一些社会科学家的推崇，因为它也提供了估测由社会其他因素影响而产生变化的最好机会。

5. 成本—收益分析

成本—收益分析是一种量化的评估工具，要求确定某一政策的成本与收益，并将其转化为货币形式以便进行比较。其假设前提是只有收益大于成本的政策才是好的政策。成本—收益分析最常用于政策评估。经济学家 A·迈里克·弗里曼（A. Myrick Freeman）应用这个工具评估全国空气与水污染控制政策。他发现控制固定源头的空气污染的收益远远大于控制成本，而控制工厂与地方的水污染源头的成本则大于实现的收益。①

① A. Myrick Freeman III, *Air and Water Pollution Control: A Benefit-Cost Assessment*, New York, Wiley, 1982.

进行成本—收益分析的主要步骤可以归纳为以下几点：第一，确定某一政策的影响或结果，并针对不同群体将这些影响或结果分为成本或收益。显然，这就要求确定，在决定成本与收益的过程中需要考虑哪些群体，并把直接和间接的影响都考虑进去。第二，赋予不同成本与收益以货币上的价值。对于那些通常在市场上进行买卖的物品来说这相对容易，而对于诸如良好的健康状况、延长的人均寿命或美好的远景展望来说，赋值就比较困难。第三，由于某些政策结果是当前的或短期的，而有些政策的影响是长远的，很多年以后才会出现的，因此需要应用折现率①以平衡当前所具有的未来影响的价值。折现率的假设前提是今天的一美元十年或二十年后价值超过一美元。例如，通货膨胀可能降低美元的价值或购买力。第四，比较政策的直接与间接、现在与未来的成本与收益。如果收益大于成本，这个政策就是可取的；反之，这个政策就应该被否定，或设法发现更好的实施方式。

尽管成本—收益分析作为一种政策评估的工具，有着清晰有效的作用，但事实上，在运用过程中也会存在一些障碍。

首先，关于某一政策成本与效益的准确数据常常难以得到。例如，怎样估算清洁空气对身体健康的价值？空气的确是一种福利，可是这种福利怎样进行衡量？如果要以货币单位来估算这些价值太过困难。

其次，确定适当的折现率也不是一件容易的事情。它可以基于利率、通货膨胀率或资金的机会成本（资金如果用于私人投资而不是公共项目的回报率）等标准进行确定。尽管它十分重要，但至今也没有一个确定折现率的科学方法。低折现率保证了未来收益的价值，而高折现率则大大降低了它们的价值。一般来说，10%的折现率是一个习惯的提法。

第三，成本—收益分析基于这样一种假设，即效率如果不是唯一的，那也是政策主要需要实现的价值。评估行为的基础在于资源的使用是否提高了公共物品的总量。人们很少关注其他的选择性或竞争性价值，如公正、正义、人性尊严、个人自由及机会平等。但这些对于公众而言都很重要。国家的司法审判系统常被指责为缺少效率，实际上它们考虑更多的可能是公正审理与程序正义。

第四，在许多成本—收益分析中都会出现对个人生命赋值的问题。有些人持有这样的立场，认为生命是无价的，试图给生命定价就会将其贬低成一种商品。可是，诸如工业安全标准和高速公路限速规定等很多政策都对个人生命产生了影响。客观地考虑生命的价值是必要的。下面的案例②展示了个人生命价值评价的一些替代方式。

个人生命的价值评估

四种为成本—收益分析而设计的个人生命价值评估方法：

① 折现率（discount rate）：是指将未来有限期内预期收益折算成现值的比率。折现率越高，收益现值越低。比如你年底能够拿到100元，假设折现率为5%，那么现值为100/1.05，当折现率为6%时，现值为100/1.06。

② 参见［美］詹姆斯·E·安德森：《公共政策制定》，320页。

(1) 个人资本途径。有时这也叫作贴现未来收入。这一方法不带有伦理色彩，它认为个人价值取决于未来贴现，即他或她在职业生涯内能够在市场中获得的收入。某些分析者从收入中减去个人生活开支以得到净值。无疑，一个人收入越多，其生命价值就越大。

(2) 个人支付意愿。这可能是由对比方式决定的。对比危险职业的工资与相对安全职业的工资，以用来计算人的生命价值。例如，如果一项死亡风险高出1/50 000的工作在收入上多出50美元，那么可以得出生命的价值是250万美元。这种评估方法的不同之处在于通过调查确定出人们愿意付出多少以降低健康风险。然后根据调查反馈确定生命的货币价值。

(3) 法庭判例。法庭和陪审团对于造成生命损失的责任案件与玩忽职守案件的审判可以用来确定生命的价值。然而，必须引起注意的是，这些判例在赔偿数量上有很大差异。

(4) 个人评价。假定个人是自己利益的最好判断者，那么可以调查他们为了避免死亡愿意支付多少钱。换句话说，也可以向他们询问：你对付出自己的生命能够接受什么样的价钱。但是，这样的方式能否产生可用的信息是受到多方质疑的。

案例研究："一条生命值多少钱"

设想你被选为你们本镇委员会成员。本镇工程师带着一份建议到你这里：本镇可以花1万美元在现在只有禁行标志的十字路口建立并经营一个红绿灯。红绿灯的收益是增加安全。工程师根据类似十字路口的数据估算，在红绿灯使用期间可以使死于车祸的风险从1.6%减低到1.1%。你应该花钱修这个新红绿灯吗？

为了回答这个问题，你又回到成本—收益分析。但你马上就遇到一个障碍：如果你要使成本与收益的比较有意义，就必须用同一种单位来衡量成本与收益。成本可以用美元衡量，但收益——拯救一个人生命的可能性——不能直接用货币来衡量。为了作出决策，你不得不用美元来评价人的生命。

开始，你可能得出结论，人的生命是无价的。毕竟，无论给你多少钱，你也不会自愿放弃你的生命或你所爱的人的生命。这表明，人的生命有无限的美元价值。

但是，对于成本—收益分析而言，这个回答产生了毫无意义的结果。如果我们真的认为人的生命是无价的，那么就应该在每一个街角处都安上红绿灯。同样应该要求每一个人都配有全套最新安全设备的大型车，而不驾驶没什么安全设备的小型车。但并不是每个路口都有红绿灯，而且，人们有时会选择购买没有防撞安全气囊或防抱死装置的小型汽车。无论在公共还是私人决策中，我们有时为了节约一些钱愿意用自己的生命来冒险。

一旦我们接受了一个人的生命有其隐含的美元价值的思想，我们如何确定这种价值是多少呢？有一种法院在判决过失致死赔偿案时所用的方法，这种方法是考察一个人如果活着能赚到的金钱的总量。经济学家经常批评这种方法：这种方法有一个意想不到的含义——退休者和残疾人的生命没有价值。

评价人的生命价值的一种较好的方法是，观察要给一个人多少钱他才自愿从事有生命危险的工作。例如，不同职业的死亡率是不同的。高楼大厦的建筑工人所面临的死亡风险就大大超过办公室的工作人员。通过比较职业风险、受教育程度和其他工资决定因素，经济学家可以得出人们对自己生命评价的某些含义。用这种方法研究的结论是，一个人生命的价值约为 1 000 万美元。

现在我们回到原来的例子，并答复工程师。红绿灯减少的车祸死亡风险为 0.5%。因此，安装红绿灯的预期收益是 5 万美元（0.005×1 000 万美元）。这种收益估算大于成本 1 万美元，所以，批准该项目。

最后，我们要注意到，成本—收益分析强调对社会的整体性影响。然而，正如我们所知道的那样，公共政策会分配有利条件与不利条件，或叫成本与收益。有时候那些付出成本的人通常不能从中获益，反之亦然。换句话说，政策具有重要的分配性功能。人们会更加关注谁从相关政策中获益，而并非政策的总成本是否超过总收益。

虽然上面罗列了成本—收益分析的种种问题，但并不妨碍成本—收益分析成为近半个世纪以来政府进行政策评估的一种实用工具。无论是否可以把所有的成本和收益转化为货币形式或者把成本—收益分析转化为一个决策规则，对于某一政策行为以及从事这些行为的个人和团体来说，对成本与收益进行细心的评估是非常有益的。

9.5 政策评估步骤

政策评估是一项程序性工作，需要按步骤进行。尽管由于评估对象和评估类型的不同，政策评估的步骤不尽相同。但一般来讲，政策评估都需要经过计划与准备、组织与实施、总结与报告三个环节。

1. 计划与准备

计划与准备是政策评估的基础性工作，是完成政策评估的前提条件。人们常说，打不好基础就盖不起高楼，评估工作何尝不是如此。缺少有效的计划与准备，政策评估就难以务实。计划与准备的主要任务可以归纳为下列几项：

（1）建立评估机构。机构设置是政策评估的组织保证，要根据评估的具体要求确定相应的组织规模和职位数量。

（2）挑选评估人员。政策评估是一项严肃的研究工作，对评估人员具有很高的素质要求。就体制内的运作而言，人员不仅要精心挑选，而且还要进行必要的培训。一旦工作内容有特殊要求，也可以通过政府雇员制加以解决。

（3）确定评估对象。评估对象的正确定位是政策评估的方向性工作。确定评估对象就是要选择评估什么政策或政策的哪部分内容。政策具有系统性和相关性特征，某种效果的产生往往掺杂了多项政策的共同作用和影响，要清晰地划定政策影响的边界并非是一件容易的事情。

(4) 制定评估方案。评估方案的好与坏直接关系到评估工作质量的高低和评估活动的成败。制定评估方案主要涉及下列几项工作：确定评估主体（谁来评估）；描述评估对象（评估什么）；阐述评估目的（为什么评估）；建立评估标准（根据什么评估）；选择评估方法（怎样进行评估）。

(5) 落实评估条件。主要包括评估的时空条件（场地、时间），经费筹措与使用，设备准备和人员要求等。

2. 组织与实施

这是整个政策评估活动中最为重要的一个环节，从组织管理角度而言，其主要任务就是分解并下达评估任务，搞好人、财、物方面的资源配置，建立和健全有效的管理措施，做好工作进度安排，进行必要的协调工作等。从具体操作角度而言，其主要任务是：

(1) 全面收集信息。信息是进行政策评估的基础原料，信息不是万能的，但进行政策评估缺少相关信息却是万万不能的。评估的前期工作就是要努力收集有关评估对象的各种信息，掌握更多的原始材料。一般来讲，信息可以是主观印象，也可以是客观事实；可以是精确的数据，也可以是较为模糊和笼统的看法。信息的收集强调的是多角度、多侧面，尽可能做到全面、系统、准确、可靠。信息收集的常用方法有：现场观察、实际调查、资料查阅、个案分析、实验研究等。

(2) 加工整理信息。根据政策评估的要求对信息进行整理，需要关注六个方面：一是客观性，防止信息失实或带有“水分”。二是完整性，信息要素应齐全，结构完善。三是代表性，信息要表现平均水平或大多数人的状态。四是广泛性。信息的内容应覆盖面全，涉及范围广。五是深刻性，信息能够反映事物的本质特征。六是启发性，信息能够反映趋势变化。

(3) 评估政策效果。在加工整理的基础上对政策的执行效果进行描述、解释、分析和评估。描述是阐明来龙去脉，解释是说明原因和结果，分析是把握重点和难点，评估是说明政策影响。

(4) 提出评估结论。在评估的基础上作出总结，给出结论性意见并提出政策建议，即根据政策评估的结论，设法提出下一步的行动方案。政策建议可以是针对政策本身的，也可以是面向政策过程的；可以是针对政策目标的，也可以是针对政策手段的；可以是针对政策制定部门的，也可以是面向政策执行部门的。

3. 总结与报告

最后一个环节是处理评估结果、撰写评估报告。之所以要撰写评估报告，要么是为了以规范的书面形式将评估结果公之于众，要么是为了直接提交政府有关部门或有关领导，要么是为了以书面报告形式换取相应的项目经费。评估报告作为评估阶段的最终产品，对政策的延续、调整或终结会产生直接的影响。其内容除了对政策效果进行客观陈述和价值分析外，还应包括政策建议，以及对评估过程、应用方法和一些重要问题所作的说明。

9.6 政策评估的障碍

1. 政策目标的不确定性

政策制定是一项面向未来的活动，政策目标的确定不可避免地会带有一定的预测性。因此，现实生活中不乏那些原则性很强、目标非常笼统、缺乏可操作性的政策。不仅如此，政策目标往往不是单一的、集中的和兼容的，而是多个的、分散的和有一定冲突的。政策评估必须以政策目标为基础依据和必要前提，因此有时会面临很大的困惑。

2. 政策影响的广泛性

一项政策的影响往往涉及社会生活的多个层面，其中有预期的影响，也有非预期的影响；有直接的影响，也有间接的影响；有即时的影响，也有长远的影响；有实质性影响，也有非实质性影响。在这些影响中，不仅有些因素难以测定或根本无法测定，而且各种影响因素也往往难以用同一个计量标准进行衡量，因此，给政策评估带来一定的障碍，同时也使一些人容易为自己的评估失误找到一些冠冕堂皇的理由。

3. 政策资源的混合和相关政策的重叠

政策并不是孤立存在的，往往有多个政策在同一领域同时发挥着作用。这样就产生了两个问题，即政策资源的混合和相关政策的重叠。

政策资源的混合指的是投入不同政策的资源，彼此交织在一起，很难分清某项资源的支出究竟应该属于哪一个政策，或每项政策的总投入是多少。政策资源的混合使政策成本难以核定，而要测定某项政策的效益就更无从下手了。

政策的重叠指的是针对相同或相似的政策问题和政策目标群体，不同的机构或部门分别制定并执行各自的政策。各种不同的政策效果混杂在一起，很难将某项政策的实际效果从总体变化中提炼出来，有时，不同的政策之间缺乏协调，甚至相互干扰，使得区分政策效果的工作更难以进行。

4. 政策问题的复杂性

政策一般都是针对解决政策问题发布和实施的，而政策问题往往牵涉非常复杂的因素，带有很大的不确定性。一个问题经常包含另一个问题，而其又可能是其他问题的一部分，问题之间关系交错，分析起来具有相当的难度，这就给政策评估工作带来很大的障碍。如行贿受贿问题、社会治安问题、环境保护问题、人口控制问题等。

5. 政策主体及相关人员的抵制

政策评估必然涉及政策主体的行为评判，所以一定会受到来自政策主体的一定干扰。一些人会寻找各种各样的借口，通过多种不同的渠道，力图影响政策评估的结果。当政策评估的结果可能会出现对其不利的影响时，来自政策主体的反对之声可能非常强烈。没有人愿意别人对自己的行为品头论足。当然，他们可以找到很多的借口反对政策评估，正如托马斯·戴伊在《理解公共政策》一书中所指出的那样：

> 他们反对政策评估的理由可以归纳为以下几点：政策影响是一个长期过程（政策

存在震荡效应)，不能在当时就妄下断言；政策影响在本质上是广泛而普遍的，任何单一的标准都不足以判断政策目标是否真正实现；政策影响又是非常精细的，用简单概括的量化表格和统计数据根本无法认定它的结果；政策效果之所以不明显，主要因为投入的政策资源不够；政策的积极影响未被真正发现，是因为评估方法采用不当所致，绝非政策本身有问题等。

本章小结

本章主要介绍政策评估的相关知识。通过本章的学习，应了解政策评估的内容和作用，认识政策评估的基本类别，熟悉政策评估的主体、客体，掌握政策评估的方法与步骤，理解政策评估的局限与障碍，并能够运用政策评估的方法对一些现行政策进行评估。

关键术语

政策输出　政策影响　效益　效率　阿罗悖论　帕累托最优　卡尔多—希克斯标准　差别原则　“前—后”对比分析　“投射—实施”对比分析　“有—无”对比分析　实验性对比分析　成本—收益分析

复习思考题

1. 什么是政策评估？
2. 政策输出与政策影响有何不同？
3. 为什么要进行政策评估？
4. 政策评估包括哪些内容？
5. 政策评估有哪些标准？
6. 如何认识政策评估的公正性标准？
7. 政策评估有哪些方法？如何运用这些方法评估现行政策？
8. 政策评估有何障碍？如何克服这些障碍？

第 10 章

政策终结

很多人在使用电脑一段时间后，会明显感觉速度越来越慢，原因多是长期使用而不整理，垃圾文件越来越多所致。特别是一些未被删除的临时性文件越积越多，对电脑运行速度有很大的影响。其实清理这些垃圾文件并不复杂，有很多程序可以利用，比如一键清理垃圾的批处理文件、“优化大师”附带的清理功能、“超级兔子”，还有像“无影无踪”、“清道夫”、“诺顿”清理工具等。电脑如此，政策亦然。垃圾政策的存在无疑会严重影响行政运行效率，因此必须进行及时的清理。

一般来说，通过政策清理，人们会发现有些政策目标已经实现，问题已经解决，政策已经达到预期的效果，完成了自己的使命，已经完全没有必要继续存在；还有一些政策则完全背离了既定的目标，被实践证明是失败的、多余的或无效的，根本不能解决它所面对的政策问题。另有一些政策，由于适用的社会环境已发生很大变化，已经变得陈旧和过时。这些政策如果继续执行下去，不仅会浪费宝贵的政策资源，而且还会贻误解决问题的有利时机或引起其他问题。所以，这些政策都应及时终结，尽早使其退出社会和历史舞台，或由新的政策加以取代。

当初一些政府规章、条例出台的时候，往往习惯性地冠以“暂行”字样，但这一“暂行”一下子就“暂行”了几十年，正所谓“暂行规定不暂行”，如我国 1960 年制定的《防暑降温措施暂行办法》“暂行”至今，已逾半个世纪；而著名的制定于 1951 年的《城市户口管理暂行条例》，拖延至 2004 年才被公安部明文废止，“暂行”长达 53 年。全国类似的“将就着用”的陈年旧规还真有不少，一些带有“革命委员会”字样的红头文件仍在生效。尽管国务院多次在全国开展对过时法规的清理工作，但由于有些新法和旧法在“立、改、废”等各个环节上跟不上趟儿，于是便留下了不少“黑色的幽默”。

什么是政策终结？为什么要进行政策终结？什么样的政策应该终结？以什么样的形式加以终结？政策终结会遇到什么障碍？如何克服这些障碍？本章内容将主要讨论这些问题。

10.1 政策终结的含义和作用

10.1.1 政策终结的含义

“终结”一词，人们在生活中常用，它一般是指某一活动或某一事物在时间和空间上的终止或结束。世上万事万物都有其生命过程，都会经历从无到有、从小到大、从兴盛到衰亡、从开始到结束这样一个发展过程。没有一劳永逸的事情，终结现象的产生是一种必然，它符合事物运动和发展的规律。

政策终结指的是在公共政策领域里发生的终结现象。它与一般意义上的终结有一定的区别，即政策终结不是一种自然形成的现象，而是一种人们的主动性行为，是人们在政策执行过程中发现问题并予以纠正，旨在提高政策绩效的政策行为。

从政策过程的角度来看，政策终结往往发生在政策评估之后，一般是针对以下四种情况：一是已经实现了政策的既定目标（完成了自己的历史使命）；二是发现政策背离了既定目标（可能是完全失败的，政策执行得越好，离目标可能越远）；三是发现政策完全是多余的或无效的（有它没它可能一个样，政策完全成了一种摆设）；四是发现政策的实施引发了更为严重的问题（不合理的地方太多，负面作用太大，为治小病而致大病，不是良药而是毒药）。

政策终结的概念可以这样来表述：政策终结是指政策制定者经政策评估后，发现一些政策已经过时、多余、失效，或引发了重大的不良后果，采取必要措施予以终止的行为。

为了更好地理解“政策终结”一词的基本含义，下面试举几例，用以勾勒“政策终结”的基本轮廓。

2003年7月30日，上海市卫生局发布《2003—2004年本市餐饮业等食品卫生专项整治行动计划的通知》，宣布在2004年6月底之前将上海市营业面积低于50平方米的餐厅全部关闭。这项政策的出台看似是为了进一步加强市场的监管，确保广大市民的饮食卫生和食品安全。但小餐馆不仅是城市生活的一大特色，而且也是城市中一些人维持生计的手段。因此，新政策刚一面世就在社会上引起很大的争议，政府部门立即作出了反应。在2003年9月13日召开的新闻发布会上，上海市政府的发言人表示，这项计划只是一个指导性文件，仅代表一个倡议和要求，不具有强制性作用。今后仍将根据过去的政策规定管理餐馆。这番讲话为先前的争论画上了句号。如此看来，带有瑕疵的“新政策”也可“招回”。这不仅是纠正错误的具体表现，而且是人民政府应有的胸怀。

据2003年8月29日《广州日报》报道，“劳动教养制度”曾对维护我国社会公共秩序发挥过积极的作用，但随着法制建设的完善与发展，“劳动教养制度”已逐渐丧失了其继续存在的合理性。对此，广东省的一些政协委员向省政府提交了一份《关于废除劳动教养制度的提案》。提案中说，“劳动教养制度”不仅有违现行《宪法》，而且也违反了具有宪法性质的《立法法》的有关规定。此外，它还与现行的《行政处罚法》的各项规定背道而驰。一些委员说，按照“劳动教养制度”的规定，公民不经审判便可被剥夺人身自由，这是完全不符合法律程序的。不仅如此，从劳动教养的期限和剥夺被教养人员人身自由的程度来看，比适用于犯罪人员的管制和拘役两种刑罚还要严厉。这些现象的存在导致社会上一部分人产生了“违法不如犯罪，劳教不如判刑”的错误印象，严重影响了法律的统一性和严肃性。为此，这些委员建议废除“劳动教养制度”，代之以相对灵活的社区矫治，或者设立轻罪法庭，把劳教所改建为轻罪监狱。

根据2004年4月12日北京市政府法制办公布的立法计划，在2004年，北京市政府计划废止地方性法规、政府规章10项，包括《文化娱乐市场条例》、《建筑市场管理条例》、《北京市道路交通管理规定》、《北京市机动车和机动车驾驶员管理办法》、《北京市严格限制养犬执法队职责的规定》、《北京市从事犬类经营活动管理办法》、《北京市养犬卫生防疫管理办法》、《北京市犬类防疫管理办法》、《北京市城镇居民应征入伍义务兵优待暂行规定》、《北京市居民身份证使用管理暂行规定》。这些地方性法规和政府规章将被废止的原因主要有两个：一是国家新制定的相关法律非常细致、完善，使这些细则性的地方法规和规章失去了存在的必要；二是这些法规和规章与北京市近期陆续出台的新法规和规章存在冲突，已成为执法的障碍，如不废止将会给城市健康发展带来危害。

国家质检总局2008年9月17日发布公告，决定从即日起，停止所有食品类生产企业获得的国家免检产品资格，相关企业要立即停止其国家免检资格的相关宣传活动，其生产的产品和印制在包装上已使用的国家免检标志不再有效。公告称，鉴于近期石家庄三鹿集团股份有限公司生产的婴幼儿配方奶粉发生重大食品安全事故①，部分企业生产的个别批次的婴幼儿配方奶粉检出不同含量的三聚氰胺，考虑到食品的特殊性和导致食品安全事故因素的复杂性，为进一步加大食品生产企业的监管力度，确保食品安全，切实维护消费者利益，经研究决定，停止实行食品类生产企业国家免检。9月18日，国家质检总局公布第109号总局令，决定自公布之日起，对《产品免于质量监督检查管理办法》（国家质量监督检验检疫总局令第9号）予以废止。

沿用“古董法规”② 处理现在事项实令社会困惑。比如，1987年国务院发布的《投机倒把行政处罚暂行条例》，从概念界定到主要内容早已过时，这类东西实属无用，理应废止。经历过计划经济时代的人几乎没有不知道“投机倒把”的，在那个物质匮乏的年代，“投机倒把”曾被视为一种严重扰乱市场秩序，比“挖社会主义墙脚”

① “三鹿奶粉事件”，或称2008年中国奶制品污染事件，是指在制造商三鹿集团生产的一批婴幼儿奶粉中，首先被发现含有化工原料三聚氰胺，导致食用该奶粉的婴儿患上肾结石的事件。其后此事件涉及范围扩大，愈来愈多制造商的奶制品被发现也含有三聚氰胺。根据国家质检总局公布的对国内乳制品厂家生产的婴幼儿奶粉的三聚氰胺检验报告，包括伊利、蒙牛、光明、圣元及雅士利在内的22个厂家69批次产品中都检出三聚氰胺。截至2008年9月21日，因使用婴幼儿奶粉而接受门诊治疗咨询且已康复的婴幼儿累计39 965人，正在住院的有12 892人，此前已治愈出院的有1 579人，死亡4人。事件引起各方高度关注和对乳制品安全的担忧。

② “古董法规”特指那些颁布20年以上的陈旧法规。

还恶劣的行径。许多人因此获罪。可以说，投机倒把罪是为计划经济而生的，比如低价买进高价卖出；提供劳务收取报酬；买卖国家专营的或限制流通的或凭计划买卖的商品和物资等都是投机倒把罪的主要表现形式。经过30多年的改革开放，我国的经济体制已从单一的计划经济体制过渡到市场经济体制，因此，具有强烈的计划经济色彩、单纯为保障计划经济体制服务的投机倒把罪不再适应社会经济生活，失去了继续存在的土壤和条件，是必然要废除的。1997年重新修改的《刑法》正式取消了这一罪名。尽管如此，对投机倒把的处罚仍在行政领域执行。1987年9月17日，国务院颁布《投机倒把行政处罚暂行条例》。条例主要是要遏制以牟取非法利润为目的，违反国家金融、外汇、金银、工商管理法规，非法从事工商业活动，扰乱市场，破坏社会主义经济秩序的行为。2005年9月，"月球大使馆"① 在工商部门注册，注册人李捷声称拥有全部月球，并开始售卖月球土地。次月，北京月球村航天科技有限公司就被北京市工商局以涉嫌投机倒把为由叫停。这也是社会上最后一次听到"投机倒把"的字眼。2008年1月，国务院以"调整对象已消失，实际上已经失效"为由，给《投机倒把行政处罚暂行条例》画上了一个句号。"投机倒把罪"自此彻底寿终正寝。"这的确是一个进步，只是来得太迟，政策的慢动作会严重影响行政效率。"一位退了休的政府官员如是说。

10.1.2 政策终结的地位和作用

1. 政策终结的地位

政策终结在政策过程中的地位主要表现在两个方面：一是宣告了旧政策的结束；二是预示着新政策的启动。

旧政策的结束就意味着原有政策活动的停止，相关期望和利益的转移，规则和措施的取消，有关机构的裁减或撤销，相关人员的分配与安置等。而新政策的启动则意味着新的期望和利益的建立，新规则和措施的实施，机构组织的更新与创建，相关人员的选择与安排。

政策终结既是结束，同时也是开始，在政策的周期循环中担负着承上启下、开拓未来的关键任务，是政策过程中不可或缺的一个环节。一项政策退出历史舞台并不代表它要解决的问题也随之云消雾散。临时的政策真空会形成一定的管理盲区。

---

① 2005年10月在北京朝阳区安贞桥的深房大厦一家名叫"月球大使馆"的公司开始售卖月球等星球的土地。谈起卖月球土地的起因，该公司首席执行官李捷说，买卖月球土地在美国已经炒得沸沸扬扬，自己在1997年就开始关注此事，并与卖月球土地的美国月球大使馆总裁丹尼斯·霍普进行过交流。"趁着现在人类登月热的浪潮，我与美国总公司签了代理协议，专门向中国人销售，并付给总公司许可费，保证最低销量。"李捷介绍，普通人只要花费298元人民币就能在月球及火星等星球购买1英亩（合6亩）土地，公司将发给购买者月球土地证书。购买者拥有月球土地的所有权、使用权以及土地之上及地下3公里以内的矿物产权。"我们对它的定位是有无限增值潜力的礼品。因为普通人买下土地后主要是用来送人。普通人买下土地后，若是各国的登月舱在你购买的土地登陆，按理说要付给你相关的费用。"李捷的办公室中挂有由北京市工商行政管理局颁发的工商执照，公司的登记名为"北京月球村航天科技有限公司"，经营范围中并没有出售月球土地一项。李捷解释说当时在工商局登记时，工商局在检测名称时，月球大使馆的名称被否定，所以改用目前的登记名。而他们为了与美国总公司的注册名统一，所以对外宣传仍用"月球大使馆"。

以城市流浪乞讨问题为例，当《城市流浪乞讨人员收容遣送办法》（1982年5月出台）被废止前期，由于城市流动人口治安管理工作面临的问题并没有解决，一度出现的政策真空给管理带来巨大的挑战。针对新情况、新问题，社会治安管理各部门积极探索流浪乞讨人员管理的有效办法以维护城市治安秩序。在2003年8月1日，《城市生活无着的流浪乞讨人员救助管理办法》开始实施，根据这一办法，只有流浪乞讨人员请求并表示愿意接受救助的，救助站才可实施救助，强调“自愿受助”，这个办法填补了一度出现的政策真空。

2. 政策终结的作用

从政策终结的结果来看，其作用突出表现在以下三个方面：

（1）有利于节省政策资源。众所周知，对任何政府而言，政策资源都是十分有限的。执行一项本不该继续执行下去的政策，政府付出的不仅是实际成本，而且有机会成本。毛泽东同志曾经讲过，“贪污和浪费是极大的犯罪”。如果政府浪费政策资源，明知不可为、不能为而为之，在老百姓看来就是一种犯罪行为。

（2）有利于提高政策效率。有时，问题出就出在我们的政策不是太少了而是太多了，规制冲突，政策打架，有利益的事争着伸手，都要去管，没有利益的事都躲得远远的，谁也不去管，导致政策效率低下。俗话说，“一马勺坏一锅”，不终结那些失败或失效的政策，就会给其他政策的执行带来负面影响，破坏政策执行的整个大环境。

（3）有利于政策过程的优化和政策质量的提高。政策制定是面向未来的活动，而未来会出现许多意想不到的因素。没有不犯错误的政府，也没有一劳永逸的政策。所以，建立有效的政策评估和终结机制，有利于及时地发现问题，纠正错误，总结经验，吸取教训。这对政策过程各个环节的工作改善和公共政策内容质量的提高都是非常有益的。

10.2 政策终结的对象与形式

10.2.1 政策终结的对象

政策终结的对象主要表现为权力与责任，政策功能（服务与管制）和组织机构。

1. 权力与责任

政策执行首先表现为权力的履行和责任的承担，而政策终结则预示着相应权力的丧失和相关责任的放弃。众所周知，权力的行使必然牵扯到利益关系。就政策执行机构而言，那些与政策有着切身利害关系的人，对自有权力的丧失会产生强烈的心理抵触。这个问题处理不好，政策终结会遇到很大的障碍。

2. 政策功能（服务与管制）

政策功能主要表现为政策执行机构所提供的服务或管制。政策终结则预示着相应服务的停止或相关管制的撤销。从撤销管制的角度而言，说明政府在给社会松绑，当然会有良性的社会心理反应。政府丢弃一些紧箍咒，老百姓当然举双手赞成。但从停止服务的角度而言，势必会使目标群体的一些既得利益受到损失，因此可能遭遇一定程度的社会心理抵抗。

3. 组织机构

毫无疑问，政策执行活动是组织活动，必须通过一定的组织机构来完成。而政策终结通常会伴随相关组织的缩减或撤销。有些组织机构是为执行某项政策专门设立的，伴随政策的终结，这类组织机构当然没有继续存在下去的必要。而另一些组织，由于同时承担多种政策的执行职能，某项政策的终结并不足以导致组织的撤销，往往只是对其规模、经费等方面构成影响。很多时候，某项政策的功能并不是由一个机构单独承担，而是要由许多不同的机构共同承担。所以，政策终结还必须重新审视组织的结构并做好组织的协调工作。

总而言之，政策终结是一项重大的政策行动，有时需要政府机构“革自己的命”，这不是件容易的事情。无论是权力和责任的终结，还是功能和机构的终结，往往会导致一些现状的改变，自然会涉及利益的重新分配。因此，政策终结不可避免地会遇到来自方方面面的阻碍。

10.2.2 政策终结的形式

人们常说政策无小事，实际也的确如此。政策涉及社会的方方面面，政策问题没有小问题。政策的内容决定了它的影响，政策的特征决定了它的功能。政策的变动往往涉及一系列因素，可能会引起很大的社会震动，所以政策终结的实现更多的时候并不需要采取激变的、大刀阔斧的、完全彻底的变革形式，而是多采用那种渐进的、连续的、不断渗透的、由点及面的变革方式。具体而言，政策终结的方式主要有以下五种：

1. 废止

废止就是彻底结束旧的政策，完全取消其相关功能，如我国《城市流浪乞讨人员收容遣送办法》的废除，《产品免于质量监督检查管理办法》的终止等。废止并非经常采用的政策终结手段。有时政策虽然废止了，但并不代表问题就解决了；有时一个问题解决了，却并不说明相关问题就不存在了。所以政策终结更多时候表现为替代、合并、分解和缩减的形式。

2. 替代

替代就是用新政策替代旧政策，但所面对的政策问题和政策目标基本没有改变，如我国企业利改税的政策，农村费改税的政策，城市以医疗保险代替公费医疗的政策等。新的政策往往是在方式、方法和操作程序方面作了较大变动，其目的是为了更好地解决旧的政策没有解决或根本解决不了的问题，以满足目标群体的政策需求，实现原定的政策目标。

举例来说，备受北京市民关注的《北京市养犬管理规定》在广泛听取群众意见和进行认真分析讨论的基础上经北京市第十二届人大常委会第六次会议表决通过，于2003年10月15日起施行。这个规定取代了1995年5月1日施行的《北京市严格限制养犬规定》，对市民普遍关心的养犬收费、携犬乘梯、限养范围、遛犬范围、管理处罚等问题都给出了明确的答案。

3. 合并

合并就是指旧的政策虽被终止，但部分实际功能并没有被完全取消，而是将其合并到其他的政策内容中。政策合并一般分为两种情况：一是将终止的政策内容合并到一项已有的政策当中。《北京市外地来京务工经商人员管理条例》2005 年 3 月被废止，《条例》中尚需执行的部分内容由相关的规章取代。《条例》中尚在执行的外地来京人员的户籍管理、租赁房屋治安管理、计划生育管理方面的内容，其管理措施可以通过《北京市外地来京人员户籍管理规定》、《北京市外地来京人员租赁房屋治安管理规定》、《北京市外地来京人员计划生育管理规定》三个北京市政府规章来加以解决。二是把两项或两项以上被终止的政策合并为一项新的政策。如国家教育部制定的《全国普通高等院校统一缴费上学的规定》就是原有的公费和自费上学的规定合并而成的。根据效率原则，能够合并的事项应该坚决合并，能够一起完成的绝不分散去做。因此，政策合并被认为是提高行政效率的有效途径。

4. 分解

分解就是将旧政策的内容按照一定的规则分解成几部分，每一部分独自形成一项新的政策。分解作为政策终结的方式之一，虽然从形式上终结了原有的政策，但其实质性内容却通过各个新的政策的形成而保留了下来。当原有政策由于内容繁杂，目标众多而影响政策效果时，分解不失为一个有效的方式。

> 我国传统的社会保障是一种单一型的“就业保障”或称“单位保障”，主要是通过单位办社会的形式来实现干部、职工的社会保险和福利。这种计划体制下的产物无法适应改革后的新形势。为此，国家有关部门按照保障内容的不同，将原有的政策按类分解，建立了养老保险、失业保险、人寿保险、医疗保险、生育保险等多项保障措施，从而能够较好地实现政策目标。

5. 缩减

缩减就是采用渐进的方式，一步步对政策进行终结，其目的是有效缓解因政策终结所带来的巨大冲击，逐步协调好各方面的关系，比较稳妥地实施终结，减少那些不必要的损失。一般来说，缩减往往通过逐步减少对政策的投入，逐渐缩小政策的实施范围，放松对执行标准的控制等措施加以实施。比如我国的物价政策改革，就是采取了缩减的方式，一步步缩小国家定价的范围，以逐渐实现大多数商品由市场定价的目的。再如我国的户籍制度改革也体现了缩减的政策终结形式，中小城市放开，特大城市慎行，一步步减少户籍制度对社会生活和经济领域的影响。

政策终结中的缩减与强化理论中的衰减道理相似。强化理论也称行为修正理论，它认为，人的行为是其所获激励的函数。从激励的性质角度划分，激励可分为正激励和负激励两种类型。所谓正激励是指当一个人的行为符合社会的需要时，通过奖赏的方式来鼓励这种行为，以达到持续和发扬这种行为的目的。所谓负激励是指当一个人的行为不符合社会的需要时，通过制裁的方式来抑制这种行为，以期达到减少或消除这种行为的目的。正激励与负激励作为激励的两种不同类型，目的都是要对人的行为进行强化，不同之处在于二者的取向相反。正激励起正强化的作用，是对行为的肯定；负激励起负强化的作用，是对行为的否定。在正激励与负激励之间还存在着一种零激励，人们称之为衰减，即撤销对原来某种行为实施的正激励或负激励，使这种行为在一段时期内连续得不到任何强化，从而达到减少或增加这种行为反应频率的目的。这是一种不施以任何激励的激励，所以被称为零激励。

10.3　政策终结的障碍和措施

由于种种原因，政策终结有很大难度，不仅需要通过法律途径，按照相关程序进行政策清理工作，而且需要一定的时间、人员和过程。由于需要重新梳理的政策法规一般不在少数，所以还得根据时间和经费的情况，安排轻重缓急的优先顺序。坦白地讲，做这样的工作还真急不得。

在社会生活中，我们随处可以看到，大量低质、无效、多余的政策充斥于各级政府部门的政策活动中。规制泛滥已经成为各国政府需要共同面对的一道难题。尽管政策终结是一种挑战，其中涉及多种环节、多种利益、多种人员和多种心理，存在不少的障碍，但及时终结那些不合时宜或背离目标的政策，是政府部门义不容辞的责任，但愿社会生活中少点“古董政策”带给人们的尴尬。

10.3.1　政策终结的障碍

政策终结的障碍很多，政策终结很不容易。几年前，在公务车的使用问题上，中央准备进行大的改革，终结一些相关政策，实施新的管理办法，但该行动虎头蛇尾，最后不了了之，由此可见，政策终结之难。下面就从心理、组织、社会、法律、资源几方面具体分析一下政策终结的障碍。

1. 心理方面的障碍

心理方面的障碍来自三个方面：一是政策制定者，他们为原有政策的制定花费了心血，感情上不容易接受它的失败。而且承认政策的失败则等于承认了自己工作的失误，这可能对权力、地位构成负面的影响，因而对政策终结产生本能的恐惧和抵触。二是政策执行者，他们在政策的执行中倾注了智慧和精力，对工作成果倍感珍惜。对政策的否定同样会产生本能的心理抗拒，尤其当原有政策带给他们一定的权力、尊严和利益时，心理的抵触就表现得更为强烈。三是社会中的政策受益者，他们囿于既得利益，自然会站在政策终结的对立面。

2. 组织方面的障碍

政策执行机构和其他社会政治组织一样，都具有寻求生存和发展，以及自我扩张的本性。组织的这种性质对政策终结会构成很大的障碍。特别是当政策终结威胁到组织的生存时，来自组织方面的阻力会骤然增大。虽然组织终结的形式有所不同，但不论是哪种形式的组织终结，都会受到不同程度的抵制，因为它会直接影响组织内部人员的切身利益。

3. 社会方面的障碍

当政策面临终结时，社会上的反对势力会很自然地联合起来，形成一个多种利益集团的联盟，共同抵制政策的终结。他们会利用个人的影响力、集团性活动、制造社会舆论等方式向有关部门施加压力，力图使政策终结不能实现。比如，美国由于允许私人拥有枪支，致使社会上枪击案不断，公众越来越表现出对枪支泛滥现象的不满。然而，美国最大的枪支权利组织“全美步枪协会”联合 140 多个利益团体，动用巨资常年在国会进行游说，他们曾以海报形式列举反对枪支管制的数十个理由，如孩子相信父母能保证他们的安全，不要辜负了他们的信任；妇女不应该依靠男人来保护；打电话报警需要时间，等待救援可能葬送你的生命；等等。这种关于枪支使用的温情表述，确实反映了许多美国人心底的真实想法。正因为如此，尽管民意在枪支控制组织这一边，但枪支权利组织的声音似乎更大，致使美国限制枪支的立法迟迟不能出台。

4. 法律方面的障碍

任何政策的制定与执行，任何组织的建立与扩展，都是通过一定法律程序进行的。同样，一项政策的废止，一个组织的撤销也必须经过一套法定的程序。这一过程不仅耗时费力，而且操作起来往往非常复杂。特别是那些已经上升为法律的政策，要使其终结可谓麻烦多多。不仅如此，把失败的政策在法律程序中予以曝光，会使人们对立法活动的严肃性和科学性产生怀疑，这种情况是很多人都不愿看到的。

5. 资源方面的障碍

政策的终结是要付出很大代价的。这主要包括两个方面的内容：一是沉没成本，二是终结行为本身的消耗。沉没成本主要是指业已投入原有政策里的资源，人人都有厌恶损失的心理，面对巨大的沉没成本，往往会使人感到进退两难。一方面政策在执行中被证明是无效的，继续追加投入，可能会进一步扩大损失，另一方面，如不继续投入而使政策终结，那前期的所有投入都将付诸东流。对决策者而言，这种时候普遍会表现出希望政策再持续一段时间以观后效这样一种心态，都盼望会有奇迹出现。另外，终结行为本身也需付出很高的代价。这不只是费用问题，可能还会牵扯一些其他方面的问题，决策者在这种压力下，改变初衷，放弃终结的可能性是很大的。

10.3.2 政策终结的措施

一个企业如果产品滞销、卖不动的时候，一味加大投入，只会越赔越多，如果这时候能够及时刹车，缩小生产规模或停止产品的生产，集中精力去创新产品，可能会在一定程度上减少损失。政策终结也是如此，如果一味瞻前顾后，优柔寡断，什么都舍不得，那么到最后只能是问题越积越多，投入越来越多，效果越来越差。俗话说“不破不立”，没有政策终结就没有政策创新。由于政策终结暗含着错综复杂的利益斗争，所以，政策终结绝非一个简单的过程，需要采取有效的策略。否则，不仅达不到终结的目的，而且还可能激化矛盾，引发政治危机和社会冲突。

1. 加强宣传教育，消除抵触情绪

宣传引导工作非常重要，它通过摆事实、讲道理，能使人们提高认识，消除不满。但宣传一定要适度，不要过分，应该给人们以充分的选择自由，否则很容易产生逆反心理，使宣传工作得不偿失。

说服教育工作同样重要，这是我们开展各项工作的一个法宝。1998 年的国务院机构改革，党中央和国务院的领导针对改革中遇到的问题，做了大量深入细致的思想工作，使得新中国成立后这次动作最大的机构调整，在机构的撤销、合并和人员的下岗分流中没有遇到太大的阻力，顺利完成了既定的目标。

2. 树立新的观念，营造改革气氛

政策的终结往往伴随观念的变迁，原有政策的立论基础会发生一定的变化。因此，应注意把握时机，因势利导，创新观念，改变认识。

1977 年初，党和国家面临着在思想、政治、组织等各个领域全面拨乱反正的艰巨任务，全国人民希望能够尽快结束“左”的路线，把党和政府的工作重心转移到经济建设上来。1977 年 8 月 12 日至 18 日，中国共产党第十一次全国代表大会在北京举行，宣告“文化大革命”结束，但由于当时历史条件的限制和“左”的错误思想的影响，这次大会仍然肯定了“文化大革命”的错误理论和实践，未能完成从理论和党的指导方针上拨乱反正的任务，致使出现徘徊局面。针对这种状况，邓小平首先提出要完整地、准确地理解毛泽东思想，旗帜鲜明地指出“两个凡是”[①] 不符合马克思主义的观点。1978 年 5 月 10 日，中共中央党校的内部刊物《理论动态》刊登了《实践是检验真理的唯一标准》一文。文章指出：检验真理的标准只能是社会实践。理论与实践的统一，是马克思主义的一个最基本的原则，任何理论都要不断接受实践的检验。5 月 11 日，《光明日报》又以特约评论员文章形式全文发表这篇文章，新华社向全国转发。一场规模宏大、内涵丰富、影响深远的关于真理标准问题的大讨论，在全国轰轰烈烈地展开。马克思主义观点与“左”倾错误观点进行了激烈的交锋。随着讨论的深入，越来越多的党员、干部认识到这一问题的重要性，终于打破了个人崇拜和“两个凡是”的精神枷锁。这场大讨论，冲破了“左”的思想的严重束缚，实现了党在思想路线上的拨乱反正，为具有划时代意义的党的十一届三中全会做了重要的思想准备，在党和国家的历史进程中产生了重要而深远的影响。1978 年 12 月 18 日召开的党的十一届三中全会是新中国成立以来党的历史上具有深远意义的转折点。全会结束了 1976 年 10 月以来各项工作在徘徊中前进的局面，开始了中国共产党在思想、政治、组织等领域的全面拨乱反正，揭开了社会主义改革开放的序幕。以党的十一届三中全会为起点，中国进入了改革开放和社会主义现代化建设的历史新时期。

3. 政策过程透明，争取更多支持

政策终结支持者的态度和队伍的规模，是决定政策终结成败很关键的因素。因此，政策终结应争取更多社会力量的声援和支持。而评估结论公开化正是实现这一目标的有效途径。政策透明会带来更多的好处而不是坏处。政府工作中保密的事项越多，老百姓的拥护程度就会越低。因此，政策过程透明，评估结果公开，政府会赢得更多的支持与拥护。当

① “两个凡是”即“凡是毛主席作出的决策，我们都坚决拥护；凡是毛主席的指示，我们都始终不渝地遵循”。

然，由于政策评估工作所存在的固有局限，使得人们往往对政策评估的结论产生这样或那样的怀疑，这是很普遍也很正常的现象。这就对政策评估提出了更高的标准和要求，评估的结论应该经得起实践的检验，应该不怕被人评头论足。

4. 废旧立新并举，缓解终结压力

由于存在利害关系的牵扯，人们往往会对改革产生一定的抵触心理。但社会是发展的，条件是变化的，在我们长大成人的过程中，不能总是穿着儿时的衣裳。这点道理可能人人都明白，但实践中却会有很多的顾虑。一些人很不愿意看到政策的终结，因为它会使得一部分组织和个人的既得利益受到损害，但他们一般不会马上反对一项新政策的出台。因此，为了有效缓解政策终结的压力，可以采取新政策出台与旧政策终结并举的方法，及时用新政策替代旧政策，使人们在失去对旧政策期望的同时，得到一些新的期望。比如，在中国农村“费改税”的试点改革中，有些乡镇政府把向农民征收的乡镇统筹款和村提留统一纳入税收，开征农村公益事业建设税，作为乡镇财政的固定性收入，由乡镇财政统一管理，统一支配。

的确，并举的做法可以大大减少政策终结的争议和阻力，但对实际操作部门提出了更高的要求，因为废旧立新并举，工作压力很大，弄不好就会顾此失彼，两方面都想照顾到，结果什么都弄得一团糟。可能就是因为害怕这种情况出现，致使一些旧的政策不能及时废止，一些新的政策迟迟不能出台。

5. 做出必要妥协，降低终结成本

有些时候，政策终结的反对势力会形成某种联盟，带给政策终结强大的阻力。当政策终结的阻力很大且一时难以改变这种状况时，政府做出一定的妥协，也不失为一种有效的对策。当进退两难的时候，折中可能是唯一的选择。当然，政府完全有能力采取果断措施，但往往需要付出很大的代价，带来很多消极的影响。因此，有时政府就不得不正视现实的压力，放弃较高的目标期望值，以有条件退让的方式，换取有限目标的实现，即缩小政策终结的范围，因为终结的范围越小，反对终结的人就会越少。实际上，妥协并非只是软弱，而是代表了一种民主的精神。在当代社会，多元化和民主化已经形成一种社会趋势，折中与妥协已经成为一种司空见惯的政治现象。必要的妥协实在没有什么不好，政府没有必要害怕妥协。当然，妥协不是没有原则的，政府不会做出无原则的退让。

6. 建立政策保质期，政策终结制度化

> 据媒体报道，重庆市政府常务会议 2008 年 6 月 10 日审议通过《重庆市行政立法基本规范（试行）》，对政府规章和规范性文件设置有效时间。其中，重庆市政府规章的有效期自施行之日起，最长不超过 10 年；政府的规范性文件的有效期自施行之日起，最长不超过 5 年。设置最长有效时间，是指规章和规范性文件即将到有效期时，由规章和规范性文件出台的部门对其进行评估，看是否还适用，不再适用就废止，而不是出台后就一成不变。

重庆市政府的这一创新举措具有重要的理论和现实意义。首先，从法律实践的现实层面来看，这样做不失为从源头上解决政府部门“规制泛滥”的一剂良方。从目前情况看，重庆市制定的政府规章、规范性文件多达上万件，在梳理和审查过程中，发现有的规章和规范性文件出台了几十年还在执行，远远不能适应变化了的社会环境和形势。不独重庆如此，这种问题其实很普遍。《人民日报》2007 年 3 月 27 日报道，1955 年以来，我国曾先后十次集中清理法规规章——为过多过滥的行政立法“清淤”，其中，仅结束于 2006 年底的一次专项清理，便修改 1 039 件、废止 4 148 件法规规章、规范性文件。比较这类不定期进行的“专项清理”，设定一个到期自动失效的“保质期”，在预防“规制泛滥”上，是一个省时省事的办法——既节省了诉求和清理成本，也有利于社会的知情和监督。其次，从更深一层的法治视角来看，为政府规章设定“保质期”，实际上也是对“规范政府权力，保障公民权利”的根本法治精神的一种生动彰显和具体诠释。[①] 很明显，政府为其规章制定“保质期”，一方面，有利于强化对政府行为在时效上的规则约束，体现政府宝贵的“权力自缚”意识，另一方面，政策到期失效，不再依赖舆论呼吁和政策诉求，提高了公众对政府行为的预见性，从而能够有效提高行政效率。一般来说，作为政策重要表现形式的政府规章，其“寿命”、时效显然不宜过长，万万不可“长生不老”、“万寿无疆”，应该适时进行反省检视——修订或废止。

本章小结

本章内容主要涉及政策终结的对象、形式、作用和措施。通过本章的学习，应熟悉政策终结的具体内容，理解政策终结的主要形式，认识政策终结的各种障碍，掌握政策终结的基本方法，并能够结合具体政策实践说明政策终结的实际作用。

关键术语

废止 替代 合并 分解 缩减 强化理论 既得利益 沉没成本 政策保质期

复习思考题

1. 举例说明什么是政策终结。
2. 政策终结针对的是哪些情况？
3. 为什么要进行政策终结？
4. 政策终结包括哪些对象？
5. 政策终结有哪些表现形式？
6. 政策终结障碍何在？
7. 政策终结应如何进行？
8. 在我国现行社会政策和经济政策中有哪些需要终结的内容？

① 参见张贵峰：《为政府规章设保质期彰显法治深意》，载《西安晚报》，2008-06-13。

附录 1

政府事务清单①

以下的政府事务清单用于激励创新并提供思考视角。使用方法首先是思考你的政策问题，然后回到清单进行对照，问一问你自己："关于这个问题，清单是否提供了有效的解决途径?"清单在给出"可能做什么"的建议之后，还进行了"为什么要这样做"的简要讨论，其主要目的就在于启发创新性的思考。

一、税收

可能做什么?

- 增加新税
- 废除旧税
- 改变税率
- 改变税基
- 改建税收机制
- 征收外部税

为什么要这样做?

通常情况下，税收被视作解决问题的途径是因为政府的税收不足，难以达成政府的目的，或者市场价格的结构与经济机会成本不匹配。如果市场价格是扭曲的，通常是有更深层次的结构方面的原因，比如供给方面的寡头垄断或政府的过度监管，这些都可以通过其他方式得以纠正。当然，一旦税收阻碍了经济和社会活动的发展，太多的税收也会成为一

---

① Eugene Bardach, *A Practical Guide for Policy Analysis-The Eightfold Path to More Effective Problem Solving*, Third Edition, Washington, CQ Press, 2009. p. 127.

个严重的问题。

二、监管

可能做什么?

- 增加新的监管机制或废除旧的监管机制
- 发布新的标准或废除旧的标准
- 加强或放松已存在的标准
- 完全禁止某些监管
- 提高现有标准的科学和技术基础
- 关闭或打开监管渠道
- 加强执法人员的培训或实施更好的监督
- 改进执法目标以去除害群之马，或者提高威慑力，增进效率
- 提高或降低无效核准的层次
- 加强或简化上诉程序
- 改进报告或审核程序
- 增加、减少或提高公众的申诉机制

为什么要这样做?

区分三类不同的监管，第一类监管用于对自然垄断下的价格和产量进行监管。比如通过公共设施委员会对本地的电话服务进行监管。第二类监管有时候称作社会监管，这在与健康和安全相关的议题上十分普遍，其目标在于纠正由于市场信息缺失所导致的信息不对称以及由于民法救济（民事侵权行为和合同纠纷）的使用所导致的各种纠纷。比如银行偿付能力监管就属于这一类。这类监管容易导致的问题有监管不足或监管过度，原因是情况的不确定、衡量的技术障碍以及政治压力等，这些因素通常会导致监管问题在不同情况下出现。第三类监管是关于准入、退出、产出、价格以及服务标准的监管（如交通运输行业），这一类监管面临信息收集以及协调许多寡头垄断行业的巨大难题。政治上反对竞争的诱惑一直存在，自1978年以来，解除管制运动聚集了巨大的政治力量，这一运动将讨论引向了另一个新的层面，即如果政府放松管制，这些行业会在多大程度上形成良性竞争。大多数的空气和水污染管制被视作社会管制。但是，从行政上（有时候是政治上）而言，这更类似于第三类监管，因为其主要的法律均涉及政府机构协调各类企业的产出。

三、补贴和许可

可能做什么?

- 增加新的项目
- 废除旧的项目

- 改变标准
- 改变边际税率
- 引进、废除或改变补贴分配的方案
- 修正准入状况和资格
- 放松执法
- 加强执法

为什么要这样做？

激励效果。补贴和许可是为了提供激励，通常用于市场、非营利或志愿行动所提供的产品或服务不充分或质量不佳的领域。在府际关系方面，当一级政府想要鼓励另一级政府从事某项活动时，它会发挥相当重要的作用。在政府处理与非营利组织的关系方面，它也能够发挥很大作用。

财富效果。补贴和许可也使资源在特定的人、组织或某一层级的政府间发生转移，目的是起到增加财富的效果。

预计问题。通常会出现的情况是想创造激励而非财富效果。例如，你想要通过补贴和许可使穷人增加收入而不减少其工作激励，或者你可能想鼓励企业和大学从事更多的研究而不是过度地养肥自己，或者是无效率地使用这些补贴。

需要注意的是，补贴和许可的获得通常需要满足各种各样的指导方针和附加条件，因违反指导方针和附加条件而导致的长期补贴和许可的削减可视作一种管制制裁，从而导致特定的许可和补贴变成一种特殊的混合管制。

四、提供服务

可能做什么？

- 增加新的服务
- 扩张现有服务
- 把服务范围扩大，涵盖那些还没有使用此项服务的潜在受益者
- 为特定的亚人群定制现有服务
- 为特定服务提供消费券，使公众能从一系列竞争性的服务提供者中进行选择
- 联合两个或更多的现有服务送达系统，以发挥潜在的协作优势，使服务接受更便捷
- 通过以下方式减少服务使用者获取服务的困难：(1) 使用网络；(2) 电脑化处理输入和资格审核过程；(3) 简化表格；(4) 联合服务办公；(5) 允许通过手机发布指令；(6) 便利公民咨询和申诉；(7) 改进支付方式。

为什么要这样做？

服务有两种基本类型。一种是期望服务，它是人们想要的服务，比如社区公园和好的学校。另一类是家长式的服务，公众可能并不需要这类服务，但其他人可能希望公众接受这种服务以便从中获取潜在的收益（例如对精神病患者的康复服务，为无家可归者提供栖

身之所，为失业者提供求职服务等)，相对于家长式的服务，期望服务的服务条款设计起来要容易得多。

五、机构预算

可能做什么?

- 增加大笔预算
- 对预算做小量增加
- 将预算保持在上一年度的水平
- 少量地削减预算
- 大量地削减预算
- 将预算资金在不同项目之间进行调整

为什么要这样做?

一般而言，预算的调整通常是基于你想要这个机构从事某项活动。如何处理机构的预算通常是一种政治信号，反映了你对此机构绩效的满意程度，这同时也会导致激励效果和财富效果的出现。但是，将预算作为激励措施往往不会产生积极的效果。

六、信息

可能做什么?

- 要求公开化
- 指导分级或审核
- 标准化形式并加以公布
- 简化信息
- 补贴信息生产者
- 补贴信息传播者

为什么要这样做?

基于信息生产、传输和验证活动的平均成本下降可能是次优选择。同时，因为消费的隐含成本（比如在阅读、听取、翻译、筛选和验证信息方面所花费的时间成本等)，信息消费也可能是次优的。

七、私人权利结构

可能做什么?

- 订立契约，确认权利和义务

- 财产权
- 责任和义务
- 家庭法
- 宪法与权利
- 劳动法
- 公司法
- 刑法
- 诉讼与法庭之外的争议解决制度

为什么要这样做?

最近几年来，两个最受政策分析者关注的议题是经济效率的风险几率，其应由当事人承担以维持最低的社会成本——这一成本涉及司法系统的行政成本问题，司法的权利和义务在分配风险方面作用很大。比如，如果你的产品使顾客处于风险中并最终受到伤害，你可能就要承担相应的责任，除非顾客是误用或滥用产品，或者同意冒着风险使用产品。修改法律有时候是强有力的政策干预措施，同时，许多创造性的思考正试图找到降低行政和司法成本的途径。

除了经济性事务之外，对伤害补偿的关注也较多。有时候为转移财富，法律可以有所改变，调整不同阶层的人群及其利益。由法律改变所导致的财富和风险转移，其效果有时候会朝向期望的方向，有时候则会完全相反。同时，两者都可能与减少行政和司法成本的期望相一致或相冲突。

八、经济活动的方针

可能做什么?

- 鼓励竞争
- 鼓励集中
- 控制价格和工资（利润）
- 放松对价格和工资（利润）的控制
- 管制产出水平
- 放松对产出水平的管制
- 改变税收激励
- 提供公共就业
- 废除公共就业

为什么这样做?

支持更多的政府干预。在提供一方，可能会出现垄断和寡头问题，在需求一方，消费者可能相对弱势并易于受到剥削，比如对一般工人而言，情况可能就是如此。

支持更少的政府干预。你可能认为政治力量有不正当的企图并已经掌控了政府机关，或者政府承担此项任务所花费的信息成本太高，或者技术的改变使传统的政府干预显得无效或低效。

九、教育与咨询

可能做什么?

- 警示危险
- 通过规诫或启发提高认识
- 提供技术方面的帮助
- 提高技术和能力
- 改变价值观
- 通过培训、审核、许可等，不断提高服务人员的专业化水平

为什么要这样做?

人们可能对某个问题或某种机遇不太在意，他们可能会显得冷漠和粗心，有太多未经培训的非技术人员，指望他们提供良好的公共服务或具有高度的工作责任心显然不恰当。

十、融资和合同

可能做什么?

- 塑造新的（政府）市场
- 废止现有（政府）市场
- 改变偿还率
- 改变偿还基础（如成本补偿、单位价格、依数量的活动费率制、企业绩效奖励/处罚）
- 国有资源租赁
- 改变使用费结构
- 重新设计招标体制
- 改变合约执行方式
- 提供贷款
- 保证贷款
- 补贴贷款
- 建立国有企业
- 废除国有企业
- 使国有企业“私有化”
- 修改保险安排
- 改变采购做法

为什么要这样做?

资本或保险市场的运作可能是无效率的，政府的合同或采购机制的运作可能状况不佳，比如，太僵硬或者太腐败，太昂贵或者太缓慢。

十一、官僚制度与政治改革

可能做什么?

可能采取的做法很多，包括机构重组、替换高层人员、改进信息系统、提高工资待遇等。

为什么要这样做?

实质的原因太多而难以一一列举，但我们应当注意到，在很多政策背景中都有针对官僚和政治改革的重大的实质性（政治性）和象征性的考虑。政治性考虑通常涉及以损害某一社会群体的力量或价值观为代价，来增强另一社会群体的力量或价值观；象征性的考虑通常涉及在社会层面回避真正的困难或可能的问题，从而在政府能够掌控的领域进行某些小的改革。

附录2

类比方法

类比，是选择两个对象或事物（同类或异类）对它们某些相同或相似性进行考察比较。类比推理，就是根据两个对象之间在某些方面的相同或相似，推论出它们在其他方面也可能相同或相似的一种方法。远古时代的人类就掌握了这种方法，他们从构造相似的或形象上相似的东西中求得思想上的启发，有意无意地用这种方法完成了许多发明。类比法是富有创造性的创意方法，有利于人的自我突破，其核心是异中求同或同中见异，从而产生新知，得到创造性成果。历史上，许多重大的科学发现、技术发明和文学艺术创作，都是运用类比创意技法的硕果。

在艺术领域里，中国古代文学艺术中的“比”、“兴”和类比法有着密切的联系。刘勰①说：“比者，附也；兴者，起也。附理者，切类以指事；起情者，依微以拟议。”意思是说：“比”是喻事理；“兴”是引起联想。比喻事理的，要根据相似点来说明事物；引起联想的，要从细微处寄托深意。刘勰还指出，“比”的手法在设喻上是不固定的，有的比声音，有的比形貌，有的比心思，有的比事物。文艺创作中的“比喻”、“移情”，是类比的重要体现。如“欲把西湖比西子，淡妆浓抹总相宜”，比的是形貌；“问君能有几多愁，恰似一江春水向东流”，喻的是心思。在艺术创作中，类比方法处处可见。类比法按原理可分为直接类比、拟人类比、象征类比、幻想类比、因果类比、对称类比、仿生类比和综合类比八种。

---

① 刘勰（约公元465—520年），字彦和，生活于南北朝时期，中国历史上著名的文学理论家。他曾官至县令、步兵校尉、宫中通事舍人，颇有清名。刘勰虽任多个官职，但其名不以官显，却以文彰，一部《文心雕龙》奠定了他在中国文学史和文学批评史上无可撼动的地位。据《梁书·刘勰传》记载，刘勰早年家境贫寒，笃志好学，终生未娶，曾寄居江苏镇江，在钟山的南定林寺里，跟随僧佑研读佛书及儒家经典，32岁时开始写《文心雕龙》，历时五年，终于书成我国最早的文学评论巨著，该书共计37 000余字，分10卷50篇，书超前人，体大而虑周，风格迥异，独树一帜，对后世影响颇大。

1．直接类比

直接类比就是从自然界或者人为成果中直接寻找出与创意对象相类似的东西或事物，进行类比创意。这种类比的例子，古今中外比比皆是。我国战国时期墨子制造的“木鸢”、三国时期诸葛亮设计的“木牛流马”、唐代韩志和创造的能飞行的飞行器等，都是仿生学的直接类比。鲁班发明锯子，也是通过与带齿的草叶把人手划破和长有齿的蝗虫板牙能咬断青草进行直接类比实现的。

此外，听诊器的发明，同样是直接类比思维的产物：雷奈克医生很想发明一种能够诊断胸腔健康状况的听诊设备，一天他到公园散步，看到两个小孩在玩跷跷板，一个小孩在一头轻轻地敲跷板，还有一个小孩在另一头贴耳听，虽然敲者用力轻，可是听者却听得极清晰。这一现象给雷奈克很大启发，通过类比，他获得创意，世界上的第一个听诊器就这样诞生了。

再有，日本某印刷厂有个事务员对刀特别有兴趣。一次他看到一个人用玻璃碴刮板上的油漆，钝了就再把玻璃敲碎，用新碴口继续刮。于是他想到当刀钝时也可把变钝的部分折下来，不必每次都修磨。就这样，他设计出了不用磨的新型刀子。这也显示出直接类比的创新作用。

2．拟人类比

这种类比就是创意者使自己与创意对象的某种要素认同，把创意对象“拟人化”。自我进入“角色”，体会问题，产生共鸣，从而获得创意和灵感。

孩子比成人更容易接受拟人类比的方法。在儿童眼里，小狗和他一样会思考，小树也和他一样会感知冷暖。他会与玩具车聊天，向布娃娃说心里话。这是儿童成长过程中必然经历的“泛灵化”阶段，即把自己所喜欢的事物作拟人化处理。这种思考方法对他们来说是再自然不过的事情了。拟人类比有两种形式，一种是赋予没有生命的事物以人的特点，叫移情，比如，在文学创作中把祖国比作母亲，把鲜花比作姑娘等。另一种是把自己想象成那个无生命的事物，叫亲身类比。比如在解决问题时，运用亲身类比的思考方式，把自己比作要解决的问题，与问题进行“换位思考”，从而使人产生一些新的体验，有助于创造性地解决问题。其实，许多创新的设计都源自“假如我是它，我会怎样？”的一种想象。

3．象征类比

这是一种借助事物形象或象征符号，表示某种抽象概念或情感的类比，有时也称之为符号类比。象征类比可使抽象问题形象化、具体化，为创意问题的解决开辟途径。形象虽然在技术上不一定精确，但在美学上却是令人满意的。象征类比是直觉感知的，是有助于理解的。马克思把“暴力”比作“孕育着新社会的旧社会的产婆”，毕加索用“鸽子”象征“和平”，所有这些都是用形象和符号间接地反映事物的本质。

我国唐代大画家吴道子的得意之作多半得助于象征类比。如《佛香图》线条流畅、气象万千，就是他观察裴曼将军静如处女、动如脱兔、转似游龙的剑舞而画出的。外国美术史上也不乏同样的事例。大画家米开朗基罗奉罗马教皇之命以圣经故事为参考绘制教堂壁画。他为了要用奇伟壮观的布局显示上帝创世时的景象而苦思冥想，废寝忘食，但终无所获。于是他只好暂时放下工作，到深山旷野放松一下。一日清晨，暴风雨过后，云开雾散，旭日东升。他看见两朵白云，状如勇士，从两边奔向初升的太阳，顿时大悟，立即跑回去，把所见景观作为创世纪之布局，绘成杰作。

4. 幻想类比

这是在创意思维中用超现实的理想、梦幻或完美的事物为类比创意对象的创意思维法。

古代的神话故事，多是在不能解决问题时产生的幻想。在科技迅猛发展的时代，人们利用幻想解决问题已不稀奇。众所周知，著名“科幻小说之父”凡尔纳有着非凡的想象力，是个幻想类比法的大师。100 多年前还没有收音机，其小说中的人物却看上了电视；在莱特兄弟进行首次飞机试飞前 55 年，他塑造的人物已乘上直升机翱翔蓝天了。在他的小说中有霓虹灯、可移动的人行道、空调、摩天大楼、坦克、电子操纵潜艇、导弹等，在 20 世纪，这些东西都变为现实，但凡尔纳在一个多世纪前都从其笔端一一道出，多么令人难以置信。凡尔纳曾充满自信地说：“只要前人能做出科学的幻想，后人就能将它变成现实。”

5. 因果类比

各个事物之间可能存在着同一种因果关系。因此，可根据一个事物的因果关系，推测出另一个事物的因果关系。例如，在合成树脂中加入发泡剂，得到质轻、隔热和隔音性能良好的泡沫塑料，于是有人就用这种因果关系，在水泥中加入一种发泡剂，结果就发明了既质轻又隔热、隔音的气泡混凝土。这种创意方法，就称为因果类比法。

6. 对称类比

自然界充满对称性。人们所直接感受到的就是左右对称，或叫镜面对称。人体是左右对称最明显的例证。由此，人之于对称性具有一种与生俱来的审美偏爱，从而又人为造出了许多具有对称性的事物，比如建筑，尤以古建为甚，四合院、宫殿、庙宇等建筑几乎都有中轴线，以使两边对称。这种通过对称类比关系产生创意的方法被称之为对称类比。

7. 仿生类比

人在创意、创造活动中，常将生物的某些特性运用到创意、创造上。比如，工程师布鲁内尔曾为解决水下施工问题大伤脑筋，有一次他观察到蛀木虫进入木材的方法，即造了一根管子作为他前进的通道。于是通过仿生类比，他想出了用空心钢柱打入河底，以此为“构盾”，边掘进边延伸，在“构盾”的保护下施工，这就是著名的“构盾施工法”。这可以说是仿生类比法的重大成果。

8. 综合类比

事物属性之间的关系虽然很复杂，但可以综合它们相似的特征进行类比。例如，为了设计一架飞机，可以先做一个飞机模型进行模拟飞行实验。同样，各领域的模拟实验，如大型机械设备的模拟实验等，都是综合类比。现在盛行的各种模拟考试也是这样，先出一张试卷，其中综合了将来正式考试中可能会出现的题型、覆盖面、题量和难度，以及考生可能出现的竞技心态，使考生对正式考试的各种情景有所了解，并能对自己准备的程度作出评价，然后有针对性地做好进一步应考的准备。

综上所述，在八种类比中，直接类比是基础，其他类比是延伸。这八种类比在创意、创造活动中虽各有侧重并反映出不同的特点，但它们常常相互依存、相互补充、相互渗透和相互转化。

附录3

德尔菲法

1. 德尔菲法的实施步骤

德尔菲法也称专家调查法，是一种采用通信方式匿名进行的专家预测方法。德尔菲法的实施步骤主要有以下六步：

（1）组成专家小组。按照课题所需要的知识范围，确定专家。专家人数的多少，可根据预测课题的大小和涉及面的宽窄而定。

（2）向所有专家提出所要预测的问题及相关要求，并附上有关这个问题的所有背景材料，同时请专家提出是否还有对背景材料的进一步要求。然后，请专家对第一轮调查填写意见。

（3）将各位专家第一次的判断意见汇总，列成图表进行对比，进行初步的统计和计算，发现具有共识性的意见和看法。然后再反馈给各位专家，让专家比较自己同他人的不同意见，修改自己的意见和判断。（注意：如果专家作出的第二轮预测与反馈的其他多数人意见不符，则要求陈述理由，说明为什么自己的意见不同于其他多数人的意见。）

（4）预测工作小组收到第二轮调查表后，就要根据新的数据重新进行统计和计算。

（5）将第二轮统计结果及有些专家的陈述理由告知每位专家，请他们在这个基础上进行新一轮的预测。逐轮收集意见并为专家反馈信息是德尔菲法的主要环节。收集意见和信息反馈一般要经过三、四轮。在向专家进行反馈的时候，只给出各种意见，并不说明发表各种意见的专家的具体姓名。这一过程重复进行，直到每一个专家不再改变自己的意见为止。

（6）对专家的意见进行综合处理，提出预测结论。

图附 3—1 展示了德尔菲法的整个流程。

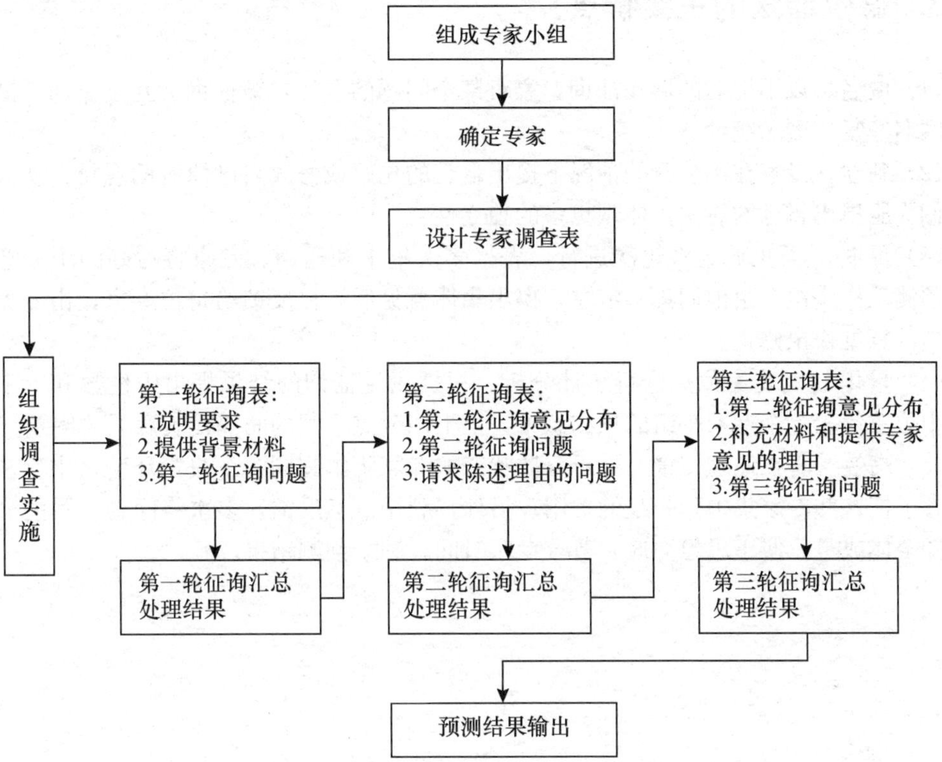

图附 3—1 德尔菲法程序图

2. 设计意见征询表的具体要求

第一，问题含义要明确，以免应答者对问题产生不同的理解，出现所答非所问的情况。如“到哪一年（未来 5 年还是未来 10 年，甚至更远?）小汽车（小汽车是一个很笼统的概念，要说明是什么样的小汽车）可以进入普通家庭（什么样的家庭可以被定义为‘普通家庭’)?”这类的问题设计就存在明显的缺陷，含义比较模糊，缺少具体指标，理解出现歧义，回答失去意义。

第二，问题要具备独立性，对一个问题的回答不应以对另一个问题的回答为条件。比如“到哪一年某某城市的私人轿车拥有量可以超过 200 万辆?”这种问题明显涉及公路建设的发展、家庭收入的提高等一系列前提条件，如果不事先进行一定的说明，就很难作出恰当的判断。

第三，回答问题的方法要一致和统一，否则就难以对预测的结果作出比较和分析，比如“某个事件发生的可能性有多大?”这类的问题回答起来就很难统一。因为事件发生的概率总是随着时间的变化而变化的，如果不给出具体的时间条件，预测的结果根本没有办法进行比较。

3. 德尔菲法的主要特点：

（1）匿名。以不记名的形式征询专家对某个问题的看法，被征询者互不见面，匿名登录、匿名答复、匿名统计。

（2）独立。专家在不公开的情况下提出自己的见解或修改自己原有的意见，从而有利于他们大胆提出自己的看法，体现更多的独立性。

（3）反馈 。意见调查多轮次进行，表格多次集中和返回。专家将写好的个人意见集中到预测工作小组，由他们集中汇总，得出集体意见后，再反馈给每位专家，由专家对自己原先的意见作出修正。

（4）量化 。对专家意见进行统计分析。根据意见征询的结果提出中位数和上下四分点。中位数代表整个专家小组的预测意见，上下四分点之间的间隔代表意见的偏差。

（5）高效。将在地理位置上处于分散状态的专家集中到同一个决策环节之中，从而大大节省了把这些专家集中到一起的费用；另外，利用信息反馈，多次将问卷填写的分析结果告知全体成员，便于思想沟通，节省专家时间，利于预测结果。

附录4

决策案例：古巴导弹危机

1962年10月，苏联在古巴部署导弹，从而引起美国的强烈反应，爆发了震惊世界的古巴导弹危机。美苏两个核大国眼珠对眼珠，剑拔弩张，剧烈对抗，使世界处于核战争的边缘。如何正确处理这次危机？美国总统肯尼迪召集了重要的政府阁员进行紧急的磋商，他们重点讨论了下列六项方案对策：

方案1：无所作为。对苏联在古巴建立导弹基地一事不予理睬。

分析：用设置在苏联本土的远程导弹对美国实施攻击与从古巴进行导弹攻击在本质上并无太大区别，真正的危险不是苏联所采取的行动而是美国的过度反应。如果美国采取一种无所谓的姿态，那么就会使赫鲁晓夫自讨没趣，瞎忙活一场。

对此方案的否定意见提出了如下理由：

第一，过低估计了苏联这次行动的军事意义，苏联在古巴建立导弹基地不仅能够使其军事进攻能力成倍增加，改变美苏间的战略平衡，而且苏联从古巴对美国实施导弹攻击会使美国的早期预警能力完全遭到挫败。进一步讲，苏联不会就此止步，它将寻找机会，加强部署，投入更大力量发展短程导弹，这种趋势对美国极为不利。

第二，苏联以捍卫古巴革命成果为借口，悍然在美国的家门口舞刀弄枪，它的这次部署有着不可否认的政治意义。如果认为其只是出于防务性需要，对此不应神经过敏，那就大错特错了。苏联的这次行动说明它根本没有把美国总统在多种场合提出的郑重警告放在眼里，已经对美国提出了严重挑战，如果美国无所作为，那么其今后的国际许诺将失去其应有的分量，外强中干的形象将会成为世人的笑谈。

方案2：施加外交压力。呼吁联合国或美洲国家组织进行干预，或者与赫鲁晓夫进行秘密或公开的接触。

分析：不论通过哪种形式的外交努力，最后的裁定总会伴有一定的交换条件，如美国从意大利和土耳其撤出其导弹部署。当然，美国如果这样去做的确是无关痛痒的事，肯尼迪总统也曾在多种公开场合表示过这样的姿态，但是撤可以，却绝不能选择这样的时机，美国的这种让步会大长苏联之士气，大灭美国之威风，使苏联人得寸进尺，胃口越来越大。而且，欧洲国家会认为美国在关键时刻为了自己的利益会牺牲欧洲的利益，是一位不可信赖的"朋友"，在"窃贼"面前，不应考虑怎样进行妥协，而应考虑如何抓住"窃贼"。

此项方案有许多不利的条件：

第一，苏联是联合国安理会的成员，它对安理会的决议具有一票否决的权力。

第二，外交斡旋所耗费的时间往往是很长的，也是难以预料的，这会使苏联赢得充裕的时间把在古巴的导弹基地部署完毕，增加其在谈判桌上的砝码。

第三，派密使与赫鲁晓夫进行接触，会把外交上的主动权拱手相让，使自己处于一个非常被动且十分软弱的地位。

第四，两国政府首脑的峰会接触，必然导致美国的进一步让步，否则就将难以取得任何进展。

方案 3：秘密接触卡斯特罗。利用各种渠道，通过多种手段，赋予优厚条件，设法使卡斯特罗与苏联分裂，从而解决古巴导弹危机。

分析：古巴导弹危机为美国提供了分裂国际社会主义阵营的一次机会，如果古巴能够在各种利益的强大诱惑下，投入美国的怀抱，那么是再好不过的事情。但是，这种结果的可能性到底有多大，谁都难以作出判断。而且，"请神容易送神难"，导弹设施属于苏联，苏联军人全权负责运输、安装、保护和控制导弹，所以，会不会撤出导弹最终要取决于苏联人的决定。

方案 4：武装入侵古巴。导弹危机正好为美国入侵古巴提供了一个借口，可以使美国实现其消灭卡斯特罗统治的多年愿望。

分析：这个对策直接且简单，不仅能够彻底摧毁苏联设在古巴的导弹基地，而且可以消灭卡斯特罗的政权统治。美国军方已经为此进行了长期的准备，在加勒比地区集中了强大的军事力量，只是苦于没有适当的借口实施这种行动，现在正是一次难得的机会。但是，武装入侵并非上策，似缺少理性的考虑。发动地面进攻将使美军面对面地和两万多苏联军人发生冲突，这会把美苏两个超级大国拖入核战争的边缘。不仅如此，比较现实的问题是，苏联很有可能发动对西柏林的军事进攻，从而导致更大规模的军事冲突。

方案 5：实施外科手术式空袭。轰炸苏联在古巴建立的导弹基地，可以显示美国的强硬态度。

分析：这是一种积极有效的反应方式，首先能够使苏联在古巴的导弹系统运转失灵，其次能够使苏联人明白，美国处理这次导弹危机的坚定决心，即只要发现威胁美国国家利益的事情，美国就会首先采取坚决的反击行动。

当然，空袭行动也面临一定的困难：

第一，轰炸能做到像一次外科手术一样的作用吗？

第二，苏联的轰炸机同样可以轰炸美国本土或美军在国外的基地。

第三，苏联有可能用没有炸毁的一些导弹设施发射导弹攻击美国。

第四，轰炸越密集，苏联军人伤亡的可能性就越大，苏联在国内和国际各方面的压力下，不可能不采取报复性行动。

第五，空袭要想取得理想的效果就应采取突然袭击的方式，但这与美国人的传统价值观背道而驰，美国人忘不了"珍珠港事件"给他们带来的刻骨铭心的伤痛。

方案 6：进行海上封锁。通过这种常规形式来处理核冲突，把下一步的决策负担甩给赫鲁晓夫。

分析：这是一种间接的军事行动，在无所作为与武装入侵之间进行的折中选择。既可避免一定的战争风险又足以表示美国坚定且不妥协的态度。决策在进退两难之时，中庸之道往往成为最佳的选择。美国的这种反应会把难题留给赫鲁晓夫，看他下一步如何动作，然后再进一步采取相应对策。相对而言，海军的介入对美国来说是最可取的军事对抗形式，美国海军具有举世公认的强大实力，而且又是在自己的家门口实施封锁行动，成功的把握很大。美国若采取这种常规的形式处理核冲突，那么在继之而来的非核对抗中，美国都将保持绝对的优势，因为美国在常规武器的装备方面占有明显的质量优势。

然而，实施海上封锁也不是没有困难的：

第一，它同样是战争行为，不仅违反联合国宪章和国际法，而且会严重伤害周边一些友好国家的利益，引起它们的强烈不满。

第二，这种行动势必引起苏联在世界其他地方对美国采取一定的报复行动。

第三，海上封锁虽然排除了进行空中打击的可能性，可一旦苏联舰只不听警告，美军势必就要首先开火，从而导致一定的人员伤亡，引起苏联的报复行动。此外，古巴的舰只也有可能主动进攻，挑起军事冲突。

第四，海上封锁对岛上正在建设的导弹基地并不会构成直接的威胁，从而给苏联提供了采取拖延战术的机会，使他们能够争取时间，尽快完成导弹基地的建设。

决策小组进行了多日的讨论，对每项方案的利弊都进行了全面的分析。通过比较鉴别，他们最终选择了进行海上封锁的方案，并以空中打击作为备用手段，他们认为在六个可行性方案中，无论是从战略还是从战术角度来看，海上封锁都是最优的选择，可以获得最大的价值。后来事态发展的结果也证实了这一点。美国政府之所以会作出这种选择，还源于这样一个原则，正像肯尼迪在总结危机教训时所指出的那样："核大国在保护自己重要利益的同时，注意不要把对手逼上绝境，使他要么选择丢人的惨败，要么选择发动核战。如果真发生了这样的事，那就是我们政策的重大失败，或者说是我们对世界末日的追求。"的确，在许多情况下，给对手只有一种选择的棋路并不是好棋路。

古巴导弹危机

古巴是加勒比地区最大的岛国，距美国只有 90 海里。1959 年以卡斯特罗为首的革命起义军进行了武装暴动，推翻了亲美的巴蒂斯塔的独裁统治。建立了革命政权。美国一向把拉美地区视为自己的后院，没想到这次后院起了火，它如坐针毡，视古巴革命政权为肉中之刺。而苏联却喜出望外，视古巴为击破美国长年称霸拉美的桥头堡。

1962 年 3 月 17 日，苏联领导人赫鲁晓夫得到克格勃的密报，称美国已经完全做好了进攻古巴的一切军事准备，美国中央情报局也已制订好推翻卡斯特罗政权的周密计划，并得到了美国总统肯尼迪的批准。因为此前苏联曾得到过美国不进攻古巴的口头允诺，所以在获得克格勃的情报后，苏联政府决策层认为，美国过去的允诺是在故意蒙骗苏联，而苏联却信以为真。古巴政权目前危在旦夕，苏联绝不能袖手旁观，因为这事关冷战时期的战略地位。1962 年 5 月，在与古巴领导人秘密磋商后，苏联政府决定铤而走险，开始在古巴秘密部署导弹，以遏制美国入侵古巴的战略企图。

十月导弹危机爆发后，美国政府决策层进行了紧急磋商。1962 年 10 月 22 日，美国总统肯尼迪发表了电视讲话。他宣布，美国已经得到确切的情报：苏联已经把 42 枚中程导弹（射程为 1 200 公里，可覆盖包括美国首都华盛顿在内的多数重要城市）和一些近程战略巡航导弹运抵古巴，其中一部分已经安装完毕，随时都可以进行发射。不仅如此，一些远程导弹也在运送途中。他指出，苏联的这次行动是对世界和平的严重挑战，并威胁说，如果从古巴发射的导弹击中任何美洲国家，美国都要进行军事报复。他宣布，立即对古巴进行全面海上封锁，任何进出古巴的船只都将受到美国军队的打击。苏联政府马上对此作出了反应，宣布苏联和华沙条约组织国家的武装力量立即进入最高战备状态，第三次世界大战看似一触即发。

双方在最初三天里处于军事对峙状态。由于赫鲁晓夫认为美国的海上封锁只是虚张声势，在这种时候不可能敢于进攻古巴，所以他命令苏联的舰只继续向古巴挺进，不要害怕美国的海上封锁。10 月 25 日凌晨，克格勃再次密电赫鲁晓夫，称：美国计划在 10 月 29 日或 30 日对古巴进行军事打击。在这种情况下，赫鲁晓夫马上改变了主意。他立即下令让那些正向古巴行驶的舰只调头返航，并立即致电美国总统肯尼迪，希望能够寻求到解决这次危机的可行方案。

1962 年 10 月 28 日，美苏迅速达成协议：苏联将全部拆除部署在古巴的导弹并在联合国进行核查之后运回本国。美国则允诺拆除不久前刚刚在土耳其部署完毕的导弹基地，并保证不会发动对古巴的军事进攻。美苏双方可谓相互妥协、各让一步，从而化解了这次重大的冲突，使持续了一周的加勒比地区的紧张局势得以缓解。11 月 20 日，在确定苏联已经把部署在古巴的导弹和导弹基地全部拆除后，美国宣布解除对古巴近一个月的海上封锁。至此，古巴导弹危机宣告结束，一场世界大战得以避免。

附录5

听证制度

1. 听证制度的起源

听证或聆讯（hearing）制度起源于英美，其传统可以追溯到英国自然法古老的自然公正原则[①]：当事人非经听取意见不受人身和财产的处罚。它要求任何权力必须公正行使，无论法官判案还是行政裁决，只要对当事人作出不利的决定，必须听取当事人的意见，不能主观片面地认定事实，剥夺当事人的辩护权利。“听取当事人意见”在法律规范方面就体现为“听证程序”。

从听证制度的起源来看，听证最初是指初审法院的法官在对案件进行公开审讯前进行的各项中途聆听诉讼各方的申请或陈述、审核相关证据的法定程序。通常只有在当事人一方要求法官裁决某些特定事项时，法官才会在公开审讯前举行听证或聆讯，如当事人一方要求法官下达临时禁止令或要求授予临时性子女监护权或抚养费等。

司法审判的听证模式后来逐渐被引入行政和立法程序。20世纪30年代，美国爆发了严重的经济危机，出现了经济大萧条，罗斯福上台后实施“新政”，为解决政府面临的复杂的社会问题，国会授予行政机关司法权力。按理讲，司法权力本是属于法院的“专利”，但为什么会部分交由行政机关行使呢？

---

① 自然公正原则：英国1215年制定的《自由大宪章》第39条规定：“任何自由人，如未经其同级贵族之依法裁判，或经国法判决，皆不得被逮捕，监禁，没收财产，剥夺法律保护权，放逐或被加以任何其他侵害。”1354年英国国会首次以法令形式明确提到并解释了“正当程序”：未经法律的正当程序进行答辩，对任何财产和身份拥有者一律不得剥夺其土地或住所，不得逮捕或监禁，不得剥夺其继承权和生命。正当程序条款最初适用于司法程序，具体包括两项内容，即“任何人都不应当成为自己案件的法官”和“当事人有陈述和被倾听的权利”。之后正当程序又逐步运用于行政活动领域，成为衡量行政行为正当性的标准。

首先，现代行政日趋专门化，解决行政上的争端需要行政事项的专门知识，而法官既缺乏这方面的专业知识，也缺乏解决行政问题所必备的开拓和进取精神，于是国会立法把这类争端委托给执行相关法律的行政机关处理。

其次，法院的程序规则已经不能适应行政上的需要，法院不仅缺少专业能力而且没有足够的时间参与解决行政争端，致使那些需要迅速加以解决的行政争端不能及时处理。而具备专业能力的行政机关解决纠纷时间迅速、程序简单、成本低廉、效率很高。

最后，司法输出的是一种程序正义，其必然要求当事人和国家为此支付昂贵的制度成本。与高薪供养的法官，苛刻烦琐的仪式，一丝不苟的判决相比，行政官员的供养成本及行政解决纠纷的制度成本要远远低于诉讼成本。法院的任务是实现高标准的公正，行政机构的任务是完成高效率的裁决。

1946 年美国公布的《联邦行政程序法》首次以成文法形式明确规定了行政听证程序，这部法典对后来其他许多国家的行政听证制度都产生了重大影响。行政和立法听证模拟司法审判，由意见相反的双方互相辩论，其结果通常对最后的处理有约束力。具体来说，凡是在听证会上提出的意见，决策者必须在最后裁决中作出回应，否则相关行为可能因此而无效。在美国行政法程序上，正式的听证完全克隆法庭辩论模式，并由行政机关指派一名行政法官①担任主持，对立的双方不仅发表意见，还会提供相关的证人和证据来支持自己的观点。最后行政法官必须像法院审理案件一样作出最后的裁决，裁决必须详尽地回应双方的观点，否则在司法审查中该裁决可能因程序问题而被判无效。在美国，立法程序中也经常使用听证会。立法中的听证会相对要随意一些，通过抽签产生的听证代表就某个法案发表自己的观点，这些观点将成为议员们投票时的重要参考。由于议员的言论、表决免责权，立法程序中的听证会不像行政程序中的听证会那样有约束力，换言之，从理论上说议员可以完全无视听证会上的意见，但是在一个民主体制下，议员不能不为选票着想，听证会毕竟反映了选民的意见，很少有哪个议员敢无视这些意见的存在。

行政听证的适用范围通常是指利害关系人对于行政主体的哪些行政行为可以要求听证。从行政听证的产生看，其立法目的主要是为了防止行政权的滥用，保护个人利益，促进行政行为的公正、公开和民主。就这个意义上说，听证的范围应该尽可能扩大。但适用范围过大也有不妥，往往会对行政效率构成负面影响。另外，对个人利益的过分保护，往往也会影响公共利益的有效实现。为了做到二者的平衡，大多数国家对行政听证的适用范围作了概括的规定，并规定了一定的排除适用条件，将其界定在合理的限度之内。

---

① 美国的行政法官模式：1946 年以前主持听证的人员只是行使机关授予的职权，无特殊地位，不能取得当事人的信任，1946 年《联邦行政程序法》明确规定了听证审查官制度，1972 年以后改为行政法官。行政法官具有独立性质，不受行政机关首长直接控制，除非有文官事务委员会所规定和确认的正当理由，行政法官不能被罢免。行政机关无权自己任命行政法官，只能从文官事务委员会所确认合格的人员名单中选择任命人员。他们在编制上是所在机关职员（在组织上隶属于各行政机关），但在任免、工资等方面，不受所在机关控制（在职业上独立于他们所属的行政机关）。1981 年修正的《州示范行政程序法》规定了行政法官集中使用制，即在州行政部门内设立行政听证局，行政法官根据听证局的指派，可以在不同机关服务。行政法官具有明确的法律地位，对纠纷和争议的裁决具有独立的权力。

从世界各国和地区行政程序法的规定来看，确定听证程序适用范围的标准有两个：一是根据行政行为的性质和种类确定听证范围；另一个是从受行政行为影响的利益或权利的范围出发划定听证范围。前者简称行为标准，即根据负担行政行为和授意行政行为的划分确定不同的程序要求。凡对相对人产生设定或确认法律上重大利益的行政行为属授意处分，包括核发执照、给予社会救助金等。凡对相对人产生不利效果，无论是课以其作为、不作为或容忍义务（如征兵、征税），变更、消失其权利或法律上利益（撤销许可、吊销执照），乃至拒绝申请（如拒绝核发执照、拒绝社会救助申请），都是负担处分。后者简称利益标准，即不以行政行为的性质作为标准，而是以当事人在行政程序中的利益为标准决定是否适用。自然公正原则要求行政机关在作出对相对人权利产生不利影响的决定之前，应当听取当事人的陈述、申辩。

从世界各国司法制度的特点来看，有当事人主义和职权主义之分。当事人主义又称辩论主义，是对英美法系国家刑事程序各基本构成要素相互关系特点的一种概括。其特征是：在诉讼中，当事人双方权利平等，地位对等，强调当事人在诉讼中的主体地位，使他们在诉讼中积极主动，互相对抢争辩，各种程序的开始和进行，证据的收集、提出、审查、适用，均以当事人为主；法官不主动进行调查，甚至不参加提问，在法庭上只起居中公断的作用。当事人主义诉讼以"政府权力有限论"为基础，着眼于对个人权利的保护，因而在诉讼中被告人权利十分广泛。职权主义是对大陆法系国家近代刑事程序各基本构成要素相互关系特点的一种概括。其特征是：警察、检察官、法官依职权主动追诉犯罪，进行侦查，起诉，审判并决定证据的收集、审查和运用，注重发挥司法机关在刑事诉讼中的职能作用；被告人在诉讼中没有与追诉方相应的诉讼权利，只能在服从专门机关的职权的前提下，进行有限的诉讼活动；对诉讼的进行及证据的调查以法院为主，法官以积极姿态出现，在审判中起主动指挥作用。职权主义的建立基础是控制犯罪的需要和国民对公共权力的信赖。从行政听证角度来看，无论是英美法系还是大陆法系，各国都普遍奉行职权主义原则。行政法官对质证的过程拥有完全的控制权，能够对听证中提出的申请和辩护的要点进行分类合并，可以要求听证参与者不偏离主题，不提出重复或无关的证据，目的是保证听证有序进行，避免重复和浪费，提高听证效率。

各国听证程序中都含有一项非常重要的原则——职能分离原则，即在听证过程中从事裁决的机构或人员，不能从事与听证和裁决行为不相容的活动，以保证裁决公正。《英国行政法》一书对此作了较全面的介绍："公民在其权利和合理的利益受到行政决定的不利影响时，不仅有权为自己辩护，而且有权要求他的意见必须由一个没有偏见的行政官员裁决。一个行政决定不能由和该决定有利益牵连的人作出，这是自然公正原则对行政程序的基本要求。""任何人不能就同一事件同时作为追诉人和裁判官，因为这种情况也属于'作为自己案件的法官'。"各国立法之所以如此重视职能分离，是因为事先进行调查追诉的人如果参与裁决，必然着重以他所调查的证据作为裁决的基础，从而忽视当事人所提出的证据和进行反驳的意见，甚至调查追诉人秘密调查没有经过当事人对质的证据，也可能会成为裁决的基础，这对当事人来说显然是很不公平的。事先调查和追诉的人，对于案件的处理很难处于一种超然的客观心理状态，而这种心理状态是公正的听证和裁决所必须具备的条件。如果调查和追诉人员与主持听证的人员和裁决人员合一，即使主持听证和裁决的人没有偏见存在，也难以使当事人相信自己得到了公正的裁决。

2. 听证的步骤

下面以行政立法听证为例，谈谈听证的具体步骤。

行政立法是有权的国家行政机关以国家名义创制法律规范的行为，行政立法虽然具有立法性质，但它不是权力机关的立法，而是从属于权力机关的立法。行政立法与权力机关立法的主要区别是：首先，立法主体不同。权力机关立法的主体是一定级别的人民代表大会及其常委会，行政立法的主体是有权的行政机关。其次，立法规范的内容不同。国家权力机关的立法与行政立法有其各自的调整范围。权力机关立法所调整的，通常是有关国家政治、经济、文化生活中的基本制度和重大问题，而行政立法调整的内容通常是有关国家政治、经济、文化事务中的具体管理问题。再次，立法的效力不同。国家权力机关的立法效力高于行政立法。最后，立法的程序不同。国家权力机关的立法要遵循宪法规定的严格的立法程序，比行政立法更为正规、严格，更注重民主。行政机关的行政立法行为遵循特定的制定行政法规和规章的程序，一般较简便、灵活，更注重效率。

确定听证范围是行政立法听证的一项重要工作内容，其目的是要解决究竟哪些行政立法需经听证程序制定。听证作为一种听取公民对行政立法草案意见的程序，相对于其他听取公民意见的程序而言，它比较正规，因此，凡是涉及与公民合法权益有重大影响的行政立法都应当举行听证会，听取公民对行政立法草案的意见。由于“重大影响”是一个模糊的法律概念，因此，解决此问题的方案有二：其一，通过立法列举重大影响的具体情形，不设底线条款；其二，由行政立法机关自由裁量，但公民对行政立法机关的裁量解释可以提请司法救济。（美国的办法是由国会通过具体法律决定行政制定规章是否要举行正式听证。这也是一种解决听证范围的方案之一。）《行政法规制定程序条例》第二十二条规定：“行政法规送审稿直接涉及公民、法人或者其他组织的切身利益的，国务院法制机构可以举行听证会，听取有关机关、组织和公民的意见。”这一规定是将行政法规是否与公民、法人或者其他组织有“切身利益”作为举行行政立法听证会的条件。应该说，它也属于行政立法与公民合法权益有“重大影响”的范围。

从行政效率角度而言，不宜将适用听证的行政立法范围确定得过大，行政立法听证成本很高。没有纳入听证范围的行政立法，行政立法机关还可以采用其他方法、途径听取公民对行政立法草案的意见。从我国现行行政立法程序的规定也可以看出，听证作为一种听取公民对行政立法草案意见的程序，并不是唯一的方式。根据《中华人民共和国立法法》第 58 条规定，行政法规在起草过程中，听取意见可以采取座谈会、论证会等多种形式。

行政立法听证一般包括下列具体步骤：

（1）通知。在行政立法预告中，行政立法机关应当将行政立法听证的时间、地点、主题和参与方式等向社会公告。通知应当刊登在公民日常生活中最容易接触到的报纸上，必要时也可以通过电视、广播电台、互联网告知。为了给公民有充分的准备时间，至少应当在听证会举行前 60 天发出通知。

（2）确定听证代表。听证代表是指在听证会上进行专门发言的公民。听证代表可以由利益团体推举，也可以由公民自荐。行政立法机关可以根据听证会的具体情况确定听证代表。为了确保听证代表的广泛性，利益集团推举代表与自荐代表应当保持一定的比例。遇重大或热点问题，听证会能够引起社会极大关注，特别是那些事关切身利益的人，会积极报名参与。为保证听证会的秩序与效率，需要对听证代表进行选择。选择的标准涉及听证代表的代表性、相关知识（对行政立法内容的了解程度）、参政议政能力等。行政立法机关不能因害怕有人在听证会上提出反对意见而确定一些“听话的代表”，更不能以舞台假唱形式对听证代表事前授意。因此，在确定听证代表程序中，应当设置一些机制使行政立法机关无法“钦定”听证代表，如在保证听证代表广泛性、代表性的基础上，通过随机抽签确定听证代表等。听证代表应当在听证会举行前 30 天公布。行政立法机关应当将与听证有关的材料寄送给听证代表。被确定为听证代表的公民应当就行政立法草案的内容进行必要的调查、咨询，写出听证发言报告，准备好相关的材料。对于有生活困难的听证代表，行政立法机关应考虑其听证开支并作出适当补偿。

（3）正式听证。正式听证一般按下列程序进行：

1）听证主持人宣布听证会开始，宣布听证的行政立法的名称、制定机关，听证纪律和发言顺序等。行政立法的听证主持人一般由行政官员担任。为了保证听证程序基本公正，行政立法草案起草负责人不宜担任听证主持人，以避免其对有关行政立法内容先入为主，不能公正、全面地听取公民的陈述意见。我国现行《立法法》、《行政法规制定程序条例》、《规章制定程序条例》对行政立法听证主持人没有作出规定。这意味着由谁主持行政立法听证由行政立法机关自行决定。

2）行政立法制定机关代表就行政立法的法律依据、主要内容和理由发言。

3）听证代表按顺序发言，顺序可以按资历排列，也可考虑问题或观点的重要程度，还可按姓氏笔画顺序或进行随机安排，行政立法机关代表可以在每个听证代表发言后，对该听证代表的发言作出回应。

4）旁听人员经主持人同意，也可以在限定的时间内发表意见或提出问题。

5）听证会应有时间限制，也可由主持人具体控制，一般来讲，对听证代表的发言和行政立法机关代表的回应应提出具体要求，以确保听证会的公正性。当主持人认为听证代表的发言没有新的观点时，可以宣布听证会结束。

（4）听证笔录。听证会由记录员制作成笔录，并由听证主持人、听证代表和行政立法机关代表签字。听证笔录不是行政立法的唯一依据，并不遵循行政案卷排他性原则①，行政立法机关可以在听证笔录之外寻找立法依据。行政立法机关对于听证代表的发言可以不

---

① 行政案卷排他性原则是指为了保护当事人的知情权和防卫权，行政许可机关作出的影响申请人或利害关系人权利义务的决定所依据的证据，原则上必须是该决定作出前，行政案卷中已经记载的，并经过当事人口头或书面质辩的事实材料。它是正当行政程序的基本要求，主要适用于经过听证程序作出的许可决定。这一规则本身不仅包含行政许可机关及其工作人员应遵循“先取证、后裁决”的规则，而且也包含在行政许可程序中，许可决定只能根据行政案卷中记载的经过当事人质证的材料，不能在案卷以外，以当事人所未知晓和未论证的事实（尤其是听证结束以后行政许可机关调查收集的证据）作为根据的规则。也就是说，行政许可机关不能在听证以外接纳证据，否则，行政许可机关将承担法律责任。根据行政案卷排他性原则，听证笔录也应具有排他特征。

予采纳。但这并不是说行政立法机关在听证会后可以将听证笔录扔进废纸篓，直接公布行政立法。果真如此，这样的行政立法听证还有何意义？因此，法律应当规定行政立法机关如不采纳听证代表的发言，应当在行政立法草案说明中给出理由。这种理由不仅可以释去公民对行政立法草案所存的疑虑，也可以增加公民对行政立法的认同感。从目前情况来看，我国《行政处罚法》、《立法法》、《价格法》、《行政法规制定程序条例》和《规章制定程序条例》等都对听证会作出了规定，但对听证笔录在行政决定中的法律作用并未涉及，对行政机关不采纳听证代表意见是否需要说明理由也没有作任何规定。无论从哪一方面讲，对不予采纳的听证意见都应给出理由，这不仅是出于对听证代表人格的尊重，而且能够体现行政立法的合法性和合理性。

参考文献

一、中文文献

1. ［美］卡尔·帕顿，大卫·沙维奇. 政策分析和规划的初步方法（第二版）. 北京：华夏出版社，2002

2. ［美］保罗·A·萨巴蒂尔. 政策过程理论. 北京：生活·读书·新知三联书店，2004.

3. ［美］赫伯特·A·西蒙. 管理行为（第四版）. 北京：机械工业出版社，2004

4. ［美］约翰·W·金登. 议案：备选方案与公共政策. 北京：中国人民大学出版社，2004

5. ［美］戴维·L·韦默，［加］艾丹·维宁. 政策分析——理论与实践. 上海：上海译文出版社，2003.

6. 谢明. 政策透视：政策分析的理论与实践. 北京：中国人民大学出版社，2004

7. ［美］查尔斯·林德布洛姆. 政治与市场：世界的政治—经济制度. 上海：上海三联书店，1996年

8. ［美］弗兰克·费希尔. 公共政策评估. 北京：中国人民大学出版社，2003

9. ［美］詹姆斯·E·安德森. 公共政策制定. 北京：中国人民大学出版社，2009

10. ［美］威廉·邓恩. 公共政策分析导论（第二版）. 北京：中国人民大学出版社，2002

11. 张金马. 公共政策分析：概念、过程、方法. 北京：人民出版社，2004

12. ［美］盖伊·彼得斯等. 公共政策工具. 北京：中国人民大学出版社，2007

13. ［美］德博拉·斯通. 政策悖论. 北京：中国人民大学出版社，2006

14. 张国庆. 公共政策分析. 上海：复旦大学出版社，2004

15. ［美］杰伊·沙夫里茨等. 公共政策经典. 北京：北京大学出版社，2008

16. ［以］叶海卡·德罗尔. 逆境中的政策制定. 上海：上海远东出版社，1996

17. ［美］斯图亚特·S·内格尔．政策研究：整合与评估．长春：吉林人民出版社，1994

18. ［美］E.R. 克鲁斯克，B.M. 杰克逊．公共政策词典．上海：上海远东出版社，1992

19. ［美］查尔斯·E·林布隆．政策制定过程．上海：上海译文出版社，1988

20. ［美］史蒂文·凯尔曼．制定公共政策．北京：商务印书馆，1990

21. ［美］罗伯特·A·达尔．现代政治分析．上海：上海译文出版社，1987

22. ［美］斯图亚特·S·那格尔．政策研究百科全书．北京：科学技术文献出版社，1990

23. 谢明．公共政策导论（修订版）．北京：中国人民大学出版社，2009

24. 谢明．公共政策案例分析．北京：中国人民大学出版社，2009

25. 张金马．政策科学导论．北京：中国人民大学出版社，1992

26. 林钟沂．政策分析的理论与实践．台北：瑞兴图书股份有限公司，1993

27. 伍启元．公共政策（上下册）．香港：香港商务印书馆，1989

28. 姜圣阶．决策学基础．北京：中国社会科学院出版社，1989

29. ［美］托马斯·戴伊．自上而下的政策制定．北京：中国人民大学出版社，2002

30. 宁骚．公共政策．北京：高等教育出版社，2000

31. ［美］詹姆斯·P·莱斯特，小约瑟夫·斯图尔特．公共政策——演进研究途径．台北：学富文化事业有限公司，2001

32. ［美］托马斯·戴伊．理解公共政策（第十二版）．北京：中国人民大学出版社，2011

33. 王骚，王达梅．公共政策案例分析．天津：南开大学出版社，2006

34. 宁骚．公共政策学案例精选．北京：高等教育出版社，2006

35. 陈潭．公共政策案例分析．北京：社会科学文献出版社，2008

36. 张德信．中国公共行政案例教程．北京：国家行政学院出版社，2004

37. 王名等．中国公共管理案例（第一辑）．北京：清华大学出版社，2005

38. 清华大学公共管理学院．中国公共管理案例（第二辑）．北京：清华大学出版社，2006

39. ［美］罗伯特·T·戈伦比威斯基等．公共管理案例（第五版）．北京：中国人民大学出版社，2004

40. 朱崇实等．公共政策．北京：中国人民大学出版社，1999

41. MPA 核心课程培训教材编写组．MPA 核心课程培训案例．北京：中国人民大学出版社，2005

42. 陈庆云．公共政策分析．北京：北京大学出版社，2006

43. 张国庆．现代公共政策导论．北京：北京大学出版社，1997

44. ［美］詹姆斯·E·安德森．公共决策．北京：华夏出版社，1990

45. ［美］约翰·罗尔斯．正义论．北京：中国社会科学出版社，2006

46. 谢明．公共政策分析．北京：首都经济贸易大学出版社，2009

47. ［英］马歇尔. 经济学原理. 北京：商务印书馆，1965

48. ［美］曼昆. 经济学原理. 北京：北京大学出版社，2009

49. 奚恺元. 别做正常的傻瓜（第2版）. 北京：机械工业出版社，2006

50. 林水波，张世贤. 公共政策. 台北：五南图书出版公司，1982

51. ［美］丹尼斯·缪勒. 公共选择. 北京：商务印书馆，1992

52. ［美］查尔斯·沃尔夫. 市场，还是政府：市场、政府失灵真相. 重庆：重庆出版社，2009

53. ［美］斯科特·普劳斯. 决策与谈判. 北京：人民邮电出版社，2004

二、英文文献

1. Wayne Parsons. *Public Policy: An Introduction to the Theory and Practice of Policy Analysis*. Cheltenham，U. K.：Edward Elgar Publishing Limited，1996

2. Michael Hill. *The Policy Process: A Reader*. Hemel Hempstead：Harvester Wheatsheaf，1993

3. Christopher Ham，Michael Hill. *The Policy Process in the Modern Capitalist State*. Hemel Hempstead：Harvester Wheatsheaf，1984

4. Gareth Morgan. *Images of Organisation*. Thousand Oaks，Calif.：Sage Publications，1993

5. Irving L. Janis. *Groupthink*. New York：Houghton Mifflin，1982

6. Graham Allison. *Essence of Decision: Explaining the Cuban Missile Crisis*. Boston：Little Brown，1971

7. Robert T. Golembiewski，Jerry G. Stevenson，Michael White. *Cases in Public Management*. Fifth Edition. Itasca. I. L.：F. E. Peacock Publishers，Inc.，1997

8. Fred M. Frohock. *Public Policy: Scope and Logic*. Englewood Cliffs，N. J.：Prentice Hall，1979

9. David A. Caputo. *The Politics of Policy Making in America*. San Francisco：W. H. Freeman and Company，1977

10. Herbert A. Simon. *Administrative Behavior—A Study of Decision Making Processes in Administrative Organizations*. Fourth Edition. New York：Free Press，1997

11. Jay M. Shafritz，Albert C. Hyde. *Classics of Public Administration*. Chicago：Dorsey Press，1987

12. Eugene Bardach. *A Practical Guide for Policy Analysis—The Eightfold Path to More Effective Problem Solving*. Third Edition. Washington：CQ Press，2009

13. Martin Loney. *The State or the Market*. London：Sage，1991

14. B. Hogwood，L. Gunn. *Policy Analysis for the Real World*. Oxford：Oxford University Press，1984

15. Charles E. Lindblom. *The Policy Making Process*. New Jersey：Prentice Hall，1968

16. Carl V. Patton，David S. Sawicki. *Basic Methods of Policy Analysis and Planning*. Englewood Cliffs，N. J.：Prentice Hall，1986

17. William N. Dunn. *Public Policy Analysis：An Introduction*. Fourth Edition. Upper Saddle River，N. J.：Prentice Hall，2008

18. James E. Anderson. *Public Policymaking*. Fifth Edition. Boston：Houghton Mifflin Company，2003

19. James P. Lester，Joseph Stewart. *Public Policy：An Evolutionary Approach*. Second Edition. Belmont，C. A.：Wadsworth，2000

20. Thomas R. Dye. *Understanding Public Policy*. Twelfth Edition. Upper Saddle River，N. J.：Prentice Hall，2008

21. Charles L. Cochran，Eloise F. Malone. *Public Policy：Perspectives & Choices*. Second Edition. New York：McGraw-Hill，1999

22. Hok Lin Leung. *Towards a Subjective Approach to Policy Planning & Evaluation：Common-Sense Structured*. Winnipeg，Canada：Ronald P. Rrye，1985

23. Arnold J. Meltsner. *Policy Analysts in the Bureaucracy*. California：University of California Press，1976

24. Amitai Etzioni. Mixed Scanning：A "Third" Approach to Decision-Making. *Public Administration Review*. XXVII (December，1967)，pp. 385－392

25. Brian W. Hogwood，B. Guy Peters. *The Pathology of Public Policy*. Oxford：Clarendon Press；New York：Oxford University Press，1985

26. George C. Edwards，Ira Sharkansky：*The Policy Predicament*. San Francisco：W. H. Freeman，1978

27. Gabriel A. Almond，G. Bingham Powell. *Comparative Politics：A Developmental Approach*. *Boston*：Little Brown，1969

人大版公共管理类教材

公共管理类专业教材——学科基础课教材

书名	作者
现代管理学原理（第三版）（“十一五”国家级规划教材）	娄成武　魏淑艳
一般管理学原理（第四版）	张康之　周　军
管理学基础（第三版）	方振邦
管理学教程	方振邦
政治学原理（第三版）	景跃进　张小劲
现代政治学原理（第四版）	石永义　刘玉萼　张　璋
公共管理学（第二版）	陈振明
公共管理学——一种不同于传统行政学的研究途径（第二版）	陈振明
公共管理学（第三版）（数字教材版）（“十二五”国家级规划教材）	蔡立辉　王乐夫
公共管理学（精编版）	王乐夫　蔡立辉
公共管理学（第二版）	张康之　郑家昊
公共管理概论（第二版）	朱立言　谢　明
公共政策导论（第五版）（数字教材版）	谢　明
公共政策概论（第二版）	谢　明
公共政策学——政策分析的理论、方法和技术（“十一五”国家级规划教材）	陈振明
公共政策学	杨宏山
政策科学——公共政策分析导论（第二版）	陈振明
公共政策案例	中国人民大学公共管理学院
公共经济学（第三版）（“十二五”国家级规划教材）	高培勇
公共经济学教程	秦立建
政府经济学（第四版）（“十一五”国家级规划教材）	郭小聪
政府经济学（第四版）	潘明星　韩丽华

公共管理类专业教材——方法课教材

书名	作者
行政学研究方法与应用案例	萧鸣政　等
管理定量分析：方法与技术（第二版）	刘兰剑　李　玲
公共管理的方法与技术（第二版）	魏　娜

公共管理类专业教材——行政管理、公共事业管理专业教材

书名	作者
行政法学导论	姜晓萍
行政法学	朱新立　唐明良　李春燕
公共部门人力资源管理（第四版）	孙柏瑛　祁凡骅
公共部门人力资源开发与管理（第五版）（“十二五”国家级规划教材）	孙柏瑛　祁凡骅
公共部门人力资源开发与管理（第三版）	孙柏瑛
公共部门人力资源管理（第三版）	滕玉成　于　萍
公共部门人力资源管理	方振邦
公共部门人力资源管理概论	方振邦
公共部门人力资源管理案例	周均旭
行政管理学（第五版）（数字教材版）	郭小聪

书名	作者
公共行政学（第五版）	彭和平
公共行政学	张康之　张乾友
行政学导论（第三版）	齐明山
行政管理学导引与案例	陈季修
管理心理学（第二版）	范逢春
公共组织行为学（第三版）（“十一五”国家级规划教材）	孙　萍　张　平
公共组织学（第三版）	李传军
行政组织学（第二版）	张　昕　李　泉
公共组织理论	陆明远　冯　楠
公共事业管理概论（第三版）	朱仁显
公共事业管理概论（“十一五”国家级规划教材）	娄成武　李　坚
公共组织财务管理（第三版）（“十一五”国家级规划教材）	王为民
国家公务员制度（第四版）（数字教材版）（“十二五”国家级规划教材）	舒　放　王克良
国家公务员制度概论（第二版）	刘碧强　郗永勤
公务员制度概论	李如海
公务员制度导论	孙德超
行政领导学（第三版）	朱立言　李国梁
领导学（第五版）	邱霈恩
领导学	王自亮
领导学：理念、行为与艺术	祁凡骅
领导学	孙　健
现代市政学（第五版）（数字教材版）	王佃利
市政管理学（第五版）（“十一五”国家级规划教材）	杨宏山
市政学导引与案例（第二版）	李燕凌
社区管理（第四版）	汪大海　魏　娜　郇建立
社区管理原理与案例	魏　娜
电子政务教程（第三版）（“十一五”国家级规划教材）	赵国俊
电子政府与电子政务（第二版）（“十一五”国家级规划教材）	张锐昕
电子政府概论（第二版）	张锐昕
行政伦理学教程（第三版）（“十二五”国家级规划教材）	张康之　李传军
公共危机管理导论（“十一五”国家级规划教材）	肖鹏军
公共危机管理概论（第二版）	王宏伟
公共危机管理	唐　钧
公共危机与应急管理：原理与案例	王宏伟
非营利组织管理	吴东民　等
非营利组织管理导引与案例	崔向华　张　婷
当代中国政府与政治	景跃进　陈明明　肖　滨
当代中国政府与行政（第三版）	魏　娜　吴爱明
当代中国政府（第二版）（“十一五”国家级规划教材）	吴爱明
地方政府学概论（第二版）	方　雷
地方政府管理（第二版）	陈瑞莲　张紧跟
管理秘书实务（第三版）	赵锁龙

书名	作者
行政秘书学	唐　钧
公文写作与处理	赵国俊
机关管理的原理与方法（第三版）	赵国俊　陈幽泓
公共部门绩效管理	方振邦
政府绩效管理	方振邦　葛蕾蕾
政府绩效评估	蔡立辉
公共关系概论（第二版）	邹正方
政府公共关系（第二版）（“十一五”国家级规划教材）	廖为建　张　宁
社会管理	汪大海
西方行政学理论概要（第二版）（“十一五”国家级规划教材）	丁　煌
公共行政学史（第二版）	何艳玲
西方公共管理名著导读	汪大海
管理思想史教程	方振邦　葛蕾蕾
文化管理学（第三版）（“十二五”国家级规划教材）	孙　萍
文化创意产业导论	魏鹏举
卫生事业管理（第二版）（“十一五”国家级规划教材）	李　鲁
教育经济与管理（第二版）（“十一五”国家级规划教材）	娄成武　史万兵
现代公用事业管理	崔运武

公共管理类专业教材——劳动与社会保障专业教材

书名	作者
社会保障概论（第六版）（数字教材版）	孙光德　董克用
劳动经济学（“十一五”国家级规划教材）	董克用　刘　昕
劳动法与社会保障法	黎建飞　李　静
人力资源管理	彭剑锋
社会保险学（第三版）	孙树菡　朱丽敏
社会保障基金管理	李春根
社会保险精算原理与实务	王晓军
社会保障国际比较	仇雨临
员工福利概论（第二版）（“十一五”国家级规划教材）	仇雨临

公共管理类专业教材——土地资源管理专业教材

书名	作者
土地经济学（第八版）（“十一五”国家级规划教材）	毕宝德
土地法学（中国人民大学“十三五”规划教材）	严金明
土地法学	王守智　吴春岐
土地资源学	张正峰　赵文武
土地科学导论	叶剑平
土地资源管理学（第二版）	张正峰
国土空间规划学	张占录　张正峰
土地利用规划学	张占录　张正峰
不动产估价（第二版）（“十一五”国家级规划教材）	叶剑平　曲卫东
土地信息系统	曲卫东　韩　琼
地籍管理（第五版）（“十一五”国家级规划教材）	谭　峻　林增杰

公共管理类专业教材——城市管理专业教材

书名	作者
城市管理学（第三版）	杨宏山
城市管理学：公共视角	陆 军 等
城市管理法	王丛虎
城市总体规划原理	郐艳丽 田 莉

公共管理硕士（MPA）教材——核心课教材

书名	作者
全国公共管理硕士（MPA）核心课程教学指导纲要	全国公共管理专业学位研究生教育指导委员会
社会主义建设理论与实践（第三版）	李景治 蒲国良
公共管理英语（修订版）	顾建光
公共管理学（第三版）	张成福 党秀云
公共管理学原理（修订版）	陈振明
公共管理导论	竺乾威 朱春奎 李瑞昌
公共政策分析	陈振明
公共政策分析导论	陈振明
公共政策分析概论（修订版）	谢 明
政治学：基本理论与中国视角	任剑涛
公共部门经济学（第三版）	高培勇 崔 军
公共经济学	唐任伍
行政法学（修订版）	皮纯协 张成福
行政法学概论（第三版）	胡锦光
非营利组织管理概论（修订版）	王 名
非营利组织管理	王 名 王 超
公共管理伦理学（修订版）	张康之
社会研究方法	陈振明
定量分析方法（第三版）	谭跃进
电子政务理论与方法（第五版）	金江军
电子政务	吴爱明 何 滨
公文写作概论	高永贵
信息技术及其应用（第三版）	张维明

公共管理硕士（MPA）教材——专业方向必修课、选修课教材

书名	作者
公务员制度教程（第六版）	舒 放 王克良
比较政府与政治（修订版）	卓 越
当代中国政府与政治（第三版）	吴爱明 朱国斌 林 震
公共部门人力资源管理及案例教程（第三版）	陈天祥
领导学	祁凡骅 刘 颖
领导学教程	常 健
领导理论与实践	邱霈恩
西方公共行政管理理论精要	丁 煌
社会管理概论	唐 钧
公共部门绩效评估（修订版）	卓 越
公共危机管理（修订版）	王宏伟
公共部门危机管理（第三版）	张小明
公共部门战略管理（修订版）	陈振明
城市管理理论与实务	杨宏山
MPA 学位论文写作指南	汪大海

教学支持说明

（教学课件）

中国人民大学出版社政治与公共管理出版分社秉承“出教材学术精品，育人文社科英才”的出版宗旨，多年来，出版了大批高质量的公共管理、教育学、政治学、政治理论公共课教材和学术著作。

我们为本教材制作了相应的PPT教学课件，任何一位采用本书作为授课教材的教师均可免费获得该课件。为了确保该课件仅为授课教师获得，烦请您填写如下材料，并将相关信息通过E-mail发送给我们，我们将在收到相关信息后通过E-mail给您发送该课件。欢迎您加入我们的QQ群（全国政管教师交流群，群号为236159213），或登录我社官方网站（www.crup.com.cn），注册并认证成为教师会员，以获得更好的服务。

我们的联系方式：

地址：（100872）北京市中关村大街甲59号文化大厦1202室

中国人民大学出版社政治与公共管理出版分社

电话：（010）82502724　62514775（传真）

E-mail：ggglcbfs@vip.163.com

QQ群：236159213

兹证明＿＿＿＿＿＿大学/学院＿＿＿＿＿院/系＿＿＿＿＿专业＿＿＿＿＿学年第＿＿＿＿＿学期开设的＿＿＿＿＿＿＿＿课程，采用中国人民大学出版社出版的＿＿＿＿＿＿＿＿＿＿＿＿＿＿＿＿＿＿（书名、作者）作为本课程教材。授课教师为＿＿＿＿＿＿，授课班级共＿＿＿＿个、学生＿＿＿＿人。授课教师需要与本书配套的教学课件。

联 系 人：＿＿＿＿＿＿＿＿＿＿＿＿＿＿

通信地址：＿＿＿＿＿＿＿＿＿＿＿＿＿＿

邮　　编：＿＿＿＿＿＿＿＿＿＿＿＿＿＿

电　　话：＿＿＿＿＿＿＿＿＿＿＿＿＿＿

E-mail：＿＿＿＿＿＿＿＿＿＿＿＿＿＿＿

系/院主任：＿＿＿＿＿＿（签字）

（系/院办公室章）

＿＿＿＿年＿＿＿月＿＿＿日

图书在版编目（CIP）数据

公共政策分析概论/谢明著. —2版. —北京：中国人民大学出版社，2011.5
（公共管理硕士（MPA）系列教材）
ISBN 978-7-300-13609-7

Ⅰ.①公… Ⅱ.①谢… Ⅲ.①政策分析-研究生-教材 Ⅳ.①D0

中国版本图书馆 CIP 数据核字（2011）第 068900 号

公共管理硕士（MPA）系列教材
公共政策分析概论（修订版）
谢 明 著
Gonggong Zhengce Fenxi Gailun

出版发行	中国人民大学出版社		
社　　址	北京中关村大街 31 号	**邮政编码**	100080
电　　话	010－62511242（总编室）		010－62511770（质管部）
	010－82501766（邮购部）		010－62514148（门市部）
	010－62515195（发行公司）		010－62515275（盗版举报）
网　　址	http://www.crup.com.cn		
经　　销	新华书店		
印　　刷	北京昌联印刷有限公司	**版　　次**	2004 年 11 月第 1 版
规　　格	185 mm×260 mm　16 开本		2011 年 6 月第 2 版
印　　张	20.75	**印　　次**	2022 年 8 月第 11 次印刷
字　　数	474 000	**定　　价**	52.00 元